MARTIN APOLIN
SEPP REDL

KNOW HOW

IN SPORTKUNDE

1

Verlag Hölder-Pichler-Tempsky GmbH
www.hpt.at

Die Autoren von **KNOW-HOW IN SPORTKUNDE 1**

Mag. DDr. Martin Apolin ist promovierter Physiker und Sportwissenschafter. Apolin arbeitet als AHS-Lehrer (Physik, Sportkunde) und Lektor am Institut für Sportwissenschaft in Wien und ist mehrfacher Buchautor.

Ministerialrat Mag. Dr. Sepp Redl war über viele Jahre Leiter der Abteilung Bewegungserziehung, Sportlehrwesen und Gesundheitsförderung im Unterrichtsministerium sowie Lehrbeauftragter an Instituten für Sport und Sportwissenschaft in Wien und Innsbruck. In diesen Funktionen war er u. a. für die Erstellung der gültigen Lehrpläne für Sportkunde und für die Weiterentwicklung der Ausbildung von Lehrerinnen und Lehrern verantwortlich.

Mit Bescheid des Bundesministeriums für Unterricht, Kunst und Kultur vom 11. September 2009, Geschäftszahl BMUKK-5.034/0006-V/9/2008 gemäß § 14 Abs. 2 und 5 des Schulunterrichtsgesetzes, BGBl Nr. 472/86, und gemäß den derzeit geltenden Lehrplänen als für den Unterrichtsgebrauch an allgemein bildenden höheren Schulen für die 5. und 6. Klasse im Unterrichtsgegenstand Sportkunde geeignet erklärt.

Dieses Schulbuch wurde auf der Grundlage eines Rahmenlehrplanes erstellt; die Auswahl und die Gewichtung der Inhalte erfolgen durch die Lehrerinnen und Lehrer.

Umschlag: Foto: performance © soupstock /FOTOLIA; Grafik: J. A. Slama

Schulbuchvergütung/Bildrechte: © VBK/Wien 2010

1. Auflage, Nachdruck 2015 (1,03)

Satz: LIGATUR – Brigitte Puschmann – 1120 Wien
Druck und Bindung: Brüder Glöckler GmbH, 2752 Wöllersdorf

ISBN 978-3-230-03252-2

Inhaltsverzeichnis

1 Konzentration

1 Übung

Wie gut kannst du dich konzentrieren? Auf dieser Seite befinden sich 30 Zeilen mit Schriftzeichen, aus denen die folgenden vier herausgesucht werden sollen: ю д г п. Du hast vier Minuten Zeit, den Test zu bearbeiten. Es werden nur die richtig angekreuzten Zeichen gezählt. Insgesamt sind die gesuchten Zeichen 90-mal im Test enthalten. Die Auflösung befindet sich auf der Seite 6.

У Ф А V Щ Г Е В Р Щ Э Х М Ч Л О Т Б Ж У Ф Ч А Р Д П Й С О Щ Х Н
Й Ь Г Ж Б Б А О Н К С З Ч Ю О Ф Г Э З К У Ч Ч Я М И Х Г Ь Б Ъ П
Ы Е А С Л У Ф V М Т Ь Щ Э Х К Е М А Ы Ф Й Я И Т Р О Щ Ш Ц К Р В
Л Ж А Д Л И V У З Т V Г Т Ь Б М Ь V А П У Г Ч У Ъ К Г Ф П Ж Х Э
Н Г Щ Ф А Щ М П Л Л В У V Ф Я Ж Н Ю Н Ъ У Й З Э Х Ж Б О Ш К Ъ С
У Ф К Ы Я К В Ч Е Ъ V Н А С Н Г Т Р Н Ш Р И Щ О Т З Л Ь Х Б Ж Э
Г Ч В У V Ъ Ю К С П А Е П М Р Н И И Г Т О Ш Т П О Щ Щ З Л Ь Г Ь
Э Х Ж З Щ Л Б Ш О Ь Р Т Н И Е А М К Д Ъ С У Г З V Ы Ч Й Ф Я Э Ц
Й У П К В Н Ш Щ З Х Ц Э Ф Ы В Ъ А Р О Я Ж Я Ч V С М И Т Ь Б I Э
Ф В А Р Л П Ш Я Г Ч V С М И Т Ь Б Й У К Е Н Ш Щ З Х Ц Э I Ю О А
Я С И Ь Б Т Т М V Ч П Ф Ф Ъ Г Р Л О Щ К Й В П Н Н Г I Ц Э Э Х Ж
Й К У Н П Е З Ш Х Щ I Ц Ы А Ф Ъ В О А Л Ъ Ж Р Я С Ч И V Т С И Г
Ф Ю Й Я У V К С Е М Н И Ш П Т П Ь Щ Б З Ж Э Х I Ц Ы К Г Т V Л Ш
Ж Л Р А В Ф Х Щ Н К Й I Ц Б Т М V Е Л Р О А В Ъ В Ф Ы Х Щ З Н Щ
К Ы Я Н Ъ V Ш А С Д З Р И Х О Т П Л Ш Ю Ц I Э Э К Ъ Г Ч Ч Я Д Л
Ф Я Ы В V Г Ъ С А М И Р Т Ь О Л Б Ж Х З Ш Г Н Ы У З Ъ Е А Щ Л З
П У Г Ф Ъ В Ы Н А Ъ V П Ж О А Ы Э Щ I Й М Я V Г Б Ю С Л А П Ы Б
Ь О Р Т Н Е М А Ъ С Ъ В V В Ы Ч Ы Ф Л Щ Ш О Н Е Г Ж З Щ Б Л О Т
Ж С V Н И Ж Ш Ю Ь Т Г Ц Ж Л У Я V Е С И Ш И Ь З Ъ Ж В З Г Й Ч Я
П Я М V Б Т Ь И Н У Е Й Ю Ц I Г Е У П Й Н А К Ы И Ш С Э I В Я Ч
I Ш Е Г Й Ж О А Ы Л Р В Ф Б И Ь V И Ч М Я В Ф К Й Ф Ъ В Ы Р Ш П
Ц И V М Я V У К Г О Ц Й V В Ю Ф Е Н В О Ю О Э У А Ф Р Ъ Ж Т С Е
Ф Ж Ы Л В О Д Ъ Р А Й П Х У З Д К Г Щ Н Ш Ц I Э Я Б Ч Ю Й Х У Л
Й К Р Щ Э Я V Ы М В К О Ш Е Й Т Б Л Е В V Я П С V И Ч Т Я Ш Г В
В Г Ъ М Ш Р Т З Л П Б У Ф Я К В Ч Н Ъ Г С V Ф Ш Ц П И Э Т Ь Н У
И Ж Ф О Ю Ъ Щ У Н Й Ш З С П Т М Р Ъ Ы V Ф Л Т Д Л Л Л К Н I Е Й
Е У Й Х Щ Н I Ц Ф А Г Ы Ъ Ч Я С М Ч V Т А К V Л Ш Т Ц V М П I И
Б Л Щ З Ь Р Ш Т Е Н М К Г Щ З О Ж М Ю Щ М Г Й К Ы В П Ф Ь Ч V Р
Й Е Щ В О Ч Т У Ш Э Ъ Л V Ь К Ц Ы О V Б Н I И Л Ы Н Э Е В Ж С У
Г Й Н Щ Ц П В О Г Ж М Ь Л А Й Е З О А Я П V М О Ю А Н В Э Ц О Х

Abb. 1.1

1 Konzentration

Auflösung zu Übung auf Seite 5.
< 22 unterdurchschnittlich
22–39 durchschnittlich
> 39 überdurchschnittlich

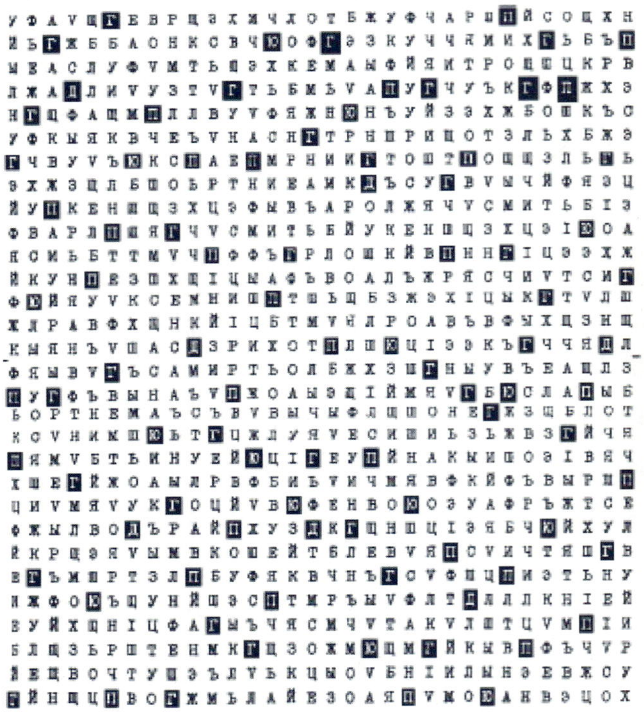

Abb. 1.2

In diesem Kapitel ist von der **Konzentration** die Rede (lat. concentra = Zusammen zum Mittelpunkt). **Konzentration bedeutet voll bei der Sache zu sein, sich voll und ganz auf etwas einzulassen**. Etwas wissenschaftlicher kann man formulieren: Unter Konzentration versteht man die willentliche Bündelung (Fokussierung) der Aufmerksamkeit auf eine bestimmte Tätigkeit oder einen bestimmten Reiz (Abb. 1.3).

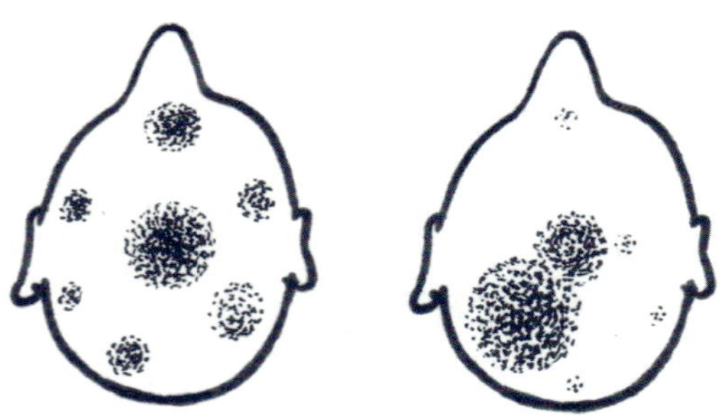

Abb. 1.3: *Konzentration ist die Fähigkeit, eine Aktivierung bestimmter Gehirnregionen zu erzielen, wie das in der Abbildung schematisch dargestellt ist. Links sind viele überflüssige Gebiete der Großhirnrinde (des Cortex) aktiviert, rechts nur jene, die man für die Durchführung einer bestimmten Tätigkeit benötigt. Die nicht beteiligten Zentren werden gehemmt.*

Konzentration spielt nicht nur im Sport, sondern auch im Alltag eine große Rolle. Der etwas scherzhaft genannte **„Cocktailparty-Effekt"** ist ein sehr gutes Beispiel dafür. Man ist in der Lage, aus den Unterhaltungen vieler Menschen nur die Worte des Gesprächspartners herauszuhören und alles andere zu unterdrücken. Unser Gehirn hat die Fähigkeit, aus vielen Schallquellen eine einzige herauszufiltern. Auch wenn man in ein spannendes Buch vertieft ist und die Umwelt vergisst, nimmt man alle anderen Umweltreize nicht wahr. Ähnlich ist es bei Slalomläufer/innen, die noch vor dem Start in Gedanken den nächsten Lauf durchfahren (Abb. 1.4).

Abb. 1.4: *Bild von einem sich konzentrierenden Läufer*

Häufig treten bei Kindern und Jugendlichen **Konzentrations- und Aufmerksamkeitsstörungen** in bedenklichen Ausmaßen auf (siehe *Know-how Hyperaktiv?*). Diese Störungen können organische und/oder geistige (psychische) Ursachen haben. Wir beschäftigen uns im Folgenden nur mit den psychischen Ursachen. Diese dürften im Wesentlichen auf die **Reizüberflutung** im Alltag zurückzuführen sein.

KNOW-HOW – Hyperaktiv?

Hyperaktiv?
Versuche folgende Fragen ganz ehrlich zu beantworten:
- Bist du leicht reizbar oder motorisch unruhig?
- Willst du deine Wünsche sofort erfüllt haben?
- Kannst du es schlecht aushalten, wenn etwas nicht nach deinem Kopf geht?
- Wechselst du häufig von einer Aufgabe zur anderen, ohne sie zu beenden?
- Bist du ruhelos?
- Ermüdest du rasch und hast du Schwierigkeiten, bei Aufgaben oder beim Spielen länger aufmerksam zu bleiben?

Immer häufiger müssen Fragen wie diese mit „ja" beantwortet werden. Wie viele waren es bei dir? Die Diagnose lautet dann im Fachjargon der Medizin und Psychologie **„Hyperkinetisches Störungssyndrom"**. Syndrom bezeichnet ein Krankheitsbild, das sich aus verschiedenen Merkmalen zusammensetzt. „Hyper" bedeutet „über", „kinetisch" hat mit Bewegung zu tun. Personen, die an diesem Syndrom leiden, können sich nicht konzentrieren und müssen ständig irgendwie herumzappeln.

Wie kommt es zu dieser Reizüberflutung? **Wir machen viel zu viel, aber das nur halb.** Werbung, Fernsehen und Radio regen uns dazu an, möglichst viel Information in kürzester Zeit aufzunehmen (Abb. 1.5). Wenn man während des Essens gleichzeitig fernsieht, sich aus dem Radio mit Musik berieseln lässt während man sich mit jemandem unterhält und nebenbei einen Blick in die Zeitung wirft, dann macht man zwar viel auf einmal, aber nichts wirklich. Viele Jugendliche können nur mehr dann lernen oder Hausaufgaben machen, wenn sie nebenbei Radio oder Fernseher aufgedreht haben. Wie ist es mit dir? Äußerlich mag das nach konzentriertem Verhalten aussehen, aber meistens rauschen die Reize dann einfach nur an uns vorüber. **Wahrnehmung** unterscheidet sich von **Aufmerksamkeit**: Erstere bezeichnet die Sinneswahrnehmungen von Reizen, also die bewusste und unbewusste Sammlung von Informationen mittels der Sinne, letztere bezieht sich auf die Bewusstseinsinhalte. Konzentration gilt als das Maß für die Intensität und Dauer der Aufmerksamkeit.

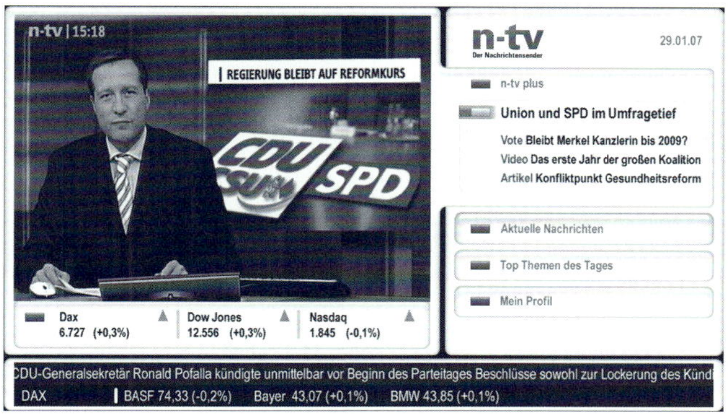

Abb. 1.5: *Fernsehen fördert die Unkonzentriertheit, wenn es als Hintergrundberieselung dient. Aber sogar Fernsehen alleine kann zu einer Reizüberflutung führen. Im Bild oben siehst du eine Nachrichtensendung, zu der zusätzlich gleichzeitig jede Menge Börsenkurse und Schlagzeilen auf Laufbändern eingeblendet sind. Reizüberflutung in einem einzigen Bild: Viele verschiedene Informationsinhalte ringen gleichzeitig um Aufmerksamkeit!*

Konzentrationsmangel ist aber nicht nur ein Problem von Kindern, die zappelnd in der Schule sitzen oder nach 10 Minuten Hausaufgaben wieder zum Gameboy greifen wollen. **Kinder lernen durch Nachahmung.** Weil sie in einer „Fast-Life-Welt" aufwachsen, die von vielen Reizen und schnellem Wechsel von Tätigkeiten gekennzeichnet ist, wird diese Unkonzentriertheit quasi täglich trainiert. Dadurch verlernen Kinder, sich zum Beispiel stundenlang mit nur einem einzigen Spielzeug zu beschäftigen. Konzentrieren heißt nämlich auch, mit sich allein sein zu können! **Konzentrationsmangel ist ein Phänomen unserer schnelllebigen und hektischen Zeit.**

Sind Fernseher und Radio still, keine Menschen im Haus und du beschäftigst dich gerade nicht mit etwas, dann bist du mit dir alleine. Wie lange hältst du das aus? Wie lange kannst du dem Sekundenzeiger einer Uhr zusehen oder zuhören, ohne dabei an etwas anderes zu denken? Probiere es aus und mache jetzt Übung 2! Nach wie vielen Sekunden hast du andere Gedanken im Kopf? Nach wie vielen Sekunden wirst du unruhig und hast den Eindruck, dass du irgendwas tun solltest?

2

Übung: Die Zwei-Minuten-Übung

Nimm eine Uhr mit Sekundenzeiger. Konzentriere dich nun nur auf die Bewegung des Sekundenzeigers. Oder schließe die Augen und achte auf das Geräusch. Konzentriere dich zwei Minuten lang nur auf den Sekundenzeiger, als ob nichts anderes auf der Welt existiere. Wenn deine Gedanken abschweifen, sammle wieder deine Aufmerksamkeit und beginne von neuem.

Um diese Übung schwieriger zu machen, kannst du auch folgende Varianten ausprobieren:

Lege die Uhr neben den Fernseher und versuche wieder die Übung. Achte darauf, dass der Fernseher nicht zum Zentrum deiner Aufmerksamkeit wird. Richte deine Aufmerksamkeit halb auf die Bewegung des Zeigers und halb auf eine Zahlenreihe, die du im Geiste vorsagst (z.B. 2, 4, 6, 8, 10, 8, 6, 4, 2, 4, 6 ...). Sobald du merkst, dass du bei einer der Tätigkeiten den Faden verlierst, beginne von neuem.

Je weniger Ablenkung du um dich herum hast, desto mehr bist du auf dich allein gestellt. Und je weniger du das gewohnt bist, desto weniger wirst du dich dabei wohlfühlen können. Diese Unruhe zeigt sich auch in körperlicher Anspannung. Viele Menschen wissen heute gar nicht mehr, wie sich ihr Körper anfühlt, wenn er locker ist. **Günstig für die Förderung der Konzentration sind Entspannungsübungen** (siehe Kap. 9). In der Ruhe liegt die Kraft, heißt es so schön. Konzentrierte Menschen sind ruhig und gelassen, aber dabei unheimlich kraftvoll.

Konzentration ist erlernbar, aber nicht erzwingbar. Die Anweisung „konzentriere dich" ist ähnlich sinnlos wie der Befehl „sei kreativ". Konzentration erfordert zunächst Willen und geistige Anstrengung, aber keinesfalls Verkrampfung, weil sonst kommt es zur Blockade. Was dir sonst bei der Konzentration noch im Wege stehen könnte, kannst du im *Know-how Konzentrationsblockaden* nachlesen.

KNOW-HOW Konzentrationsblockaden

Konzentrationsblockaden
Überprüfe, ob die unten genannten Blockaden deiner Konzentration im Weg stehen könnten.

1. Ständige Ablenkung und Unterbrechung: Wenn du Konzentration lernen willst, musst du das in Ruhe tun und ohne Angst gestört zu werden.
2. Ständige Reizüberflutung durch übermäßigen Medienkonsum: Versuche, deine Fernsehzeit nach und nach einzuschränken und vor allem immer ohne Radio und Fernsehen zu arbeiten.
3. Müdigkeit: Wenn du müde oder überarbeitet bist, kannst du dich nicht oder nur sehr schwer konzentrieren. An Tagen, an denen du viel zu Arbeiten hast, musst du gut ausgeschlafen sein.
4. Stress und Überlastung: Teile dir die Arbeit gut ein und lerne nicht erst alles zum Schluss. Wer Stress hat, ist nicht entspannt und kann sich daher nicht gut konzentrieren (siehe auch Punkt 3).
5. Schlechte Ernährung: Wenn dein Blutzucker zu niedrig ist und/oder du zu wenig getrunken hast, kannst du dich nur schlecht konzentrieren (siehe auch Kap. 7).
6. Mangel an Übung und/oder Erfahrung: Konzentration ist eine Fertigkeit, man muss sie trainieren. Also sei geduldig!
7. Ungelöste emotionale Probleme: Diese stören die Konzentration, weil sie sich immer in deine Gedanken drängen. Wenn es eine Möglichkeit gibt, diese Probleme zu lösen, dann solltest du das machen.
8. Geringe Frustrationstoleranz: Du musst lernen, auch Niederlagen und schlechte Noten einstecken zu können.
9. Negative Einstellung: Diese Blockade ist eine der mächtigsten von allen. Wenn du etwas nicht tun willst, wird sich alles in dir dagegen wehren. Dann ist es natürlich auch mit der Konzentration vorbei.

Du kannst es auch umgekehrt sehen: Je mehr Konzentrationsblockaden du beseitigst, desto bessere Ausgangsbedingungen schaffst du, um deine Konzentration zu verbessern. Genauso, wie Konzentrationsmangel erlernt ist, kann man Konzentration wieder lernen. In Übung 3 werden einige Methoden dazu vorgestellt. **Wichtig ist dabei vor allem, dass du regelmäßig übst!**

3

Übung: Die Schule der Sinne
Wenn du günstige Voraussetzungen geschaffen hast (siehe *Know-how Konzentrationsblockaden*), dann kannst du dich daran machen, durch Übungen deine Konzentration zu trainieren. Hier ist eine kleine Auswahl:

Konzentrationsübung 1
Dabei handelt es sich eigentlich um keine Übung im strengen Sinn, sondern um den Versuch einer Umstellung deines Lebensstiles: Mache so viele Alltagsdinge wie möglich bewusst und ohne etwas anderes daneben zu tun. Lies nicht während du gerade isst und sieh nicht dabei fern. Höre keine Musik, wenn du liest. Höre keine Musik, wenn du lernst oder die Hausaufgaben machst. Höre deinem Gesprächspartner mit ungeteilter Aufmerksamkeit zu. Kurz: Bringe ein bisschen ZEN-Buddhismus in deinen Alltag. In dieser aus China kommenden Lehre versucht man unter anderem, Tätigkeiten, die man gerade durchführt, ganz bewusst zu erleben, sich also immer auf das Jetzt zu konzentrieren.

Konzentrationsübung 2
Schließe die Augen und stelle dir eine große dunkle Fläche vor, etwa eine Tischplatte. Betrachte diese Fläche, nichts sollte sich auf ihr bewegen. Schiebe alles, was sich aufdrängen möchte, zur Seite. Es wird dir nur wenige Sekunden gelingen, die Vorstellung einer vollkommen freien Fläche zu erreichen. Das Ziel ist es, diese Zeit Schritt für Schritt zu erhöhen.

Konzentrationsübung 3
Schließe die Augen, wende den Kopf in eine bestimmte Richtung. Öffne nun die Augen ganz kurz, also einen „Augenblick" lang, und versuche dir bewusst zu machen, was du gesehen hast. Nach einiger Zeit öffne wieder kurz die Augen. Was hast du zusätzlich erkannt? Wiederhole das so lange, bis du glaubst, alles im Blickfeld erkannt zu haben. Überprüfe es, indem du die Augen wieder öffnest.

Konzentrationsübung 4
Stelle bewusst das Radio- oder Fernsehgerät allmählich immer leiser und versuche, trotzdem alles zu verstehen.

Konzentrationsübung 5
Lasse das bisherige Tagesgeschehen an dir vorüberziehen. Du kannst die Übung dadurch erschweren, dass du die Reihenfolge umgekehrt denkst.

Konzentrationsübung 6
Gehe in Gedanken einen Weg, den du oft zurücklegst. Versuche dabei, an möglichst viele Details zu denken.

In wohl kaum einem anderen Bereich ist die Wirksamkeit der Konzentration so groß wie im Leistungssport. Skirennläufer/innen durchfahren vor dem Start mehrmals die Strecke im Geist, Hochspringer/innen springen in Gedanken über die Latte, Sprinter/innen laufen im Geist jeden einzelnen Schritt des bevorstehenden Wettkampfes, Golfer/innen schlagen erst dann, wenn vor ihrem geistigen Auge der Ball ins Loch fällt (Abb. 1.6).

Abb. 1.6: *Golfer Tiger Woods beim „Lesen" eines Putts. In Gedanken lässt er den Ball bereits vor dem Schlag ins Loch rollen.*

Konzentriertes **mentales Training** ist im modernen Hochleistungssport zur Voraussetzung geworden. Darunter **versteht man das systematische und intensive geistige Durchspielen einer Handlung, ohne dass diese tatsächlich durchgeführt wird – quasi Bewegungen im Geist.** Die Grundvoraussetzung für mentales Training ist natürlich, dass man hochkonzentriert ist.

Die Wirksamkeit des mentalen Trainings ist auf den so genannten **Carpenter-Effekt** zurückzuführen (siehe Kap. 9). Der englische Naturwissenschaftler **William Benjamin Carpenter** beschrieb diesen Effekt bereits 1852! Er entdeckte, dass durch bloße Wahrnehmung oder Vorstellung körperliche Reaktionen ausgelöst werden können. Dieser Effekt spielt auch beim **autogenen Training** eine große Rolle (siehe dazu auch die Beschreibung des Pendel-Versuches auf Seite 69). Die mentale Vorbereitung kann zu einer Art „Hyperkonzentration" führen, in der Sportler/innen einen so hohen Grad an Konzentration erreichen können, dass die Außenwelt völlig ausgeblendet wird. Sportler/innen beschreiben dieses Gefühl als Zustand wie in einer Glaskugel, die alles, was nicht mit dem Wettkampf in Zusammenhang steht, abschirmt.

Wegbereiter/innen auf dem Gebiet der sportpsychologischen Betreuung und Vorbereitung waren die Hochleistungssportler/innen aus der ehemaligen Deutschen Demokratischen Republik (DDR; wurde 1990 mit der Bundesrepublik Deutschland wiedervereinigt), die einen Großteil ihrer weltweiten Erfolge – neben dem flächendeckenden, staatlich unterstützten Doping – dem professionellen Einsatz mentalen Trainings verdankten.

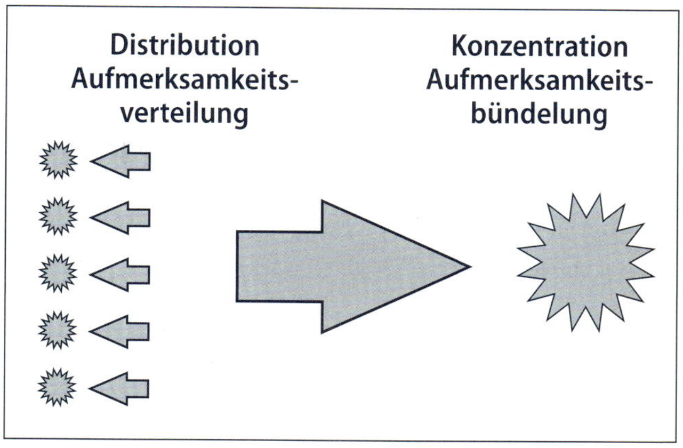

Abb. 1.7: *Je weiter die Aufmerksamkeit gestreut wird, desto geringer wird der Klarheitsgrad, mit dem wir ein einzelnes Ereignis oder Objekt wahrnehmen können.*

Nicht immer ist die Aufmerksamkeit auf ein Objekt, eine Handlung oder eine Einzelperson sinnvoll. Vor allem in Mannschaftssportarten müssen viele Dinge gleichzeitig beachtet werden. **Man bezeichnet die Fähigkeit, die Aufmerksamkeit auf mehrere Dinge gleichzeitig zu verteilen, als Distribution.** Diese Aufmerksamkeitsverteilung ist das Gegenteil der Konzentration, also der Aufmerksamkeitsbündelung (siehe Abb. 1.7, 1.8). Ein gutes Beispiel für Distribution ist das Telefonieren im Auto. Dadurch wird Aufmerksamkeit vom Lenken abgezogen und in das Gespräch „investiert". Und das kann, wie Untersuchungen zeigen, auch bei Verwenden einer Freisprechanlage leicht zu Unfällen führen. **Eine psychische Funktion leidet stets durch das Einschalten einer anderen.** Wenn man 30 % der Aufmerksamkeit zum Telefonieren braucht, bleiben natürlich nur mehr 70 % über, um sich auf den Verkehr zu konzentrieren.

Abb. 1.8: *Distribution am Fußballfeld: Der Stürmer sollte nicht nur auf den Ball achten, sondern auch auf die Gegenspieler und er muss sich natürlich auch auf den Torschuss vorbereiten.*

Auch die Distributionsfähigkeit kann trainiert werden. Ein sehr unspezifisches Distributionstraining erfolgt pausenlos durch Reizüberflutung in unserem Alltag. Spezifisches Distributionstraining kann ganz bewusst in den Trainingsalltag eingebaut werden, indem man Situationen schafft, in denen man die Aufmerksamkeit aufteilen muss.

1 Konzentration

Je besser eine erlernte Bewegung sitzt, desto weniger Aufmerksamkeit ist für das Ausführen der Bewegung notwendig – sie wird beinahe unbewusst durchgeführt. Wer beim Fußballspiel „mit seinen Beinen denkt", kann seine Aufmerksamkeit voll seinen Mit- und Gegenspieler/innen widmen. Das unterstreicht die Wichtigkeit einer exzellenten technischen Ausbildung in allen Sportarten. Verändern sich die Verhältnisse, z.B. durch rutschigen Boden oder Eis, verlangt die Schrittfolge beim Dribbeln einen höheren Anteil des Bewusstseins, wodurch eine Einschränkung der Spielübersicht und eine Verschlechterung des taktischen Verhaltens entstehen können. Solche erschwerenden Verhältnisse können daher gezielt zum **Distributionstraining** eingesetzt werden.

Sportspiele erfordern überdies einen ständigen Wechsel von Distribution und Konzentration. Das nennt man Aufmerksamkeitsregulierung. Im Spielaufbau bedarf es der Beachtung aller daran beteiligten Mit- und Gegenspieler/innen. Der Entschluss zum Schuss verengt schlagartig den Wahrnehmungsausschnitt und erhöht den Wachheitsgrad, mit dem der/die Spieler/in sein/ihr Ziel fixiert. **Man spricht dann auch von der „Enge des Bewusstseins".**

Versuche nun die folgenden wiederholenden Fragen zu beantworten.

4

Frage
Was passiert im Gehirn bei Konzentration? Von welchem Wort leitet sich der Begriff ab?

5

Frage
Was versteht man unter dem Cocktailparty-Effekt?

6

Frage
Was versteht man unter Reizüberflutung? Warum ist Konzentrationsmangel ein Phänomen unserer Zeit? Gib einige Beispiele dazu an.

7

Frage
Nenne mindestens fünf verschiedene Konzentrationsblockaden!

8

Frage
Was versteht man unter dem Carpenter-Effekt und unter mentalem Training?

9

Frage
Was versteht man unter Distribution und der „Enge des Bewusstseins"?

10

Frage
Was ist in der Abbildung 1.9 schematisch dargestellt?

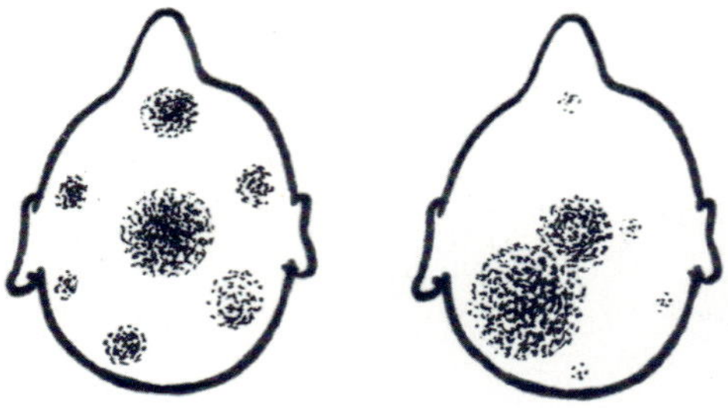

Abb. 1.9

Literatur

BAUMANN Sigurd: Psychologie im Sport. Meyer & Meyer Sport, Aachen 4. überarb. Aufl. 2006

BAUMANN Sigurd / GABLER Hartmut / NITSCH, Jürgen R. / SINGER Roland / MUNZERT Jörn: Einführung in die Sportpsychologie, Bd.1, Grundthemen. Hofmann, Schorndorf 2004

KUNATH Paul: Sportpsychologie für alle. Meyer & Meyer Sport, Aachen 4. unveränderte Aufl. 2001

WEINECK Jürgen: Sportbiologie. Spitta Verlag, Balingen 9. Aufl. 2004

2 Grundlagen des Bewegungslernens

1 Aufgabe

Du hast sicher im Unterrichtsfach „Bewegung und Sport" schon oft eine neue Bewegung Schritt für Schritt gelernt. Überlege dir, welchen Vorteil dieses Vorgehen gegenüber der Ganzheitsmethode hat, bei der man gleich die komplette, fertige Bewegung erlernt.

Wenn du eine neue Bewegung lernst, etwa beim Geräturnen, in der Leichtathletik oder bei Snowboard- und Skifahren, so beginnst du nicht gleich mit dem ganzen Bewegungsablauf. Du machst zunächst Übungen, die entweder **nur einen Teil der Bewegung darstellen**, oder du **vereinfachst die Bewegung** so weit, dass du sie auch als Anfänger/in durchführen kannst. Dadurch wird natürlich auch das Verletzungsrisiko stark minimiert.

Eine Reihe von aufeinander folgenden Übungen, die immer schwieriger und komplexer werden und an derem Ende die fertige Übung, also die Zielübung, steht, nennt man **methodische Übungsreihe oder kurz MÜR**. Diese besteht in der Regel aus **vorbereitenden Übungen, Vorübungen** und der **Zielübung**.
Es ist wichtig zu wissen, dass es nicht **die** methodische Übungsreihe gibt. Man kann sich viele Übungen auf dem Weg zur Zielübung ausdenken und deren Auswahl ist letztlich Geschmackssache. Du wirst daher in verschiedenen Büchern auch verschiedene Methoden finden. Außerdem ist der Übergang von vorbereitenden Übungen zu Vorübungen oft nicht scharf abzugrenzen und daher ebenfalls Ansichtssache. Die folgenden Beispiele sind aus diesen Gründen exemplarisch zu betrachten.

Jonglieren: Die Kaskade

Schauen wir uns das Vorgehen bei einer MÜR zunächst an der Grundfigur des **Dreiball-Jonglierens** an, der so genannten **Kaskade**. Wenn du diese methodische Übungsreihe durchübst, dann solltest du dir dazu in Summe mindestens ein bis zwei Stunden Zeit nehmen und die Trainingseinheiten auf mehrere Tage aufteilen.
Bei der Kaskade beschreiben die drei Bälle die Bahn eines liegenden Achters (Abbildung 2.1). Dies ist die erste Jonglierbewegung, die du erlernen solltest. Sie ist für das Jonglieren grundlegend – eine „Ruheposition", zu der du später zwischen anderen Figuren immer zurückkehren kannst.
Da die Kaskade nicht sehr kompliziert ist und auch nicht gefährlich, können talentierte Personen sie sofort als Ganzes erlernen. Das schafft aber vielleicht nur eine von Hundert. Deshalb empfiehlt es sich, methodisch vorzugehen, weil das eine Menge von Vorteilen mit sich bringt (siehe *Know-how Vorteile der methodischen Übungsreihe*).

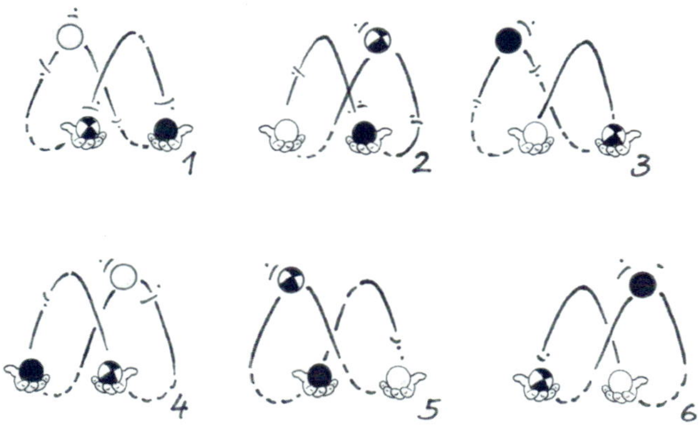

Abb. 2.1: *Kaskade*

MÜR KNOW-HOW

Vorteile der methodischen Übungsreihe (MÜR)

- Die MÜR erlaubt es, dass auch wenig talentierte Personen eine Bewegung erlernen können.
- Durch Hinzufügen oder Auslassen von Übungen lässt sich eine MÜR individuell auf das Lerntempo einer bestimmten Person abstimmen.
- Wenn Probleme bei einer Übung auftreten, kann man immer wieder einen Schritt zurückgehen und den Fehler dort – unter erleichterten Bedingungen – ausbessern.
- Das Lernen in kleinen Schritten erzeugt weniger Stress und minimiert (etwa beim Gerätturnen) die Gefahr von Verletzungen.
- Das Erlernen einer komplizierten Bewegung Schritt für Schritt geht, vor allem bei komplizierten Bewegungen, meist rascher als im Ganzen.

Es wäre gut, wenn du alle folgenden Übungen mit Jonglierbällen, den so genannten **„Beanbags"** (wörtlich „Bohnentaschen"), durchführen könntest (Abb. 2.2). Diese sind verformbar und springen nicht so leicht aus der Hand wie etwa Tennisbälle.

Abb. 2.2: *„Beanbags" sind meistens mit Hirse gefüllt. Sie verformen sich plastisch und springen daher nicht so leicht aus der Hand.*

Vorbereitende Übungen

Eine methodische Übungsreihe beginnt mit vorbereitenden Übungen. Diese sind sehr einfach und dienen dazu, sich einzustimmen, also an das Gerät oder die Übung zu gewöhnen. Trotzdem beinhalten sie schon **wesentliche Elemente der Zielübung**.

1. Übung

Für das richtige Jonglieren ist zunächst einmal die **Grundhaltung** wichtig. Die Arme sind dabei im rechten Winkel gebeugt, als ob man ein Tablett halten würde. Wir wollen diese Position daher „Butler-Stellung" nennen (Abb. 2.3). Die Ellbogen sind nahe dem Körper. Denkt man sich eine unsichtbare Wand, vor der man steht, so sollten sich **später die Bälle nur entlang dieser Wand bewegen** und nicht vor und zurück.

Abb. 2.3: *Die richtige Armhaltung ist so, als würdest du wie ein Butler ein Tablett halten.*

2. Übung

Nimm einen Ball in die rechte Hand und nimm die „Butler-Stellung" ein. Wirf den Ball so, dass er etwa stirnhoch fliegt und wieder in der rechten Hand landet (Abb. 2.4).

Achte dabei auf folgende Dinge:

- Der Wurf sollte eher aus dem Handgelenk erfolgen und weniger aus dem Unterarm.
- Die Finger sollten sich genau dann schließen, wenn der Ball auf der Hand auftrifft. Das ist für später wichtig, wenn man mit vielen Bällen jongliert, damit der Ball nicht aus der Hand springt. Tennisbälle springen leichter aus der Hand als weiche Jonglierbälle.
- Lass den Ball nicht auf der Hand aufplatschen. Diese Übung sollte also möglichst geräuschfrei durchgeführt werden. Wenn der Ball auf die Hand auftrifft, so gib etwas mit dem Unterarm nach. Wenn du dann sofort den nächsten Wurf machst, so entsteht dabei eine weiche und runde Bewegung.
- Übe so lange, bis die Würfe halbwegs regelmäßig sind und der Ball immer etwa gleich hoch fliegt.

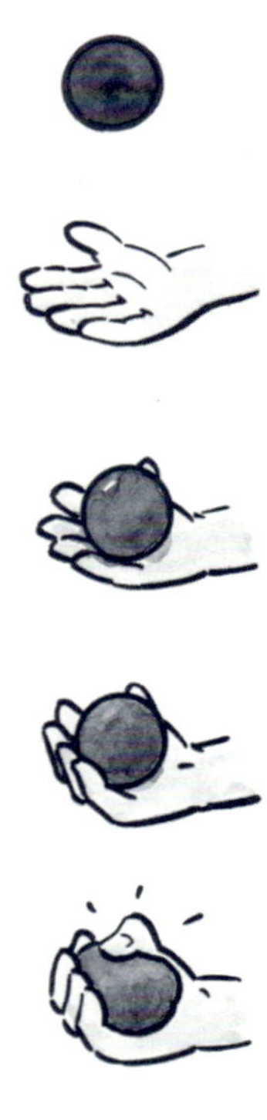

Abb. 2.4: *Die 2. Übung*

Übe hier und auch bei allen weiteren Schritten auch mit der linken Hand. Das Üben mit der ungeschickteren, weniger geschulten Hand übt nämlich einen Effekt auf die geschicktere Hand aus (*Know-how Kontralateraler Transfer*). Die folgenden Übungen sind für Rechtshänder erklärt. Wenn du Linkshänder bist, musst du immer die andere als im Text angegebene Hand verwenden.

KNOW-HOW – Kontralateraler Transfer

Kontralateraler Transfer

Wenn du eine Bewegung mit der rechten Hand lernst, dann lernt automatisch auch die linke Hand mit und umgekehrt. Das gilt aber nicht nur für Handbewegungen, sondern ganz allgemein, also auch für Fußbewegungen oder asymmetrische Bewegungen des ganzen Körpers. Das nennt man **kontralateralen Transfer** (lat. contra = gegenüber; lat. lateral = seitlich; Transfer = Übertragung). Man kann das sinngemäß als „Übertragung von einer auf die andere Seite" übersetzen. Mit dieser Übertragung ist das Bewegungsmuster gemeint.

Der Effekt ist dadurch zu erklären, dass deine beiden Großhirnhälften durch den **Balken** (Corpus callosum) verbunden sind (Abb. 2.5). Dieser stellt mit seinen rund 250 Millionen Einzelleitungen das größte „Einzelkabel" des Menschen dar und dient dem Informationsaustausch und damit der Koordination zwischen den beiden Gehirnhemisphären.

Aus dem Alltag ist dir dieser Effekt bekannt: Du kannst mit deiner Nichtschreibehand schreiben (wenn auch nicht sehr schön), selbst wenn du das nie zuvor geübt hast. Für den Sport hat dieser Transfer eine große Bedeutung, weil das Üben mit der ungeschickteren Seite die Bewegung der geübteren zusätzlich verbessert.

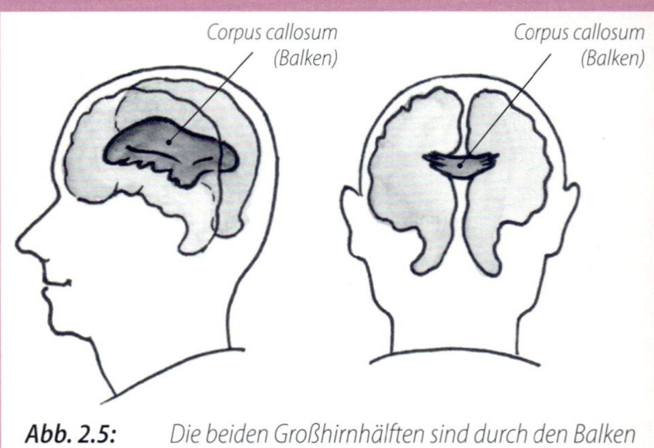

Abb. 2.5: *Die beiden Großhirnhälften sind durch den Balken verbunden, der einen Informationsaustausch und somit einen kontralateralen Transfer ermöglicht.*

3. Übung

Bei dieser Übung wirfst du einen Ball von einer in die andere Hand (Abb. 2.6). Er sollte dabei etwa in Stirnhöhe fliegen. Das ist auch die richtige Höhe für die fertige Kaskade. Mach nach dem Wurf eine kurze Pause, wirf den Ball wieder zurück usw. Achte darauf, dass der Ball eine 8er-Schleife beschreibt, so wie es in Abb. 2.1 dargestellt ist.

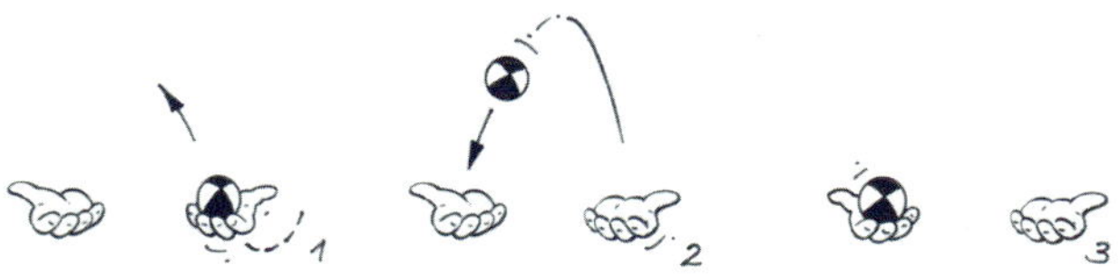

Abb. 2.6: *3. Übung. Um dir die Vorstellung zu erleichtern, ist diese Abbildung seitenverkehrt gezeichnet, so als würdest du dich im Spiegel sehen.*

4. Übung

Eine wichtige Grundlage des Jonglierens ist es, dass man die Augen nicht auf die Hände richtet, sondern auf den höchsten Punkt der Flugbahn. Wenn man geübt ist, kann man die Flugbahn dann auch richtig abschätzen. Die nächste Übung lautet daher, den Ball wie in Übung 3 von einer in die andere Hand zu werfen, aber dabei den Blick ziemlich gerade zu halten, sodass man die Hände nur aus den Augenwinkeln erkennen kann (das nennt man peripheres Sehen). Da man meistens die Hände bei einer Tätigkeit mit den Augen verfolgt, das nennt man **Auge-Hand-Koordination**, ist diese Situation ungewohnt. Du solltest diese Übung daher öfter durchführen, bevor du zur nächsten weitergehst.

5. Übung

Nimm nun in jede Hand einen Ball. Halte ihn mit kleinem Finger und Ringfinger (Abb. 2.7) so, dass du mit den restlichen drei Fingern noch einen zweiten Ball halten kannst. Nimm nun einen **dritten Ball** und wirf ihn wie bei Übung 3 und 4. Diese Situation findest du immer zu Beginn und am Ende des Jonglierens vor. Wenn du diese Übung zehnmal hintereinander geschafft hast, ohne einen Ball fallen zu lassen, so kannst du zur nächsten Übung übergehen.

Abb. 2.7: *zu Übung 5*

Vorübungen

Bis jetzt hast du nur einen Ball geworfen. Bei der nächsten Übung wirst du zwei Bälle werfen. Das ist ein relativ **großer Schwierigkeitssprung**. Die Übung hat auch schon **viel mit der Zielübung gemeinsam**. Deshalb zählt sie bereits zu den Vorübungen. Diese Vorübungen sind der eigentliche **Kern einer MÜR**. Sie zeichnen sich generell durch enge Bewegungsverwandtschaft zur Zielübung aus und sind sogar oft die Zielübung unter erleichterten Bedingungen. Allgemein kann man sagen, dass der Übergang von vorbereitenden Übungen über Vorübungen zur Zielübung fließend ist und man daher manche Übungen nicht zwingend in eine der drei Gruppen einordnen kann.

6. Übung

Bei der ersten Vorübung halte zunächst in jeder Hand einen Ball. Dann wirf den Ball aus der besser geübten Hand in die weniger geübte. Der Anfang ist also so, wie in Übung 3 und 4. Wenn der Ball aber den höchsten Punkt erreicht hat, wirfst du den anderen Ball unter dem ersten Ball durch und fängst beide Bälle wieder auf. Diese befinden sich nun in der jeweils anderen Hand (Abb. 2.8).

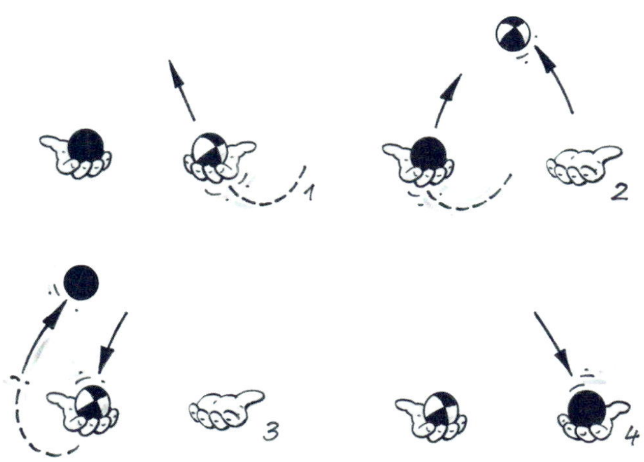

Abb. 2.8: *6. Übung; zwei Bälle vertauschen. Die Abbildung ist seitenverkehrt gezeichnet.*

Wichtig ist, dass die Bälle augenhoch geworfen werden und vor allem, **dass der zweite Ball nicht einfach ohne Wurf von einer in die andere Hand übergeben wird**. Das ist einer der Hauptfehler bei dieser Übung.

Du kannst diese **Übung vereinfachen**, indem du nur wirfst, aber nicht fängst. Die Lage der Bälle am Boden gibt dir dann Aufschluss darüber, wie gut du geworfen hast.

Du kannst diese **Übung erschweren**, wenn du in der geübteren Hand noch einen zweiten Ball hältst, den du jedoch nicht wirfst (quasi eine Kombination von Übung 5 und 6). Diese Übung wird dir mit der ungeschickteren Hand beginnend wesentlich schwerer fallen. Trotzdem ist es wichtig, dass du dich auch dann um eine saubere technische Durchführung bemühst. Generell profitierst du auch für die geübtere Seite, wenn du die ungeübtere mittrainierst (siehe auch *Know-how Kontralateraler Transfer*, Seite 12).

7. Übung

Der letzte Schritt auf dem Weg zur Zielübung ist dreimal zu werfen und zu fangen. Im Gegensatz zur vorigen Übung **wirfst du nun aber alle drei Bälle**. Diese Übung entspricht der fertigen Kaskade, man stoppt die Bewegung allerdings nach drei Würfen ab, um wieder kontrolliert von neuem zu beginnen. In der Ausgangsstellung befinden sich in der geübteren Hand zwei Bälle. Du beginnst mit der geschickteren Hand. Der nächste Ball wird immer dann geworfen, wenn der vorherige den höchsten Punkt erreicht hat. Am Ende sollten sich dann in der ungeübteren Hand zwei und in der geübteren Hand ein Ball befinden (Abb. 2.9). Übergib nun einen Ball aus der ungeübteren Hand in die geübtere und beginne von Neuem. Du kannst diese Übung vereinfachen, indem du die Bälle nur wirfst, aber nicht fängst (siehe auch Übung 6).

Natürlich solltest du auch mit der ungeübteren Hand beginnend üben. Wenn du dann beide Seiten beherrschst, kannst du immer abwechselnd mit links und rechts beginnen, ohne dass du vorher einen Ball übergeben musst.

Abb. 2.9: *7. Übung*

Wichtig ist es, dass du von Zeit zu Zeit versuchst, so viele Würfe wie möglich zu machen. Sonst wirst du nämlich später eventuell Probleme haben, ein viertes Mal zu werfen, weil das Verhaltensmuster schon zu sehr eingeschliffen ist.

Zielübung

8. Übung

Wenn du Übung 7 zehnmal hintereinander durchführen kannst, ohne dass du einen Ball verlierst, kannst du zur Zielübung übergehen, der fortlaufenden Kaskade.

Nun kannst du die Zahl der Würfe erhöhen, d.h. viermal werfen, fünfmal werfen ... Vergiss dabei nicht, auch zwischendurch immer wieder mit der weniger geübten Hand zu beginnen, um diese nicht zu vernachlässigen.

Mit dem Erreichen der Zielübung ist der Lernprozess jedoch noch nicht abgeschlossen.
Du kannst die **Übung erschweren**, indem du mit drei verschieden schweren Bällen jonglierst oder überhaupt mit drei verschiedenen Gegenständen. Oder du kannst versuchen, dabei auf einem Bein zu stehen oder das Tempo immer mehr zu erhöhen. Du kannst die **Übung verändern**, indem du ganz klein oder ganz groß jonglierst oder unter deinem angehobenen Bein. Und du kannst die **Übung** mit anderen Tricks **verbinden**, die du später noch dazulernen wirst.

Diese angeführten Übungen lassen sich beliebig erweitern oder kürzen, also auf die jeweilige Person individuell zuschneiden. Das ist eine der ganz großen Stärken einer MÜR. So können die Übung 6 und 7 zunächst ohne Fangen der Bälle durchgeführt werden. Treten bei der Kaskade technische Schwierigkeiten auf, so kann man diese gezielt ausmerzen (siehe *Know-how Kaskade: Fehler und Korrekturen*).

Kaskade: Fehler und Korrekturen

Fehler	Korrekturmöglichkeit
Ball wird übergeben und nicht geworfen	Zweimal werfen ohne zu fangen, Konzentration auf den Wurf
Ein Ball wird zu weit nach vorne geworfen	Nur einen oder zwei Bälle werfen, Konzentration auf die Wurfebene; Jonglieren vor einer Wand; zweimal werfen, ohne zu fangen, Kontrolle der Lage der Bälle
Abwurf immer zu spät	Helfer/in oder Übende/r selbst gibt akustisches Signal, wenn der zuvor geworfene Ball den höchsten Punkt erreicht hat
Würfe werden immer weniger hoch	Der Abwurf erfolgt immer zu spät, Korrektur siehe oben
Schultern und Hände zu hoch	Eine oder mehr Übungen zurück und Konzentration auf die richtige Armhaltung
Jonglage zu eng, Bälle stoßen zusammen	Eine oder mehr Übungen zurück und Konzentration auf die richtige Handhaltung

Aufgabe
Versuche aus dem Gedächtnis die MÜR zum Erlernen der Kaskade aufzuschreiben. Welche sind die vorbereitenden Übungen und die Vorübungen? Wie lässt sich die Zielübung erschweren? Welche typischen Fehler treten beim Erlernen auf, und wie kann man diese beheben?

Leichtathletik: Der Flopsprung

Sehen wir uns als weiteres Beispiel für eine MÜR eine **Übungsreihe für den Flopsprung in der Leichtathletik** an. Die Phasenstruktur des Flopsprunges ist in Abb. 2.10 dargestellt. Man kann den Ablauf der Bewegung in

Abb. 2.10: *Übersicht über die Phasen des Flops: 1 und 2 Anlauf, 3 Absprung, 4 Steigphase, 5 Lattenüberquerung, 6 Landung*

Anlauf, Absprung, Flug und Landung unterteilen. Da die Gesamtbewegung sehr komplex ist, wird sie in Übungen zur Schulung von Anlauf und Absprung (Abb. 2.11 bis 2.13) sowie von Flugphase und Landung (Abb. 2.14 und 2.15) unterteilt. Zum Schluss werden die Teilphasen zusammengefügt. Man könnte alle diese Übungen als **vorbereitende Übungen** bezeichnen.

Die **Vorübung** wäre ein Üben der Gesamtbewegung unter vereinfachten Bedingungen, etwa ein Flopsprung mit zunächst nur drei Anlaufschritten. Ziel ist ein Sprung mit sechs bis acht Beschleunigungsschritten und drei bis vier den Absprung vorbereitenden Schritten.

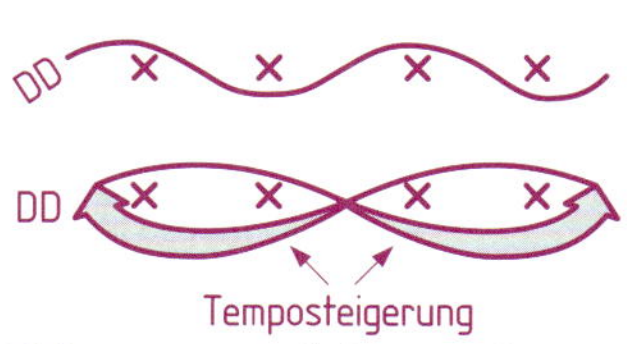

Abb. 2.11: *Slalom- und Achterläufe*

Abb. 2.12: *Sprünge aus dem Kurvenlauf*

Abb. 2.13: *Absprünge auf einen Mattenberg*

Abb. 2.14: *Kosakensprünge*

Abb. 2.15: *Standflop*

Gerätturnen: Der Flick-Flack

Das Durchführen einer MÜR ist dann besonders wichtig, wenn die zu erlernende Bewegung bei falscher Ausführung zu **Verletzungen** führen kann. Das ist zum Beispiel beim Flick-Flack der Fall (Abb. 2.16). Dieses wichtige Element im Gerätturnen ist für völlig Ungeübte nicht ganz ungefährlich bei der Durchführung. Daher muss man Schritt für Schritt vorgehen.

Abb. 2.16: *Flick-Flack oder, terminologisch exakt, ein Handstützüberschlag rückwärts*

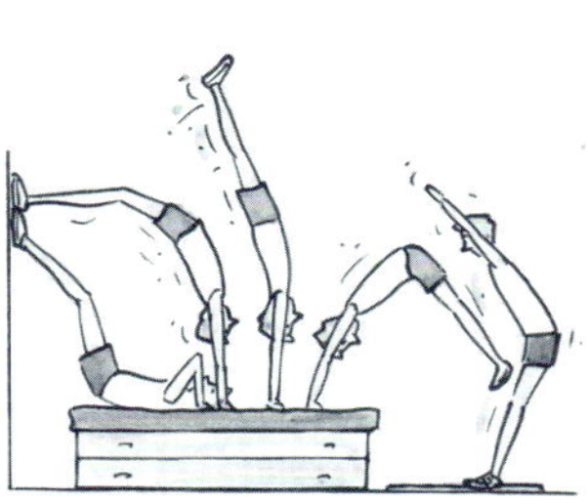

Abb. 2.17: *Hochwölben aus dem Handstand mit gespannter Hüfte und überstreckten Schultern*

Abb. 2.18: *Knie strecken und Arme fest gegen die Matte schwingen*

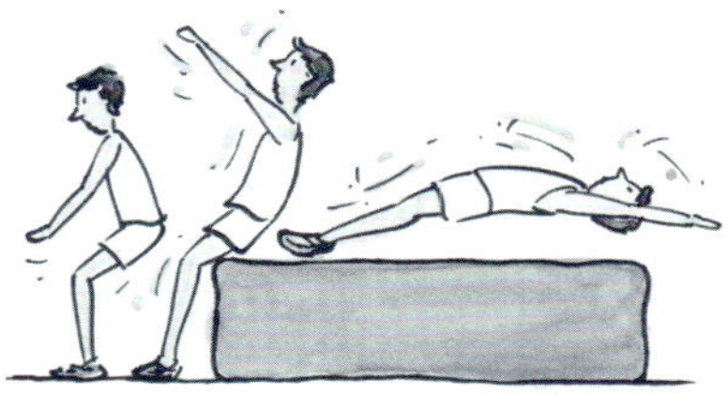

Abb. 2.19: *Strecksprung rückwärts in die Rückenlage*

Abb. 2.20: *über einen Gymnastikball oder eine Mattenrolle in den Handstand rollen*

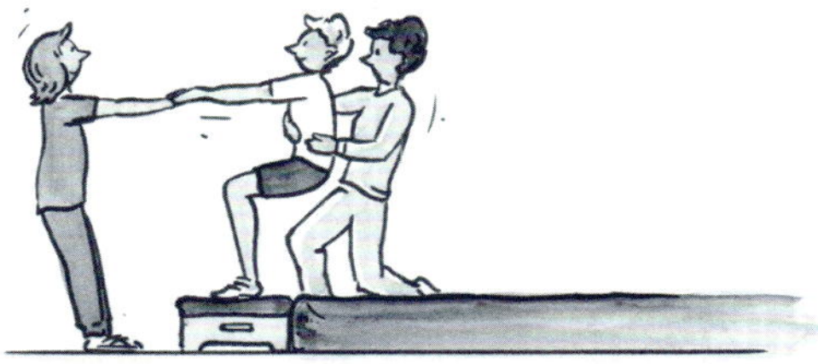

Abb. 2.21: *Flick-Flack in der fertigen Bewegung, aber mit Unterstützung durch eine/n Helfer/in*

Bei den **vorbereitenden Übungen** werden einzelne Teile der Bewegung wie der Abdruck der Beine oder das Hochwölben isoliert geübt (Abb. 2.17 bis 2.19). Eine **Vorübung**, die die Zielübung unter erleichterten Bedingungen darstellt, siehst du in Abb. 2.20. Weil man langsam über den Ball rollt, stimmt natürlich die Dynamik noch nicht. Auch die Übung in Abb. 2.21 kann zunächst langsam durchgeführt werden und mit starker Unterstützung bei Rücken und Oberschenkel durch den/die Helfer/in. Nach und nach kann man diese Hilfe weglassen, bis man bei der Zielübung angelangt ist.

An den Beispielen aus Jonglieren, Leichtathletik und Geräturnen kannst du Grundsätze erkennen, die für alle methodischen Übungsreihen gelten:

Vom Einfachen zum Komplizierten!
Vom Leichten zum Schweren!
Vom Bekannten zum Unbekannten!

Wenn eine Übung momentan zu schwer ist, geht man wieder einen Schritt in der MÜR zurück. Oder man denkt sich noch eine etwas erleichterte, zusätzliche Zwischenübung aus. Standard-Übungsreihen garantieren keineswegs von vornherein den Erfolg. Man muss eine MÜR auf die Vorkenntnisse und die Begabung des/der Übenden abstimmen. Das erfordert sehr viel Fingerspitzengefühl.

Neben den methodischen Übungsreihen gibt es auch noch den **direkten Weg zur Leistung**. Im Falle des Jonglierens wäre das, gleich mit der fortlaufenden Kaskade zu beginnen. Dieser Weg ist für besonders Talentierte Zeit sparend. Normal talentierte Schüler/innen werden aber damit überfordert sein und bald den Spaß daran verlieren.

Charakteristisch für eine noch nicht ökonomische und fein regulierte Bewegung sind überflüssige und „eckige" Bewegungen. Meistens sind dann auch noch Muskeln beteiligt, die dafür gar nicht nötig sind. Man spricht von der so genannten **Grobform**: Das innere Bewegungsmodell ist dann nicht präzise genug und nicht auf die wesentliche Bewegung reduziert. Wird die Bewegung dann rund, „geschliffener", spricht man von **Fein- und Feinstkoordination**.

Der Entschluss zur Bewegung entsteht in den Assoziationsfeldern des Großhirns und wird zu den sogenannten motorischen Feldern geleitet, wo es für alle Muskelpartien spezielle Nervenzellen gibt. Die Grobform einer Bewegung ist im Gehirn dadurch gekennzeichnet, dass Gehirnstrukturen mitaktiviert werden, die nicht unmittelbar für die Bewegung wichtig sind. Dadurch kommen die überflüssigen und unkoordinierten Bewegungen zustande. Im Laufe des Trainingsprozesses kommt es jedoch im Gehirn zu einer Konzentration auf die für die Bewegung wichtigen Gebiete (Abbildung 2.22). Gehirnregionen, die an dieser Bewegung nicht beteiligt sind, werden dann auch nicht einbezogen.

Damit bewahrheitet sich der alte Spruch: Übung macht den Meister!

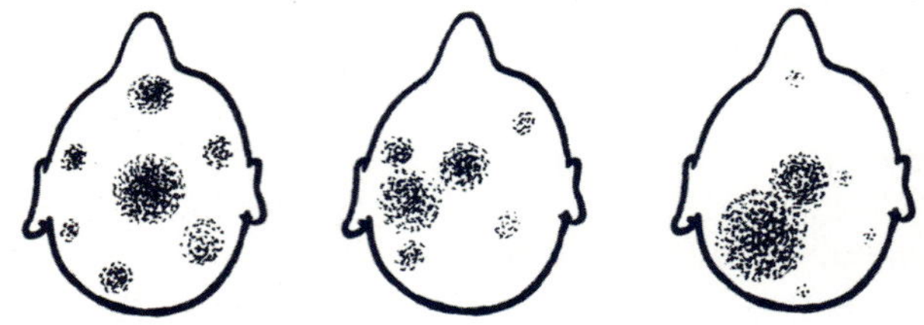

Abb. 2.22: *Die EEG-Ableitungen bei Sportlern verschiedener Qualifikation: EEG-Ableitungen zeigen die elektrischen Aktivitäten von Gehirn-Regionen. Gemessen wird mit Hilfe von Elektroden, die auf der Kopfhaut angebracht werden.*

Frage 3
Welche Vorteile hat eine MÜR gegenüber der Ganzheitsmethode?

Frage 4
Was versteht man unter vorbereitender Übung, Vorübung und Zielübung? Versuche, möglichst viele Beispiele dazu zu finden.

Frage 5
Was versteht man unter dem kontralateralen Transfer und wo ist dieser von Bedeutung?

Aufgabe 6
Nimm eine der in diesem Kapitel vorgestellten Bewegungen auf Video auf und überprüfe, wie sauber du die Bewegung durchführst. Wie könntest du etwaige Technikfehler durch Zurückgehen in der MÜR ausbessern?

Aufgabe 7
Überlege dir eine neue Bewegung, die du im Unterricht Bewegung und Sport lernen möchtest. Suche dir dazu im Internet eine MÜR, die du dann praktisch umsetzt.

Literatur

APOLIN Martin: Jonglieren ist keine Kunst. edition aragon 2008, 2. Auflage
BAUERSFELD Karl-Heinz / SCHRÖTER Gerd: Grundlagen der Leichtathletik. Sportverlag, Berlin 5. Aufl. 1998
FETZ Friedrich: Leibesübungen für 6- bis 15-jährige. Österreichischer Bundesverlag, Wien 1976
SCHMIDT Gerhard: Handbuch für den Übungsleiter. Wien, Österr. Turn- und Sportunion 1973
WEINECK Jürgen: Sportbiologie. Spitta, Balingen 9. Aufl 2004.

3 Grundlagen der Biomechanik

Analyse einfacher Bewegungen

1 Frage
Was versteht man in der Physik unter Mechanik? Überlege außerdem, was das Wort Biomechanik bedeuten könnte!

2 Frage
Was versteht man unter einer methodischen Übungsreihe (MÜR)? Lies nach in Kap. 2, Seite 11.

3 Frage
Wie haben sich die Techniken im Skispringen, Skifahren, Skilanglauf und im Hochsprung mit den Jahren entwickelt? Wie waren sie früher, wie sind sie jetzt? Warum verändern sich Techniken mit der Zeit?

Für jede **sportliche Bewegung** gibt es eine bestimmte **Technik**. Diese stellt eine Art **Idealmodell** dar, sei das nun beim Kraulen, beim Handstandüberschlag oder beim Sprintstart. Das **Idealmodell** entsteht durch **jahrelange Erfahrung** von Trainern und Trainerinnen sowie Athleten und Athletinnen und kann sich daher auch mit der Zeit verändern. Ein gutes Beispiel dafür ist die V-Technik beim Skispringen (siehe Kap. 13), die die klassische Technik (parallele Skistellung) abgelöst hat. Weitere Beispiele sind die Veränderung im Skilauf durch die Carving-Ski (Kap. 12) oder der Flop in der Leichtathletik (Kap. 10), der den Wälzer abgelöst hat. Beim Skilanglauf ist die Skating-Technik die „moderne Technik", jedoch ist auch die klassische Technik bestehen geblieben.

Abb. 3.1: *links klassische Technik mit Diagonalschritt, rechts moderne Skating-Technik, die sich in den 1980ern durchgesetzt hat*

Aufgrund der verschiedenen körperlichen Eigenschaften kann das Idealbild der Technik nicht 1:1 auf jede/n Sportler/in übertragen werden. Es liefert aber einen sehr guten **Ausgangspunkt** beim Erlernen einer neuen Bewegung. Ist der/die Sportler/in später geübter, dann wird er/sie seinen/ihren **persönlichen Stil** ausbilden. An diesem sind viele Sportler/innen sofort erkennbar, etwa beim Skifahren oder beim Laufen.

Methodische Übungsreihen (siehe Kap. 2) sind ein wichtiges Element beim Erlernen einer neuen Bewegung, weil sie einen einfachen Weg zur Zielübung zeigen. Einen wesentlichen Beitrag zur Bewegungslehre leistet aber auch die Biomechanik. **Was bedeutet Biomechanik?**

Die Mechanik ist ein Teilgebiet der Physik und befasst sich mit der Bewegung. Die Vorsilbe „Bio-" zeigt, dass bei der Biomechanik Lebewesen im Spiel sind. Biomechanik allgemein ist die Wissenschaft von der Beschreibung von Bewegungen in biologischen Systemen. **Die Biomechanik des Sports beschreibt sportliche Bewegung aus der Sicht der Physik.** Sie liefert die Grundlagen für Trainingslehre und Sportmethodik.

Der menschliche Körper unterliegt wie alles andere den physikalischen Gesetzen. Die Biomechanik gibt Aufschluss über Methoden und Gesetzmäßigkeiten des Körpers bei Bewegungen, aber auch wie und warum diese passieren. Eine der Aufgaben der Biomechanik ist der Vergleich zwischen **Ist-Wert** und **Soll-Wert**.

Der Soll-Wert beschreibt die ideale Bewegung. Der Ist-Wert beschreibt die Bewegung, die der/die Sportler/in ausführt. Die Biomechanik gibt Aufschluss darüber, inwieweit sich Ist-Wert und Soll-Wert voneinander unterscheiden (Abb. 3.2). Man kann also auf diese Weise gröbere, aber auch sehr kleine technische Fehler erkennen und durch spezielles Training ausmerzen.

Abb. 3.2: *möglicher Ist-Wert (a bis d) und Soll-Wert (e) der Körperhaltung beim Jonglieren (siehe auch Kap. 2). a) zu viel Vorlage, b) Kopf zu sehr eingezogen, c) zu viel Rücklage, d) Hände zu hoch, e) ideale, entspannte Position*

Wie schon erwähnt, gibt es nicht eine Idealposition bzw. -bewegung, sondern für jeden Sportler/jede Sportlerin und für jeden Könnensstand eine eigene. Das liegt an den verschiedenen Körpermaßen und den unterschiedlichen konditionellen Fähigkeiten. Wenn im Folgenden Beispiele gegeben werden, dann sind diese als möglicher Ausgangspunkt **für das Erlernen** einer Bewegung oder einer Position anzusehen.

Exakte Biomechanik, die auch die äußeren und inneren Kräfte mit einbezieht, ist extrem komplex und erfordert Hightech wie Kraftmessplatten (Messen die Kräfte am Boden), Körpersensoren (etwa Messen von Beschleunigungen der Arme und Beine) oder Hochgeschwindigkeits-Videokameras. Die folgenden Beispiele sind so gewählt, dass man sie mit einer einfachen Bild- oder Videokamera im Rahmen des Unterrichts ausprobieren kann.

Der Sprintstart

4 Frage
Welchen Abstand von der Startlinie und zueinander sollten die Startblöcke beim Sprintstart haben? Welchen Abstand sollten die Hände voneinander haben? Welches Bein sollte man auf den vorderen Startblock stützen, welches auf den hinteren? Und kannst du alle deine Antworten auch begründen – und wie?

5 Frage
Bei welchen Laufstrecken in der Leichtathletik wird im Tiefstart gestartet?

6 Frage
Schätze die günstigsten Winkel des vorderen und hinteren Knies in der „Fertig"-Stellung ab!

Bei allen Sprintläufen (60 m bis 400 m) **muss** der Athlet/die Athletin mit einem **Tiefstart** beginnen. Das verlangen die leichtathletischen Regeln. Trotzdem sollten Anfänger/innen, die noch über geringe konditionelle Voraussetzungen verfügen, im Sinne der methodischen Übungsreihe (Kap. 2) zunächst den **Hochstart** erlernen und dann erst zum Tiefstart übergehen.

„Auf die Plätze"-Position

Diese Position ist Voraussetzung dafür, dass sich der/die Sprinter/in gut auf den Start konzentrieren kann und in der darauf folgenden Phase eine günstige Abdruckposition erreicht.
Die Körperhaltung wird vor allem von der Anordnung der Startblöcke bestimmt. Allgemein hat sich die Tendenz zur **mittleren Startstellung** durchgesetzt. Der vordere Block ist dabei etwa **zwei Fußlängen** von der Startlinie entfernt, der hintere **eine weitere Fußlänge** (Abb. 3.3 und Abb. 3.4). Diese Startblockstellung ermöglicht später die Einnahme einer sehr günstigen „Fertig"-Position (siehe Abb. 3.5).

Das sprungkräftigere Bein wird in der Regel am vorderen Block aufgesetzt, weil es mit rund 2/3 den größeren Anteil am Abdruck hat (siehe Abb. 3.6). Es kann allerdings sein, dass du dich mit umgekehrter Beinstellung besser fühlst und auch besser aus den Blöcken kommst. Dann solltest du das Sprungbein auch auf den hinteren Startblock geben.

Um aus dem Stand in die „Fertig"-Position zu kommen, steigst du von vorne in die Startblöcke hinein und stützt die Hände auf, bevor du die Füße gegen die Startblöcke drückst. Die Hände greifen etwa schulterbreit so auf, dass Zeigefinger und Daumen die Startlinie gerade nicht berühren. Das Gewicht sollte gleichmäßig auf alle Unterstützungspunkte verteilt werden, damit du dich entspannen kannst (Abb. 3.4).

„Fertig"-Position

In der „Fertig"-Position versucht man, einen optimalen Beugewinkel der Beine und eine gute Vorspannung der Beinmuskulatur zu erzielen. **Die günstigen Kniewinkel sind rund 90° beim vorderen und 110° bis 120° beim hinteren Bein** (siehe Abb. 3.5), hängen jedoch sehr stark von der Wahl des Blockabstandes ab. Durch die Vorspannung der Beinmuskulatur erreicht der/die Sprinter/in, dass er/sie so schnell wie möglich nach dem Startsignal aus den Blöcken drücken kann.

Weiters ist der/die Sportler/in bestrebt, eine **nicht allzu stabile Lage** einzunehmen. Wäre die Stabilität zu groß, so würde der Startvorgang zu lange dauern, weil der/die Sprinter/in erst nach vorne kippen muss. Geringe Stabilität erreichst du, wenn du den Körperschwerpunkt möglichst weit nach vorne schiebst (siehe auch Abb. 8.13, Kap. 8). Das Becken sollte etwas höher als die Schultern liegen, der Blick sollte nach unten, und nicht nach vorne gerichtet sein.

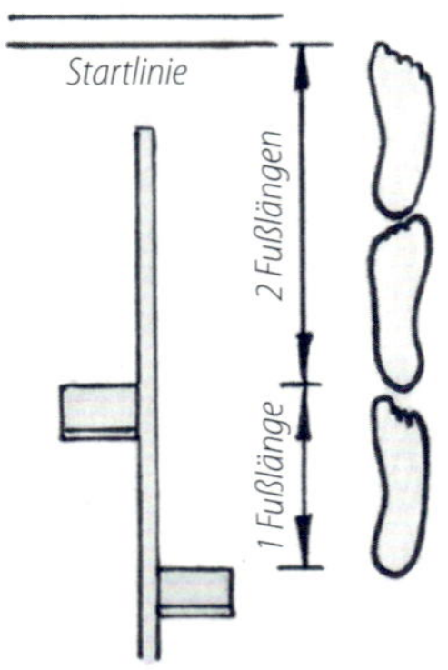

Abb. 3.3: *mittlere Startstellung*

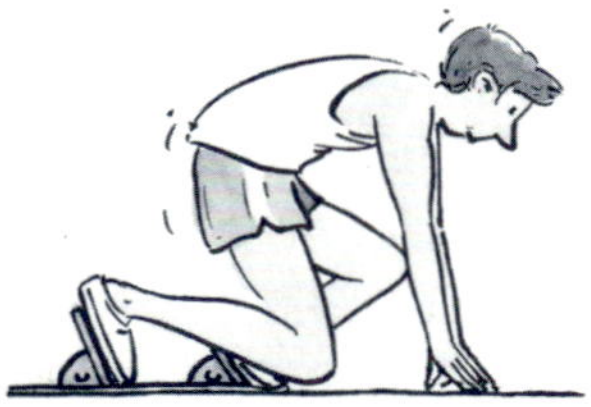

Abb. 3.4: *„Auf die Plätze"-Position von der Seite*

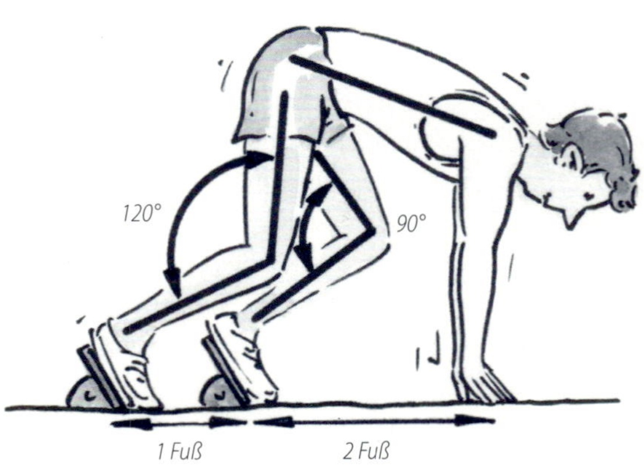

Abb. 3.5: *Idealbild einer „Fertig"-Position bei mittlerer Startblockstellung*

7

Aufgabe

Lass deine „Fertig"-Position fotografieren. Trage in dieses Bild die Kniewinkel ein (wie in Abb. 3.5) und überprüfe auch die Lage der Achse Becken/Kopf. Sollte deine Position sehr stark von der idealen abweichen, solltest du unter Mithilde anderer die neue Position „einstudieren" und nochmals durch ein Foto überprüfen.

Die Reaktionszeit

8

Frage

Wie könnte man den Begriff Reaktionszeit allgemein definieren? Wie könnte man die Reaktionszeit speziell im Sprint definieren und messen? Wie kann man, technisch unterstützt, Fehlstarts erkennen?

9

Frage

Wieso gibt es bei großen Leichtathletikmeetings hinter jedem Startblock einen Lautsprecher? Wie lautet die aktuelle Fehlstartregel beim Sprint? Wie lautete sie früher, und warum wurde sie geändert?

Unter **Reaktionszeit** versteht man allgemein jene Zeit, die vom Geben eines Signals bis zum Beginn einer messbaren Reaktion verstreicht. Die Reaktionszeit hängt stark von der Art des Reizes ab (siehe Tab. 3.1) und natürlich auch von der Person. Beim Sprintstart bezeichnet man als Reaktionszeit die Zeit **zwischen Startschuss und dem ersten Anstieg der Kraft**, der an den Blöcken gemessen werden kann (siehe Abb. 3.6). Nicht gemeint ist die Zeit bis zur ersten sichtbaren Bewegung. Diese wäre nämlich wesentlich länger. Daran und an der Abhängigkeit der Reaktionszeit vom Reiz siehst du, dass sich Zeitangaben schwer oder gar nicht miteinander vergleichen lassen, weil sie auf unterschiedlichste Weise zustande kommen können. Ermittle deine persönliche optische Reaktionszeit mit Hilfe des Fallstabtests (siehe Abb. 4.16, Kap. 4).

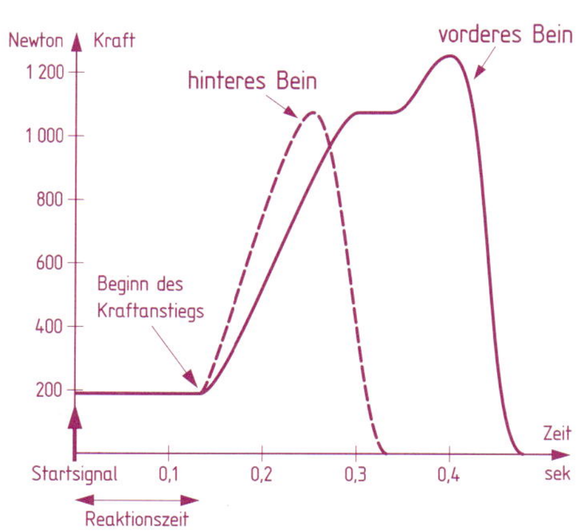

Abb. 3.6: *schematischer Kraftverlauf beim Abdruck aus dem Startblock. Die Reaktionszeit liegt in diesem Beispiel bei etwa 0,13 s. Somit liegt ein gültiger Start vor. Das hintere Bein liefert etwa 1/3, das vordere 2/3 des gesamten Kraftstoßes.*

Art der Reaktion	Mindestreaktionszeit
Berührungsreiz	0,09 s
akustisches Signal	0,12 s
optisches Signal	0,15 s

Tab. 3.1: *Mindestreaktionszeiten auf verschiedene Reize. Diese Werte sind als Richtwerte für Untrainierte anzusehen. Reaktionen auf optische Signale sind deshalb relativ langsam, weil die „Übersetzung" des Signals im Auge länger dauert als im Ohr.*

Bei großen Veranstaltungen verfügen die Startblöcke über eine **automatische Fehlstartkontrolle.** Fehlstarts, die sehr kurz vor oder mit dem Schuss erfolgen, sind nämlich mit freiem Auge nicht zu sehen. **Als Fehlstart gilt, wenn früher als 0,1 s nach dem Schuss die Kräfte am Block zu steigen beginnen (siehe Abb. 3.6).** Biomechanische Untersuchungen haben nämlich ergeben, dass es auszuschließen ist, dass dies ein/e Sprinter/in schafft. Diese Annahme wird auch durch die Reaktionszeitprotokolle unterstützt, die von großen Wettkämpfen vorliegen *(Know-how Reaktionszeit und Fehlstart).*

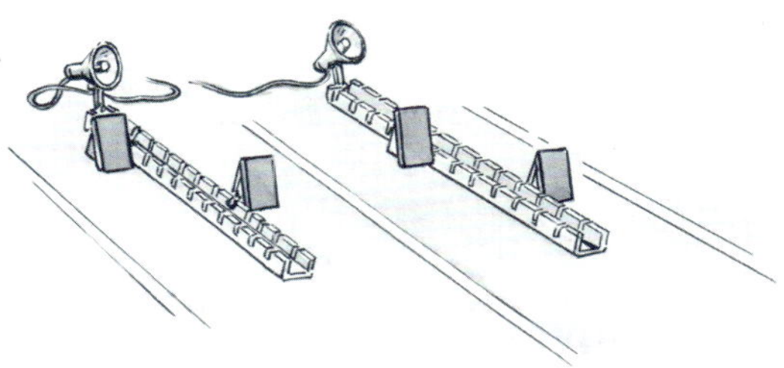

Abb. 3.7: *Lautsprecher hinter den Startblöcken, um faire Bedingungen zu schaffen*

Jeder Startblock verfügt über einen eigenen **Lautsprecher.** Der Schall hat eine Geschwindigkeit von rund 330 m/s. Für jeden Meter braucht die Schallwelle daher rund 0,003 s, und das würde, ohne Lautsprecher, weiter von der Startpistole entfernte Sportler/innen benachteiligen – denn im Sprint zählt jede Hundertstel Sekunde! Bei kleinen Meetings ohne diese Vorrichtung muss man allerdings etwaige geringfügige Abweichungen in Kauf nehmen.

KNOW-HOW

Reaktionszeit und Fehlstart

Bei größeren Meetings werden die Reaktionszeiten durch Messung der Kräfte am Startblock ermittelt und scheinen in der Ergebnisliste auf (Tab. 3.2). Diese Daten zeigen, dass die Reaktionszeiten der Sprinter/innen meistens weit über der als **Minimalreaktionszeit** angenommenen 0,1 s liegen.

Nach den Regeln des internationalen Leichtathletikverbandes ist seit 2002 nur mehr **ein Fehlstart pro Lauf** erlaubt. Wer auch immer einen weiteren Fehlstart verursacht, wird disqualifiziert. Früher durfte **jede/r Athlet/in einen Fehlstart** verursachen. Die alte Regelung führte aber teilweise zu extremen Verzögerungen bei Sprintbewerben und wurde daher geändert.

Platz	Name	Endzeit	Reaktionszeit
1	Maurice Greene	9,82	0,132
2	Tim Montgomery	9,85	0,157
3	Bernard Williams	9,94	0,146
4	Ato Boldon	9,98	0,148
5	Dwain Chambers	9,99	0,160
6	Kim Collins	10,07	0,162
7	Christian Malcom	10,11	0,142
8	Abdul Aziz Zakari	10,24	0,148

Tab. 3.2: *Reaktionszeiten beim Finallauf der WM 2001, gemessen am ersten Kraftanstieg am Startblock (Quelle: IAAF). Die beste Reaktionszeit lag bei 0,132 und somit mehr als 0,03 s über dem als Minimum angenommenen. Wert.*

Die Startaktion

Nach dem Startschuss geht es darum, so schnell wie möglich aus den Blöcken zu kommen. Man spricht von der **Startaktion**. Diese wird durch den annähernd gleichzeitigen Abdruck von Beinen und Armen eingeleitet. Da das hintere Bein in der „Fertig"-Position stärker gestreckt ist (Abb. 3.5), löst es sich auch früher vom Startblock und liefert daher nur rund 1/3 des Kraftstoßes (siehe auch Abb. 3.6). Das vordere Bein hat somit eine größere Bedeutung für die Geschwindigkeit der Startaktion. Daher sollte es auch das kräftigere Bein sein, das normalerweise auch das **Sprungbein** ist (*Know-how Sprungbein*).

KNOW-HOW

Sprungbein
Woher weißt du, welches Bein das Sprungbein ist? Ein bekannter Test geht so: Du schubst eine Person unvermutet von hinten an. In der Regel wird sie mit dem Sprungbein nach vorne steigen. Das Problem ist aber, dass dieser Test natürlich nur funktioniert, wenn man ihn **nicht** kennt.
Eine exaktere Methode ist, mit jeweils einem Bein einen **Dreier-Hopp** (Kap. 4) oder einen ähnlichen Schnellkrafttest durchzuführen. Das Bein, mit dem du die bessere Leistung erzielst, ist dein Sprungbein und sollte daher im Startblock vorne sein.

Gute Sprinter/innen erreichen beim Abdruck aus dem Startblock Geschwindigkeiten von 3,5 bis 4 m/s. Die Maximalgeschwindigkeit beim Sprint im Weltklassebereich beträgt etwa 12 Meter pro Sekunde. Rund 1/3 dieser Geschwindigkeit wird also schon durch die Startaktion erreicht. Das unterstreicht, dass Sprinter/innen auch über eine sehr gut ausgeprägte Maximal- und Schnellkraft verfügen müssen.

Abbildung 3.8 zeigt das **kontinuierliche Aufrichten** des Körpers bei den ersten Schritten. Ein **häufiger Anfänger/innenfehler** ist es, in dieser Phase **den Kopf zu sehr in den Nacken zu ziehen** und nach vorne in Richtung Ziel zu blicken. Dadurch wird aber das zu schnelle Aufrichten des Oberkörpers begünstigt, das sich wiederum schlecht auf die Beschleunigungsphase auswirkt. Der Blick sollte daher zu Beginn des Sprints auf den Boden gerichtet sein. Das kann man recht leicht mit einer Videokamera von schräg vorne überprüfen.

Ein häufiger Fehler bei Ungeübten ist weiters, dass sie bei den ersten Schritten „einbrechen". Damit meint man, dass sich der Körperschwerpunkt wieder senkt und man im schlimmsten Fall damit kämpfen muss, nicht hinzufallen. Das ist dann der Fall, wenn man sich **zu flach** aus den Startblöcken drückt bzw. wenn das **Becken** in der Startposition **zu hoch** ist. Überprüfe daher mit der Videokamera auch die Flüssigkeit der ersten Schritte nach der Startaktion (siehe Abb. 3.8).

Hochsprung

Frage 10
Mit welchem Bein springt man beim Flop relativ zur Latte ab, mit dem inneren oder dem äußeren? Von welcher Seite musst du anlaufen, wenn du mit dem rechten bzw. linken Bein abspringst?

Frage 11
An welcher Stelle der Latte und in welcher Entfernung sollte der Absprung erfolgen? Was ist in Bezug auf den letzten Fußaufsatz zu beachten? Wie sollte die Körperhaltung zum Zeitpunkt des Überquerens der Latte sein?

Die Gesamtbewegung bei einem Flop-Sprung kann in die **Phasen oder Abschnitte Anlauf, Absprung, Flug und Landung** unterteilt werden (siehe auch Kap. 10). Die biomechanische Beschreibung des Hochsprungs ist deshalb sehr schwer, weil es sich dabei um eine 3-dimensionale Bewegung handelt, bei der der Körper verschiedene Dre-

Abb. 3.8: *Ein Sprintstart wurde mit einer Hochgeschwindigkeitskamera gefilmt. Mit diesen Daten wurde diese „Strichmännchen"-Sequenz des Sprintstarts gezeichnet. Die Überprüfung der Kopfhaltung kann aber auch durch die Standbildfunktion einer guten Videokamera überprüft werden. Wichtig ist, dass Sprinter/innen den Blick in dieser Phase auf den Boden richten und den Kopf nicht in den Nacken ziehen.*

hungen im Raum durchführt. Im Gegensatz dazu ist der Sprint eine mehr oder weniger 2-dimensionale Bewegung.

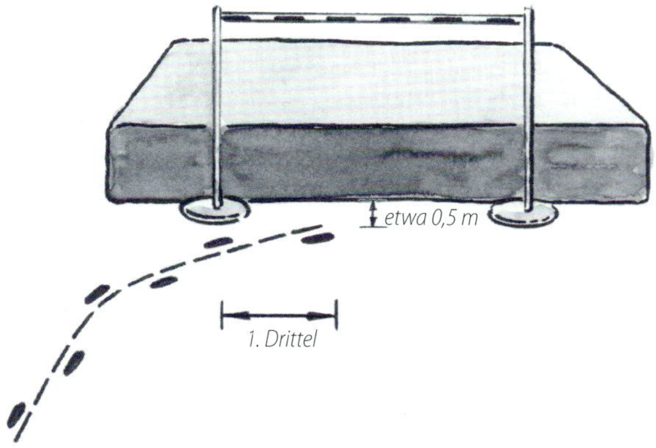

Abb. 3.9: *Anlaufgestaltung und Lage des Absprungpunktes beim Flop*

Der Anlauf beim Flop erfolgt in einem Bogen (siehe Abb. 3.9). Der Flop ist ein so genannter **Außenbeinsprung**. Du springst also mit dem lattenfernen Bein ab. Wenn du mit dem rechten Bein abspringst, musst du daher von links anlaufen.
Zu Beginn des Anlaufs stehst du **frontal** zur Hochsprunganlage. Schulterachse und Latte sind in dieser Phase zueinander parallel. Der Anlauf hat etwa die Form eines Viertelkreises. Du springst daher so ab, dass die Schulterachse zirka normal zur Latte liegt. Da die gesamte Bewegung sehr kompliziert ist, greifen wir fünf leicht zu überprüfende Kriterien heraus. Diese können entweder mit dem freien Auge (1) oder mit einer Videokamera überprüft werden (2 bis 5).

1) Zunächst kann **der Anlaufweg** ganz einfach ohne technische Hilfsmittel von einer Klassenkollegin / einem Klassenkollegen überprüft werden. Wichtig ist, dass er in Bogenform erfolgt und nicht gerade. Dadurch kommt es nämlich zu einer leichten Innenlage, wodurch der Beschleunigungsweg beim Absprung verlängert wird (siehe auch Abb. 10.13, Kap. 10).

2) Ein wichtiges Kriterium ist der **Aufsatzpunkt des Fußes** beim Absprung (Abb. 3.9). Als Richtwert gilt dabei, dass du etwa 0,5 m von der Latte entfernt sein solltest. Bist du zu nahe, musst du zu steil springen. Bist du zu weit weg, erreichst du den höchsten Punkt der Flugbahn vor der Latte und verschenkst daher wertvolle Höhe. Natürlich hängt diese Distanz aber von der Sprunghöhe ab. Im Weltklassebereich springt man etwa 1 m von der Latte entfernt ab.
Außerdem sollte der Absprung **im ersten Drittel der Latte** erfolgen (Abb. 3.9). Dann fliegst du nämlich über die Mitte der Latte, wo diese am stärksten durchhängt, und ersparst dir einige Zentimeter.

3) Der Fuß sollte beim Abdruck so aufgesetzt werden, dass er entweder **parallel zur Latte ist oder leicht zu ihr hinzeigt** (Abb. 3.9). Niemals soll jedoch die Fußspitze von der Latte wegzeigen. Das würde nämlich begünstigen, dass du dich zu sehr „auf die Matte legst" und zu wenig in die Höhe springst.

4) Ein sehr wichtiges Kriterium ist die **Kreuzhohlhaltung** (Abb. 3.10) zum Zeitpunkt der Lattenüberquerung. Wird diese nicht eingehalten und ist das Gesäß der tiefste Punkt, was im Anfängerbereich sehr oft vorkommt, verschenkt man wertvolle Zentimeter. Die Kreuzhohlhaltung kann man durch spezielle Vorübungen trainieren (siehe Abb. 2.14, Kap. 2).

Abb. 3.10: *extreme Kreuzhohlhaltung zum Zeitpunkt der Lattenüberquerung: kein Zentimeter wird verschenkt*

5) Außerdem kann von der Seite betrachtet sehr leicht überprüft werden, ob die **höchste Stelle deiner Flugbahn** tatsächlich über der Latte liegt. Diese ist vom Absprungpunkt (siehe Punkt 2) und vom Absprungwinkel abhängig.

Die Kaskade

In Kapitel 2 findest du eine ausführliche Beschreibung einer methodischen Übungsreihe zum Erlernen der Grundfigur des Dreiball-Jonglierens. Wichtig ist die richtige **Grundhaltung** (Abb. 3.2), die du mit freiem Auge überprüfen kannst. Außerdem kannst du die Bewegung der Bälle mit Hilfe einer Videokamera kontrollieren (Aufgabe 3.12 und *Know-how High Speed*). Besonders interessant ist es, wenn du nach einigen Wochen oder Monaten die Bewegung noch einmal auswertest (siehe Abb. 3.12).

Aufgabe 12

Überprüfe deine Kaskade mit einer Videokamera. Nimm dazu einige Sekunden auf. Achte darauf, dass die Bälle einen guten Farbkontrast zur Umgebung aufweisen. Gib die Videosequenz über einen Fernseher Bild für Bild wieder und übertrage die Positionen der Bälle auf eine durchsichtige Folie, die du am Bildschirm befestigt hast. Durch die verwischten Bilder müssen die Positionen der Bälle manchmal etwas geschätzt werden. Verbinde danach die Punkte und überprüfe die Genauigkeit der Bewegung.

High Speed KNOW-HOW

High Speed
In der professionellen Biomechanik geht man ähnlich wie in Aufgabe 3.12 vor. Dort werden allerdings **Hochgeschwindigkeits-Videokameras** verwendet und die Bilder automatisch und digital ausgewertet. Jeder Punkt in den Abbildungen unten entspricht der Position eines Balles – **125 Bilder pro Sekunde**! Zwischen den einzelnen Positionen liegen also nur 8/1000 Sekunden!

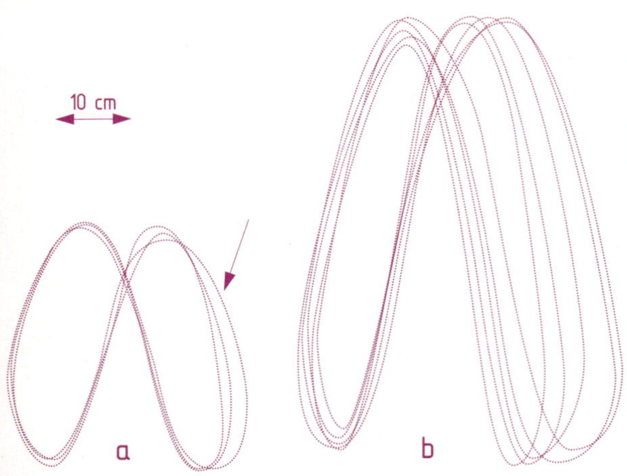

Abb. 3.11: *a) Drei- und b) Fünfballkaskade aus der Sicht des Jongleurs/der Jongleurin*

In Abbildung 3.11a kannst du sehen, dass die Flugbahnen rechts um ein paar Zentimeter aufgefächert sind (Pfeil). Das ist darauf zurückzuführen, dass die **linke Hand etwas ungenauer wirft**. Dieser Effekt verstärkt sich bei der Fünfballkaskade (b), weil diese natürlich wesentlich schwieriger zu jonglieren ist.
Abbildung 3.12a zeigt die Bewegung der rechten Hand bei einer Fünfballkaskade. Weil diese quasi die Fehler der linken Hand ausbügeln muss, ist die Bewegung ziemlich ungeordnet. Bei b siehst du dieselbe Aufnahme nach einem mehrmonatigen Training. Die Bewegung ist wesentlich runder geworden.

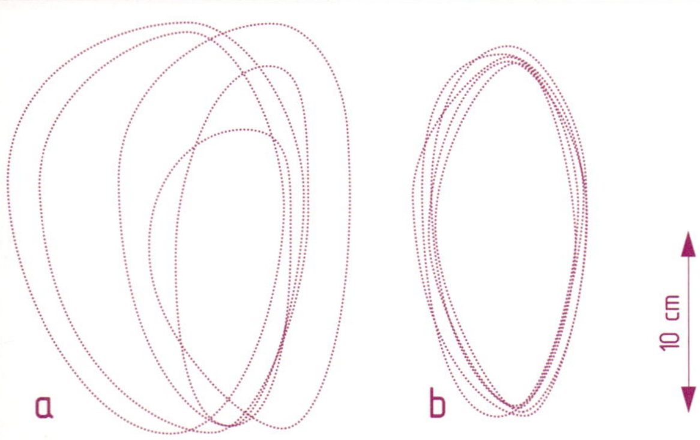

Abb. 3.12: *Vergleich der Bahnen der rechten Hand vor (a) und nach einem mehrmonatigen Training der Fünfballkaskade: Die Korrekturbewegungen sind wesentlich geringer geworden.*

Interessant ist auch eine **Kontrolle von der Seite**. Die Bälle sollten in einer Ebene fliegen, so wie entlang einer unsichtbaren Wand, die sich vor dir befindet. Ein typischer Fehler zu Beginn des Erlernens ist, dass die Bälle starke Vorwärts- und Rückwärtsbewegungen machen.

Kugelstoßen

Frage 13
Was ist der Unterschied zwischen einem Stoß und einem Wurf? Wie unterscheiden sich zum Beispiel die Bewegungen des Armes bei Schlagballwurf und Kugelstoß?

Frage 14
Was versteht man unter einer Bewegungskette und wo spielt diese eine Rolle?

Abb. 3.13: *Phasen des Kugelstoßes*

Die gesamte Bewegung beim Kugelstoßen kann in mehrere Phasen eingeteilt werden (siehe Abb. 3.13). Für den/die Anfänger/in ist diese Angleit-Technik (O'Brien-Technik genannt, nach dem amerikanischen Athleten Parry O'Brian (1932-2007)) aber zu komplex. Hier empfiehlt sich, den Stoß mit der so genannten Stoßauslage zu beginnen (Abb. 3.14). Diese entspricht im Prinzip den letzten drei Bildern in Abb. 3.13.

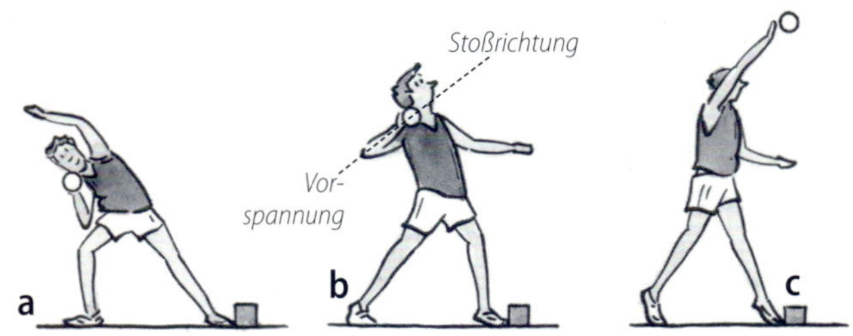

Abb. 3.14: *Stoßbewegung aus der Stoßauslage. Sie entspricht den letzten drei Bildern aus Abb. 3.13. Beim Stoß sollten Ellbogen, Hand und Schwerpunkt der Kugel auf einer Linie liegen, die der Stoßrichtung entspricht (b). Durch die Überstreckung der Hüfte (b) kann eine hohe Spannung aufgebaut werden, die die Stoßweite erhöht.*

Sehen wir uns exemplarisch einige Kriterien an, die mit Hilfe einer Videokamera überprüft werden können. Zunächst ist es wichtig, dass die **Kugel möglichst lange am Hals bleibt.** Löst sie sich zu früh, dann besteht die Gefahr, dass die Bewegung ein **Wurf** wird (Abb. 3.15). Beim Kugelstoß sollte ja der Ellbogen immer hinter der Hand liegen (siehe Abb. 3.14b). Löst sich die Kugel zu früh vom Hals kann es passieren, dass im Extremfall sogar der Ellbogen das Handgelenk überholt, wie das normalerweise bei einem Wurf der Fall ist.

Abb. 3.15: *Löst sich die Kugel zu früh, droht der Stoß zu einem Wurf zu werden. Das ist vor allem für Schulter und Ellbogen sehr schmerzhaft.*

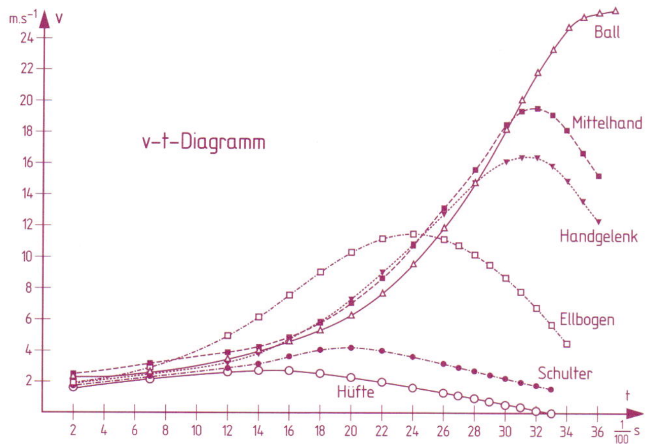

Abb. 3.16: *Geschwindigkeits-Zeit-Diagramm für einen Handball-Sprungwurf. Es ist deutlich das Prinzip einer Bewegungskette zu sehen: Schulter, Ellbogen, Handgelenk und Ball erreichen die Maximalgeschwindigkeit nacheinander!*

Sehr wichtig ist aber auch, **dass die Körperdrehung in der Abstoßphase von unten eingeleitet wird, also durch eine Drehung mit dem Fuß.** Erst danach sollte die Drehung der Hüfte und der Schulter erfolgen. Der Arm sollte so spät wie möglich gestreckt werden. Diese Übertragung der Bewegung von einem Körperteil zum anderen nennt man **Bewegungskette** (Abb. 3.16). Diese liegt bei allen technisch richtig ausgeführten Würfen und Stößen vor, egal ob es sich dabei um Speer, Handball, Schlagball oder eben Kugel handelt.

Der Sinn einer Bewegungskette liegt unter anderem darin, dass in diesem Fall eine **starke Vorspannung im Bereich der Hüfte erfolgt,** dass also die Muskeln dort stark gedehnt werden. Dadurch kann die Kraftentfaltung des Muskels vergrößert werden, und es kann zu einem beträchtlichen Weitengewinn kommen. Sehr wichtig ist, dass der Arm erst möglichst spät gestreckt wird und die Kugel möglichst lang am Hals bleibt (siehe oben). Diese beiden Vorgaben bereiten Anfänger/innen, aber auch Fortgeschrittenen, sehr große Schwierigkeiten und sollten daher unbedingt durch Videoaufnahmen überprüft werden.

Kippbewegung

15

Frage

Was versteht man beim Gerätturnen unter einer Kippe? Welches physikalische Prinzip liegt allen Kippbewegungen zugrunde?

16

Frage

Du kennst sicher den Kugelstoßapparat als physikalische Spielerei (Abb. 3.17). Was passiert, wenn man eine einzelne Kugel auf die anderen aufprallen lässt? Und warum passiert das?

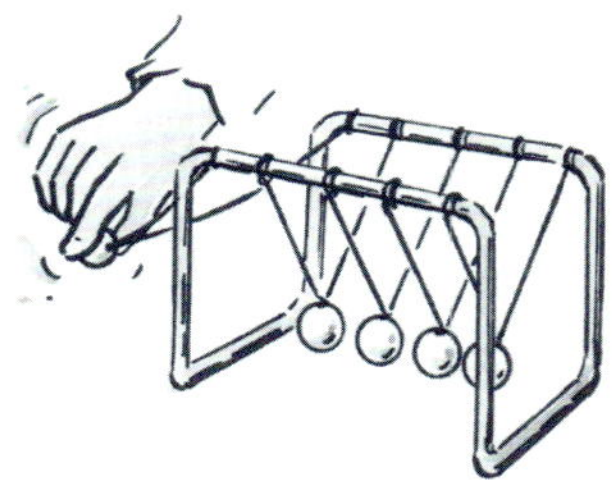

Abb. 3.17

Der Impuls eines Objekts ist Masse mal Geschwindigkeit ($p = m*v$) und wächst daher mit der Geschwindigkeit. Im Sport kommt es sehr oft darauf an, dass man entweder selbst einen großen Impuls erzielt, etwa beim Hoch- oder Weitsprung, oder dass man einem Gerät einen möglichst großen Impuls erteilt, etwa einer Kugel oder einem Speer.
Der Impuls kann von einem Objekt auf das andere übertragen werden. Das ist etwa beim Kugelstoßapparat der Fall. Wenn man eine Kugel auf die anderen prallen lässt, dann wird deren Impuls auf die gegenüberliegende Kugel übertragen und diese pendelt weg.

Beim menschlichen Körper ist eine Impulsübertragung von einem Körperteil auf einen anderen möglich, etwa bei einer Kippbewegung. Durch plötzliches Abstoppen der Beine wird deren Impuls auf den Oberkörper übertragen (siehe Abb. 3.18), wodurch sich dieser zu bewegen beginnt.

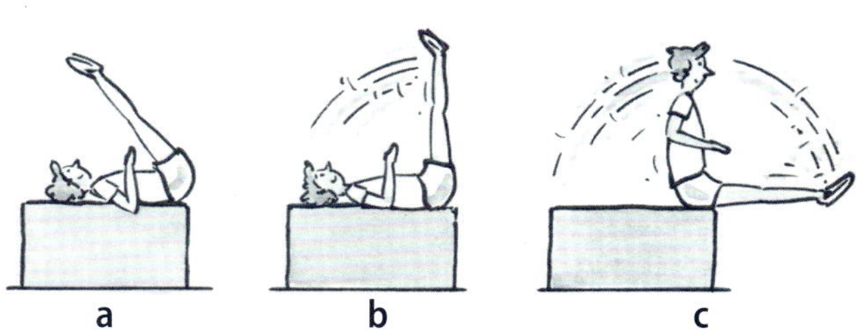

Abb. 3.18: *Vorübung zur Kippe, die auch sehr schön das dieser Bewegung zugrunde liegende Prinzip zeigt. Durch das Abstoppen der Beine (b) und das Fixieren des Hüftwinkels, setzt sich auch der Oberkörper in Bewegung.*

Dieses Prinzip liegt **allen Kippbewegungen** zugrunde. Die Kippe an den Ringen etwa wird durch eine Streckung in den Hüftgelenken eingeleitet. Die Streckung wird aber bei einem Winkel von etwa 90° abgebremst (Abb. 3.19). Durch die Impulsübertragung hebt sich der Schultergürtel über die Stützstelle. Per Video kannst du überprüfen, wie exakt und ruckartig die Fixierung der Hüfte erfolgt. Je besser dir das nämlich gelingt, desto besser wird auch der Impuls auf den Oberkörper übertragen. Impulsübertragungen spielen aber auch in anderen Sportarten eine Rolle (*Know-how Schwungbein*).

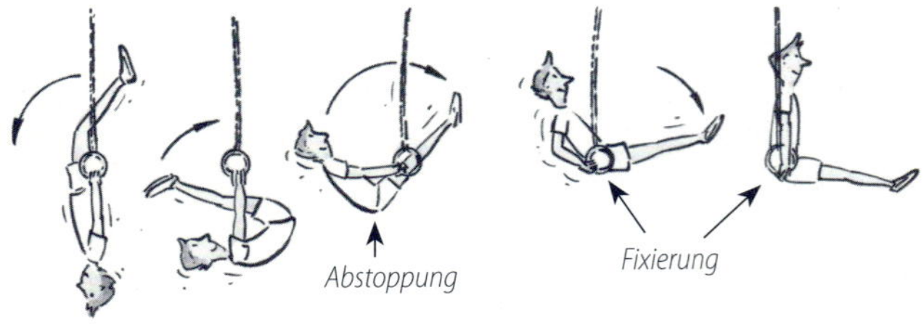

Abb.3.19: *Kippe vorwärts an den Ringen: Die Beine sollten ruckartig abgestoppt werden und die Hüftwinkel sollte sich dann nicht mehr verändern.*

Schwungbein KNOW-HOW

Schwungbein
Ein weiteres Beispiel für eine Impulsübertragung ist der Hochsprung. Dabei werden die Arme und das Schwungbein plötzlich abgestoppt (Abb. 3.20), wodurch deren Impuls auf den ganzen Körper übertragen wird. Dadurch kann die Sprunghöhe gesteigert werden.

Abb. 3.20: *Impulsübertragung von Armen und Schwungbein auf den gesamten Körper*

Literatur

BALLREICH Rainer / KUHLOW Angelika (Hrsg.): Biomechanik der Leichtathletik. Enke, Stuttgart 1986

BAUERSFELD Karl-Heinz / SCHRÖTER Gerd (Hrsg.): Grundlagen der Leichtathletik. Sportverlag Berlin, Berlin 1986

HOLLMANN Wildor/HETTINGER Theodor: Sportmedizin. Grundlagen für Arbeit, Training und Präventivmedizin. Schattauer, Stuttgart 4. Aufl. 2000

JONATH Ulrich / HAAG Eduard / KREMPEL Rolf: Leichtathletik. Rowohlt, Reinbek bei Hamburg 1987

JONATH Ulrich / HAAG Eduard / KREMPEL Rolf, Leichtathletik 2. Rowohlt, Reinbek bei Hamburg 1987

MATHELITSCH Leopold: Sport und Physik. öbv, Wien 2008

RÖTHIG Peter / GRÖSSING Stefan (Hrsg.): Bewegungslehre. Limpert, Frankfurt/M. 7. Aufl. 2004

WILLIMCZIK Klaus: Biomechanik der Sportarten. Rowohlt, Reinbek bei Hamburg1989

4 Motorische Grundeigenschaften

Konditionstests

1

Frage

Was versteht man im Alltag unter Kondition? Was versteht man in den Sportwissenschaften unter Kondition?

2

Frage

Zwei gleich große Hochspringer haben eine Bestleistung von 2 m. Besitzen sie daher die gleiche Sprungkraft? Zwei Sprinterinnen haben eine Bestleistung von 11,0 Sekunden auf 100m. Verfügen sie daher über dieselbe Schnelligkeit?

3

Frage

Braucht ein Marathonläufer Kraft? Braucht ein Sprinter Ausdauer?

4

Frage

In Abb. 4.1 siehst du den Geschwindigkeitsverlauf zweier Läuferinnen bei einem 100 m-Sprint. Versuche diesen mit Worten zu beschreiben. Was passiert ab etwa 60 m mit der Geschwindigkeit? Wie unterscheiden sich die beiden Kurven und somit die Sprintfähigkeit der beiden Athletinnen?

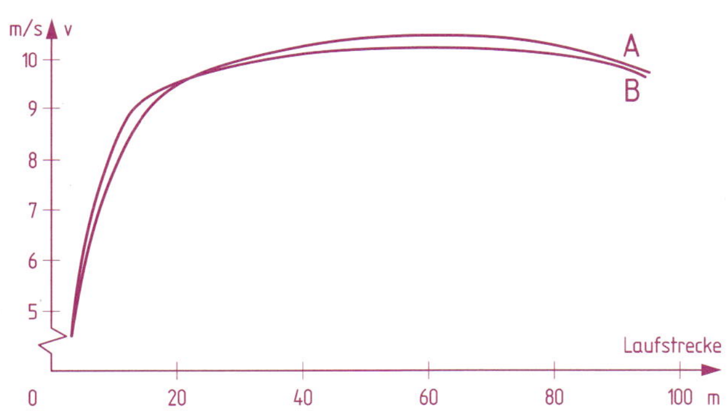

Abb. 4.1: *schematische Darstellung des Geschwindigkeitsverlaufs zweier Sprinterinnen ein einem 100 m-Lauf*

5

Frage

Welche allgemeinen Kriterien muss ein Test erfüllen, damit er sinnvoll ist?

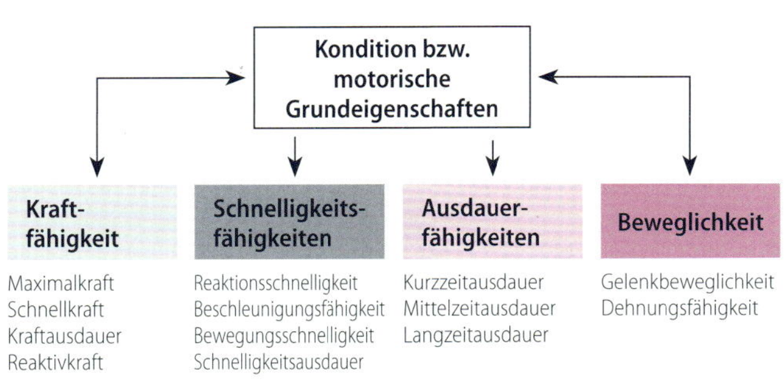

Abb. 4.2: *Unterteilung der Kondition bzw. der motorischen Grundeigenschaften*

KNOW-HOW – Leistungsdifferenzierung

Leistungsdifferenzierung

Wenn zwei gleich große **Hochspringer/innen** die gleiche Wettkampfleistung aufweisen, erscheint ihre Leistungsfähigkeit auf den ersten Blick gleich zu sein. Bei einem **Jump-and-Reach-Test** (Erklärung S. 26) erreicht aber vielleicht Springer/in A eine Höhe von 60 cm, Springer/in B 70 cm. Daraus lässt sich ableiten, dass A eine **bessere Technik** haben muss. Das Hauptaugenmerk sollte daher eher auf die Verbesserung der **Sprungkraft** gelegt werden. Bei Springer/in B ist es umgekehrt.

Auch zwei **Sprinterinnen** mit derselben Bestleistung können unterschiedliche Teilleistungen aufweisen (Abb. 4.1). Sprinterin A hat z.B. eine **höhere Maximalgeschwindigkeit**, aber eine **schlechtere Beschleunigungsfähigkeit** als Sprinterin B. A sollte daher vermehrt an ihrer Beschleunigung arbeiten, B an ihrer Maximalgeschwindigkeit (Bewegungsschnelligkeit). Diese unterschiedlichen Fähigkeiten kann man auf einfache Weise durch Beschleunigungsläufe bzw. „fliegende Läufe" (S. 29) überprüfen. Ohne differenzierende Tests könnte man in beiden Fällen Stärken und Schwächen nicht eruieren und daher auch nicht gezielt mit diesen Athleten/Athletinnen arbeiten.

Wenn man im Alltag davon spricht, dass jemand eine „gute Kondition" hat, dann meint man damit eigentlich fast immer eine gute Ausdauer. In den Sportwissenschaften wird dieser Begriff anders verwendet. Dort versteht man unter **Kondition die Summe aller leistungsbestimmenden körperlichen Faktoren**. Man spricht auch von **motorischen Grundeigenschaften** und unterteilt diese in Kraft, Schnelligkeit, Ausdauer und Beweglichkeit. Diese vier Grundeigenschaften sind noch weiter unterteilbar (Abb. 4.2). Damit werden wir uns ausführlicher im Rahmen der Trainingslehre (*Know-how 2*) beschäftigen. Du siehst also, **dass der Begriff Kondition vielschichtig und komplex ist**.

In der Sportpraxis treten diese konditionellen Eigenschaften praktisch immer in **Mischformen** auf. Nehmen wir zwei extreme Beispiele: Marathonlauf und Sprint. Ein/e Marathonläufer/in braucht natürlich vor allem Ausdauer, aber auch ein gewisses Maß an Kraft. Sonst würde er/sie, überspitzt formuliert, schon beim ersten Schritt stürzen. Umgekehrt braucht ein/e Sprinter/in zwar vor allem Schnelligkeit, aber auch ein gewisses Maß an Ausdauer. Das kannst du daran erkennen, dass die Geschwindigkeit im Sprint nach etwa 60 m nicht mehr gesteigert wird, sondern sogar leicht sinkt (Abb. 4.1).

Eine Steuerung des Konditionstrainings mit seinen verschiedenen Komponenten ist ohne Anwendung von **Kontrollverfahren** nicht sinnvoll. Erst dadurch wird eine **objektive Leistungsbeurteilung** möglich. Außerdem kann man dadurch die einzelnen Leistungskomponenten, aus denen sich die Gesamtleistung zusammensetzt, isolieren

(*Know-how Leistungsdifferenzierung*). Wichtig ist, dass Tests generell immer auf die gleiche Art und Weise durchgeführt werden und somit **vergleichbar** sind. Außerdem müssen sie **objektiv** sein, also von dem/der Auswerter/in unabhängig.
Sportmotorische Tests eignen sich zur **Grobdiagnose** einzelner, teilweise auch komplexer Anteile der Kondition. Die **Feindiagnose** konditioneller Fähigkeiten bleibt aufwändigen und kostenintensiven Untersuchungsverfahren vorbehalten (siehe auch Grundlagen der Biomechanik, Kap. 3). Weiters ist zu beachten, dass sportliche Leistungen nicht alleine durch konditionelle Fähigkeiten erklärbar sind. Sie sind auch immer von der Persönlichkeit der Sporttreibenden mitbedingt. Denke zum Beispiel daran, wie sehr **Nervosität** die Leistung beim Turnen oder bei einem Slalomlauf beeinflussen können und wie wichtig **Selbstvertrauen** und **Überwindungsfähigkeit** sind.
Im Folgenden werden **exemplarisch** Tests zur Messung verschiedener motorischer Grundeigenschaften vorgestellt (Tab. 4.1), von denen die meisten ohne großen technischen Aufwand auch in der Schule durchzuführen sind. Trage deine erreichten Leistungen in Tab. 4.1 ein und vergleiche sie mit den Ergebnissen deiner Mitschüler/innen.

Krafttests	**deine Leistung**	**Klassenschnitt**	**Abweichung %**
Jump-and-Reach Schnellkraft Beine			
Standweitsprung Schnellkraft Beine			
Dreier-Hopp Schnellkraft Beine			
Klimmzüge Kraftausdauer Arme			
Liegestütz Kraftausdauer Arme			
Bankziehen Maximalkraft Arme			
Bankdrücken Maximalkraft Arme			
Situp Maximalkraft Bauchmuskel			
Schnelligkeitstests	**deine Leistung**	**Klassenschnitt**	**Abweichung %**
30 m-Sprint fliegend Sprintschnelligkeit			
20 m-Sprint Hochstart Reaktion/Beschleunigung			
Skippings Bewegungsfrequenz			
Fallstabtest Reaktion			
Ausdauertests	**deine Leistung**	**Klassenschnitt**	**Abweichung %**
Cooper-Test Mittelzeitausdauer			
Beweglichkeitstests	**deine Leistung**	**Klassenschnitt**	**Abweichung %**
Hüftbeuger			
Oberschenkelbeuger			
Oberschenkelstrecker			
großer Brustmuskel			

Tab. 4.1: *Überblick über die in diesem Kapitel vorgestellten sportmotorischen Tests*

Krafttests

Jump-and-Reach-Test (Schnellkraft der Beinstrecker)

Frage
Welche Muskeln werden bei einem senkrechten Sprung vor allem beansprucht? Wie nennt man Muskelgruppen, die an einer Bewegung beteiligt sind und sich über mehrere Gelenke erstrecken?

Der **Jump-and-Reach-Test** ist einer der bekanntesten und am meisten praktizierten Tests. Er misst die relative Sprunghöhe. Die Leistung ist von der Körpergröße so gut wie unabhängig. Du stellst dich frontal oder seitlich zu einer Wand und greifst so weit wie möglich hinauf (Abb. 4.3). Diese Stelle wird markiert. Dann holst du aus und springst so hoch wie möglich. Am höchsten Punkt tippst du mit den Fingern an die Wand. Diese Höhe wird wiederum markiert. Danach misst man die **Differenz der beiden Markierungen**. Je größer diese ist, desto besser ist die Schnellkraft deiner Beinstrecker (Abb. 4.4).

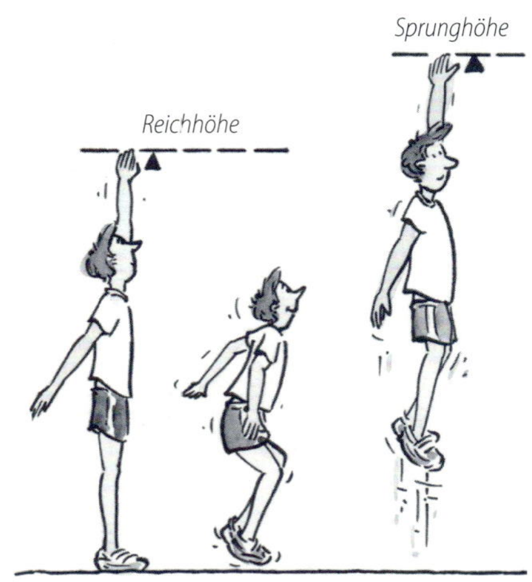

Abb. 4.3: *Durchführung eines Jump-and-Reach-Tests*

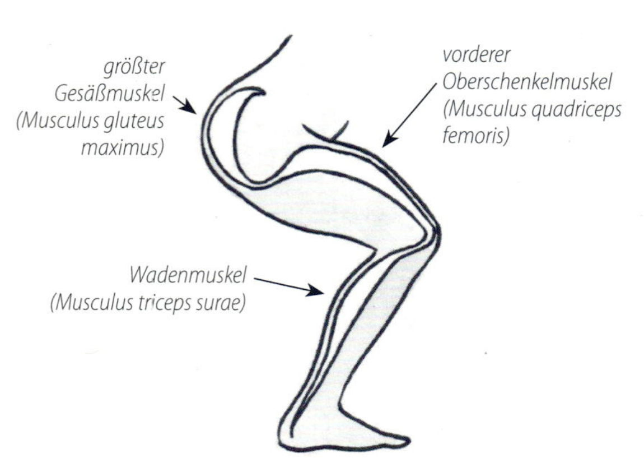

Abb. 4.4: *Muskeln, die bei einem senkrechten Sprung benötigt werden. Wenn sich Muskeln, die an einer Bewegung beteiligt sind, über mehrere Gelenke erstrecken, spricht man von einer* ***Muskelschlinge*** *(zu den Begriffen Triceps und Biceps siehe S. 28).*

Drop Jump KNOW-HOW

Drop Jump
Ein sehr exakter Test zur Bestimmung der **Schnellkraft der Beine** ist der Drop Jump. Dabei springt man von einer leichten Erhöhung (etwa 30 cm) auf den Boden und versucht, sich so schnell wie möglich abzudrücken (Abb. 4.5). Gemessen wird nicht die Sprunghöhe, sondern die Bodenkontaktzeit. Als Schnellkrafttalent gilt, wer den Boden weniger als 0,17 s (170 Millisekunden) berührt. Dieser Test ist sehr aufschlussreich, aber man benötigt dafür allerdings eine Kraftmessplatte.

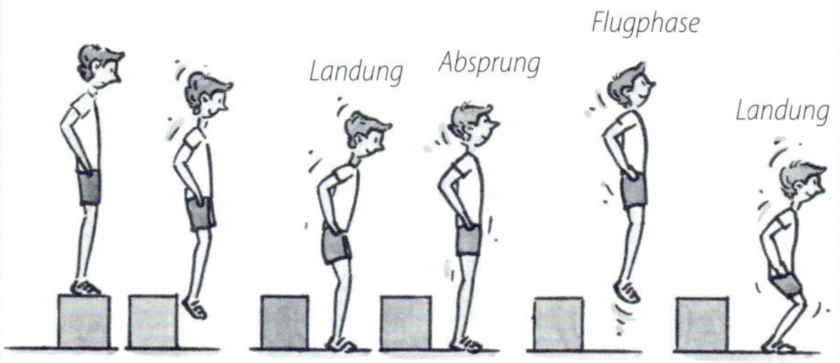

Abb. 4.5: *Drop Jump: Die Arme werden dabei in die Hüfte gestützt, damit durch ihren Einsatz der Wert nicht verfälscht wird.*

Damit der Test **objektiv und vergleichbar** ist, muss deine Greifposition im Stehen und im Springen gleich sein. Wenn du zum Beispiel im Stehen nur halbherzig hinauf greifst, dann überschätzt man natürlich die Sprungleistung und du beschummelst dich selbst. Dieser Test kann zur **Talentauswahl** für alle Sportarten verwendet werden, bei denen es auf die Sprungkraft ankommt, etwa beim Hochsprung, bei Volleyball oder Basketball (*Know-how Drop Jump*). In Tab. 4.2 sind einige Richtwerte angegeben. Weltklassehochspringer können Höhen von 90 cm oder darüber erzielen.

Alter	weiblich/männlich
15	34 cm / 43 cm
17	36 cm / 48 cm

Tab. 4.2: *Richtwerte für den Jump-and-Reach-Test*

Standweitsprung
(Schnellkraft der Beinstrecker)

Du stehst mit den Füßen vor einer markierten **Absprunglinie**. Die Zehen dürfen die Linie nicht berühren. Dann holst du mit den Armen aus und springst mit beiden Beinen gleichzeitig so weit wie möglich nach vorne (Abb. 4.6). Absprung- und Aufsprungstelle sollten auf der gleichen Höhe liegen. Bei der Landung darfst du nicht mit den Händen zurückgreifen.

Alter	weiblich/männlich
15	185 cm / 205 cm
17	185 cm / 230 cm

Tab. 4.3: *Richtwerte für den Standweitsprung*

Gemessen wird der Abstand zwischen der **Absprunglinie** und dem **hintersten Abdruck.** In Tab. 4.3 sind einige Richtwerte angegeben. Spitzenwerte liegen bei Männern um 3,5 m, bei Frauen bei etwa 3,0 m.

Abb. 4.6: *Standweitsprung*

Dreier-Hopp
(Schnellkraft der Beinstrecker)

Du stehst mit der Fußspitze des Sprungbeines an der Absprunglinie, das Schwungbein steht in Schrittstellung belastet dahinter. Aus dieser Stellung machst du drei möglichst weite Sprünge **auf demselben Bein**. Vor dem ersten Sprung darfst du Schwung holen, ohne jedoch den vorderen Fuß vom Boden abzuheben. Du kannst ein- oder beidbeinig landen, darfst aber nicht zurückgreifen.
Gemessen wird die Weite zwischen **Absprunglinie** und dem **hintersten Abdruck**. Es wird das arithmetische Mittel der Leistung des rechten und des linken Beines errechnet. In Tab. 4.4 sind einige Richtwerte angegeben. Als beste Weite wurden bei Männern etwa 10,5 m und bei Frauen 8,5 m gemessen.

Alter	weiblich/männlich
15	520 cm / 600 cm
17	520 cm / 650 cm

Tab. 4.4: *Richtwerte für den Dreier-Hopp*

Der Vergleich der Weiten von linkem und rechtem Bein gibt dir Aufschluss über dein **Sprungbein** (siehe Know-how Sprungbein, Kap. 3). Dieses Bein solltest du bei Hoch- und Weitsprung einsetzen und es sollte beim Tiefstart im vorderen Block sein (siehe Abb. 3.5, S. 18).

Frage 7
Wie werden Armstrecker und Armbeuger in der Medizin noch genannt? Welcher dieser Muskeln wird bei Liegestütz und Klimmzügen beansprucht?

Klimmzüge
(Kraftausdauer der Armbeuger)

Dieser Test prüft die Kraftausdauer deiner Armbeuger (Abb. 4.7). Die Ausgangsposition ist der **Streckhang** am Hochreck. Die Stange wird mit dem Ristgriff gehalten (Handrücken zeigen zu dir, Daumen sind innen). Aus dieser Position ziehst du dich hoch, bis deine **Kinnspitze die Stange berührt**. Anschließend senkst du den Körper wieder in den ruhigen Streckhang und wiederholst die Bewegung möglichst oft in 30 Sekunden. Du musst auf Fehler wie Ausholbewegungen oder Schaukeln achten, weil diese die Bewegung erleichtern und das Ergebnis verfälschen.

Liegestütz
(Kraftausdauer der Armstrecker)

Dieser Test prüft die Kraftausdauer deiner Armstrecker (Abb. 4.8). Du stützt die gestreckten Arme etwa schulterbreit auf. Rumpf und Beine müssen gestreckt sein. Vor allem die **Rumpfstreckung** ist von großer Bedeutung, da ein Durchhängen des Rückens schlecht für die Lendenwirbelsäule ist (Abb. 4.9). Daher sollten Liegestütze auch nur dann durchgeführt werden, wenn die **Rumpfmuskulatur ausreichend gekräftigt ist**.
In der oben beschriebenen Stellung führst du möglichst viele Liegestütze in 30 Sekunden aus. Das Kinn muss dabei jedes Mal den Boden berühren und die Arme sollten dann wieder ganz gestreckt werden. Abknicken in der Hüfte oder Durchhängen ist nicht gestattet.

Abb. 4.7: *Der Armbeuger wird auch Biceps genannt. Das liegt daran, dass er zwei Ansätze am oberen Ende aufweist.*

Abb. 4.8: *Der Armstrecker wird auch Triceps genannt. Das liegt daran, dass er drei Ansätze (Sehnen) am oberen Ende aufweist (einer davon ist in der Abbildung verdeckt).*

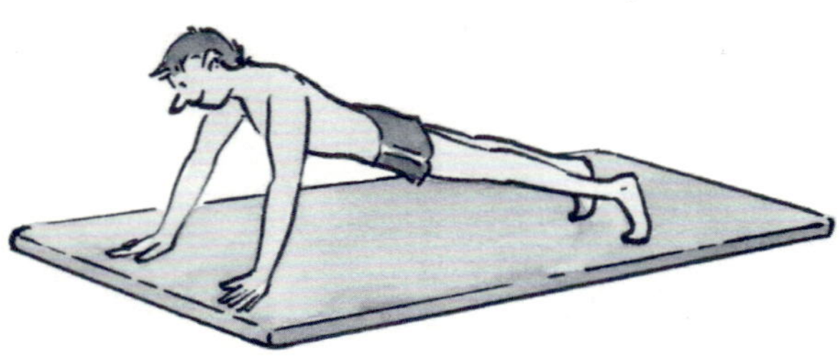

Abb. 4.9: *Grundposition für Liegestütze: Wichtig ist der gerade Rücken, damit die Bandscheiben nicht belastet werden.*

Bankziehen
(Maximalkraft der Armbeuger und der Schultermuskulatur)

Du befindest dich in Bauchlage mit gestreckten Beinen auf einer Bank. Eine **Langhantel** liegt quer so unter der Bank, dass du sie mit schulterbreit ausgestreckten Armen erreichen kannst (Ab. 4.10). Du fasst die Hantelstange im Ristgriff und ziehst sie senkrecht bis an die Bankunterkante.

Nun erhöhst du Schritt für Schritt das Gewicht, bis du deine **Maximalkraft** ermittelt hast. Zwischen den Versuchen müssen natürlich Pausen von einigen Minuten liegen, damit du dich erholen kannst. Bankziehen wird zum Beispiel bei Ruderern angewendet. Durchschnittswerte von Spitzenruderern liegen bei etwa 120 kg.

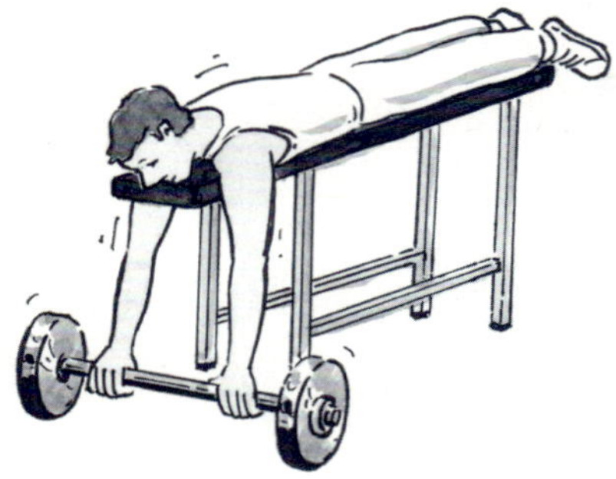

Abb. 4.10: *Aus dieser Position wird das Gewicht so weit wie möglich nach oben gezogen.*

Bankdrücken
(Maximalkraft der Armstrecker und des Brustmuskels)

Diese Übung ist ein absoluter **Klassiker im Fitnessbereich**. Du befindest dich in Rückenlage auf einer Bank. Die **Beine** sollten unbedingt **angewinkelt** sein, damit die Lendenwirbelsäule bei der Übung entlastet wird (Abb. 4.11). Die zu stemmende Hantel liegt zunächst auf einem Hantelgerüst. Du umgreifst die Stange schulterbreit, senkst sie zur Brust ab und drückst sie dann wieder nach oben. Wie beim Bankziehen erhöhst du das Gewicht, bis du deine Maximalkraft ermittelt hast.

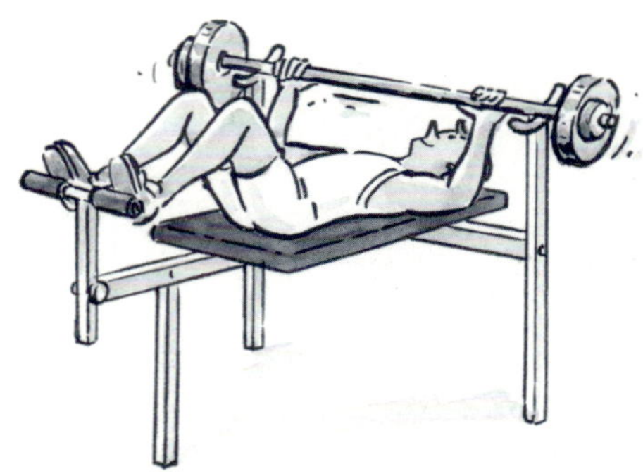

Abb. 4.11: *Richtige Position beim Bankdrücken: Die Beine sollten angewinkelt sein, damit die Lendenwirbelsäule nicht belastet wird.*

Ganz wichtig ist, dass du **zwei Helfer/innen** hast, die die Hantel halten, solltest du das Gewicht nicht mehr bewältigen können! Es kann sehr gefährlich sein, diese Übung mit hohen Lasten alleine durchzuführen.
Dieser Test wird oft zur Überprüfung in den leichtathletischen Disziplinen **Kugelstoß und Diskuswurf** angewendet. Bankdrücken ist auch eine Disziplin im Kraftdreikampf. Bei den Frauen liegt der Weltrekord über 150 kg, bei den Männern sogar über 300 kg.

Situp
(Maximalkraft des geraden Bauchmuskels)

Der **gerade Bauchmuskel** beugt den Rumpf, zieht also den Oberkörper zum Becken. Ist er abgeschwächt, begünstigt er eine Beckenkippung nach vorne und damit die so genannte **Hohlkreuzbildung**, die auf Dauer sehr schlecht für die Bandscheiben ist.

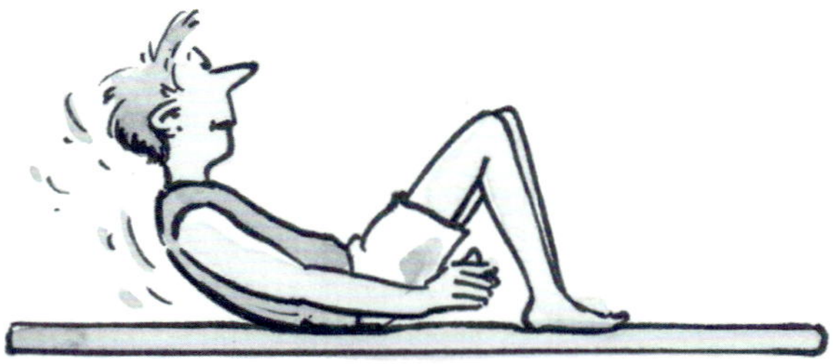

Abb. 4.12: *Test zum Feststellen der Kraft deines geraden Bauchmuskels*

Durchführung	Bewertung
Aufrollen mit den Armen neben dem Körper (Abb. 4.12)	3
Aufrollen mit vor der Brust gekreuzten Armen.	2
Aufrollen mit den Fingerspitzen an den Schläfen. Die Ellbogen in Schulterebene.	1

Tab. 4.5: *Bewertung für den Situp-Test*

Um den geraden Bauchmuskel zu testen, gehst du in die Rückenlage und stellst die Beine auf, so dass sich die Füße dem Gesäß nähern. Während des Tests dürfen die Fußsohlen den Boden nicht verlassen. Nun versuchst du, den **Oberkörper langsam** und nicht ruckartig **aufzurollen,** bis deine Schulterblätter etwa handbreit von der Unterlage entfernt sind. Beginne das Aufrollen mit der Einrollphase des Kopfes. Beginne den Test mit den Armen neben dem Körper (Abb. 4.12) und erhöhe dann den Schwierigkeitsgrad (siehe Tab. 4.5).

8

Frage

Was versteht man unter „fliegenden Läufen"? Besteht ein Zusammenhang zwischen Beschleunigungsfähigkeit und Maximalgeschwindigkeit? Wie könnte man diese beiden Merkmale ermitteln? Was versteht man unter Skippings? Was versteht man unter Reaktion? Lies nach in Kap. 3, S. 19.

Schnelligkeitstests

30-m-Sprint fliegend (Sprintschnelligkeit)

Mit etwa 20 m Anlauf durchläufst du so schnell wie möglich eine 30-m-Strecke. Der Anlauf dient dazu, dass du schon mit maximaler Geschwindigkeit in die Messstrecke einläufst. Man spricht dann von **„fliegenden Läufen"**. Dadurch fallen Kriterien wie Reaktionszeit oder Beschleunigungsfähigkeit weg, und es wird nur die **Maximalgeschwindigkeit** gemessen. Der Test soll nach sehr gutem Aufwärmen durchgeführt werden und kann mit Pausen von etwa 5 Minuten noch bis zu zweimal wiederholt werden. Er gilt hauptsächlich in den **leichtathletischen Sprintbewerben** als Standardtest. Sehr gute Sprinter/innen erreichen dabei Zeiten unter 3 Sekunden.

20-m-Sprint mit Hochstart (Reaktionsschnelligkeit/Beschleunigungsfähigkeit)

Auf ein Startsignal läufst du so schnell wie möglich aus dem **Hochstart eine 20-m-Strecke**. Dieser Test misst **Reaktion und Beschleunigungsfähigkeit**. Einige Richtwerte sind in Tab. 4.6 angegeben.

Alter	weiblich/männlich
15	3,8 – 3,9 / 3,7 -3,9
17	3,7 / 3,5 -3,6

Tab. 4.6: *Richtwerte für 20 m im Hochstart*

Beschleunigungsfähigkeit und Maximalgeschwindigkeit sind voneinander **weitgehend unabhängig** (Abb. 4.13). Führt man daher beide Tests durch, kann man seine Stärken und Schwächen im Sprint gut erkennen (siehe auch Abb. 4.1).

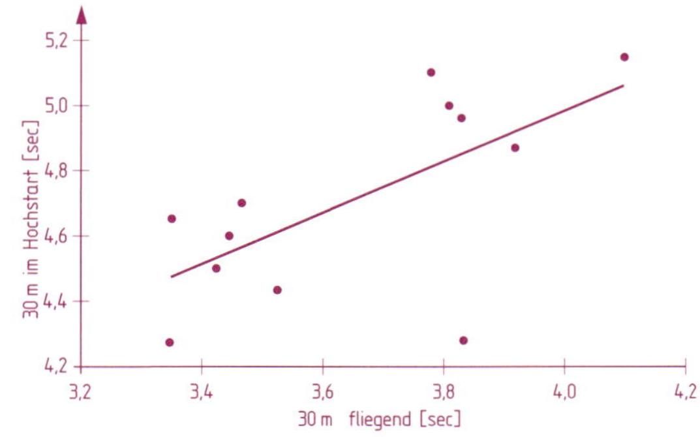

Abb. 4.13: *Zusammenhang zwischen Sprints im Hochstart und fliegenden Läufen bei 12 Sportstudenten: Wenn beide Eigenschaften zu 100 % zusammenhängen würden, müssten die Werte genau auf der eingezeichneten Linie liegen. Die große Streuung zeigt, dass Beschleunigungsfähigkeit und Maximalgeschwindigkeit unabhängige Eigenschaften sind.*

Skippings (Bewegungsfrequenz)

Auf ein Startzeichen hin machst du **hohes Knieheben auf der Stelle.** Das nennt man **Skippings**. Die Oberschenkel sollten dabei bis zur Waagrechten gehoben werden (Abb. 4.14) und die Arme wie beim Laufen gegengleich mitschwingen. Der Test dauert 10 Sekunden. Nichtsportler/innen erreichen dabei Werte von 38 bis 50, Sprinter/innen weit über 60 Skippings in dieser Zeit (*Know-how Tappings und Schnellkraftindex*).

Abb. 4.14: *Durchführung des Skipping-Tests: Wenn man es ganz genau haben will, dann kann man das Erreichen der Waagrechten mit Hilfe einer Markierung überprüfen.*

KNOW-HOW Tappings und Schnellkraftindex

Tappings und Schnellkraftindex

In der Leistungsdiagnostik werden heute eher **Tappings** verwendet. Der Nachteil ist aber, dass man dazu eine Kontaktplatte braucht und nicht mit freiem Auge messen kann. Bei den Tappings sitzt man und versucht, mit den Füßen so oft wie möglich pro Sekunde abwechselnd den Boden zu berühren. Schnelligkeitstalente erreichen **12 Bodenkontakte pro Sekunde**. Die Bewegung ist also rund doppelt so schnell wie bei Skippings, weil sie ja quasi im Leerlauf erfolgt. Gemeinsam mit dem **Drop Jump** (*siehe Know-how S. 27*) lässt sich der so genannten **Schnelligkeitsquotient (SQ)** ermitteln:

$$SQ = 1000 * \frac{\textit{Tappings pro Sekunde}}{\textit{Bodenkontaktzeit Drop Jump in ms}}.$$

Nehmen wir an, die Kontaktzeit beträgt 170 ms und es werden 12 Tapps pro Sekunde erreicht. Der SQ ist dann 70,6 (rechne nach!). **SQ-Werte über 70 gelten** als sehr gute Voraussetzungen für Schnelligkeits- und Schnellkraftsportarten. Der Vorteil ist, dass der SQ die „reine" Schnelligkeit misst und somit das Grundtalent. Bei Läufen spielt nämlich bereits die Maximalkraft eine gewisse Rolle (Abb. 4.15).

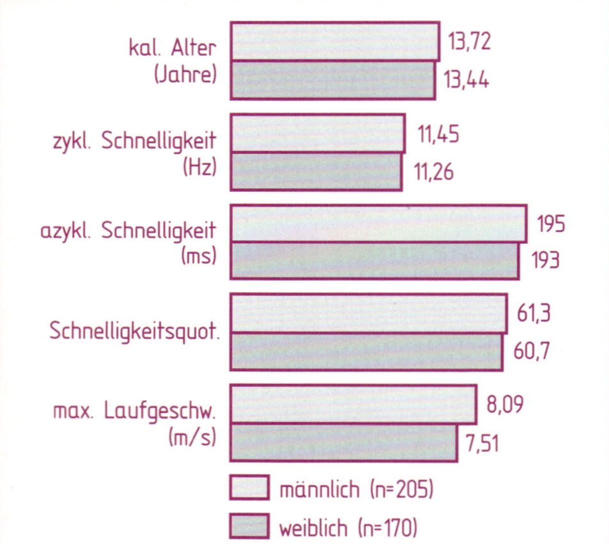

Abb. 4.15: *Während die maximale Laufgeschwindigkeit auch von der Maximalkraft abhängt, ist der SQ davon unabhängig. Deshalb gibt es bei SQ auch praktisch keine geschlechtsspezifischen Unterschiede. Das kalendarisch Alter gibt das „Alter nach Geburtsschein an", nicht den Entwicklungsstand.*

Fallstabtest (Reaktionsgeschwindigkeit)

Du sitzt auf einem Sessel und lässt den geschickteren Arm **bis zum Handgelenk** auf der Tischplatte liegen. Die Finger sollen gestreckt sein. Ein Mitschüler bzw. eine Mitschülerin hält einen Stab so, dass das Stabende mit der Handunterkante abschließt (siehe Abb. 4.16). Dann lässt er den Stab irgendwann fallen, und du musst so schnell wie möglich zugreifen. Gemessen wird die **Fallstrecke in cm** vom unteren Stabende bis zur Unterkante der Hand. Von der Fallstrecke lässt sich auf die Reaktionszeit zurück schließen (Tab. 4.7).

Damit der Test fair ist, sollte mindestens **10-mal getestet** und daraus der Mittelwert gezogen werden. Die Reaktionszeit auf optische Signale liegt wahrscheinlich nicht unter 0,15 s (siehe Tab. 3.1, S. 19). Daher sind Werte unter 11 cm vermutlich auf „Fehlstarts" zurückzuführen.

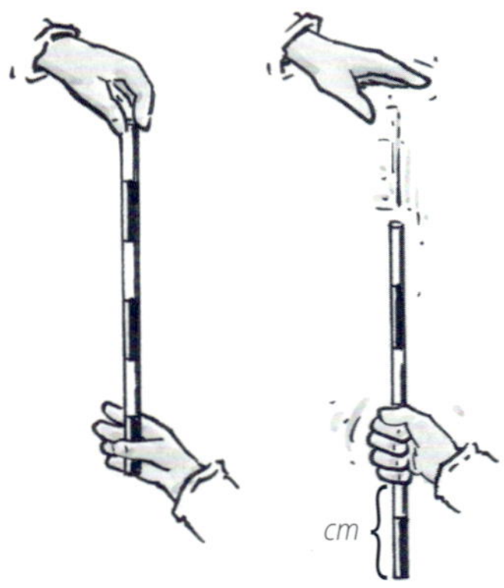

Abb. 4.16: *So sollte der Fallstabtest durchgeführt werden. Wichtig ist, dass die Unterkante des Stabes auf derselben Höhe ist, wie die Handunterkante. Sonst kommt es zu Fehlmessungen.*

Fallhöhe (cm)	Reaktionszeit (sec)	Fallhöhe (cm)	Reaktionszeit (sec)	Fallhöhe (cm)	Reaktionszeit (sec)	Fallhöhe (cm)	Reaktionszeit (sec)
1	0.045	11	0.150	21	0.207	31	0.251
2	0.064	12	0.156	22	0.212	32	0.255
3	0.078	13	0.163	23	0.217	33	0.259
4	0.090	14	0.169	24	0.221	34	0.263
5	0.101	15	0.175	25	0.226	35	0.267
6	0.111	16	0.181	26	0.230	36	0.271
7	0.119	17	0.186	27	0.235	37	0.275
8	0.128	18	0.192	28	0.239	38	0.278
9	0.135	19	0.197	29	0.243	39	0.282
10	0.143	20	0.202	30	0.247	40	0.286

Tab. 4.7: *Falltiefen und Reaktionszeit*

Ausdauertests

Cooper-Test (Mittelzeitausdauer)

Dieser Test ist einer der gängigsten und bekanntesten Ausdauertests. Du versuchst dabei, **in 12 Minuten** auf einer genau vermessenen Laufbahn **eine möglichst große Strecke zurückzulegen** (Tab. 4.7). Außerdem kann dieser Test dazu genutzt werden, um den Maximalpuls zu bestimmen (siehe dazu auch S. 43, Kap. 6). Legt man die Weltrekorde über 5000 m auf diesen Test um, so würden Frauen über 4100 m zurücklegen und Männer über 4800 m.

	Alter		
Ausdauer	14	15	16
ausgezeichnet	2950 m	3000 m	3050 m
sehr gut	2750 m	2800 m	2850 m
gut	2350 m	2400 m	2450 m
befriedigend	1950 m	2000 m	2050 m
mangelhaft	1350 m	1400 m	1450 m

Tab. 4.8: *Richtwerte für die Leistung beim Cooper-Test. Für Mädchen gelten jeweils 200 m weniger.*

Beweglichkeitstests

Verkürzte Muskeln können zu Störungen im gesamten Bewegungsapparat führen. Die Folgen können **schmerzhafte Reizzustände** an der Wirbelsäule und den Gelenken sein, **Haltungsschwächen** oder sogar Haltungsschäden. Außerdem führen Muskelverkürzungen zu einer **reduzierten Belastbarkeit** sowie einer verminderten Leistungsfähigkeit. Die Beseitigung von Muskelverkürzungen ist daher im Leistungssport von großer Bedeutung.

Hüftbeuger

Ausgangsstellung: Rückenlage mit angezogenen Beinen, Gesäß liegt an der Kante der Untersuchungsliege (Kasten oder Tisch).
Fixierung: Du fixierst das Knie des nicht zu testenden Beines mit beiden Händen an der Brust oder ein Mitschüler bzw. eine Mitschülerin hält es in dieser Position, sodass die Lendenwirbelsäule ganz aufliegt (Abb. 4.17).
Bewegung: Das zu testende Bein wird so abgesetzt, dass es in der Hüfte gestreckt, im Kniegelenk gebeugt ist. Überprüft wird, ob und wie weit das zu testende Bein unter die Horizontale gebracht werden kann. Die Beurteilung kannst du Tab. 4.9 entnehmen.

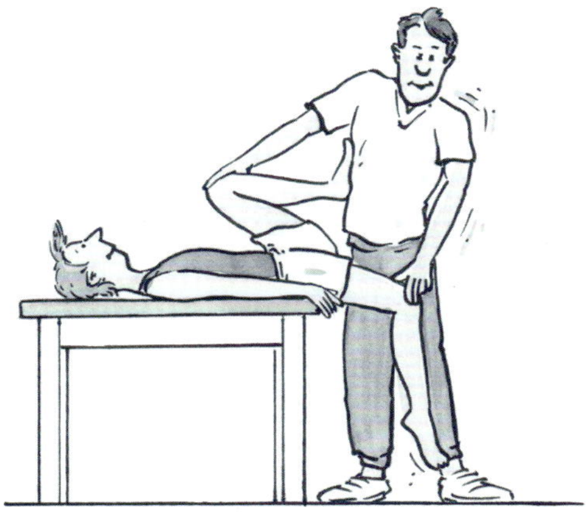

Abb. 4.17: *Durchführung des Tests zur Überprüfung des Hüftbeugers*

Kriterium	Bewertung
Das Knie kommt trotz Hilfe nicht bis zur Horizontalen.	3
Die Horizontale wird mit leichtem Druck durch den Helfer erreicht.	2
Die Horizontale wird ohne Hilfe erreicht oder unterschritten.	1

Tab. 4.9: *Bewertung für den Hüftbeuger-Test*

Oberschenkelbeuger

Ausgangsstellung: Rückenlage, das nicht zu testende Bein ist aufgestellt.
Fixierung: Der/die Helfer/in drückt das Becken auf der zu testenden Seite gegen die Unterlage.
Bewegung: Das zu testende Bein wird bei gestrecktem Kniegelenk so bewegt, dass sich die Hüfte beugt (Abb. 4.18).
Hinweis: Das nicht getestete Bein darf nicht von der Unterlage abgehoben werden. Die Beurteilung kannst du Tab. 4.10 entnehmen.

Kriterium	Bewertung
unter 80 Grad Hüftbeugung	3
80 – 90 Grad Hüftbeugung	2
ab 90 Grad Hüftbeugung	1

Tab. 4.10: *Bewertung für den Oberschenkelbeuger-Test*

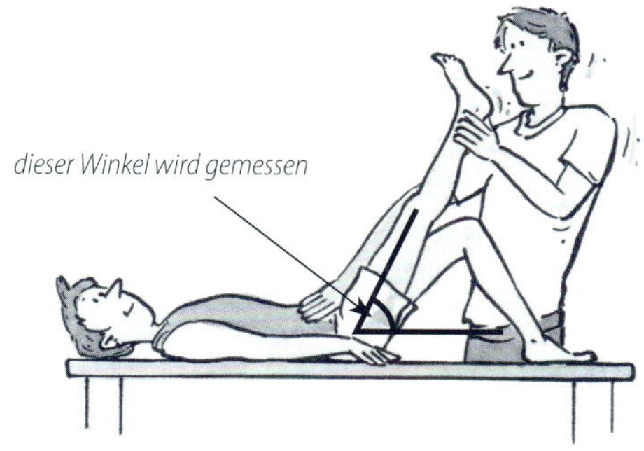

Abb. 4.18: *Durchführung des Tests zur Überprüfung des Oberschenkelbeugers*

Oberschenkelstrecker

Ausgangsstellung: Bauchlage. Die Beine sind parallel, die Knie werden geschlossen gehalten.
Fixierung: Ein/e Helfer/in drückt vor Beginn der Bewegung mit einer Hand dein Becken auf der zu testenden Seite gegen die Unterlage.
Bewegung: Das zu testende Bein wird im Kniegelenk gebeugt und die Ferse vom/von der Helfer/in zum Gesäß gebracht (Abb. 4.19). Die Beurteilung kannst du Tab. 4.11 entnehmen.
Hinweis: Der Test ist bei Schmerzen und Verletzungen im Bereich des Kniegelenkes nicht geeignet!

Abb. 4.19: *Durchführung des Tests zur Überprüfung des Oberschenkelstreckers*

Kriterium	Bewertung
Der Abstand zwischen Ferse und Becken beträgt mehr als 15 cm.	3
Der Abstand der Ferse zum Gesäß beträgt bis zu 15 cm.	2
Mit leichter Hilfe erreicht die Ferse das Gesäß.	1

Tab. 4.11: *Bewertung für den Oberschenkelstrecker-Test*

Großer Brustmuskel

Ausgangsstellung: Rückenlage. Die Beine sind aufgestellt, die Arme liegen seitlich neben dem Körper auf der Unterlage.
Fixierung: Der Brustkorb wird in diagonaler Richtung zur getesteten Seite fixiert. Wenn der linke Arm getestet wird, zieht der/die Helfer/in die rechte Schulter der Testperson in Richtung Brustbein. Dabei darf die Schulter nicht von der Unterlage abheben.
Bewegung: Der Arm wird von vorne innen nach schräg außen oben geführt, die Handfläche weist nach oben (Abb. 4.20). Die Beurteilung kannst du Tab. 4.12 entnehmen.
Hinweis: Vor der Durchführung solltest du kräftig ausatmen.

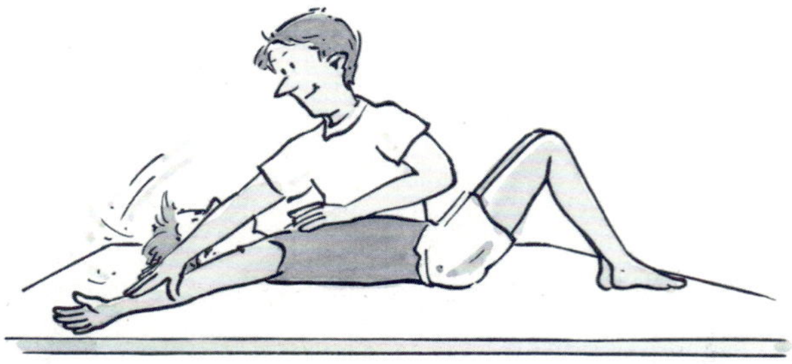

Abb. 4.20: *Durchführung des Tests zur Überprüfung des großen Brustmuskels*

Kriterium	Bewertung
Der Oberarm erreicht die Unterlage trotz Hilfestellung nicht.	3
Der Oberarm kann mit Unterstützung des Helfers/der Helferin auf die Unterlage gebracht werden.	2
Der Oberarm kann auf der Unterlage abgelegt werden.	1

Tab. 4.12: *Bewertung für den Brustmuskel-Test*

9

Frage
Was versteht man im Alltag und in den Sportwissenschaften unter Kondition? Was sind motorische Grundeigenschaften? Gib praktische Beispiele zur Leistungsdifferenzierung mit Hilfe von sportmotorischen Tests an. Was versteht man unter Grob- und Feindiagnose?

10

Frage
Zähle so viele Kraft-, Schnelligkeits-, Ausdauer- und Beweglichkeitstests auf, wie dir einfallen. Welche motorischen Eigenschaften testet man damit? Wie werden sie in der Praxis durchgeführt?

11

Frage
Wie nennt man Gesäßmuskel, vorderen Oberschenkelmuskel, Wadenmuskel, Armbeuger und Armstrecker mit dem jeweiligen medizinischen Ausdruck? Was ist eine Muskelschlinge? Welche Kriterien muss ein sinnvoller Test erfüllen? Was ist ein Drop Jump? Was versteht man unter Tappings und Schnelligkeitsquotient? Wie kann man belegen, dass Beschleunigungsfähigkeit und Maximalgeschwindigkeit zwei unabhängige Eigenschaften sind?

12

Aufgabe
Ermittle mit Klassenkolleg/innen die Durchschnittswerte der durchgeführten Tests und trage diese in Tab. 4.1 ein. Berechne dann deinen Prozentwert im Vergleich mit diesem Durchschnittswert. Die Formel dazu lautet

$$\% = 1000 * \frac{\text{eigener Wert}}{\text{Durchschnittswert}}.$$

Trage auch deine %-Werte in Tab. 4.1 ein und werte diese dann mit Hilfe einer Tabellenkalkulation grafisch aus.

Literatur
FETZ Friedrich / KORNEXL Elmar: Sportmotorische Tests. ÖBV, Wien 1989
GROSSER Manfred / STARISCHKA Stephan: Konditionstests. BLV, München/Wien/Zürich 1981
MARTIN Dietrich (Red.) / CARL Klaus / LEHNERTZ Klaus: Handbuch Trainingslehre. Hoffmann, Schorndorf, 3. Aufl. 2001
REDL Sepp (Hrsg.), Klug und Fit Heft 1 bis 6. BMWK, Wien 2002
WEINECK Jürgen: Optimales Training. Spitta, Balingen 15. Aufl. 2007
WEINECK Jürgen: Sportanatomie. Spitta, Balingen 18. Aufl. 2008

5 Grundlagen des Trainings

1

Frage
Ist es möglich, dass sich der Zustand des Körpers bereits durch eine einzige Trainingseinheit verbessern kann? Ist es möglich, dass sich die Leistung durch zu viel Training verschlechtern kann?

2

Frage
Beim Training spielt der Begriff Superkompensation eine zentrale Rolle. Was könnte unter diesem Begriff verstanden werden? Was bedeutet das Wort prophylaktisch?

3

Frage
Abbildung 5.1 zeigt die Leistungsentwicklung zweier Athleten, die gleich viel pro Woche trainieren. Einer trainiert an 6 Tagen in der Woche 6 Minuten, der andere trainiert das gesamte Pensum an einem Tag. Wie entwickeln sich die Leistungen?

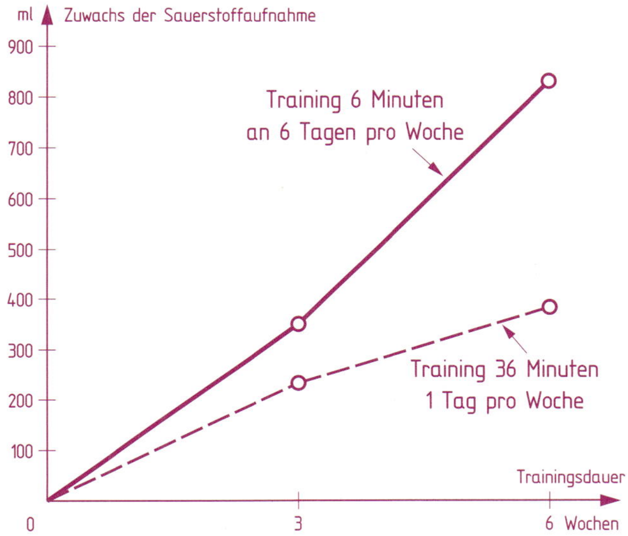

Abb. 5.1: *Zunahme der Ausdauer-Leistungsfähigkeit, dokumentiert an der Zunahme der Sauerstoffaufnahme*

Superkompensation

Wenn eine Belastung eine gewisse Intensität überschreitet, den so genannten **Mindestreiz**, so kommt es zunächst zu einer Abnahme der Leistungsfähigkeit. Du kannst also dieselbe Belastung nicht sofort wieder mit der gleichen Intensität durchführen, du musst eine Pause einlegen. In dieser Pause kann sich der Körper erholen, sodass später eine neue Trainingsbelastung möglich ist.

Nun stellt aber jede Ermüdung für den Körper eine Schwächung dar und somit auch eine gewisse Gefahr. So können etwa bei einer sehr starken Belastung die Abwehrkräfte sinken, und die Infektionsgefahr wird daher größer. Aus Sicht der Evolution gesehen (und etwas überspitzt formuliert), könntest du in völlig erschöpftem Zustand dem Feind nicht entkommen und würdest vielleicht gefressen werden. Der Organismus hat daher die Fähigkeit entwickelt, nach einer Belastung nicht nur den ursprünglichen Zustand herzustellen, sondern sogar für eine gewisse Zeit **die Leistungsfähigkeit zu erhöhen.** Das nennt man **Superkompensation** oder **Mehrausgleich** (Abb. 5.2; *Know-how Nur ein Modell*).

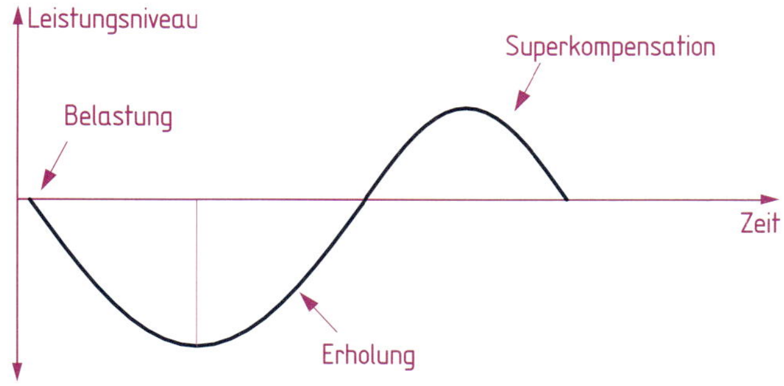

Abb. 5.2: *Nach einer Belastung erhöht sich das Leistungsniveau für eine gewisse Zeit. Diese Superkompensation ist die Grundlage jedes Trainings.*

Nur ein Modell KNOW-HOW

Nur ein Modell
Diese und alle folgenden Superkompensationskurven sind als Modelle zu verstehen. Zwar sagt einem der Hausverstand, dass es Superkompensation geben muss, wenn ein Trainingseffekt nachweisbar ist, aber wie das im Detail abläuft, ist bisher nur teilweise geklärt. Der erste Teil der Kurve, in dem die Belastung erfolgt, ergibt sich aus Untersuchungen über den Abbau von Muskelglykogen bei Belastungen (Abb. 5.3).

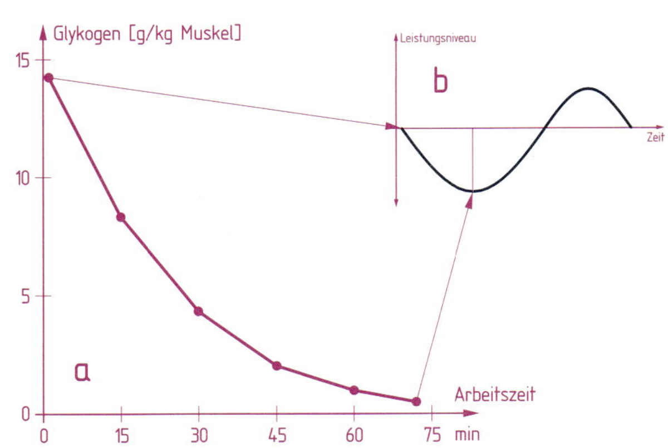

Abb.: 5.3: *a) Abnahme des Muskelgehalts an Kohlenhydraten (Glykogen) bei einer Dauerbelastung. Das sind reale Messwerte. b) Diese Form findet man in den Superkompensationsmodellen wieder. Der weitere Verlauf ist spekulativ und daher nur modellhaft zu sehen.*

Diese Erhöhung der Leistungsfähigkeit des Organismus ist als eine **vorbeugende** (prophylaktische) **Maßnahme im Hinblick auf weitere Belastungsreize** zu sehen. Der Körper stellt sich darauf ein, dass eine solche Erschöpfung und die damit verbundenen Gefahren nicht wieder vorkommen. Ohne Superkompensation wäre Training sinnlos und eine Leistungssteigerung unmöglich. Du würdest nach jedem Training stets wieder nur deine ursprüngliche Leistungsfähigkeit erreichen.

Wie lange die **Phase der Superkompensation** anhält, hängt vom Trainingszustand ab (Abb. 5.4). Bei schlecht Trainierten kann sie durchaus eine Woche oder länger dauern. Deshalb ist es für Untrainierte auch möglich, sich mit nur einer Einheit pro Woche zu verbessern. Das wird durch Abb. 5.1 dokumentiert. Trotzdem ist klar: Wird die **Pause** zwischen den Einheiten **zu lang,** kann man den **Effekt der Superkompensation nicht nützen** (Abb. 5.5). Wird der neue Trainingsreiz aber **in der Phase der Superkompensation** gesetzt, kommt es zu einer **laufenden Verbesserung** der Leistungsfähigkeit (Abb. 5.6).

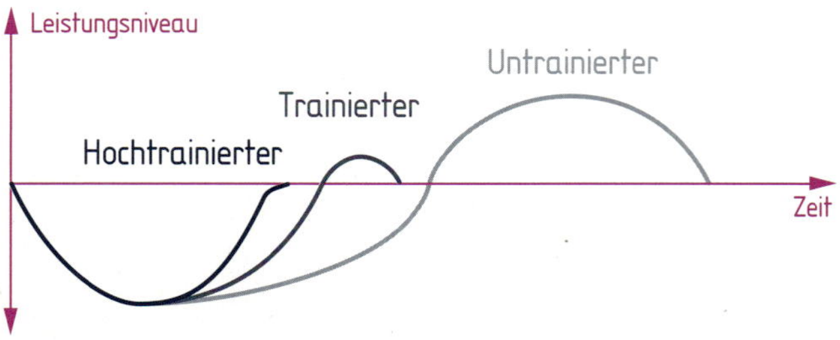

Abb. 5.4: *Wie lange die Superkompensation anhält, hängt vom Trainingszustand ab. Je besser man trainiert ist, desto schneller läuft die Erholung ab, desto geringer wird die überschießende Reaktion und desto kürzer dauert sie an.*

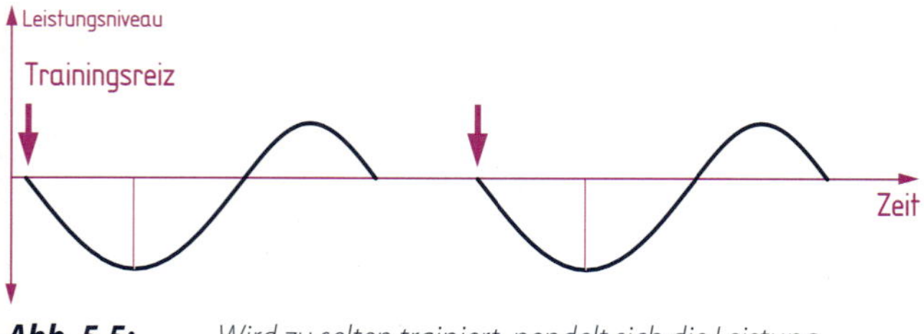

Abb. 5.5: *Wird zu selten trainiert, pendelt sich die Leistung vor jeder Trainingseinheit wieder auf dem Ausgangsniveau ein; die Leistung steigt daher nicht an.*

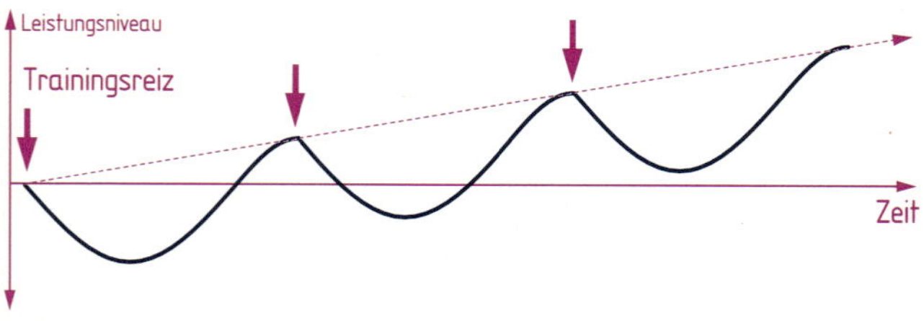

Abb. 5.6: *Erfolgt der neue Trainingsreiz in der Phase der Superkompensation, kann man die Leistung kontinuierlich verbessern.*

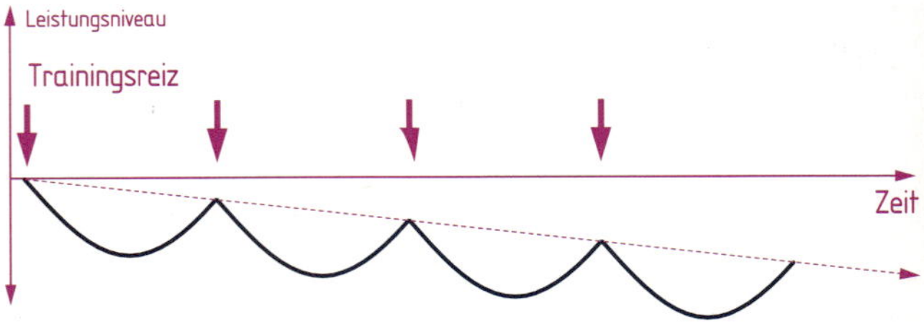

Abb. 5.7: *Verschlechterung durch zu frühes Setzen der Belastungsreize*

Wird der **neue Reiz zu früh gesetzt,** wenn die Leistungsfähigkeit noch nicht zumindest den Ausgangswert erreicht hat, so kommt es zu einer **unvollständigen Erholung,** und die Leistung sinkt weiter ab (siehe Abb. 5.7). Sehr oft ist dieser Effekt beabsichtigt, weil man den Reiz auf den Körper dadurch erhöhen kann. Wichtig ist aber, dass man immer wieder Phasen der Erholung einbaut, in denen sich der Organismus regenerieren kann und eine Super-Superkompensation ermöglicht. Man baut zum Beispiel im Training nach einigen Belastungswochen immer wieder eine Erholungswoche ein. Man spricht dann vom **Effekt der „summierten Wirksamkeit"** (Abb. 5.8).

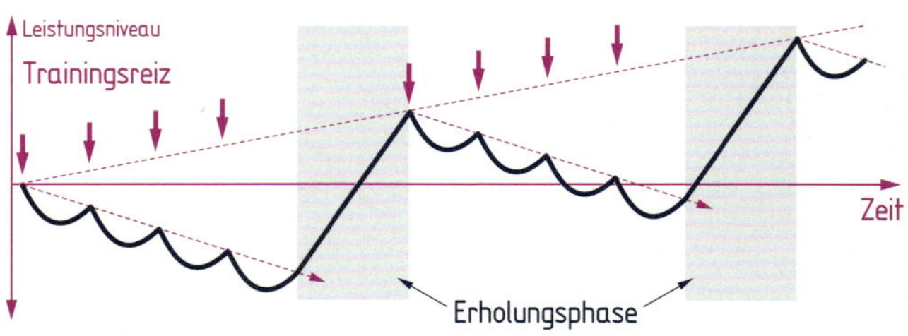

Abb. 5.8: *Effekt der „summierten Wirksamkeit"*

KNOW-HOW Übertrainingssyndrom

Übertrainingssyndrom

Unter **Syndrom** versteht man einen Symptomenkomplex, der durch weitgehend gleiche Symptome gekennzeichnet ist, aber verschiedene Ursachen haben kann. Das trifft auch auf das **Übertrainingssyndrom** (ÜTS) zu, welches vorwiegend ein Phänomen des **Ausdauersports** ist. Ursache des ÜTS ist eine in Summe zu große Belastung, sodass eine ausreichende Regeneration nicht mehr gewährleistet ist. Oft spielen zusätzliche Stressfaktoren beruflicher oder privater Natur eine Rolle. Anzeichen für ein ÜTS sind leichte Ermüdbarkeit, erhöhter Ruhepuls, schlechter Schlaf, wenig Appetit, Gewichtsabnahme, Kopfschmerzen,. . . .

Eine Möglichkeit, ein ÜTS bereits im Vorfeld zu verhindern, ist die Dokumentation des Ruhepulses (siehe Abb. 6.5, Kap. 6). Ist dieser über eine längere Zeit erhöht, sollte man eine zusätzliche Regenerationsphase einbauen, bis sich der Normalwert wieder eingestellt hat.

KNOW-HOW Belastung und Erholung

Belastung und Erholung
Belastung und Erholung gehören zusammen und müssen auch so geplant werden. Die beiden mit Abstand wichtigsten Maßnahmen, die die Regeneration begünstigen und den Ablauf der Superkompensation beschleunigen, sind **richtige Ernährung** und **genügend Schlaf**. Natürlich sind auch Auslaufen, Stretching, Massagen, Sauna oder Entspannungstraining wichtig. Dann kann die Superkompensation schneller ablaufen (Abb. 5.6) und man bringt mehr Training in gleicher Zeit unter.

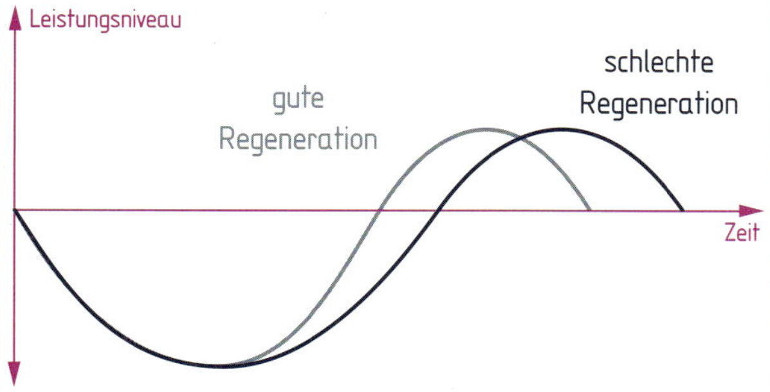

Abb. 5.9: *Superkompensation bei guter und schlechter Regeneration*

Werden die nötigen Pausen nicht eingehalten, so kommt es zu einem Abfall der Leistungsfähigkeit. Trotz – oder gerade wegen – des hohen Trainingspensums verschlechtert sich die Leistung des Athleten bzw. der Athletin. Dauert eine solche Überbelastung viele Wochen oder Monate an, dann kann es im Extremfall zum so genannten **Übertraining** kommen (*Know-how Übertrainingssyndrom; Know-how Belastung und Erholung*).

Grundprinzipien der Trainingsgestaltung

Trainingsprinzipien sind Grundlagen, die für alle vielfältigen Bereiche des Sports gelten und daher bei der Trainingsgestaltung berücksichtigt werden müssen. Es liegen ihnen biologische Gesetzmäßigkeiten zugrunde. In der Trainingslehre-Literatur findest du eine große Anzahl solcher Prinzipien. Hier sind solche Prinzipien ausgewählt, die für praktisch alle Sportarten Gültigkeit haben. Die Kenntnis und Einhaltung dieser Grundprinzipien ist mitentscheidend für die Wirksamkeit des Trainings. Diese Grundlagen hängen komplex zusammen und bedingen sich teilweise gegenseitig.

Prinzip der Mindestreizstärke

Frage 4
Schätze, wie lange und mit welchem Mindestpuls du laufen musst, damit sich deine Ausdauer durch eine Trainingseinheit verbessert!

Frage 5
Bei wie viel Prozent deiner Maximalkraft liegt die Mindestreizstärke im Krafttraining? Nimm als konkretes Beispiel an, du schaffst mit 100 kg eine Kniebeuge mit der Langhantel. Wie viel Kilogramm musst du auflegen, damit du einen Kraftzuwachs erzielst?

Damit eine Superkompensation wie in Abb. 5.2 oder 5.4 ablaufen kann, muss der Reiz eine gewisse Schwelle überschreiten. Klar, man kann sich nicht erwarten, durch einen einzigen Klimmzug seine Leistung zu verbessern. Nur wenn die **Mindestreizstärke** erreicht wird, kommt es zur Superkompensation und zu einem Leistungszuwachs (*Know-how Mindestreizstärken*).

Unterschwellige Reize lösen also keine Superkompensation aus. Ein Reiz kann aber auch zu stark sein und dann zu Schädigungen am Körper führen. Ein Beispiel dafür wäre der **Muskelkater**, der durch eine leichte Entzündung der Muskulatur hervorgerufen wird und anzeigt, dass das Training zu intensiv war. Ein Muskelkater ist harmlos, es können aber auch andere Verletzungen hervorgerufen werden, wie Sehnen- oder Muskelzerrungen, Bindegewebe-Entzündungen, Überlastungsbrüche usw. Ein Mehr an Belastung bringt also nicht immer ein Mehr an Effekt.

KNOW-HOW Mindestreizstärke

Mindestreizstärken
Sehen wir uns zwei konkrete Beispiele für Mindestreize bei Untrainierten an. Dabei ist natürlich zu bedenken, dass die **Übergänge fließend** sind. Es ist also, überspitzt formuliert, nicht so, dass neun Klimmzüge keinen Effekt haben, aber zehn plötzlich schon. Es handelt sich hier um Richtwerte.

So wird zum Beispiel als **Mindestreizschwelle im Ausdauertraining** bei Untrainierten 130 Schläge pro Minute und eine Dauer von 10 Minuten angegeben. Den Mindestpuls kann man durch eine Formel noch exakter bestimmen (*Know-how Mindesttrainingspuls*, Kap. 6). Dass die Zeitangabe mit 10 Minuten ein Richtwert ist, siehst du daran, dass man sich auch mit 6-Minuten-Einheiten verbessern kann (Abb. 5.1).

Beim **Krafttraining** beträgt die Mindestreizstärke für Untrainierte rund 30% der Maximalkraft. Schaffst du also zum Beispiel mit einer Langhantel mit 100 kg eine Kniebeuge, so musst du zumindest 30 kg auflegen, um einen Kraftzuwachs zu erzielen.

Prinzip der ansteigenden Belastung

6 Frage
Aus der Superkompensation und der Mindestreizstärke folgt zwangsläufig ein neues Prinzip. Welches und warum?

7 Frage
Angenommen, du trainierst einmal pro Woche eine halbe Stunde und willst das Training steigern. Was steigerst du zuerst? Den Umfang? Die Intensität? Und wie steigert man am Besten den Umfang?

8 Frage
Wenn ein austrainierter Athlet mit einer Langhantel eine Kniebeuge mit maximal 250 kg schafft, wie viel muss er auflegen, damit er einen Trainingseffekt verzeichnen kann?

KNOW-HOW Krafttraining

Krafttraining
Schauen wir uns die Sache mit der ansteigenden Belastung exemplarisch beim **Krafttraining** genauer an. Nehmen wir wieder an, dass Untrainierte eine Kniebeuge mit 100 kg schaffen. Die Mindestreizstärke beträgt also 30 kg (Abb. 5.10). Mit zunehmender Kraft verschiebt sich aber noch zusätzlich **der Prozentsatz der Maximalkraft**, ab dem der Reiz überschwellig wird. Bei Hochtrainierten kann dieser nämlich bis zu 70 % betragen. Kann nun ein/e Athlet/in 200 kg bewältigen, muss er/sie daher mit mindestens 140 kg trainieren, um noch eine Wirkung zu erzielen.

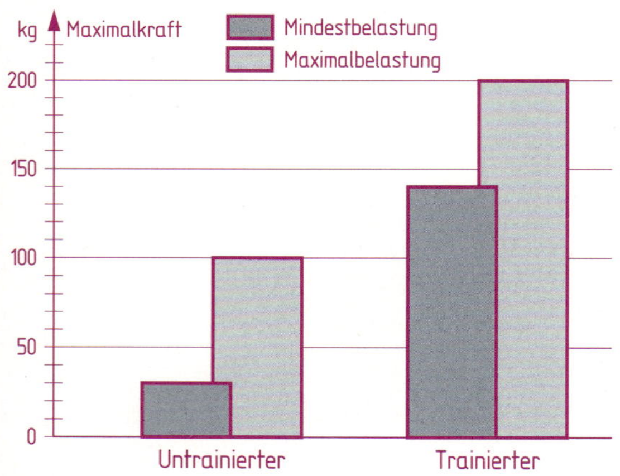

Abb. 5.10: *Darstellung der Verhältnisse zwischen Maximalkraft und Mindestreizstärke am Beispiel bei einem Trainierten und einem Untrainierten: Sowohl die Maximalkraft als auch der benötigte Prozentsatz steigen.*

Wenn man das Prinzip der Superkompensation richtig ausnützt, dann steigt die Leistung mit der Zeit an (Abb. 5.6). Wenn sich aber die Leistung verbessert, erhöht sich auch die Mindestreizstärke. Ein/e Sportler/in, der/die zu Beginn mit 100 kg eine Kniebeuge schafft, bewältigt vielleicht nach einigen Monaten schon 120 kg. Wenn er/sie dann immer noch 30 kg auflegt, arbeitet er/sie bereits unterschwellig. Ähnliche Überlegungen kann man etwa auch für das Tempo beim Laufen oder Radfahren anstellen. Mit der Zeit muss also zwangsläufig auch die Belastung gesteigert werden. Aus Superkompensation und Mindestreizstärke folgt also zwingend **das Prinzip der ansteigenden Belastung** (*Know-how Krafttraining*).

Natürlich muss man die Belastung nicht erhöhen. Im Breitensport wird ja oft jahrelang mit derselben Belastung trainiert. Aber dann stagniert die Leistung auch sehr schnell, und das ist natürlich im Leistungssport unerwünscht.
Wie sollte man die **Gesamtbelastung des Trainings** erhöhen? Es hat sich in der Praxis immer wieder bewährt, die Belastung so zu erhöhen, dass die Gefahr einer Überbeanspruchung so gering wie möglich ist. Daher sollte man, vor allem im Nachwuchsbereich, also im Grundlagen- und Aufbautraining (siehe Tab. 7.4, S. 52), folgendermaßen vorgehen:

1) **Erhöhung der Trainingshäufigkeit:** Es wird also statt zweimal in der Woche dreimal trainiert, statt dreimal viermal und so weiter. Damit kann natürlich auch eine Erhöhung des Umfangs verbunden sein.
2) **Erhöhung des Umfangs:** Dabei wird die Anzahl der Einheiten pro Woche gleich gelassen, aber ihre Dauer wird erhöht. Die Umfangerhöhung sollte aber im Nachwuchsbereich in kleinen Schritten erfolgen.
3) Erst dann sollte die **Intensität** des Trainings **erhöht werden**. In der Praxis bedeutet das, dass man nicht nur im Bereich des Mindestreizes trainiert, sondern auch hin und wieder deutlich darüber hinaus. Man trainiert die Ausdauer also zum Beispiel nicht nur bei Puls 130, sondern macht auch mittlere oder schnelle Belastungen mit deutlich höherem Puls.

Um das Risiko einer Überbelastung zu minimieren sollte also gelten: **Umfangserhöhung vor Intensitätserhöhung!** Im Nachwuchsbereich sollten außerdem auf Grund der Wachstumsvorgänge und der damit verbundenen Schädigungsmöglichkeiten die Belastungserhöhungen kontinuierlich erfolgen, also in kleinen Schritten. So könnte man etwa die Länge eines Dauerlaufs schrittweise um bloß jeweils 5 Minuten verlängern, also z. B. von 30 auf 35 Minuten, von 35 auf 40 Minuten, usw.
Kommt es im Laufe eines **langfristigen Trainingsprozesses** zu einer Plateaubildung der Leistung (d. h. kein wesentlicher Leistungszuwachs), so könnte möglicherweise die maximale Leistungsfähigkeit des Sportlers/der Sportlerin erreicht sein; eine **sprunghafte Belastungssteigerung** könnte aber eventuell zu einer letzten, weiteren Leistungssteigerung führen. Dieses Prinzip sollte aber nur angewendet werden, wenn trotz kontinuierlicher Trainingssteigerung keine Leistungssteigerung mehr erzielt werden kann. Die Begleiterscheinungen sind nämlich instabile Leistungen und Verletzungsanfälligkeit.

Prinzip der kontinuierlichen Belastung

Abbildung 5.11 zeigt, dass man klarerweise durch häufigeres Training seine Leistung schneller steigern kann. Interessant ist aber vor allem, was nach Beenden des Trainings passiert. **Je schneller die Leistung antrainiert wurde, desto schneller fällt sie wieder ab.** Das ist ein generelles Prinzip im Training.

9

Frage

In Abb. 5.11 siehst du den Verlauf der Maximalkraft, wenn verschieden oft pro Woche trainiert wird. Was passiert, wenn man dann mit dem Training aufhört? Welche generelle Aussage könnte man daraus ableiten?

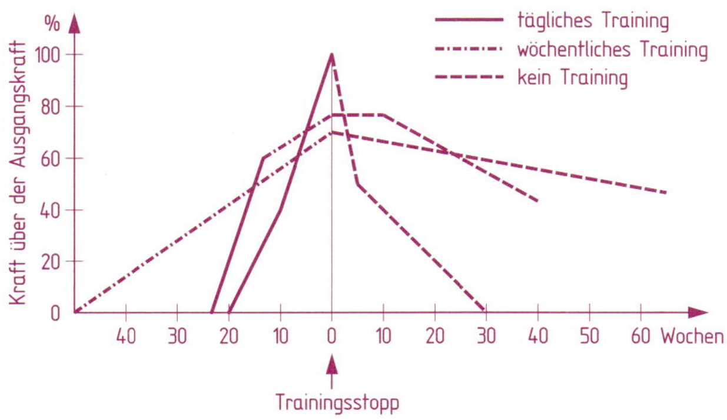

Abb. 5.11: *Entwicklung der Maximalkraft bei unterschiedlicher Trainingshäufigkeit*

Vor allem im Nachwuchsbereich gilt daher: **Trainiere mäßig, aber regelmäßig!** Man spricht auch vom **Prinzip der kontinuierlichen Belastung.** Sollte nämlich das Training, etwa auf Grund von schulischen Belastungen, für einige Zeit reduziert oder wegen einer Krankheit überhaupt unterbrochen werden müssen, so sinkt die Leistungsfähigkeit langsamer ab, wenn vorher kontinuierlich trainiert wurde.

Kontinuierliches Training führt zu einer Verbesserung, bis man im Idealfall seine individuelle, genetisch festgelegte Leistungsgrenze erreicht.

Das Prinzip der wechselnden Belastung

10

Frage

Einer Faustregel zu Folge braucht man nach einem intensiven Dauerlauf von einer Stunde, bei dem vorwiegend Kohlenhydrate verbrannt werden, etwa zwei Tage bis zur Superkompensation. Was trainiert man aber in diesen zwei Tagen?

Verschiedene Trainingsformen wie Kraft-, Ausdauer oder Schnelligkeit belasten den Organismus in völlig unterschiedlicher Weise. Bei einer **intensiven Dauerbelastung** werden zum Beispiel vor allem **Kohlenhydrate** verbraucht. Natürlich kann sich kein Leistungssportler erlauben, einfach zwei Tage auf die Superkompensation zu warten und in dieser Zeit nichts zu trainieren.

Er kann aber in der Zwischenzeit eine andere Trainingsform durchführen, die einen anderen Bereich des Stoffwechsels beansprucht. Er kann zum Beispiel in dieser Zeit **Dauerleistungen bei niedriger Intensität** trainieren, bei denen überwiegend **Fette** verbraucht werden (*Know-how Fette und Kohlenhydrate*). Oder er kann in dieser Zeit ein **Kraft- oder Schnelligkeitstraining** durchführen, das vor allem **Protein- und Kreatinphosphat-Stoffwechsel** in Anspruch nimmt (Anm.: Protein ist die wissenschaftliche Bezeichnung für Eiweiß. Kreatinphosphat ist eine energiereiche Phosphatverbindung, die im Muskel als Energiespeicher dient.). Letzterer spielt vor allem bei kurzen Belastungen bis etwa 7 Sekunden eine große Rolle. Alle diese Belastungen beeinflussen die Superkompensation der Kohlenhydrate aber nur in geringem Ausmaß.

Man soll nicht in beliebig kurzen Abständen die gleichen Belastungen durchführen, man kann aber diese Zeit nutzen, um den Köper in unterschiedlicher Weise zu belasten. Der richtige Wechsel von Belastungen verschiedener Art ermöglicht demnach einen größeren Trainingsumfang und mehr Intensität. Das nennt man das **Prinzip der wechselnden Belastung.**

KNOW-HOW – Fette und Kohlenhydrate

Fette und Kohlenhydrate

Die Intensität der Dauerbelastung bestimmt, ob eher **Fette** oder eher **Kohlenhydrate** verbraucht werden (Abb. 5.12). Bei niedrigen Intensitäten werden fast ausschließlich Fette verbrannt (oxidiert). Das wäre also bei Werten um den Mindesttrainingspuls der Fall. Man spricht dann von **regenerativen** oder **leichten Dauerbelastungen**. Diese Trainings schonen die Kohlenhydratspeicher und beeinflussen deren Superkompensation kaum. Daher machen sie auch den Großteil des Trainingsumfangs in Ausdauersportarten aus.

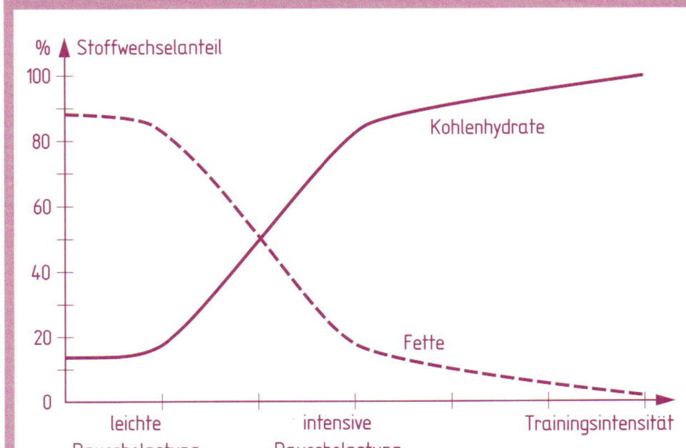

Abb. 5.12: *Schematischer Zusammenhang zwischen der Intensität des Trainings und den dabei verbrauchten Energieträgern*

Das Prinzip der richtigen Belastungsfolge

11

Frage
In Abb. 5.13 siehst du den Zusammenhang zwischen der Aufwärmzeit, der Muskel- und Kerntemperatur (die im inneren des Körpers herrscht) sowie der Sprintleistung. Welche Zusammenhänge kannst du erkennen?

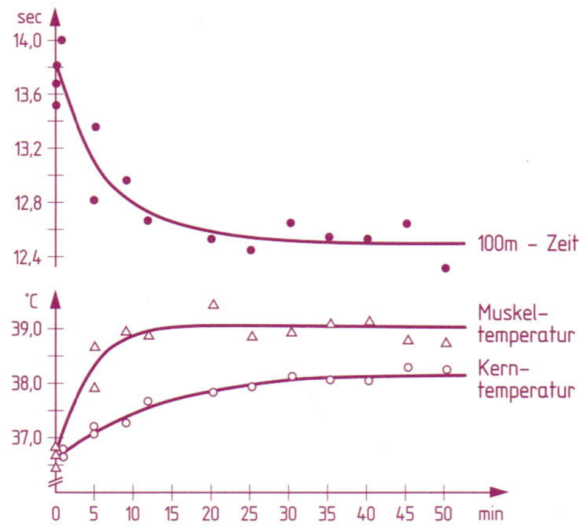

Abb. 5.13

12

Frage
Du willst in einer Einheit Kraft, Ausdauer, Schnelligkeit und Koordination trainieren. In welcher Reihenfolge würdest du diese Inhalte durchführen?

Das **Prinzip der richtigen Belastungsfolge** ist in Trainingseinheiten wichtig, in denen **mehrere motorische Grundeigenschaften** (siehe Kap. 4) geschult werden sollen. Dann muss eine bestimme Reihenfolge eingehalten werden, um einen optimalen Trainingseffekt zu erzielen. **An erster Stelle steht immer das Aufwärmen!**

1) Zunächst sollte immer mit **allgemeinem Aufwärmen begonnen werden**, indem man etwa langsam läuft. Schon fünf Minuten bewirken, dass die Kerntemperatur um etwa 1°C ansteigt (Abb. 5.13). Dann folgt das **spezielle Aufwärmen**, etwa durch Stretching und spezielle Gymnastikübungen. Dadurch strömt das warme Blut aus dem Köperinneren in die Muskeln. Beide Maßnahmen führen dazu, dass die sportliche Leistung steigt und das Verletzungsrisiko minimiert wird.

2) Dann folgen Übungen, für die der Körper **vollständig erholt** sein muss, etwa Koordination, Schnelligkeit, Schnellkraft oder Maximalkraft.
Ist man z.B. vor einem Koordinationstraining nicht ausgeruht, so sind die durchgeführten Bewegungen nicht rund, und man lernt eine schlechte und ungenaue Bewegung ein. Ist man schon vor einem Schnelligkeitstraining ermüdet, so kann man die Bewegungen nicht mit Maximalgeschwindigkeit durchführen und gewöhnt sich so an eine Geschwindigkeit, die nicht der maximalen entspricht. Ähnliches gilt für das Maximalkrafttraining.

3) Dann können Übungen folgen, für die der Körper **nicht vollständig erholt** sein muss, etwa Kraftausdauer.

4) Am Ende der Einheit stehen Übungen, die der **Schulung der Ausdauer** dienen. Dabei gilt **intensiv vor extensiv**. Ausdauertraining mit niedriger Intensität ist fast immer durchführbar, auch wenn man schon sehr ermüdet ist. Gut trainierte Athleten und Athletinnen können sich sogar durch das so genannte Auslaufen, also eine Ausdauerbelastung mit sehr niedriger Intensität, erholen.

Zusammenfassend kann man also sagen, dass die Reihenfolge der Übungen von deren **Intensität** abhängt. Die intensivsten Bewegungen müssen zu Beginn durchgeführt werden, die extensivsten zum Schluss.

Das Prinzip der periodisierten Belastung

Die Belastung des Organismus kann nicht ganzjährig im Grenzbereich der Belastbarkeit liegen. Erstens würde das relativ bald zu einer Stagnation der Leistung führen. Zweitens wäre eine solche Art des Trainings psychisch extrem fordernd. Und drittens wären Verletzungsgefahr und Überbelastung nur schwer zu vermeiden.

Deshalb kann und darf der/die Sportler/in **nicht das ganze Jahr über in Form sein**. Der Wechsel zwischen Belastung und Entlastung muss einem periodischen Wandel unterworfen werden. Das nennt man das **Prinzip der periodisierten Belastung**. Dadurch wird es möglich, zum richtigen Zeitpunkt, also zum wichtigsten Wettkampf des Jahres, die optimale Form zu erreichen, ohne dabei das Prinzip der kontinuierlichen Belastung außer Acht zu lassen. Die Periodisierung zählt zu den **schwierigsten Aufgaben** eines Trainers bzw. einer Trainerin und erfordert sehr viel Fingerspitzengefühl und Erfahrung.

Eine Einteilung des Trainingsjahres in Vorbereitungs-, Wettkampf- und Übergangsperiode hat sich als praktisch erwiesen (Abb. 5.14). Dabei wird auch das Prinzip der ansteigenden Belastung beachtet. In der **Vorbereitungsperiode** wird nämlich besonderer Wert auf den **Umfang** gelegt: die Trainingsdauer ist hoch, aber die Intensität niedrig.
Aufbauend auf dieser guten Grundlage wird in der **Wettkampfperiode** der Umfang zurückgenommen und dafür die **Intensität erhöht**. Kurz vor dem Saisonhöhepunkt sollten sowohl Umfang als auch Intensität zurückgenommen werden, damit der/die Sportler/in optimal erholt zu den Wettkämpfen antritt.
In der **Übergangsperiode** erholt sich der/die Sportler/in. Umfang und Intensität sind gering. Als Faustregel gilt, dass der Umfang bei etwa 50% des normalen Pensums liegt. Die Übergangsphase ist aber nicht nur eine Erholung für den Körper, sondern vor allem auch für den Geist des Athleten bzw. der Athletin.

Die so beschriebenen Belastungswechsel machen es möglich, dass der/die Sportler/in zum einen nicht übertrainiert wird, zum anderen aber Leistungsspitzen erreicht, die bei einer hohen monotonen Belastung nicht möglich wären.

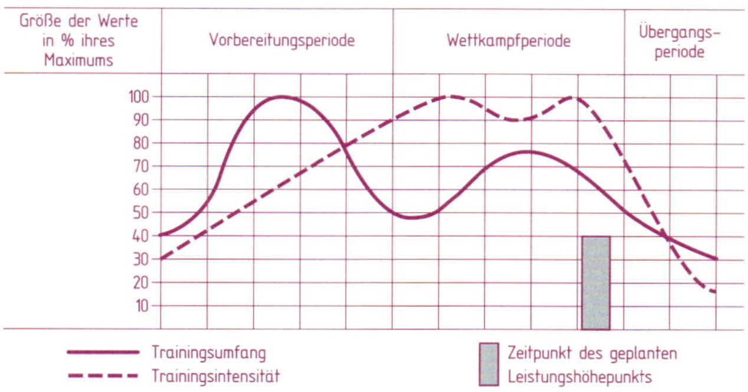

Abb. 5.14: *Beispiel für die Periodisierung eines Trainingsjahres*

Das Prinzip der Individualität und Altersgemäßheit

13

Frage

Welche Besonderheiten sollte man beim Kinder- und Jugendtraining beachten? Welche Unterschiede bestehen zu Erwachsenen? Was könnte man unter dem Begriff „sensible" bzw. „sensitive" Phase verstehen?

Da sportliche Leistungen immer von vielen verschiedenen Einflüssen bestimmt werden, können **gleiche Ergebnisse im Wettkampf durch unterschiedliche Einzelfähigkeiten eines/einer Sportlers/Sportlerin entstehen.** So kann etwa eine gleich gute Leistung über 5000 m dadurch zu Stande kommen, dass ein/e Läufer/in über die bessere Widerstandsfähigkeit verfügt (bessere Toleranz gegenüber Milchsäure), der/die andere über die bessere Grundlagenausdauer. Ein/e Biathlet/in kann seine schlechte Schussleistung durch eine hervorragende Ausdauerfähigkeit wettmachen und umgekehrt. Ein/e Tennisspieler/in kann seine/ihre nicht so gute Technik durch Kampfgeist, mentale Einstellung und eine hervorragende Kondition kompensieren.

Diese Beispiele zeigen, dass für eine optimale Leistungsentwicklung die persönlichen **Schwächen und Stärken eines/einer Sportlers/Sportlerin** zu berücksichtigen sind. Es ist falsch zu glauben, dass es genügt, die Trainingspläne eines/einer Spitzensportlers/-sportlerin zu kopieren, um damit zum gewünschten Erfolg zu gelangen. Aus diesem Grund ist zum Beispiel **Ausdauertraining in der Gruppe** immer etwas problematisch, weil es zu Über- oder Unterforderungen führen kann! Denn im Prinzip hat jeder/jede Athlet/in für seine/ihre leichten, mittleren und schweren Trainings sein/ihr eigenes Tempo.

Weiters ist es wichtig, das Alter eines/einer Sportlers/Sportlerin zu beachten. **Jugend- und Kindertraining ist kein vermindertes Erwachsenentraining** (siehe auch Kap. 7).

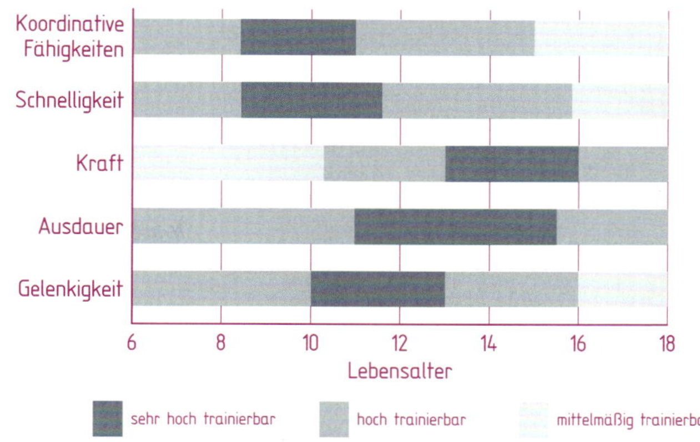

Abb. 5.15: *Einige Beispiele für sensible Phasen (siehe auch S. 51, Kap. 7)*

Jugendliche müssen vielseitig, abwechslungsreich und spielerisch belastet werden. Das Training sollte außerdem vor allem möglichst extensiv erfolgen. Weiters ist zu berücksichtigen, dass es in der Entwicklung **sensitive** Phasen gibt, in denen man bestimmte konditionelle Fähigkeiten am besten trainieren kann. Natürlich entwickeln sich Kinder unterschiedlich, aber Abb. 5.15 gibt einige Richtwerte dazu an (*Know-how Intermediäre Muskelfasern*).

KNOW-HOW Intermediäre Muskelfasern

Intermediäre Muskelfasern

Man unterscheidet **langsame und schnelle Muskelfasern** (Abb. 5.16). Wie schnell jemand laufen kann, hängt im hohen Maße vom Prozentsatz der schnellen Muskelfasern ab. Nun gibt es aber auch noch **Mischfasern** (intermediäre Fasern), die sich, salopp gesagt, noch nicht entschieden haben, ob sie rote (langsame) oder weiße (schnelle) Muskelfasern werden wollen. Bei Erwachsenen machen die Mischfasern bloß 2 oder 3 % aus. Vor der Pubertät liegt ihr Prozentsatz aber noch bei 10% oder sogar darüber. Daher ist **Schnelligkeitstraining vor der Pubertät**, natürlich in spielerischer Form, sehr wichtig. Dann kann man nämlich Mischfasern dauerhaft in weiße Muskelfasern umwandeln und somit die Sprintschnelligkeit erhöhen.

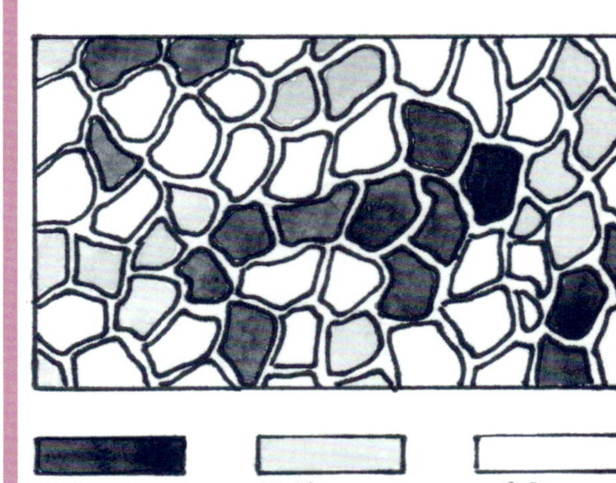

Abb. 5.16: *weiße, rote und Mischfasern*

5 Grundlagen des Trainings

14

Frage

Was versteht man unter Superkompensation? Mache dazu eine Skizze mit genauen Beschriftungen. Zeichne weiters folgende Situationen auf: a) Training zu selten, b) Training zu oft, c) Training zum optimalen Zeitpunkt, d) Effekt der summierten Belastungen, e) Superkompensation bei guter und schlechter Regeneration.

15

Frage

Was versteht man unter den Prinzipien der Mindestreizstärke, der ansteigenden Belastung und der kontinuierlichen Belastung? Gib dazu möglichst viele praktische Beispiele an. Welche Möglichkeiten der Belastungserhöhung gibt es, welche eignen sich für welches Trainingsalter?

16

Frage

Was versteht man unter den Prinzipien der wechselnden Belastung und der richtigen Belastungsfolge? Bei welchen Belastungen erfolgt eher Abbau von Kohlenhydraten und bei welchen Abbau von Fetten? Welchen Effekt hat das Aufwärmen und wie sollte es durchgeführt werden? In welcher Reihenfolge sollten die motorischen Grundeigenschaften in einer Einheit trainiert werden?

17

Frage

Was versteht man unter den Prinzipien der periodisierten Belastung bzw. der Individualität und Altersgemäßheit? In welche Trainingsperioden kann man ein Jahr unterteilen? Versuche, Umfang und Intensität im Laufe eines Jahres in einer Skizze festzuhalten. Was versteht man unter sensiblen Phasen? Welche Beispiele kannst du dazu angeben? Was sind weiße, rote und intermediäre Muskelfasen? Welche Bedeutung haben sie für die Schnelligkeit?

Literatur

HOLLMANN Wildor / STRÜDER Heiko: Sportmedizin. Schattauer, Stuttgart 5. Aufl. 2008

MARTIN Dietrich (Red.) / CARL Klaus/LEHNERTZ Klaus: Handbuch Trainingslehre. Hofmann, Schorndorf 3. Aufl. 2001

MÜHLFRIEDEL Bernd: Trainingslehre. Diesterweg, Sauerländer, Aarau 5. Aufl. 1994

SCHEID Volker / PROHL Robert (RÖTHIG Peter / GRÖSSING Stefan): Trainingslehre. Kursbuch Sport 2.11. Limpert Verlag, Frankfurt/M. korrig. Aufl. 2009

WEINECK Jürgen: Sportbiologie. Spitta, Balingen 9. Aufl. 2004

WEINECK Jürgen: Optimales Training. Spitta, Balingen 15. Aufl. 2007

ZINTL Fritz: Ausdauertraining. BLV, München 6. Aufl. 2004

6 Puls und Pulsverhalten

Der Puls ist einer der wichtigsten oder vielleicht sogar der wichtigste Messwert im Sport, vor allem im Ausdauersport. Er ist einfach und ohne Gerät jederzeit zu messen. Ruhe- und Belastungspuls eignen sich ausgezeichnet zur Trainingssteuerung und geben wichtige Rückschlüsse auf deinen Trainingszustand.

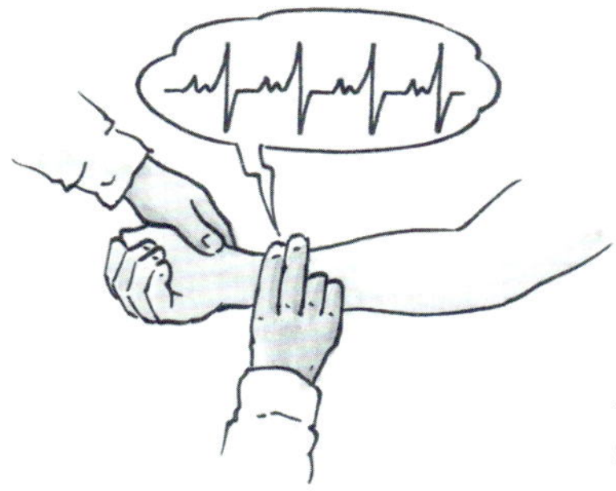

Abb. 6.1: *eine sehr geläufige Methode zur Pulsmessung*

Es gibt viele Möglichkeiten den Puls zu messen, nämlich überall dort, wo eine gut zu ertastbare **Arterie** verläuft. Sehr oft misst man den Puls nahe am Handgelenk (Abb. 6.1), du kannst ihn aber auch an der Halsschlagader oder an der Schläfe messen.

Ruhepuls

Unter dem Ruhepuls versteht man die niedrigste Herzfrequenz, die dein Herz erreichen kann, wenn du dich im Wachzustand befindest. Diesen Wert hast du meist in der Früh kurz nach dem Aufwachen. Aber auch beim Sitzen oder besser noch beim Liegen untertags kommt dein Herzschlag in die Nähe dieses Wertes. Damit der Wert möglichst genau wird, solltest du eine Minute lang messen!

Der Ruhepuls beträgt bei **Säuglingen** etwa **120 Schläge pro Minute** (siehe Abb. 6.2). Er sinkt zwar mit zunehmendem Alter ab, aber trotzdem haben Kinder noch deutlich höhere Pulswerte als **Erwachsene**. Bei diesen liegt der Ruhepuls bei rund **70 Schlägen pro Minute**. Natürlich ist das nur ein Durchschnittswert, weil der Puls von verschiedenen Faktoren abhängig ist, etwa vom Trainingszustand oder der Stressbelastung.

Der Ruhepuls eines/einer **trainierten Ausdauersportler/in** liegt weit unter dem Durchschnittswert. Man könnte sagen: Je besser die Ausdauer, desto größer das Herz, desto niedriger der Ruhepuls (siehe Abb. 6.3; *Know-how Sportherz*). Spitzensportler/innen in Ausdauersportarten, vor allem beim Radfahren und Langstreckenlauf, erreichen Ruhepulsfrequenzen von **unter 30 Schlägen pro Minute**. Der niedrigste dokumentierte Ruhepulswert liegt bei 28 Schlägen pro Minute. Diesen unfassbar niedrigen Puls soll angeblich der Radfahrer **Miguel Indurain** erreicht haben, der in den Jahren 1991 bis 1995 fünfmal die **Tour de France** gewinnen konnte.

Der Ruhepuls eignet sich sehr gut zur **Trainingsüberwachung**. Erstens kann man an seinem kontinuierlichen Absinken sehr gut die Fortschritte des Ausdauertrainings dokumentieren. Außerdem zeigen kurzfristige Erhöhungen des Ruhepulses an, dass der Organismus in irgendeiner Weise belastet ist. Der Grund kann eine Krankheit sein, eine Phase hoher Trainingsbelastung oder Stress in Beruf, Schule oder im privaten Bereich (*Know-how Ruhepuls-Dokumentation*).

1

Frage
Wie viele Sekunden solltest du messen, um Ruhe- bzw. Belastungspuls möglichst genau zu bestimmen?

2

Aufgabe
Setzte dich eine Minute lang ruhig hin und miss danach deinen Puls. Notiere diesen Wert. Ist es möglich, einen noch niedrigeren Puls zu erreichen und wie könnte das gemacht werden?

3

Frage
Sieh dir Abb. 6.2 an. Versuche den Verlauf des Ruhepulses verbunden mit dem Alter zu beschreiben! Was versteht man unter dem Herzminutenvolumen? Wie entwickelt sich dieses mit zunehmendem Alter?

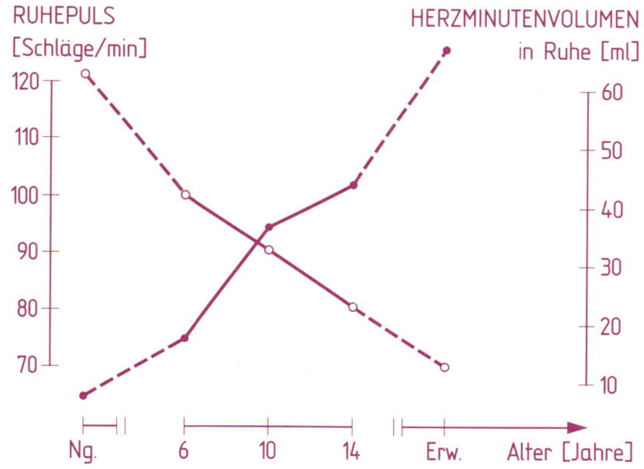

Abb. 6.2

4

Frage
Durch Ausdauertraining vergrößert sich das Herz. Welcher Zusammenhang besteht zwischen Herzgröße und Ruhepuls (Abb. 6.3)?

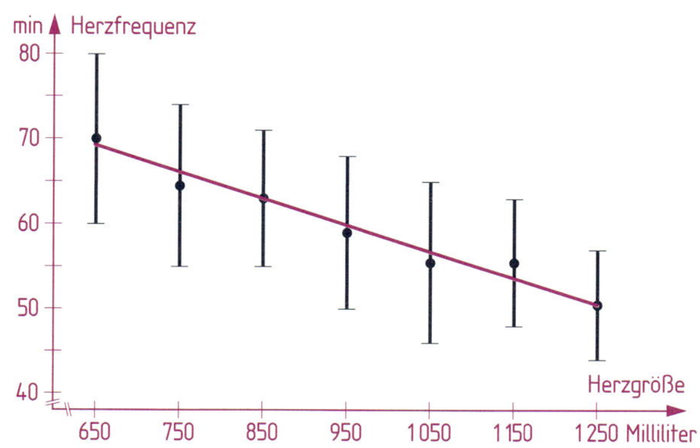

Abb. 6.3: *Zusammenhang zwischen Herzgröße und Ruhepuls; 1000 Milliliter entsprechen 1 Liter*

6 Puls und Pulsverhalten

Sportherz KNOW-HOW

Sportherz
Der niedrigere Ruhepuls bei Ausdauersportler/innen ist vor allem auf die Vergrößerung des Herzmuskels zurückzuführen. Man spricht dann von einem **Sportherz** (Abb. 6.4). Das Ausdauertraining führt nämlich sowohl zu einer **Hypertrophie** (Muskelwachstum) als auch zu einer **Dilatation** (Erweiterung) des Herzens. **Normale Herzen** sind etwa faustgroß. Sie haben rund **250 g** und ein Volumen von 0,6 bis 0,8 Liter. **Sportherzen** haben eine Masse bis zu **500 g** und Volumina bis zu 1,3 Litern. Dadurch können sie pro Schlag wesentlich mehr Blut transportieren und müssen daher nicht so oft schlagen wie untrainierte Herzen.

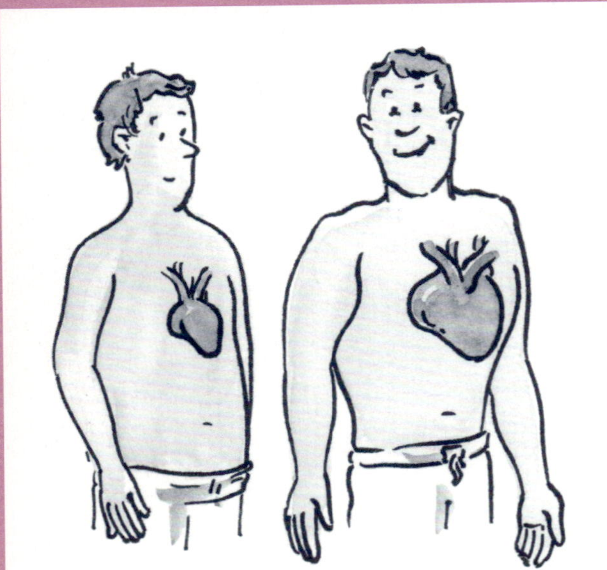

Abb. 6.4: *Größenunterschied zwischen untrainiertem Herz und Sportherz. Dieses ist oft rund doppelt so groß.*

Ruhepuls KNOW-HOW

Ruhepuls-Dokumentation
Die **Entwicklung des Ruhepulses** gibt wertvolle Rückschlüsse auf die Entwicklung der sportlichen Leistung. Damit man objektive Aussagen treffen kann, muss der Ruhepuls **täglich zur gleichen Zeit und unter den gleichen Bedingungen** (etwa im Liegen) gemessen werden. Dokumentiert wird der Wochenschnitt. In Abb. 6.5 siehst du die Entwicklung des Ruhepulses eines jungen Athleten (19 Jahre) über den Zeitraum von 2 Jahren. Du kannst sehen, wie der Ruhepuls tendenziell absinkt. Das dokumentiert den sich verbessernden Trainingszustand.
Du siehst auch, wie sensibel der Ruhepuls auf **Belastungen** reagiert. Während eines Trainingslagers ist der Puls im Schnitt um 2,5 Schläge erhöht. Während der Matura geht der Puls ebenfalls auf Grund der Stressbelastung hinauf, während er danach sehr stark absinkt. Ermüdungen können so schon im Vorfeld erkannt werden und durch Verringerung der Trainingsbelastung abgewendet werden.

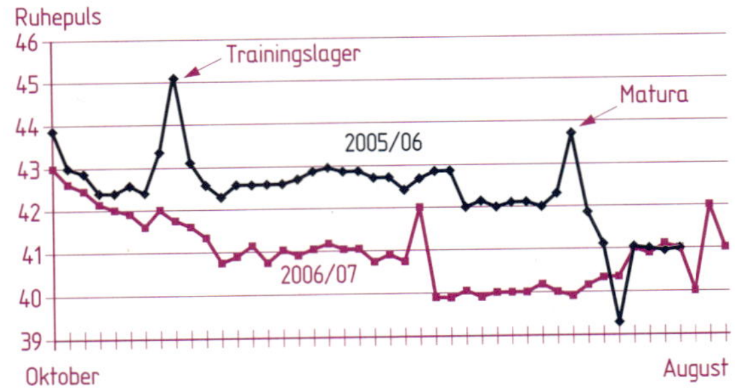

Abb. 6.5: *Ruhepuls-Dokumentation des Athleten M. S. über den Zeitraum von zwei Jahren: Im September erfolgt die „Übergangsphase", in der sich der Sportler regeneriert.*

Belastungspuls

5

Frage
Wie hoch kann der Puls maximal werden? Weißt du deinen persönlichen Maximalpuls? Wie kann man diesen ermitteln? Gib einen Tipp ab, wie viel Liter Blut das Herz bei maximaler Belastung pro Minute pumpt.

6

Aufgabe
Mache 10 Strecksprünge aus der tiefen Hocke bzw. 30 Sekunden Kniehebelauf am Stand. Miss unmittelbar nach diesen Belastungen deinen Puls alle 20 Sekunden für jeweils 10 Sekunden (also von 0 – 10 s, von 20 – 30 s, von 40 – 50 s und so weiter). Trage die Werte während der Messpause in die Tabelle ein..

Zeit	Strecksprünge	hochgerechnet	Standlauf	hochgerechnet
0:00 – 0:10				
0:20 – 0:30				
0:40 – 0:50				
1:00 – 1:10				
1:20 – 1:30				
1:40 – 1:50				

Tab. 6.1: *Trage jeweils die pro 10 Sekunden gemessenen Schläge ein und rechne dann auf Schläge pro Minute um. Trage die hochgerechneten Werte in Abb. 6.6 ein.*

Wenn du mit den Tests fertig bist, multiplizierst du alle Werte mit 6, um auf die Schläge pro Minute zu kommen. Trage dann diese Werte in Abb. 6.6 ein. Welche Form ergibt sich für den Abfall der Pulsfrequenzkurve?

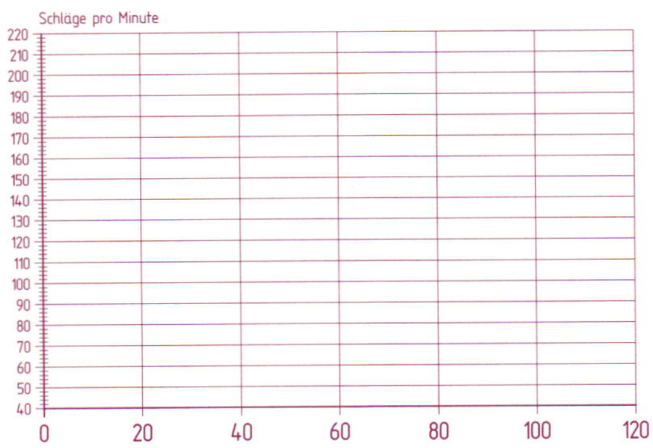

Abb. 6.6: *Übertrage hier die Werte aus Tab. 6.1.*

Um das Ausdauertraining gut steuern zu können, sollte man nicht nur Ruhe-, sondern auch Maximalpuls kennen. Untersuchungen haben gezeigt, dass man den **Maximalpuls** über die Formel **226 minus Lebensalter** gut abschätzen kann (Hills et al. 1998). Besser ist es natürlich, den Wert durch einen Test zu ermitteln. Dazu eignet sich zum Beispiel ein **12-Minuten-Lauf**, bei dem man sich die ersten 10 Minuten nicht voll einsetzt und zum Schluss besonders anstrengt. Man spricht von einem **modifizierten Cooper-Test** (siehe dazu auch S. 30, Kap. 4).

Die Blutmenge, die ein Herz bei Ausbelastung pro Minute durch den Körper pumpt, ist ziemlich groß. Man spricht vom **Herzminutenvolumen** oder **HMV**. Bei einem/einer sehr gut Trainierten kann das **HMV 40 Liter pro Minute** oder mehr betragen (*Know-how Schlag- und Herzminutenvolumen*). Das entspricht der Füllmenge von 200 Limonadengläsern (Abb. 6.7)! Spitzenwerte sind sogar 50 Liter pro Minute. Angeblich war das Herz von Miguel Indurain (siehe oben) zu einer solchen Leistung fähig!

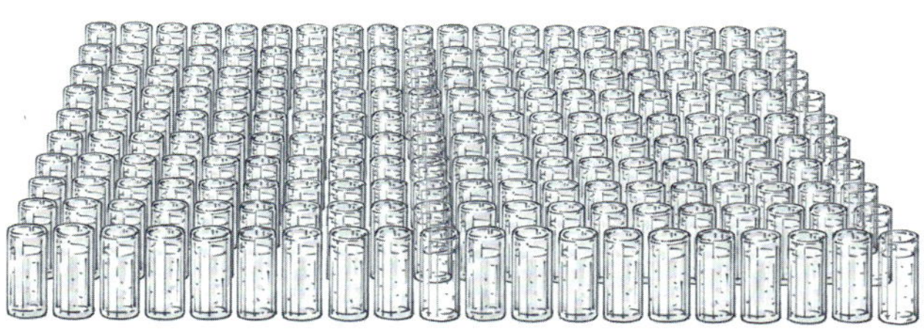

Abb. 6.7: *Das Herz Hochtrainierter pumpt 40 Liter Blut oder mehr pro Minute. Das entspricht der Füllmenge dieser 200 Gläser (200*200 ml = 40.000 ml = 40 l).*

KNOW-HOW Schlag- und Herzminutenvolumen

Schlag- und Herzminutenvolumen

Als **Schlagvolumen (SV)** bezeichnet man jene Blutmenge, die das Herz pro Schlag auspumpt. Sie wird in Millilitern angegeben (siehe Tab. 6.2). Das **Herzminutenvolumen (HMV)** ergibt sich aus dem Produkt der Pulsschläge pro Minute (Hf) und des Schlagvolumens:

HMV = Hf x SV

In Ruhe beträgt das HMV etwa 5 Liter. Bei maximaler Belastung liegt es bei Untrainierten bei etwa 24 Litern, bei Hochtrainierten auf Grund des größeren Schlagvolumens bei 40 Litern oder mehr.

	trainiert	**untrainiert**
Schlagvolumen in Ruhe	100 ml	70 ml
Schlagvolumen bei maximaler Belastung	200 ml	120 ml
Ruhepuls	50 pro min	70 pro min
Maximalpuls	200 pro min	200 pro min
HMV Ruhe	**5 l/min**	**5 l/min**
HMV max. Belastung	**40 l**	**24 l**

Tab. 6.2: *HMV Untrainierter und Hochtrainierter: Die Werte sind exemplarisch zu sehen.*

Wenn du Ruhe- und Maximalpuls kennst, dann kannst du auch deinen **Mindesttrainingspuls** ausrechnen (**Know-how Mindesttrainingspuls**). Das ist jener Puls, den du mindestens erreichen solltest, damit das Ausdauertraining einen Effekt zeigt (siehe dazu auch „Prinzip des Mindesttrainingsreizes", Kap. 5).

KNOW-HOW Mindesttrainingspuls

Mindesttrainingspuls

Unter einem bestimmten Pulswert hat das Ausdauertraining keinen nützlichen Effekt. Natürlich ist der Übergang fließend, aber du kannst dir einen Richtwert für den Puls ausrechen, den du nicht unterschreiten solltest. Man spricht vom **Mindesttrainingspuls**. Dieser wird folgendermaßen berechnet:

Mindesttrainingspuls
=
Ruhepuls
+
(Maximalpuls - Ruhepuls) x 0,5

Nehmen wir als konkretes Beispiel einen 15-jährigen Sportler mit einem Ruhepuls von 75. Ohne Test würde man den Maximalpuls auf 226 – 15 = 211 schätzen. Der Mindesttrainingspuls für Ausdauerbelastungen liegt daher bei 75 + (211 – 75) x 0,5 = 75 + (136) x 0,5 = 143. Der Puls sollte also 143 Schläge pro Minuten nicht unterschreiten, damit der Ausdauerreiz nicht unterschwellig wird.

Wenn du Aufgabe 6.6 durchgeführt hast, so wirst du wahrscheinlich ein ähnliches Ergebnis wie in Abbildung 6.8 bekommen haben. Du siehst, dass der Puls unmittelbar nach der Belastung schneller abfällt und sich dann abflacht. Der steile Abfall hat eine Bedeutung für die Messung des Maximalpulses. **Während man den Ruhepuls eine Minute lang messen sollte, sollte man den Nachbelastungspuls nur 10 Sekunden messen und den Wert mit 6 multiplizieren, damit das Ergebnis nicht zu stark verfälscht wird**.

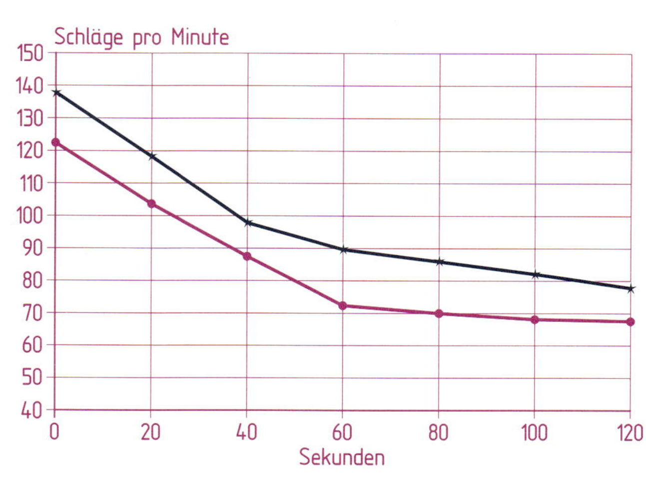

Abb. 6.8: *Pulsverlauf nach Strecksprüngen und Standlauf*

6 Puls und Pulsverhalten

Der **Puls nach einer Maximalbelastung** gibt zumindest einen **groben Aufschluss über den Ausdauer-Trainingszustand**. Je besser dieser ist, desto schneller sinkt nämlich der Puls wieder ab (Tab. 6.3). Natürlich ist dieser Test alleine nicht besonders aussagekräftig. Aber er kann, neben anderen Messwerten, zusätzlichen Aufschluss geben.

Pulsfrequenz 5 Minuten nach Belastungsende	
über 130	schlecht
130 – 121	ausreichend
120 – 116	befriedigend
115 – 106	gut
105 – 100	sehr gut
unter 100	ausgezeichnet

Tab. 6.3: *Richtwerte für das Absinken des Pulses nach einer Maximalbelastung*

Herzfrequenzvariabilität

Das Herz passt sich ständig an die Umgebungssituation an. Die Folge sind Schwankungen in seiner Pulsfrequenz. Aber sogar in Ruhe schlägt ein gesundes Herz nie ganz gleichmäßig. Es besitzt eine natürliche **Arrhythmie**. Der Abstand aufeinander folgender Herzschläge ändert sich also ständig ein bisschen. Diese Änderungen liegen allerdings meistens im Bereich von Millisekunden (Abb. 6.9). Man nennt diese Schwankungen die **Herzfrequenzvariabilität (Heart Rate Variability, HRV)**.

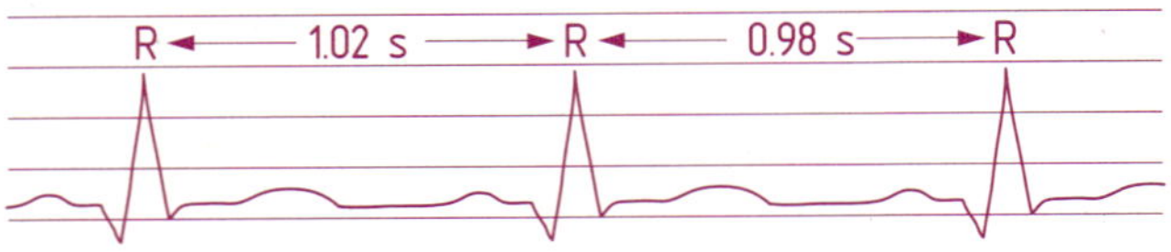

Abb. 6.9: *drei Schläge eines Herzens dargestellt im EKG (Elektrokardiogramm): Zu Beginn der Kammerkontraktion gibt es eine charakteristische Zacke, die man R-Zacke nennt. Wenn man den zeitlichen Abstand dieser Zacken genau misst, kann man Schwankungen im Bereich von Millisekunden erkennen.*

Bereits im **3. Jahrhundert** soll der **chinesische Arzt Wang Shu-he** erkannt haben, dass ein variabler Herzschlag ein Zeichen für Gesundheit ist. Er dokumentierte dies in einer seiner Schriften, die noch heute als „Puls-Klassiker" bekannt ist, mit folgendem Zitat: „Wenn das Herz so regelmäßig wie das Klopfen eines Spechtes oder das Tröpfeln des Regens auf dem Dach wird, wird der Patient innerhalb von 4 Tagen sterben". Tatsächlich kann man heute wissenschaftlich nachweisen, dass die Herzfrequenzvariabilität bei einem gesunden Herz vielleicht etwas überraschend größer ist als bei einem kranken. Salopp kann man also sagen: **Ein gesundes Herz schlägt immer ein wenig unregelmäßig**. Damit sind natürlich keine Herzrhythmusstörungen wie Extrasystolen gemeint, also ein Herzschlag, der außerhalb des normalen Herzrhythmus auftritt.

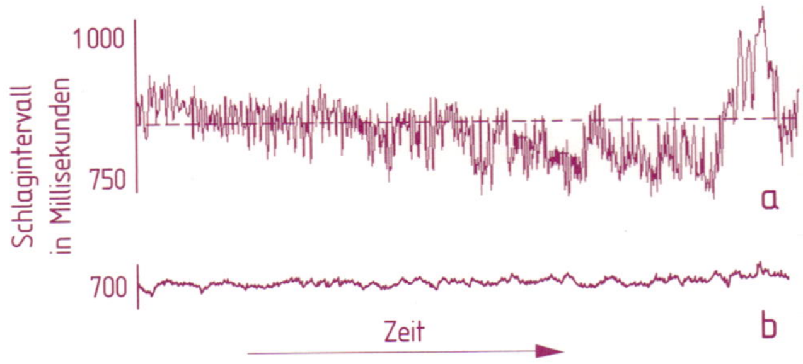

Abb. 6.10: *Herzfrequenzvariabilität bei einem gesunden Herz (a) und bei einem Herz nach einem Herzinfarkt*

Die HRV kann außerdem eingesetzt werden, um den **Grad der Entspannung** einer Person zu messen. Je besser diese ist, desto größer ist die HRV. Weiters kann man mit Hilfe der HRV den momentanen Erholungszustand eines/einer Athleten/Athletin messen und bei Bedarf das Training ändern (*Know-how HRV und Erholung*).

KNOW-HOW
HRV und Erholung

HRV und Erholung

Viele **Pulsuhren** verfügen heute schon über die Möglichkeit einer HRV-Messung. Diese kann man unter anderem dazu einsetzen, um die **Erholung** eines/einer Athleten/Athletin zu dokumentieren. In Abb. 6.11 siehst du zwei Punktwolken von Messwerten. Bei a ist der Puls niedrig (die Intervalle zwischen den Schlägen sind lang) und die HRV ist groß (die Punkte sind sehr gestreut). Der/die Athlet/in ist gut erholt. b zeigt die Situation nach einem anstrengenden 6-Tage-Radrennen. Der Puls ist erhöht und die HRV niedriger. Beides ist ein Anzeichen für eine Ermüdung. Im Training muss daher in der nächsten Zeit auf gute Erholung geachtet werden.

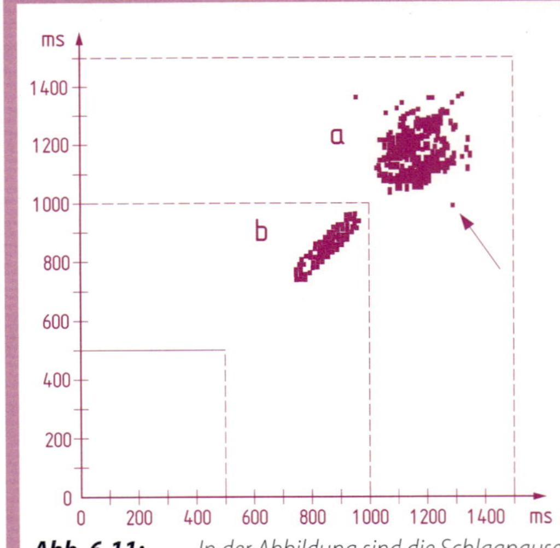

Abb. 6.11: *In der Abbildung sind die Schlagpausen eingezeichnet. Jeder Punkt repräsentiert eine Schlagpause (x-Achse) und die darauffolgende Schlagpause (y-Achse) des Herzens. Nehmen wir als Beispiel den mit dem Pfeil markierte Punkt. Dieser zeigt an, dass die Schlagpause zunächst 1300 ms betrug, gefolgt von einer Schlagpause mit 1000 ms. Große Streuung (a) bedeutet große HRV und somit gute Erholung.*

7

Frage
Wie viele Sekunden sollte man den Ruhepuls messen und warum? Wie verändert sich der Ruhepuls mit dem Alter? Wie hoch ist er bei Säuglingen und bei Erwachsenen? Was sind die niedrigsten Pulswerte, die erreichbar sind? Welche Rückschlüsse erlaubt die Dokumentation des Ruhepulses?

8

Frage
Was versteht man unter einem Sportherz? Welche Kenngrößen (Volumen, Masse, Schlagvolumen und Herzminutenvolumen) haben ein untrainiertes Herz und ein Sportherz? Wie kann man das HMV berechnen?

9

Frage
Wie hoch kann die Pulsfrequenz pro Minute sein? Wie hängt der Maximalpuls vom Alter ab? Durch welchen Test kann man den Maximalpuls ermitteln? Wie sieht der Pulsverlauf nach einer Belastung aus und welche Rückschlüsse lassen sich daraus ziehen?

10

Frage
Was versteht man unter der Herzfrequenzvariabilität? Wie wird sie gemessen? Was hat ein Sportler vom Messen der HRV?

Literatur

FINDEISEN D. G. R. / LINKE Paul-Gerhard / PICKENHAIN Lothar: Grundlagen der Sportmedizin. Barth, Leipzig 1980
HOLLMANN Wildor / STRÜDER Heiko: Sportmedizin. Schattauer, Stuttgart 5. Aufl. 2009

7 Kinder- und Jugendtraining

Kinder und Jugendliche sind keine kleinen Erwachsenen. Kinder- und Jugendtraining darf daher niemals bloß reduziertes Erwachsenentraining sein. Es beinhaltet zwar ebenfalls einen **planmäßigen** und **langfristigen Übungsprozess**, doch die Ziele, Inhalte und Verfahrensweisen unterscheiden sich in vielerlei Hinsicht. Das liegt daran, dass man die körperliche und geistige Entwicklung der Kinder stets berücksichtigen muss. Kinder sind nicht nur kleiner, sie sind auch anders als Erwachsene.

Wachstumsbedingte Besonderheiten

1 Frage
Was besagt das Prinzip der Individualität und Altersgemäßheit in Bezug auf das Kinder- und Jugendtraining?

2 Frage
In Abb. 7.1 siehst du die prozentuelle Größenentwicklung von Kopf und Gehirn sowie des gesamten Körpers. Was kannst du erkennen? Wie groß sind die prozentuellen Werte bei 6 Jahren?

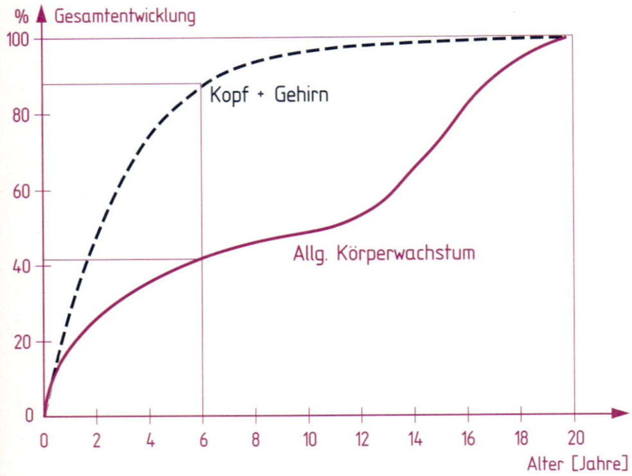

Abb. 7.1

3 Frage
Was versteht man unter kalendarischem und biologischem Alter? Was versteht man unter dem Bewegungsschatz?

4 Aufgabe
Steht beim Kindertraining das Koordinative oder das Konditionelle im Vordergrund? Versuche, deine Antwort zu begründen!

5 Frage
Was meinst du, in welcher Phase Jugendliche in besonderem Maße der Gefahr durch starke Trainingsbelastungen ausgesetzt sind?

Wie du in Abbildung 7.1 sehen kannst, haben die Wachstumskurven der Kopf- und Gehirnentwicklung einerseits und des allgemeinen Körperwachstums andererseits einen sehr unterschiedlichen Verlauf. Auffällig ist dabei **die schnelle Entwicklung des Gehirns**. Mit 6 Jahren werden bereits rund 90 % der Erwachsenengröße erreicht. Das allgemeine Körperwachstum hingegen hat zu diesem Zeitpunkt noch nicht einmal die Hälfte des Erwachsenenwertes erlangt (siehe auch Abb. 7.2).

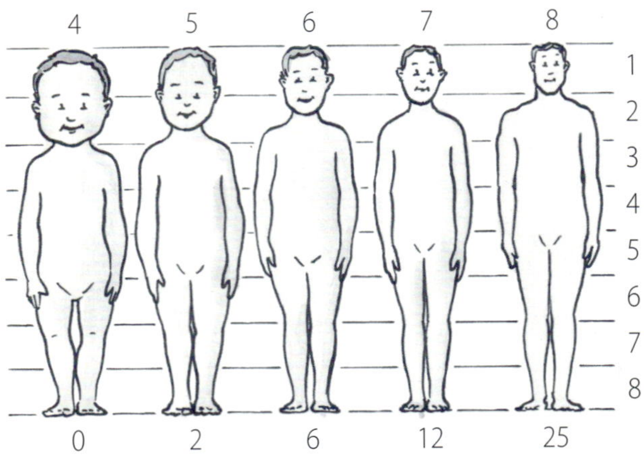

Abb. 7.2: *Altersabhängiges Verhältnis zwischen Kopf- und Körperhöhe: Die Zahlen am oberen Rand geben an, wie viel Mal die Kopfhöhe in der Körperhöhe enthalten ist.*

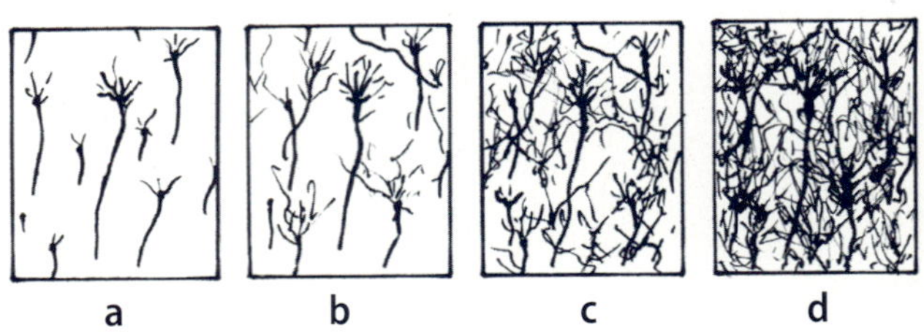

Abb. 7.3: *Nervenzellen und ihre Faserverbindungen im Verlauf der Kindheitsentwicklung. a) Neugeborenes, b) 10 Tage, c) 10 Monate und d) 2 Jahre (nach Ackert 1971)*

ZNS KNOW-HOW

ZNS
Beim Menschen bezeichnet man **Gehirn** (Abb. 7.4a) und **Rückenmark** (b) zusammen als **Zentralnervensystem** oder **ZNS**. Man grenzt es dadurch vom **peripheren Nervensystem** ab, das u. a. aus den Fortsätzen der motorischen und sensiblen Nervenzellen des ZNS besteht. Auch das vegetative Nervensystem ist ein Teil des peripheren Systems.

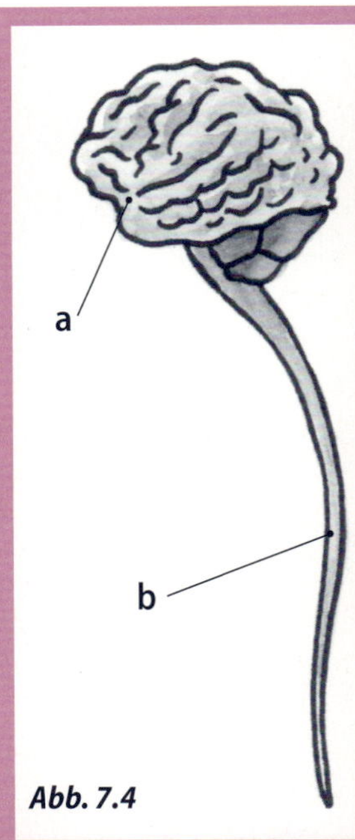

Abb. 7.4

Die Nervenzellen des **Zentralnervensystems** vernetzen sich vor allem in den ersten drei Lebensjahren (*Know-how ZNS*). Die Fasern werden dichter und haben untereinander mehr Querverbindungen (Abb. 7.3). Aus motorischer Sicht ist es deshalb wichtig, dass dem **Kleinkind** viele Reize zum Ausbau dieser Vernetzungsstrukturen gegeben werden. Die Kinder müssen durch **vielfältige Spielangebote motorisch gefördert werden**. Unterbleiben derartige **Förderreize** oder sind sie nicht ausreichend, kommt es zu einer geringeren Ausreifung der betroffenen Gehirnteile.

Aufgrund der schnellen Entwicklung des ZNS und damit der **koordinativen Leistungsfähigkeit**, stehen im Kindertraining, also vor der Pubertät, vor allem die Ausbildung vielfältiger sportlicher Techniken sowie die Erweiterung des **Bewegungsschatzes** im Vordergrund. Darunter versteht man die gesamte Bewegungserfahrung einer Person. Das konditionelle Training erfolgt im Gegensatz zu den Erwachsenen vor allem meist nur nebenbei und nur in dem Maße, wie es die koordinative Ausbildung erfordert.

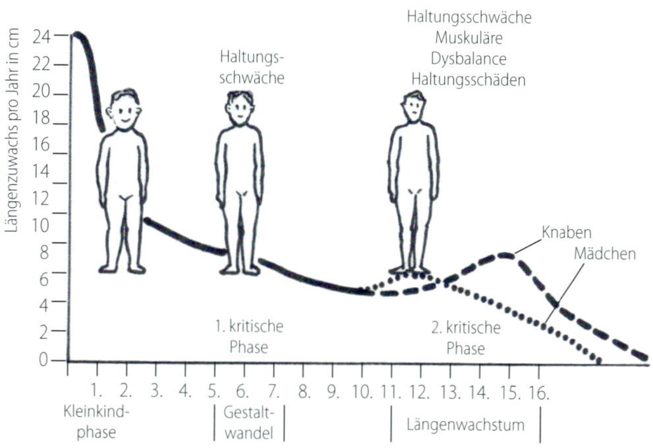

Abb. 7.5: *Zunahme der Körpergröße in den verschiedenen Lebensjahren*

Im ersten Lebensjahr wachsen Kinder über 20 cm! Die Wachstumsgeschwindigkeit nimmt aber bis zum Erwachsenenalter ab. In der Pubertät kommt es jedoch noch einmal zu einem **Wachstumsschub** (Abb. 7.5; *Know-how Kritische Phasen*). Dieser setzt bei den Mädchen zwischen dem 11. und 13., bei den Buben zwischen dem 13. und 15. Lebensjahr ein. Allerdings ist zu bemerken, dass sich der Wachstumsschub zeitlich immer weiter nach vorne verlagert. Außerdem nimmt die durchschnittliche Körpergröße der Menschen immer mehr zu.

Das Alter, das durch den Kalender bestimmt wird, nennt man **kalendarisches Alter**. Du feierst dann deinen 16. Geburtstag, wenn der Kalender zeigt, dass du 16 Jahre alt bist. Kinder entwickeln sich aber unterschiedlich schnell. Deshalb hat man zusätzlich den Begriff des **biologischen Alters** eingeführt. Dieses sagt quasi, wo die Zeiger deiner biologischen Uhr stehen (*Know-how Anti-Aging*).

Bei **Frühentwicklern** ist die körperliche Entwicklung im Vergleich mit **Normalentwicklern** beschleunigt, bei **Spätentwicklern** verzögert. Im allgemeinen Schulbereich lässt sich eine **Streubreite** von biologisch Jüngsten zu den Ältesten von etwa **fünf Jahren** feststellen (Abb. 7.6). Das führt daher zu einem Problem für das Training in der Gruppe mit gleichaltrigen Kindern. Außerdem ist die Durchführung von Meisterschaften und die Führung von Bestenlisten nicht wirklich fair, weil sie ja nach dem kalendarischen Alter erfolgt.

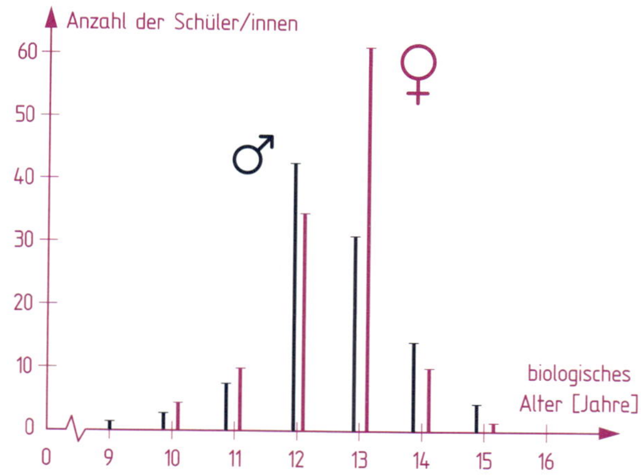

Abb. 7.6: *Das biologische Alter von Schülerinnen und Schülern mit einem durchschnittlichen kalendarischen Alter von rund 13 Jahren: Die Objektivierung erfolgte durch ein* ***Röntgen der Handwurzelknochen****. Über das Röntgenbild der Handwurzelknochen kann man bis zum Eintritt der vollkommenen Verknöcherung das Skelettalter bestimmen. Du siehst, dass das biologische Alter von 9 bis 15 Jahren reicht.*

KNOW-HOW Kritische Phasen

Kritische Phasen

Um das **6. Lebensjahr** herum kommt es zu einer Änderung der Lebensform: Aus dem spielerisch aktiven **Kindergartenkind** wird ein **Schulkind**. Dadurch reduziert sich die Bewegungszeit sehr stark. Das wirkt sich auch auf Stütz- und Bewegungsapparat aus. Damit ist ein Grundstein für eine mögliche Entwicklung einer **Haltungsschwäche** bis hin zu einem **Haltungsschaden** gelegt. Man spricht von der **1. kritischen Phase** (siehe Abb. 7.5). Eine mangelhafte Muskulatur wird auch durch zu viel Sitzen vor dem Fernsehapparat, ergonomisch ungünstige Schulmöbel oder Tragen von zu schweren Schultaschen begünstigt.

In der **Pubertät** kommt es zu einem Wachstumsschub. Stütz- und Bewegungsapparat befinden sich dann in einem sehr unausgewogenen und leicht verletzbaren Zustand. Man spricht von der **2. kritischen Phase**. Durch einseitige Belastung und mangelhafte Beanspruchung der Muskeln können dann Schäden am Bewegungsapparat entstehen. Diese machen sich zunächst als **muskuläre Ungleichgewichte** bemerkbar, also durch ein Missverhältnis zwischen Dehnfähigkeit und Kraft verschiedener Muskelgruppen. Man spricht von **muskulären Dysbalancen**.

Ein Teil dieser Haltungsschwächen ist **reversibel** und kann durch vorbeugende, dehnende und muskelkräftigende Übungen vermindert werden. Dazu ist es aber notwendig, den Kindern eine allgemeine Körperausbildung zu ermöglichen, die Ausdauer, Kräftigungs- und Dehnungssowie Koordinationsübungen beinhaltet.

7 Kinder- und Jugendtraining

Extremvarianten der Streuung von Größe und Gewicht findet man bei **selektierten leistungstrainierten Kindern**. Eine besonders rigorose Selektion erfolgte in der ehemaligen Deutschen Demokratischen Republik (DDR). So konnte man in der Altersklasse der **Zwölfjährigen** anlässlich der Spartakiade 1977 (großer Wettkampf der sozialistischen Länder) folgende Unterschiede vorfinden: Durchschnittsgröße und -gewicht der **Gerätturner** 147 cm und 36,6 kg, bei den **Volleyballern** 173 cm und 56,7 kg!

KNOW-HOW

Anti-Aging
Vor allem im zunehmenden Alter ist es wichtig, das Ticken der „biologischen Uhr" zu verlangsamen. Der Begriff **Anti-Aging** bezeichnet alle Maßnahmen, die das biologische Altern hinauszögern und somit die Lebensqualität möglichst lange auf hohem Niveau halten. Es gibt riesige Wirtschaftszweige, die mit Pillen, Cremes u. a. m. Milliarden Euro Umsätze erwirtschaften. Dabei gibt es zwei relativ einfache Maßnahmen, die ganz natürlich und problemlos in den Alltag zu integrieren sind und die nachweislich eine große Wirkung erzielen: gesunde Ernährung (siehe Kap. 15) und Bewegung!

Wachstum und Stoffwechsel

6

Frage
Was könnte man unter den Begriffen Baustoffwechsel und Betriebsstoffwechsel verstehen? Was tippst du, wie groß der Proteinbedarf eines Menschen in Gramm pro Kilogramm Körpermasse ist?

Beim wachsenden Kind spielt der **Baustoffwechsel** eine ganz besondere Rolle. Dazu gehören alle Prozesse im Körper, bei denen Zellen auf- und umgebaut werden, etwa in Muskeln, Knochen oder Nerven. Aufgrund des intensiven Wachstums ist der Baustoffwechsel gegenüber dem Erwachsenenalter erhöht.
Das ist der Grund, warum bei Kindern und Jugendlichen Vitamin-, Mineral- und Nährstoffbedarf erhöht sind (siehe auch Kap. 15). Dieser Bedarf lässt sich aber auch ohne Zusatzpräparate durch eine optimierte Mischkost decken, etwa durch einen hohen Anteil an **Obst** und **Gemüse**. Der übermäßige und einseitige Konsum von **Fast Food** oder **Limonaden** (Tab. 7.1) kann mittel- und langfristig die Ernährungsqualität sehr beeinträchtigen.

Nährstoffgehalte verschiedener Getränke (0,33 l)			
	Cola	*Orangensaft*	*fettarme Milch*
Kilojoule/Kilokalorien	647/154	706/168	643/153
Zucker [g]	40	40	18
Vit. A [IU]	0	291	750
Vit. C [mg]	0	146	3
Folsäure [µg]	0	164	18
Calcium [mg]	0	33	450
Magnesium [mg]	0	36	51
Kalium [mg]	0	711	352
Phosphat [mg]	54	60	353
Coffein [mg]	45	0	0

Tab. 7.1: *Zuckerhältige Limonaden enthalten keine Vitamine und Spurenelemente und sind daher auf Dauer sehr ungeeignet. Der hohe Nährwert von Milch ist auf den Fettgehalt zurückzuführen.*

Für Heranwachsende spielt eine ausreichende Zufuhr von Protein (**Eiweiß**) eine wichtige Rolle. Kleine Kinder benötigen auf das Körpergewicht bezogen etwa so viel Protein wie erwachsene Kraftsportler (siehe Tab. 7.2)!

		Proteinbedarf in g/kg
Säuglinge	0 – 6 Monate	2,5
	7 – 12 Monate	2,2
Kinder	1 – 3 Jahre	2,2
	4 – 6 Jahre	2,0
	7 – 9 Jahre	1,8
	10 – 12 Jahre	1,5
	13 – 14 Jahre	1,5
Jugendliche	15 – 18 Jahre	1,2
Erwachsene		0,9
Erwachsene Kraftsportler		2,5

Tab. 7.2: *Für den Proteinbedarf in Abhängigkeit vom Alter findet man in der Literatur verschiedene Angaben. Diese Werte sind daher als Richtwerte zu betrachten.*

In manchen Sportarten wie etwa Eiskunstlauf oder Gerätturnen, werden bereits im Kindesalter Spitzenleistungen erbracht. Das Trainingspensum muss dazu enorm hoch sein. Dadurch kommt es zu einer Erhöhung des so genannten **Betriebsstoffwechsels**. Dieser dient dazu, die Funktion der Organe aufrechtzuerhalten, also zum Beispiel von Muskeln, Gehirn, Herz oder Leber.
Wird im Kindesalter sehr viel trainiert, so wird die aufgenommene Nahrung vermehrt für den Betriebsstoffwechsel und weniger für den Baustoffwechsel verwendet. Das kann im Extremfall zu einer Beeinträchtigung der Wachstumsvorgänge führen. **Ausreichende Erholungszeiträume** sind daher bei Kindern und Jugendlichen im sportlichen Training von eminenter Bedeutung.

Wachstum und passiver Bewegungsapparat

7

Frage
An welchen Stellen findet das Längenwachstum der Knochen statt? Wie heißen die Stellen?

8

Frage
Warum ist Krafttraining mit Zusatzlasten in der Pubertät gefährlich, vor allem, wenn diese auch oberhalb vom Kopf eingesetzt werden?

Je größer die Wachstumsgeschwindigkeit, desto empfindlicher ist der passive Bewegungsapparat (also Knochen, Knorpel und Bänder) in Bezug auf Belastungen. Für Heranwachsende gelten folgende Besonderheiten:

- Die **Knochen** sind zwar biegsamer, aber weniger zug- und druckfest. Das führt insgesamt zu einer verminderten Belastbarkeit des Skelettsystems.
- Das **Sehnen- und Bändergewebe** ist noch nicht so zugfest.
- Das **Knorpelgewebe** und die noch nicht verknöcherten **Wachstumsfugen** (*Know-how Wachstumsfugen*) weisen eine hohe Gefährdung gegenüber starken Druckkräften auf.

Wachstumsfugen KNOW-HOW

Wachstumsfugen
Das Ende von Röhrenknochen nennt man **Epiphyse**. Zwischen Knochenschaft und Epiphyse liegt die **Epiphysenfuge** (Wachstumsfuge; Abb. 7.7). Diese ist bei Kindern noch nicht verknöchert, und dort findet das Längenwachstum der Knochen statt.

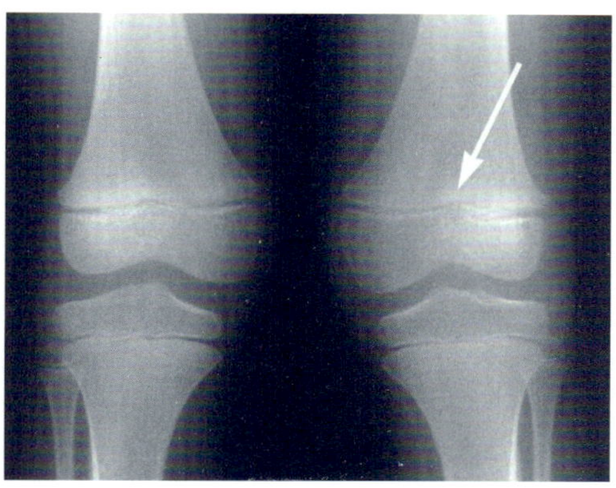

Abb. 7.7: *Auf dieser Röntgenaufnahme sieht man sehr schön die Wachstumsfugen (Pfeil). Weil diese nicht verknöchert sind, erscheinen sie im Bild dunkler.*

Durch zu starke Belastungen kann es zu **Verletzungen der Wachstumsfugen** kommen. Fast die Hälfte davon passiert im Bereich des Handgelenks. Eine fachgerechte Therapie ist wichtig, um unvollständiges oder ungerades Längenwachstum zu vermeiden.

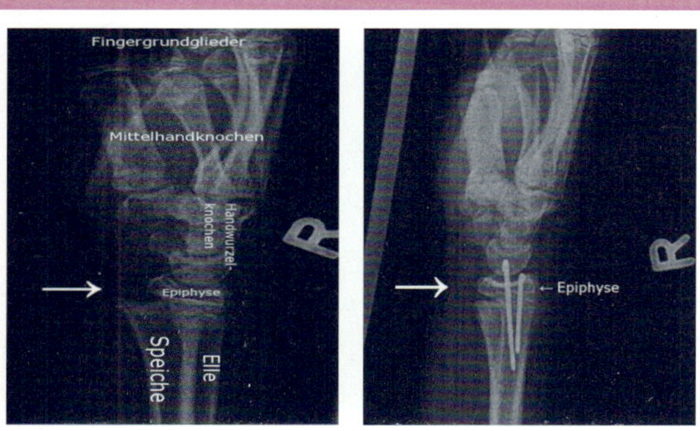

Abb. 7.8: *Links: Frische Verletzung der Epiphysenfuge am Handgelenk mit dadurch verschobener Speiche. Rechts: Bei einer Operation wurden Knochenschaft und Epiphyse wieder in die richtige Lage gebracht. Die Drähte verbleiben 2 bis 4 Wochen, bis die Epiphyse wieder festgewachsen ist.*

Zusammenfassend bedeutet das, dass Heranwachsende vermehrt der Gefahr durch zu starke Trainingsbelastungen ausgesetzt sind. Dies gilt natürlich vor allem während des **Wachstumsschubs**. Daher sollten im Kinder- und Jugendtraining alle maximalen und einseitigen Belastungen vermieden werden. Jugendlichen Leichtathlet/innen sollten noch alle Disziplinen (Lauf, Sprung und Wurf) trainieren und dabei extensiv und spielerisch arbeiten.
Außerdem sollten **Hanteltraining und Überkopfarbeit** vor und während des Wachstumsschubes nicht durchgeführt werden, da es sonst zu Wirbelsäulenschädigungen kommen kann. Die Belastungen mit dem eigenen Körpergewicht sind in diesem Zeitraum als Reiz vollkommen ausreichend.

Wachstum und aktiver Bewegungsapparat

Frage 9
In Abb. 7.9 siehst du die Entwicklung der 60m-Laufzeiten bei Burschen und Mädchen. Was fällt dabei auf?

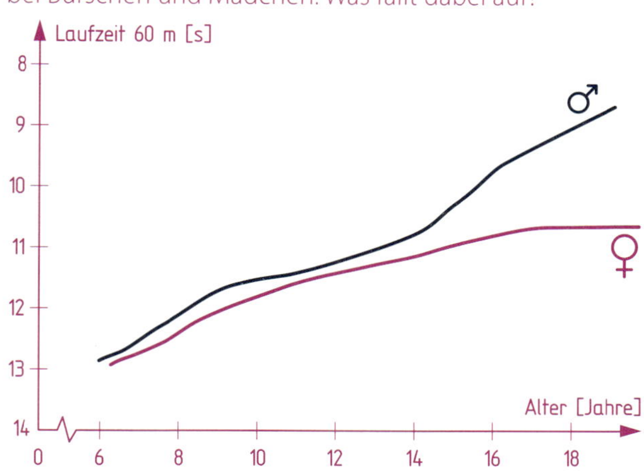

Abb. 7.9: *Entwicklung der 60-m-Laufzeiten*

Frage 10
Warum ist es nicht sinnvoll, vor dem Eintritt der Pubertät großes Augenmerk auf Krafttraining zu legen?

Bis zum **Beginn der Pubertät** unterscheiden sich Mädchen und Buben bezüglich ihrer Muskelkraft nur unwesentlich. Das kann man zum Beispiel sehr gut an den Sprintzeiten bis zu diesem Alter sehen (Abb. 7.9). Der Grund dafür ist der bis dahin ziemlich gleiche **Testosteronspiegel**.
Mit dem Eintritt in die Pubertät steigt der Testosteronspiegel an, bei den Buben wesentlich stärker als bei den Mädchen (*Know-how Testosteron und Co*). Da dieses Geschlechtshormon auch den **Muskelzuwachs** regelt, kommt es somit bei den Buben gleichzeitig auch zu einem viel stärkeren Anstieg der Kraft als bei den Mädchen. Das wird durch die Entwicklung der 60-m-Laufzeiten ab dem 14. Lebensjahr dokumentiert (siehe auch Abb. 4.15, S. 30).
Aufgrund des niedrigen Hormonspiegels ist vor der Puber-

tät ein betontes Krafttraining nicht besonders sinnvoll, da der Muskelzuwachs nur in sehr geringem Ausmaß erfolgt.

KNOW-HOW Testosteron und Co

Testosteron und Co

In Abb. 7.10 siehst du die Veränderungen des **Testosteronspiegels** bei Mädchen und Burschen zwischen dem 8. und 15. Lebensjahr. Testosteron ist das wichtigste **männliche Geschlechtshormon**. Es hat großen Einfluss auf das Muskelwachstum. Das ist der Grund, warum viele Kraft- und Schnellkraftsportler/innen durch verbotene Einnahme von körperfremdem Testosteron ihre Leistung zu steigern versuchen. Auch Frauen haben einen gewissen Testosteronspiegel, der aber wesentlich geringer ist als der der Männer. Umgekehrt haben auch Männer einen gewissen Spiegel an **weiblichen Geschlechtshormonen**. Die bekanntesten sind **Östrogen** und **Gestagen**.

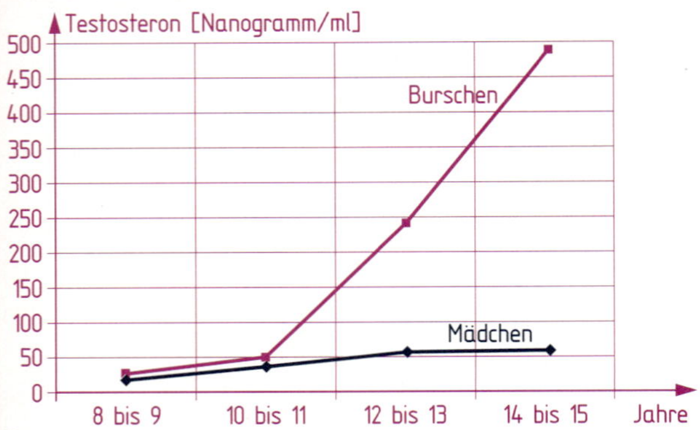

Abb. 7.10: *Durchschnittlicher Testosteronspiegel bei Burschen und Mädchen: Unter dem Testosteronspiegel versteht man die Menge an Testosteron im Blut.*

Trainingskonsequenzen

11

Frage

Warum sollte man Kleinkinder nicht zum Gehenlernen zwingen? Was könnte die Folge sein?

12

Frage

Was versteht man unter Grob-, Fein- und Feinstkoordination? Lies nach auf S. 16, Kap. 2! Was versteht man unter Anatomie und Physiologie? Was versteht man unter motorischen Grundeigenschaften? Lies nach in Kap. 4!

In den vorigen Abschnitten waren die Besonderheiten, die beim Heranwachsen von Kindern und Jugendlichen auftreten, eher nach Gesichtspunkten der Veränderung des Körperbaus, der **Anatomie**, und der Funktion der Organe, der **Physiologie**, geordnet. Nun sehen wir uns die Besonderheiten des Kinder- und Jugendtrainings noch **chronologisch** an (Tab. 7.3). Welche Bedürfnisse treten in welchem Alter auf und was muss man als Trainer/in besonders beachten?

	Alterstufe	Alter w	Alter m
	Säuglingsalter	0 – 1	
	Kleinkindalter	1 – 3	
	Vorschulalter	3 – 6/7	
	frühes Schulkindalter	6/7 – 10	
	spätes Schulkindalter	10 – Eintritt in Pubertät 11/12	13/14
Pubertät	erste puberale Phase (Pubeszenz)	11/12 -13/14	12/13 – 14/15
Pubertät	zweite puberale Phase (Adoleszenz)	13/14 – 17/18	14/15 – 18/19
	Erwachsenenalter	17/18	18/19

Tab. 7.3: *Überblick der Altersstufen, eingeteilt nach dem kalendarischen Alter*

Säuglings- und Kleinkindalter (0–3 Jahre)

Dieses Alter spielt für die Gesamtentwicklung des Kindes eine große Rolle, weil sich das Nervensystem rasant entwickelt (Abb. 7.3). Das Kind muss eine Reihe von fundamentalen Bewegungsformen lernen, aber das **Gehenlernen** und die damit verbundene soziale Integration nimmt eine zentrale Stellung ein. Durch das Aufrichten entsteht auch die typische **Krümmung der Wirbelsäule** (Abb. 7.11). Da für das Gehen aber **eine Vielzahl von Rumpfmuskeln** notwendig ist, die sich erst im Laufe der Zeit im nötigen Maße entwickeln, sollte man Kinder nicht zum Gehen zwingen. Diese wissen instinktiv, wann es so weit ist. Durch Zwang könnte es bereits in diesem Alter zu Haltungsfehlern kommen.

In den ersten drei Jahren müssen Kinder also durch **vielfältige Spielangebote motorisch gefördert werden**. Für gezieltes Training oder Übungen in Hinsicht auf den Leistungssport ist dieses Alter jedoch – Gott sei Dank - noch unbedeutend.

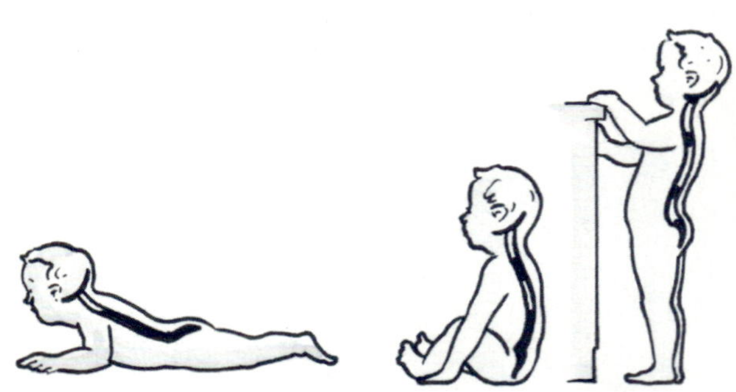

Abb. 7.11: *die Entstehung der physiologischen Wirbelsäulenkrümmung*

Vorschulalter (3–6 Jahre)

Dieses Alter umfasst den Zeitraum von drei Jahren bis zum Schuleintritt. Es ist durch einen **hochgradigen Spieldrang** charakterisiert und durch eine im wahrsten Sinn des Wortes ausgeprägte „Neu-Gier". Allerdings ist die Konzentrationsfähigkeit (siehe Kap. 1) in diesem Alter noch sehr gering.

Bewegungserziehung, Turnen und Sport haben vor allem das Ziel, der **natürlichen Lebensfreude des Kindes** Raum zu geben und so das Wohlbefinden und den allgemeinen Gesundheitszustand zu fördern. Es sollten bereits alle motorischen Grundeigenschaften (Kraft, Beweglichkeit, Ausdauer und Koordination; siehe Abb. 4.2, S. 25) gefördert werden, aber in spielerischer Form, nicht durch „gezieltes, leistungsbezogenesTraining"! Gleichzeitig können sich die Kinder in diesem Alter bereits spezielle Fertigkeiten, wie den **Umgang mit Kleingeräten** (z. B. Bällen) aneignen und grundlegende Spielformen erlernen. Hierbei sind Anregungen und das Vorbild der Größeren von entscheidender Bedeutung.

Weil sich das Denken des Kindes unter dem Einfluss des Spiels entwickelt, wirken sich alle Spieleinschränkungen ungünstig auf die geistige Leistungsfähigkeit aus. Kinder des Vorschulalters benötigen ausreichende und die Fantasie anregende Bewegungsmöglichkeiten, die variabel zum Laufen, Springen, Klettern, Hängen oder Balancieren auffordern, damit die **Grobkoordination** umfassend gefördert wird.
Die **Feinkoordination** der Hände ist noch nicht gut ausgebildet. Striche werden vorerst durch Bewegungen mit Schulter und Ellbogen gemacht und kaum mit Hilfe der Fingermuskulatur. Besonders mühevoll kann noch die diagonale Strichführung sein. Während schon 3-jährige das gerade Kreuz (+) zeichnen können, gelingen die Dachform (Δ) und das schiefe Kreuz (X) noch nicht allen Schulneulingen.

Frühes und spätes Schulkindalter (6–12/13 Jahre)

13

Frage
Was versteht man unter sensiblen bzw. sensitiven Phasen? Lies nach in Kap. 5, S. 39. Versuche, die Aussagen von Abb. 5.15 mit Worten zu beschreiben.

14

Frage
Was versteht man unter Mischfasern oder intermediären Fasern? Lies nach im Know-how Intermediäre Muskelfasern, S. 39, Kap. 5.

Das Schulkindalter reicht vom 6. Lebensjahr bis zum Eintritt der Pubertät. Die übergroße Bewegungsfreude und das beginnende Sportinteresse sind der Grund für die **hohen Beitrittsraten in Sportvereine** (Abb. 7.12). Mit sechs Jahren oder manchmal sogar früher kann bereits das Grundlagentraining für den Leistungsbereich beginnen (*Know-how Leistungstraining*).

In diesem Alter sind die **koordinativen Fähigkeiten** schon sehr ausgeprägt (siehe Abb. 5.15). Neue Bewegungen können schnell erlernt werden, werden allerdings auch schnell wieder „vergessen". Aus diesem Grund müssen **Bewegungen ausreichend oft wiederholt werden**, um stabil in den Bewegungsschatz des Kindes integriert zu werden.

Es sollte sehr darauf geachtet werden, dass Bewegungen nicht falsch eingelernt werden, da ein späteres Umlernen prinzipiell sehr schwer ist. **Neulernen ist leichter als Umlernen!** Die koordinativen Grundlagen zu späteren Höchstleistungen werden in diesem Alter gelegt. Die nachfolgenden Stufen bauen stets auf dieser Basis auf.

Auch die **Schnelligkeit** sollte, vor allem kurz vor der Pubertät, ausreichend trainiert werden (Abb. 5.15). Erstens sind Koordination und Schnelligkeit eng verbunden, und Koordination ist in diesem Alter ebenfalls hervorragend zu trainieren. Zweitens besteht die Möglichkeit, vor der Pubertät noch **Mischfasern** dauerhaft in schnelle Fasern umzuwandeln (siehe *Know-how Intermediäre Muskelfasern*, S. 39, Kap. 5). Ein hoher Prozentsatz an schnellen Fasern ist wiederum die Grundlage für sehr gute Schnelligkeitsleistungen.

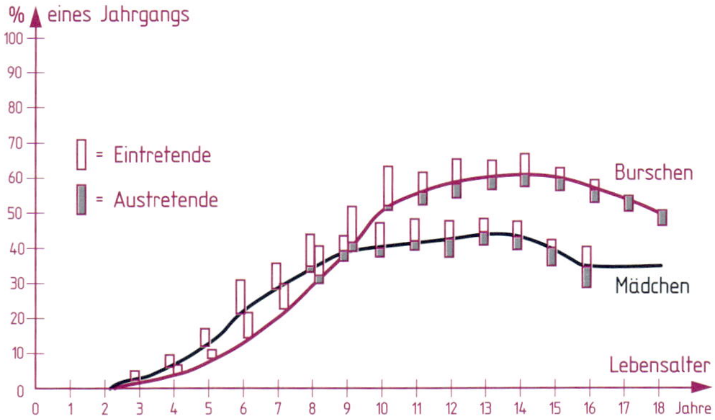

Abb. 7.12: *Grafik: Darstellung von Eintritten in und Austritten aus Sportvereinen (Quelle: Weineck 2004, S. 113)*

Drop Jump **KNOW-HOW**

Leistungstraining
Wird Sport gezielt betrieben, um auch Wettkämpfe zu bestreiten, spricht man vom **Leistungstraining**. Dieses kann man in Grundlagen-, Aufbau- und Hochleistungstraining einteilen. Wann diese Phasen beginnen, hängt von der gewählten Sportart ab (siehe Tab. 7.4) – und sicher auch in gewisser Weise vom Ehrgeiz der Eltern. Deshalb gibt es hier keine generellen Altersangaben.
Die Gestaltung des Grundlagen- und Aufbautrainings ist sehr komplex und von der Sportart abhängig, außerdem vom Fingerspitzengefühl und von der Erfahrung des/der Trainers/Trainerin. Man kann trotzdem einige generelle Aussagen treffen. Im **Grundlagentraining** dominieren die **allgemeinen Inhalte**, die bis zum Hochleistungstraining nach und nach zu Gunsten der speziellen Inhalte reduziert werden (Abb. 7.13). Nehmen wir als Beispiel Leichtathletik. Im Grundlagentraining könnten zum Beispiel noch alle Disziplinen (Lauf, Sprung und Wurf) trainiert werden, im Aufbautraining könnte man sich zwar auf Lauf spezialisieren, aber noch verschiedene Distanzen bestreiten. Im Hochleistungstraining würde der/die betreffende Sportler/in sich zum Beispiel nur auf den Mittelstreckenlauf spezialisieren. Außerdem sollte im Grundlagentraining das Training extensiver sein und nach und nach an Intensität gewinnen.

Sportarttyp / **Beginn**	Schwimmen	technikbetont / Turnen	schnellkraftbetont / Sprint, Sprung	ausdauerbetont / Rudern
Grundlagentraining	mit etwa 6 Jahren	zw. 5 und 7 Jahren	zw. 8 und 10 Jahren	zw. 10 und 12 Jahren
Aufbautraining	mit etwa 9 Jahren	mit etwa 10 Jahren	mit etwa 13 Jahren	mit etwa 14 Jahren
Hochleistungstraining	mit etwa 14 Jahren	13–15 Frauen 18–20 Männer	mit etwa 18 Jahren	mit etwa 18 Jahren

Tab. 7.4: *Übersicht über die Phasen eines Leistungstrainings*

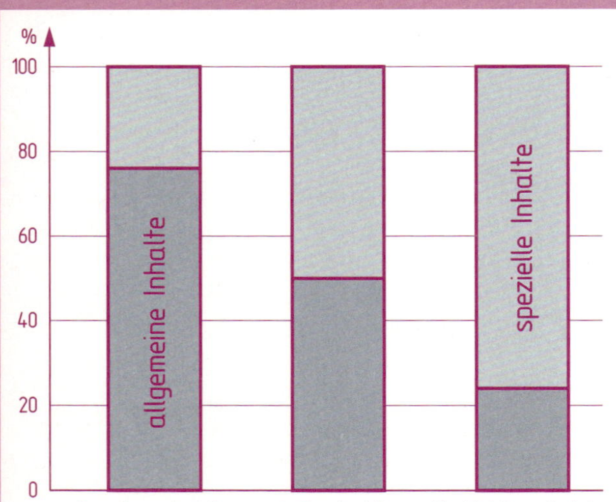

Abb. 7.13: *Exemplarische Darstellung, wie die allgemeinen und speziellen Inhalte im Verlauf eines Leistungstrainings gewichtet werden sollten.*

Die erste puberale Phase (Pubeszenz) w 11/12 -13/14, m 12/13 – 14/15

15
Frage
Warum sollten mit Eintritt in die Pubertät vor allem die konditionellen Fähigkeiten verbessert werden? Was versteht man unter der 2. kritischen Phase? Sieh nach in Abb. 7.5. Was versteht man unter muskulären Dysbalancen? Wie unterscheidet sich die Pulsfrequenz von Kindern im Vergleich mit Erwachsenen? Sieh nach in Abb. 6.2, S. 41.

16
Frage
Was passiert eigentlich im Stimmbruch? Was könnte dieser mit mangelnder Koordination zu tun haben?

17
Frage
Sieh dir Abb. 7.13 noch einmal an. Was passiert in der Zeit der Pubeszenz mit dem Körper? Welche Erklärung könnte es dafür geben?

Die Pubeszenz, also die Geschlechtsreifung, führt zu einer starken **Größen- und Gewichtszunahme** (siehe auch Abb. 7.5) und somit zu einer **Koordinationsverschlechterung**. Die motorische Steuerung ist ja genau auf Größe und Gewicht der bewegten Körperteile abgestimmt. Verändern sich diese, stimmen auch die **Bewegungsprogramme** nicht mehr.
Das beste Beispiel ist der Stimmbruch. Dieser wird durch das plötzliche Wachstum von Kehlkopf und Stimmbändern ausgelöst. Die „Software", die die Sprachmuskeln steuert, ist darauf aber noch nicht vorbereitet, so dass die Stimme in dieser Zeit ständig hin und her kippt. Zu ähnlichen Koordinationsproblemen kommt es bei allen Bewegungen in der Pubertät.
Allerdings sind in dieser Zeit die konditionellen Fähigkeiten gut oder sehr gut zu trainieren (siehe Abb. 7.12). **Während vor der Pubertät vor allem an der Koordination (und der Schnelligkeit) gearbeitet werden soll, sollte mit Eintritt in die Pubertät an den konditionellen Fähigkeiten gearbeitet werden** (*Know-how Ausdauer*). Gleichzeitig versucht man, die Koordination auf gleichem Niveau zu halten.

Durch den Wachstumsschub gelangt der Köper in die 2. kritische Phase. Beim Krafttraining ist dann darauf zu achten, **Hanteltraining und Überkopfarbeit** nicht durchzuführen (siehe S. 49). Außerdem können **muskuläre Dysbalancen** auftreten. Diese sind aber meist reversibel und können durch vorbeugende Übungen vermindert werden.
Die Belastungsdosierung sollte der **stark schwankenden Motivationslage** der Jugendlichen Rechnung tragen. Zu harte und vor allem einseitige und somit langweilige Gestaltung des Trainings ist eine Ursache für **Austritte** aus den Sportvereinen in diesem Lebensabschnitt (siehe Abb. 7.12).

Ausdauer KNOW-HOW

Ausdauer

Beim Ausdauertraining ist zu beachten, dass Jugendliche im Vergleich zu Erwachsenen eine noch etwas höhere Pulsfrequenz aufweisen. So haben 14-jährige einen **Ruhepuls von rund 80**, während er bei Erwachsenen bei etwa 70 liegt (siehe Abb. 6.2, S. 41).

Besonders ernst zu nehmen ist aber, **dass bei Jugendlichen die anaerobe Ausdauerleistungsfähigkeit noch nicht gut entwickelt ist**. Die anaerobe Ausdauerleistungsfähigkeit ist die Fähigkeit des Körpers, bei nicht ausreichender Sauerstoffversorgung körperliche Leistungen durch Nutzung zusätzlicher energiereicher Phosphate zu vollbringen. Verglichen mit Erwachsenen sind die Kreatinphosphat-Speicher, die für kurzfristige Belastungen von einigen Sekunden verantwortlich sind, kleiner, die Laktatelimination (siehe *Know How Widerlegte Hypothese*, S. 103, Kap. 14) ist deutlich langsamer und die Ausschüttung von Stresshormonen (biochemische Botenstoffe, die Anpassungsreaktionen des Körpers bei besonderen Belastungen bewirken, etwa Adrenalin) bei gleichen Laktatwerten ist wesentlich höher.

Während man früher vor Überbelastungen durch zu großen Umfang gewarnt hat, warnt man heute vor zu hoher Intensität. Es ist also vor allem im Nachwuchsbereich wichtig, sich an das Prinzip der ansteigenden Belastung zu halten (Details siehe S. 36):

1) Erhöhung der Trainingshäufigkeit
2) Erhöhung des Umfangs
3) erst dann Erhöhung der Intensität

Natürlich spielt für die **Dropout-Rate** auch eine große Rolle, dass Beziehungen zwischen den Geschlechtern und die **Peergroups** („Gruppe von Gleichaltrigen" oder „Gruppe von Gleichgestellten") wichtiger werden als das Interesse am Sport im Allgemeinen und das Konkurrenzbedürfnis durch den Sport im Speziellen.

Die zweite puberale Phase (Adoleszenz) w 13/14 – 17/18, m 14/15 – 18/19

Die **Adoleszenz**, das Jugendalter, bildet den Abschluss der Entwicklung vom Kind zum Erwachsenen. Sie ist gekennzeichnet durch eine **Veränderung in der Wachstumsentwicklung** (siehe Abb. 7.5, S. 47). Das Längenwachstum wird durch ein vermehrtes Breitenwachstum abgelöst. Es kommt zu einer Harmonisierung der Proportionen, was sich günstig auf die weitere Verbesserung der koordinativen Fähigkeiten auswirkt. Die Adoleszenz erlaubt, dass die Intensität des Trainings nach und nach erhöht wird. In das Ende dieser Phase fällt bereits das **Hochstleistungstraining** einiger Sportarten (siehe Tab. 7.4, S. 52). Allerdings treten im Alter zwischen 14 und 18 die meisten Jugendlichen wieder aus Sportvereinen aus (siehe Abb. 7.12).

Frage 18

Versuche Abb. 7.15 zu interpretieren. Welche Schwierigkeiten ergeben sich daraus aus der Sicht der Sportvereine?

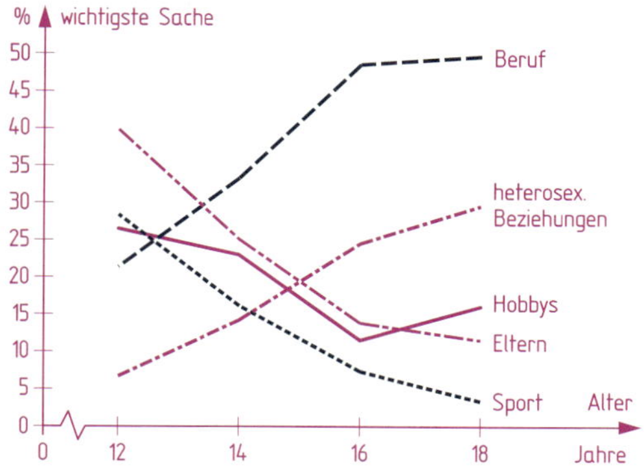

Abb. 7.14: *schematische Darstellung der Verschiebung der Prioritäten mit zunehmendem Alter*

Aufgabe 19

Fasse folgende Besonderheiten im Kinder- und Jugendalter zusammen: wachstumsbedingte Besonderheiten, Wachstum und Stoffwechsel, Wachstum und passiver sowie aktiver Bewegungsapparat.

Aufgabe 20

Fasse die aus Frage 18 folgenden Trainingskonsequenzen für die einzelnen Altersstufen zusammen.

Frage 21

Was versteht man unter Zentralnervensystem, peripherem Nervensystem, kritischen Phasen, kalendarischem und biologischem Alter, Bau- und Betriebsstoffwechsel, Epiphysenfuge, Testosteron, Östrogen und Gestagen, Anatomie und Physiologie, Mischfasern und muskulären Dysbalancen?

Aufgabe 22

Recherchiere im Internet zur optimierten Mischkost bei Kindern und Jugendlichen. Vergleiche diese Angaben mit deinem Nahrungsmittelkonsum.

Literatur

DEMETER Andrej: Sport im Wachstums- und Entwicklungsalter. Barth, Leipzig 1981
FRANKE Kurt: Traumatologie des Sports. Thieme, Stuttgart 1986
GROSSER Manfred / BRÜGGEMANN Peter / ZINTL Fritz: Leistungssteuerung. BLV, München 1986
HELLBRÜGGE Theodor / WIMPFFEN Hermann J.: Die Entwicklung des Säuglings. TR-Verlagsunion, München 1991
PETERSON Lars / RENSTRÖM Per: Verletzungen im Sport, Deutscher Ärzte-Verlag, Köln 3. Aufl. 2002
SCHRAML Walter J.: Einführung in die moderne Entwicklungspsychologie für Pädagogen und Sozialpädagogen. Klett, Stuttgart unveränd. 9. Aufl. 1999
TITTEL Kurt: Beschreibende und funktionelle Anatomie des Menschen. Urban & Fischer, Stuttgart 14. Aufl. 2003
WEINECK Jürgen: Optimales Training. Spitta, Balingen 15. Aufl. 2007
WEINECK Jürgen: Sportbiologie. Spitta, Balingen 9. Aufl. 2004

8 Gleichgewicht und Gleichgewichtstraining

1 Frage
Die Abbildung zeigt Block und Kübel, die mit einem Seil über eine Rolle verbunden sind. Sie befinden sich in Ruhe. Welcher der Gegenstände ist schwerer, der Kübel oder der Block?

Abb. 8.1

Was ist schwerer? Block oder Kübel (Abb. 8.1)? Diese Frage wurde einmal 400 australischen Studenten gestellt, und etwa ein Drittel meinte, dass der Block schwerer ist. Weil Kübel und Block **in Ruhe** sind, müssen sie aber gleich schwer sein. Wäre der Block schwerer, würde er ja den Kübel über die Rolle ziehen. Block und Kübel befindet sich also im **Gleichgewicht**. Immerhin rund ein Drittel der Studenten hat sich also verschätzt.

Alle Körperhaltungen und -bewegungen beinhalten Gleichgewichtsaspekte, sei es Gehen oder Laufen, Werfen, Hinsetzen und Aufstehen. Die Aufgabe oben zeigt, dass wir beim Thema Gleichgewicht intuitiv nicht immer richtig liegen. Daher ist es wichtig, sich mit diesem Begriff näher auseinander zu setzen.

Der Körperschwerpunkt KSP

2 Frage
Was versteht man unter dem Körperschwerpunkt? Wie kann man den Schwerpunkt eines Objekts bestimmen, etwa den eines Dreiecks?

Zunächst müssen wir einen Blick auf den **Körperschwerpunkt (KSP)** werfen, weil man nur mit seiner Hilfe die Arten des Gleichgewichts einteilen und verstehen kann. Wir werden das **Konzept des KSP** auch noch später benötigen, etwa bei Weitsprung (Kap. 11) und Hochsprung (Kap. 10).

Abb. 8.2: *Im freien Fall, also etwa in der Flugphase beim Weitsprung, beschreibt der KSP immer eine Parabel, egal, welche Bewegungen du zusätzlich ausführst.*

Der Körperschwerpunkt ist ein gedachter Punkt. Er verhält sich so, als ob die gesamte Masse in ihm vereinigt wäre. Zum Beispiel beschreibt der KSP bei einem Weitsprung die Bahn einer Wurfparabel, egal welche Arm- und Beinbewegungen du zusätzlich ausführst (Abb. 8.2).

Wenn du einen Gegenstand am oder genau unter dem KSP unterstützt oder wenn du ihn am KSP aufhängst, dann befindet er sich im Gleichgewicht, kippt also nicht auf irgendeine Seite (Abb. 8.3 links).

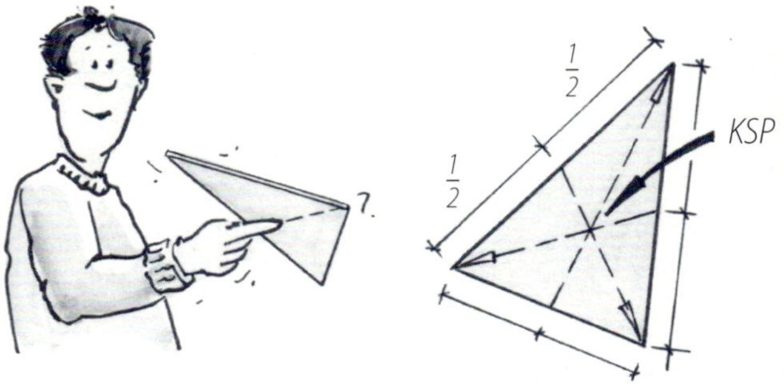

Abb. 8.3: *Links: Wenn du ein Objekt am Schwerpunkt hältst, ist es im Gleichgewicht. Rechts: Schwerpunktbestimmung bei einem Dreieck*

Die Bestimmung des KSP ist bei einem **zweidimensionalen geometrischen Objekt** relativ einfach, etwa bei einem Dreieck. Du musst dazu nur die **Schwerelinien** schneiden (Abb. 8.3 rechts). Bei unregelmäßigen Körpern kann der KSP aber nur durch genaue Vermessungen bestimmt werden (*Know-how Körperschwerpunkt*).

Körperschwerpunkt — KNOW-HOW

Körperschwerpunkt

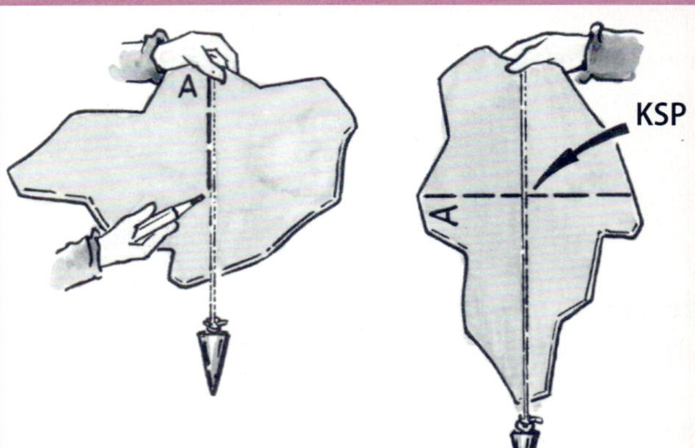

Abb. 8.4

Wie findest du bei einem **unregelmäßigen zweidimensionalen Objekt** den KSP? Schneide aus Karton eine unregelmäßige Figur aus. Stich dann an einer Stelle durch und befestige dort ein Lot. Zeichne diese Linie ein und mach das ganze noch mal von einer anderen Richtung (Abb. 8.4). Wo sich beide Schwerelinien schneiden ist der KSP. Wenn du alles richtig gemacht hast, dann kannst du dort den Gegenstand auf einer Fingerspitze balancieren und er bleibt im Gleichgewicht!

Bei einem **unregelmäßigen dreidimensionalen „Objekt"** wie etwa einem **Menschen** ist die Bestimmung des KSP kompliziert und aufwändig. Dazu muss nämlich zunächst der ganze Mensch exakt vermessen werden, damit man die **Teilschwerpunkte** der einzelnen Segmente bestimmen kann, also etwa von Oberarm, Unterarm oder Kopf. Mit Hilfe eines Computers wird dann der **Gesamt-KSP** errechnet (Abb. 8.5). Solche Verfahren sind in der Biomechanik (siehe Kap. 3) sehr wichtig.

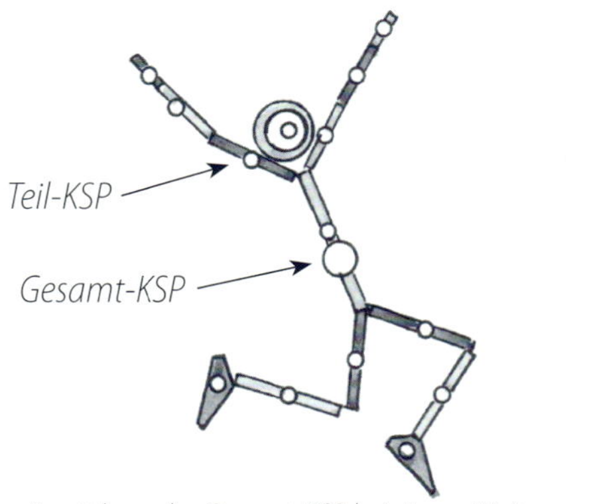

Abb. 8.5: *Ermittlung des Gesamt-KSP bei einem Weitspringer in der Hangsprungtechnik. Der Körper wurde dazu in 14 Segmente eingeteilt und vermessen, und der Gesamt-KSP wurde mit einem Computerprogramm errechnet.*

Arten des Gleichgewichts

3

Frage

Im Rahmen der Physik unterscheidet man drei verschiedene Gleichgewichtsarten. Kennst du diese? Fallen dir dazu vielleicht auch Beispiele aus dem Sport ein?

4

Frage

Abbildung 8.6 zeigt zwei Gabeln, die in einem Stück Kork stecken und auf einem Bleistift balancieren. In welchem Gleichgewicht befindet sich dieses System?

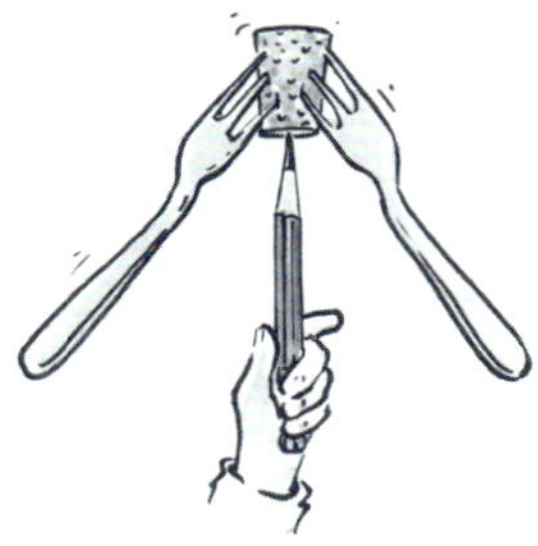

Abb. 8.6

5

Frage

In welchem Gleichgewicht befindet sich ein Radfahrer? Das ist eine sehr schwere Frage!

Im Rahmen der Physik kann man **drei verschiedene Gleichgewichtsarten unterscheiden: stabil, indifferent und labil.**

1) **Das stabile Gleichgewicht** ist dadurch gekennzeichnet, dass ein Körper nach einer Lageveränderung **von selbst in die Ausgangslage zurückkehrt**. Ein sehr anschauliches Beispiel dafür ist eine Kugel in einer Mulde oder ein Turner, der am Reck hängt (Abb. 8.7a).

Etwas physikalischer kann man sagen, dass im stabilen Gleichgewicht die **potenzielle Energie** (Ep) **ein Minimum ist**. Egal in welche Richtung du ein Objekt bewegst, der KSP muss dabei gehoben werden. Ist ein Objekt daher einmal im stabilen Gleichgewicht, dann stellt sich dieses auch bei Auslenkungen wieder von selbst ein.

Das gilt natürlich **nur in einem gewissen Rahmen**, der von der jeweiligen Situation abhängt. Du kannst etwa die Kugel in Abb. 8.7a aus der Mulde schieben. Dann befindet sie sich aber auch nicht mehr im stabilen Gleichgewicht, sondern im indifferenten (siehe Punkt 2).

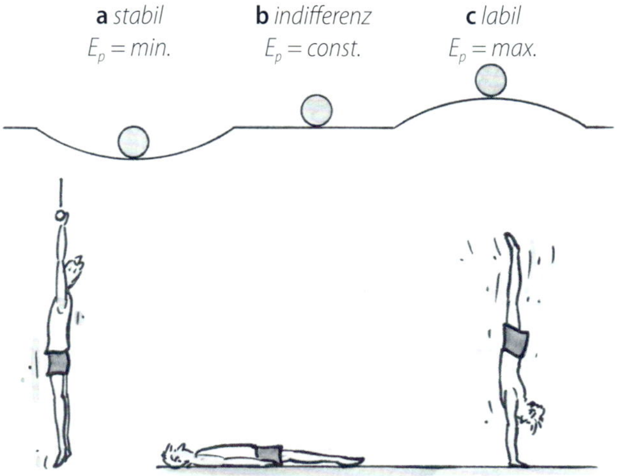

Abb. 8.7: *Beispiele für die Gleichgewichtsarten. Oben: allgemeines Beispiel, unten: Beispiel aus dem Sport*

Die **Gabeln** in Abb. 8.6 befinden sich im **stabilen Gleichgewicht**. Sie pendeln nämlich von selbst so aus, dass sich der KSP genau unter dem Auflagepunkt befindet. Dann hat er die tiefste Lage und die potenzielle Energie ist ein Minimum (Abb. 8.8).

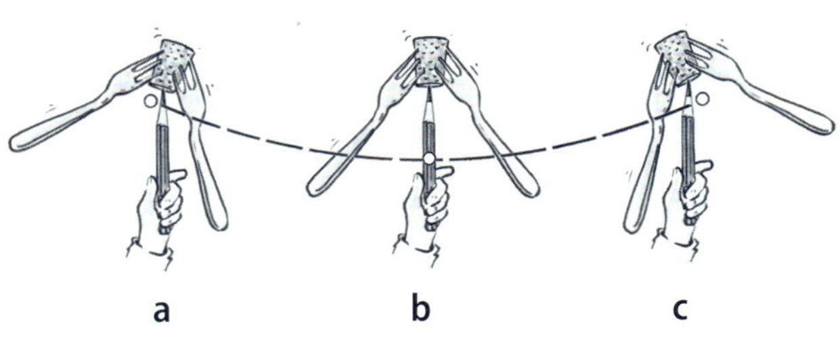

Abb. 8.8: *Wenn du die Gabeln auslenkst (a + c), dann erhöhst du den KSP. Daher befinden sie sich bei b im stabilen Gleichgewicht. Es liegen ähnliche Verhältnisse vor wie bei Abb. 8.7a.*

2) **Beim indifferenten Gleichgewicht** ändert eine Auslenkung nichts an der Situation (Abb. 8.7b). Dinge werden dabei einfach horizontal verschoben. Die **potenzielle Energie bleibt gleich**, weil sich der KSP nicht hebt oder senkt. Das ist zum Beispiel bei Kübel und Würfel der Fall (Abb. 8.1). Wenn du etwa den Kübel runterziehst, dann geht der Würfel hinauf. Der Gesamt-KSP bleibt dadurch auf derselben Höhe. Dieses System befindet sich daher im indifferenten Gleichgewicht. Dieses spielt im Sport aber eine eher unbedeutende Rolle.

3) **Das labile Gleichgewicht** ist dadurch gekennzeichnet, dass ein Körper nach einer Lageveränderung **nicht von selbst in die Ausgangslage zurückkehrt** (Abb. 8.7c). Im labilen Gleichgewicht hat die **potenzielle Energie ein Maximum**. Es ist daher schwer zu halten, und man muss ständig korrigieren. Je kleiner die Standfläche (z.B. beim Stehen auf den Zehenspitzen, beim Seiltanzen oder Einradfahren), desto schwieriger ist das Gleichgewicht zu halten.

Soweit der vereinfachte Überblick. Im Alltag und im Sport sind die Verhältnisse aber wesentlich komplizierter. Die oben beschriebenen Bedingungen gelten nämlich nur für **„starre Körper"**, also für solche, die immer eine gleiche Form aufweisen. Das gilt natürlich nicht für den Menschen. Wenn du zum Beispiel ohnmächtig wirst, dann fällst du um, auch wenn du gerade noch im stabilen Gleichgewicht gewesen bist, weil die Muskelspannung nachlässt und du kein starrer Körper mehr bist.

Stabil ist nicht gleich stabil! Die Kugeln in Abb. 8.9 sind alle im stabilen Gleichgewicht. Aber es ist offensichtlich, dass die rechte Kugel am stabilsten ruht, weil sie in der tiefsten Grube liegt.

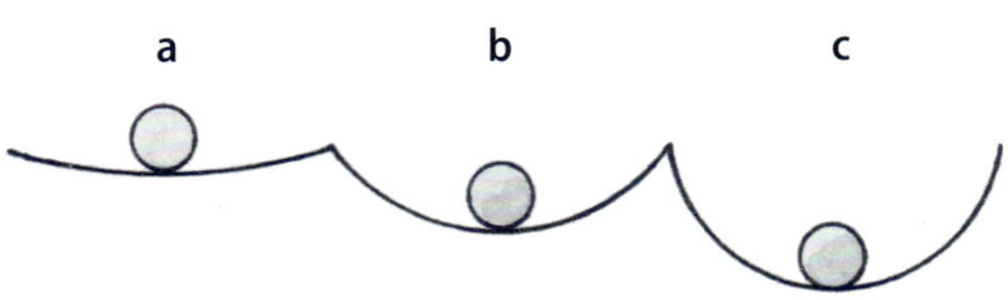

Abb. 8.9: *In allen drei Fällen ist die Kugel stabil, aber bei c ist sie am stabilsten – stabil ist nicht gleich stabil.*

Außerdem können die **Übergänge zwischen den Gleichgewichtszuständen fließend sein**. In Abb. 8.10 wird der stabile Bereich immer kleiner und bei c herrscht labiles Gleichgewicht. Vor allem bei Lebewesen findet man solche Übergänge, weil sie ja (wie oben erwähnt) **keine starren Körper** sind. Der Mensch kann aber bei einer Störung des Gleichgewichts aktiv entgegenwirken, um die Ausgangslage wieder herzustellen.

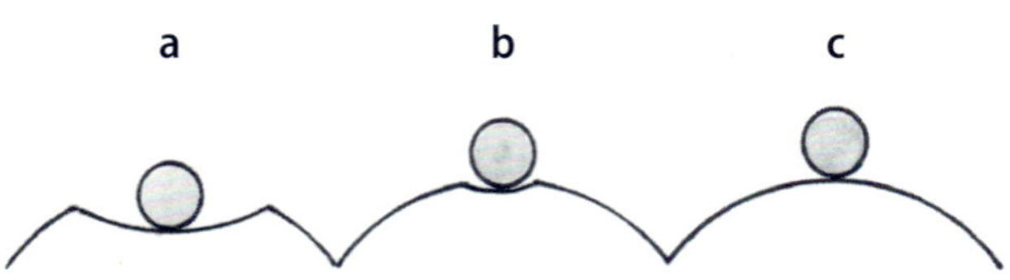

Abb. 8.10: *fließender Übergang von stabil zu labil*

Schließlich können **Gleichgewichtsarten gleichzeitig auftreten**. Ein/e Radfahrer/in befindet sich von der Seite gesehen im indifferenten Gleichgewicht, von vorne oder hinten aber im labilen Gleichgewicht. Du siehst also, dass die realen Verhältnisse durchaus sehr komplex sein können. Die folgenden Überlegungen sind daher vereinfacht dargestellt und gelten streng genommen nur für starre Körper.

Wann kippt ein Körper?

Frage 6

Wie weit kann man einen Gegenstand kippen, ohne dass er umfällt? Versuche bei deiner Erklärung den Begriff KSP zu verwenden.

Aufgabe 7

Stell dich so an die Wand, dass die Außenseite deines rechten Fußes und die rechte Schulter die Wand berühren. Versuche nun, das linke Bein zu heben. Was passiert und wieso?

Aufgabe 8

Stelle dich mit dem Rücken an die Wand, sodass beide Fersen, Gesäß und Schultern die Wand berühren und lass dir etwa 50 cm vor deine Füße einen Gegenstand legen. Versuche nun, diesen Gegenstand aufzuheben, indem du dich vorbeugst, ohne dass Fersen und Gesäß den Kontakt zur Wand verlieren. Was passiert und wieso?

Wie weit kann man einen Gegenstand kippen, bevor er umfällt? Dazu gibt es im Prinzip zwei Erklärungen, beide mit Hilfe des KSP. Abb. 8.11 zeigt einen Quader, der gekippt wird. Du siehst links, dass sich der KSP dabei zunächst hebt. Bei b ist der Quader im labilen Gleichgewicht, weil der KSP die maximale Höhe hat. Wenn du den Quader weniger weit kippst, fällt er nach a zurück, und wenn du ihn weiter kippst, nach c. Die erste Erklärung lautet also: **Ein Gegenstand fällt nicht um, solange sein KSP die maximale Höhe noch nicht erreicht hat.**

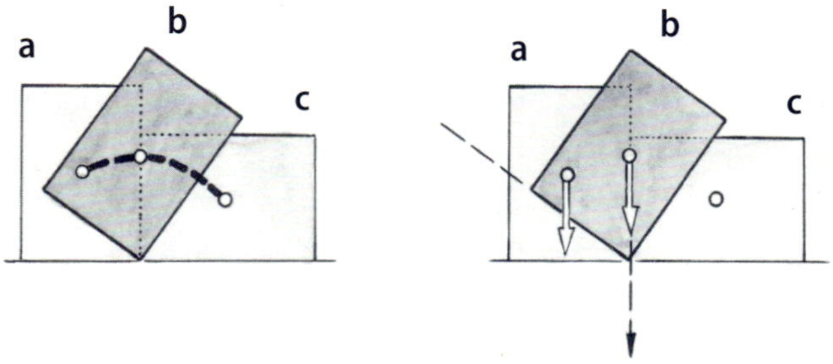

Abb. 8.11: *zwei Möglichkeiten der Erklärung, wie weit man einen Gegenstand kippen kann*

Du kannst es aber auch anders formulieren. Rechts ist das Lot des KSP eingezeichnet. Stell dir vor, dass du die gesamte Ebene, auf der der Quader steht, kippst. Du siehst, dass in Position b das Lot genau durch den Rand der Standfläche zeigt (*Know-how Standfläche*). Deshalb kannst du auch sagen: **Ein Gegenstand kippt nicht um, solange das Lot des KSP noch durch die Standfläche zeigt.**

Standfläche

Du darfst **Standfläche** nicht mit **Auflagefläche** verwechseln. Die Auflagefläche ist dort, wo ein Gegenstand aufliegt. **Die Standfläche bekommst du, wenn du eine imaginäre Gummischnur um alle Auflageflächen spannst.** Die Standfläche ist in der Regel immer größer als die Auflagefläche. In Abbildung 8.12 ist die Auflagefläche dunkelgrau gezeichnet. Die Standfläche ist aber größer, nämlich alles, was dunkel- oder hellgrau ist.

Abb. 8.12: *Standfläche bei normalem (a) und breitbeinigem Stehen (b), und wenn man einen Stock verwendet (c)*

Damit ein Gegenstand nicht kippt, muss das Lot durch die Standfläche zeigen, aber nicht zwangsläufig durch die Auflagefläche. Sonst könntest du gar nicht beidbeinig stehen, weil dann das Lot des KSP zwischen den Füßen liegt (Abb. 8.14a).

Abb. 8.13: *In diesen Positionen ist kein Gleichgewicht möglich, weil das Lot des KSP nicht durch die Standfläche zeigt. Deshalb kannst du an der Wand nicht einbeinig stehen (links) und mit dem Rücken zur Wand keinen Gegenstand aufheben (rechts).*

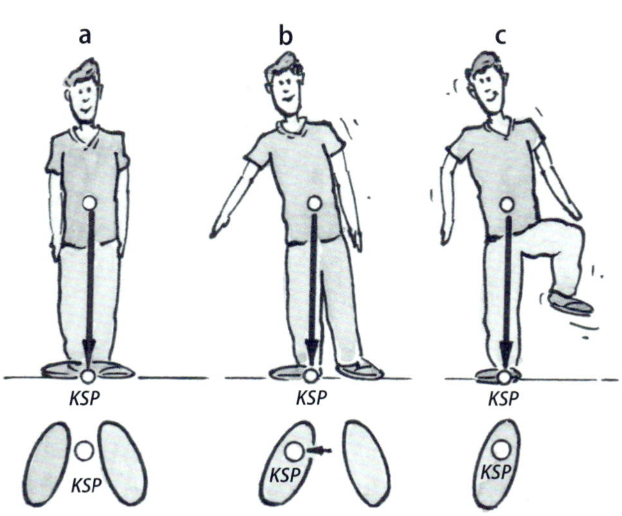

Abb. 8.14: *Erst wenn das Lot des KSP durch das Standbein zeigt, kannst du das andere heben.*

Weder in Aufgabe 8.7 noch in 8.8 kannst du stehen bleiben. Du kippst in beiden Fällen um, weil das Lot des KSP nicht durch die Standfläche zeigt (Abb. 8.13). Wenn du **auf einem Bein stehen** willst, musst du zuerst das Gewicht über das Standbein bringen (Abb. 8.14a und b). Erst dann kannst du das andere Bein heben (c). Dazu musst du dich aber etwas auf eine Seite hin neigen (b), und das wird durch die Wand verhindert.

Beim **Gehen** muss bei jedem Schritt das Lot des KSP durch die Auflagefläche des Standbeines zeigen. Darum ist auch Gehen lernen sehr schwer und Kinder beginnen damit erst nachdem sie etwa ein Jahr alt sind.

Versuche nun zur Vertiefung die Fragen 8.9 bis 8.11 zu beantworten. Die Lösungen befinden sich am Ende des Kapitels.

Aufgabe 9

Du siehst die Auflagefläche zweier Ski und den Einstichpunkt eines Skistocks. Zeichne die Standfläche ein!

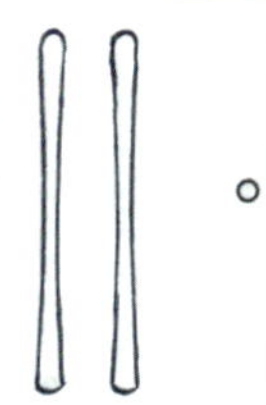

Abb. 8.15

Aufgabe 10

In Abbildung 8.16 sind drei Blöcke dargestellt, die an einer Schnur hängen. Überlege dir anhand der Definitionen für stabiles, labiles und indifferentes Gleichgewicht, wie diese Gleichgewichtsarten den Fällen a) bis c) zuzuordnen sind.

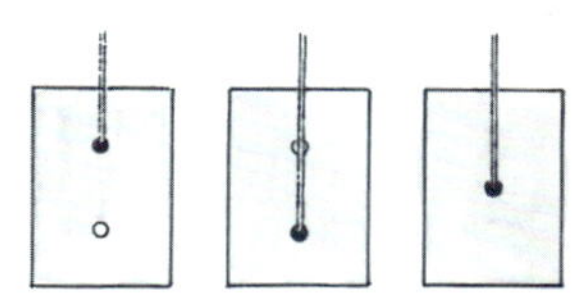

Abb. 8.16

Aufgabe 11

Abbildung 8.17 zeigt die Auflagefläche zweier Fahrradreifen. Zeichne die Standfläche ein. Wie verändert sich diese, wenn weniger Druck in den Reifen ist? Wie verändert sie sich, wenn man an der Hinterachse Stützräder montiert?

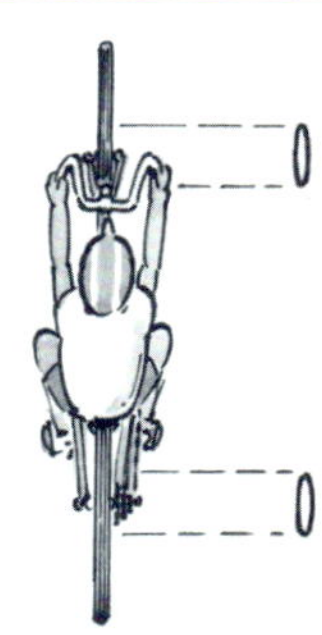

Abb. 8.17

8 Gleichgewicht und Gleichgewichtstraining

Stabilität

Im Sport spielt Stabilität eine große Rolle. Es gibt vier verschiedene Möglichkeiten, wie man diese vergrößern, aber auch verkleinern kann.

1) Größe der Standfläche

12

Frage
Warum haben Judokas (Abb. 8.18) die Beine weit gespreizt? Wieso ist Radfahren mit Stützrädern viel leichter zu erlernen? Warum kann man Einradfahren mit schlecht aufgepumpten Reifen leichter lernen?

Abb. 8.18

Je größer die Standfläche, desto größer ist die Stabilität. Die Standfläche bekommst du, wenn du eine imaginäre Gummischnur um alle Auflagepunkte spannst (siehe *Know-how Standfläche*). Du kannst Standfläche und somit auch Stabilität vergrößern, je weiter du die Auflagepunkte voneinander entfernst (siehe Abb. 8.12a und b, Abb. 8.18 und 8.19). Du kannst die Standfläche auch durch technische Hilfsmittel vergrößern, etwa durch einen Stock (Abb. 8.12c) oder durch Stützräder an einem Fahrrad.

Auf Grund der größeren Standfläche ist Radfahren mit Stützrädern einfacher und auch das Einradfahren mit nicht so stark aufgepumpten Reifen, weil sich Reifen mit weniger Luft stärker zusammendrücken und daher breiter am Boden aufliegen (siehe auch Aufgabe 8.11). Auf Grund der größeren Standfläche kippt man dann nicht so leicht um (*Know-how Standfläche und Stabilität*).

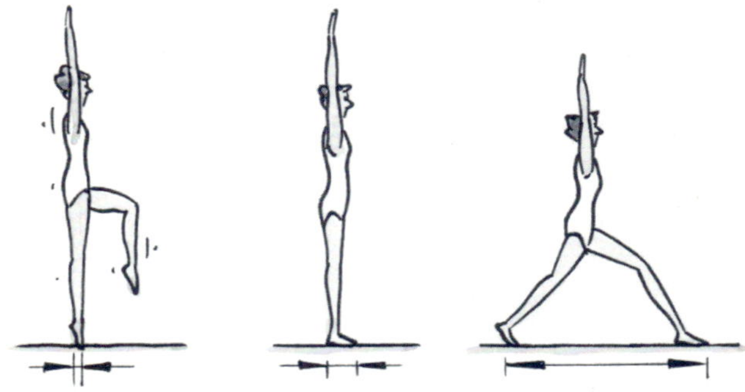

Abb. 8.19: *Eine Turnerin auf den Zehenspitzen hat eine viel geringere Standfläche und somit auch geringere Stabilität als beim Stand auf der ganzen Fußsohle. Ein Ausfallschritt bedeutet eine weitere Vergrößerung von Standfläche und Stabilität.*

KNOW-HOW Standfläche und ...

Standfläche und Stabilität

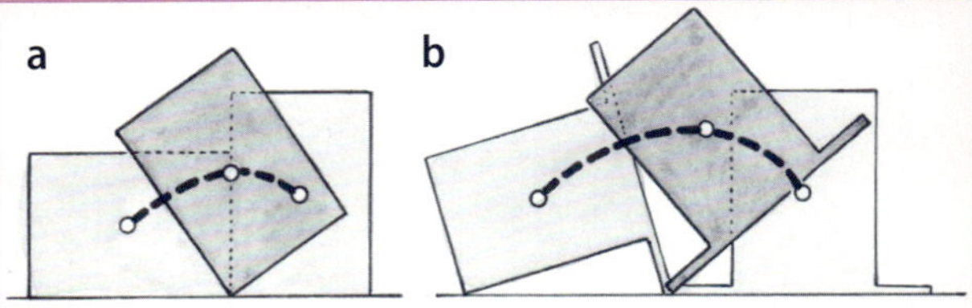

Abb. 8.20: *Wird die Standfläche vergrößert (b), muss beim Kippen der KSP stärker gehoben werden.*

Warum die **Vergrößerung der Standfläche auch die Stabilität erhöht**, kann man am besten mit Hilfe des KSP verstehen. In Abb. 8.20a siehst du einen Quader, der gekippt wird. Die Bahn des KSP ist eingezeichnet. Bei b siehst du einen Quader mit **vergrößerter Standfläche**. Du siehst an der Bahn des KSP, dass dieser stärker gehoben werden muss. Bei größerer Standfläche ist also zum Kippen mehr Energie notwenig, und deshalb ist die Stabilität auch größer.

2) Höhe des KSP über der Stützfläche

13

Frage
Warum stehen Ringer/innen immer mit sehr gebeugten Knien und Oberkörpern voreinander (Abb. 8.21)? Was hat das für einen Sinn?

Abb. 8.21: *Ringer in tiefer Lauerposition*

Je geringer die Höhe des KSP über der Standfläche, desto größer ist die Stabilität. KSP-Höhe und Stabilität sind somit indirekt proportional. Man kann die Stabilität etwa durch Beugen der Knie oder des Oberkörpers vergrößern. Sehr gut ist das bei der „Lauerposition" bei Ringern zu beobachten (Abb. 8.21). Diese würden niemals aufrecht den Angriff des Gegners erwarten, weil dann ihre Stabilität viel zu gering wäre. In der tiefen Position sind sie schwerer zu Fall zu bringen (*Know How KSP-Höhe und Stabilität*).

KSP-Höhe und ... KNOW-HOW

KSP-Höhe und Stabilität

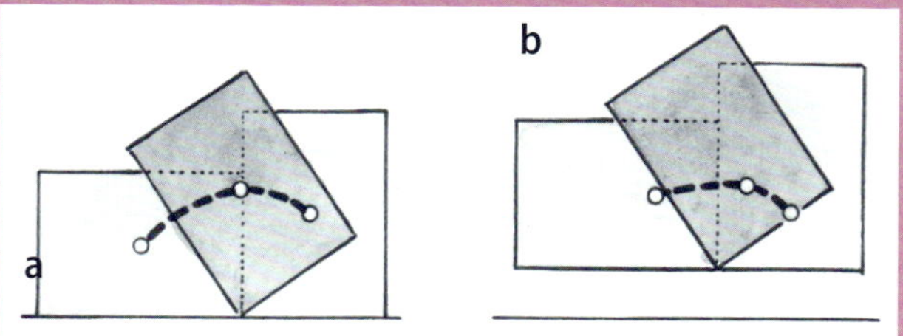

Abb. 8.22: *Wird der KSP abgesenkt (b), muss er beim Kippen ein wenig stärker gehoben werden. Zum besseren Verständnis ist die rechte Zeichnung angehoben, damit der „Startpunkt" des KSP auf gleicher Höhe ist.*

Abb. 8.22 zeigt, warum das Absenken des KSP die Stabilität erhöht. Um das Objekt umzukippen, muss dann nämlich der KSP stärker gehoben werden (b). Um diesen Effekt besser zu sehen, sind die Schwerpunkte von beiden Objekten auf gleiche Höhe gebracht. In Wirklichkeit kommt natürlich nicht der Boden nach oben, sondern der KSP nach unten.

3) Horizontale Entfernung der Projektion des KSP vom Rand der Standfläche

14

Frage

Welches Gleichgewicht versucht ein/e Sprinter/in in der Fertig-Position beim 100 m-Lauf einzunehmen? Möglichst stabil? Möglichst labil? Wie ist das bei einem/einer Schwimmer/in in der Startposition?

Nicht nur die Standfläche und die Höhe des KSP spielen eine Rolle für die Stabilität. Es ist auch wichtig, wie nahe sich die Projektion des KSP am Rand der Standfläche befindet. Bezeichnen wir diesen Abstand im Folgenden mit x. **Je größer x, desto größer ist der Grad der Stabilität.**

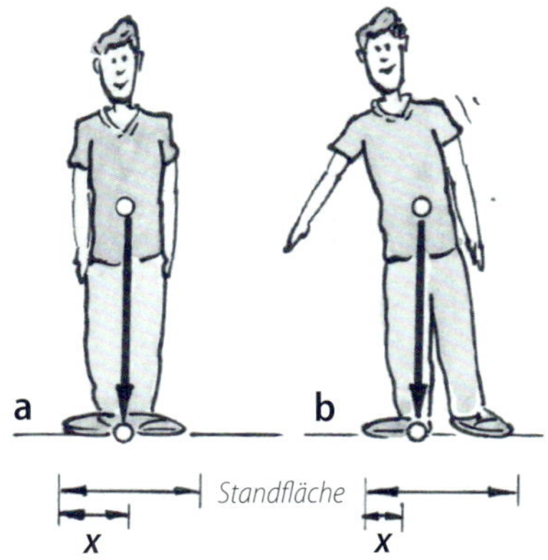

Abb. 8.23: *Veränderung von x durch Verlagerung des Körpergewichts. Die linke Position ist stabiler, weil x größer ist. (Anm.: Es wird immer der kleinstmögliche Wert von x gemessen. Man könnte bei b ja auch das rechte Stück messen.)*

In Abb. 8.23 siehst du eine Person, die auf beiden Beinen steht. Bei a steht sie so, dass die Projektion des KSP in der Mitte der Standfläche liegt. x hat daher seinen maximalen Wert. Bei b hat die Person das Gewicht auf ihr rechtes Bein verlagert. x ist kleiner als im ersten Fall. Es genügt ein kleiner Schubs, und das Lot des KSP zeigt nicht mehr durch die Standfläche. Die Person würde dann umkippen. Daher ist bei b die Stabilität geringer.

Ein/e **Ringer/in** etwa, der/die eine **möglichst hohe Stabilität** erreichen will, wird daher versuchen, den KSP möglichst zentral zu halten. Aber nicht immer ist hohe Stabilität erwünscht. Ein/e **Sprinter/in** in der Fertig-Position (siehe auch Abb. 3.5, S. 18) will ja möglichst rasch diese Stellung verlassen und in den Beschleunigungslauf übergehen. Das geht aber umso rascher, je geringer seine Stabilität ist. Daher wird er/sie versuchen, den KSP so weit wie möglich nach vorne zu verlagern, um x und somit **die Stabilität so gering wie möglich zu halten** (Abb. 8.24). Ähnlich ist es auch beim Schwimmstart. Natürlich passiert es in dieser Position leichter, dass man umkippt und einen Fehlstart produziert (*Know-how x und Stabilität*).

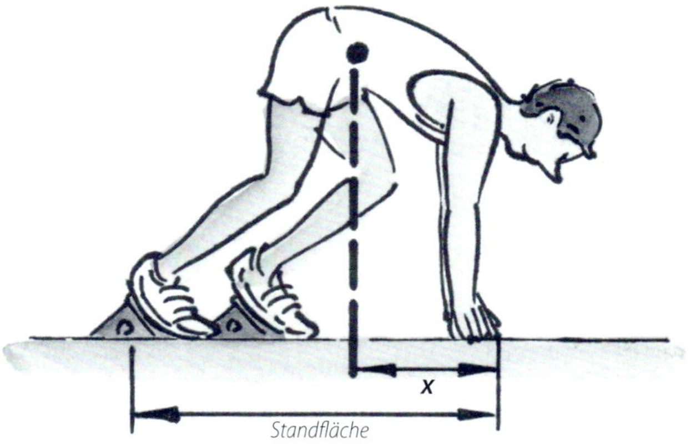

Abb. 8.24: *In der Fertig-Position, wird der KSP so weit wie möglich nach vorne geschoben. Je kleiner x, desto geringer seine Stabilität, desto schneller kommt er aus den Blöcken.*

x und Stabilität KNOW-HOW

x und Stabilität

In Abb. 8.25 ist der Zusammenhang zwischen der horizontalen Entfernung der Projektion des KSP vom Rand der Standfläche (x) grafisch dargestellt. Bei a ist der KSP in der Mitte des Objekts, bei b befindet er sich fast ganz am Rande. Du siehst, dass der KSP fast nicht mehr gehoben werden muss, um das Objekt zu kippen. Daher ist es wesentlich instabiler.

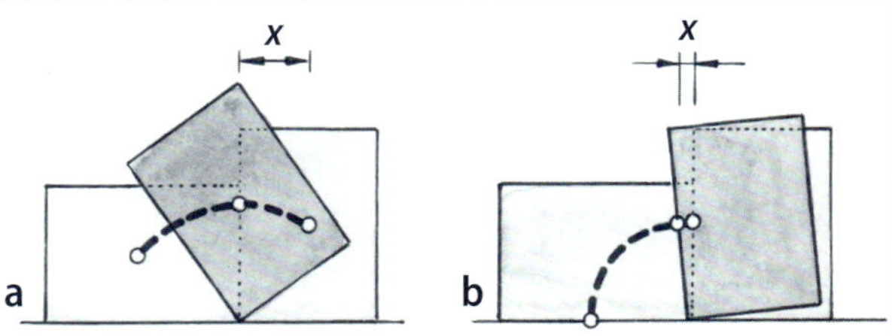

Abb. 8.25: *Wird der KSP zum Rand verschoben (b), muss er beim Kippen weniger stark gehoben werden. (Anm.: Im Fall rechts muss die Masseverteilung im Inneren des Quaders ungleichmäßig sein.)*

4) Masse

15 **Frage**
Warum haben in allen Kampfsportarten mit Gewichtsklassen die meisten Sportler/innen beinahe das jeweils erlaubte Höchstgewicht?

Das Verändern von Standfläche, Höhe des KSP und Entfernung des KSP vom Rand der Standfläche (Punkte 1 bis 3) sind Maßnahmen, die man sofort umsetzen kann, um den Grad der Stabilität zu verändern. Es gibt noch eine vierte Methode, die allerdings ein „Langzeitprojekt" ist, nämlich die Zunahme der Masse. **Bei gleicher Position hat die Person mit der größeren Masse die größere Stabilität. Der KSP muss zwar gleich stark gehoben werden**, wegen der größeren Masse ist dazu aber mehr Energie notwenig.
Davon profitiert man in allen **Kampfsportarten**. Allerdings gibt es bei diesen immer **Gewichtsklassen**. Eine Zunahme der Masse ist daher nur so weit sinnvoll, dass man gerade noch nicht in der höheren Gewichtsklasse starten muss (Tab. 8.1). Es gibt aber einen Kampfsport ohne Gewichtsklassen, nämlich das **Sumo-Ringen** (*Know-how Sumo*). Da in diesem Sport, vereinfacht gesagt, das Ziel darin besteht, den Gegner aus dem Gleichgewicht zu bringen, spielt die Masse natürlich eine dominierende Rolle.

KNOW-HOW Sumo

Sumo
Sumo ist eine aus **Japan** kommende Form des **Ringkampfs**. Ziel ist es, den Gegner aus einem abgesteckten Kreis zu drängen oder ihn so aus dem Gleichgewicht zu bringen, dass er den Boden mit einem anderen Körperteil als den Fußsohlen berührt (Abb. 8.26). Auf Grund dieses Regelwerks sind Ringer mit größerer Stabilität im Vorteil, wobei natürlich auch die Technik eine Rolle spielt.

Abb. 8.26: *Sumo-Ringen ist für Schwergewichte*

Durchschnittlich haben Sumo-Ringer um die 150 kg. Der US-Amerikaner **Emmanuel Yarborough** soll aber zu seinen besten Zeiten angeblich 372 kg auf die Waage gebracht haben!

Gewichtsklasse	Männer	Frauen
Superleichtgewicht	– 60 kg	– 48 kg
Halbleichtgewicht	– 66 kg	– 52 kg
Leichtgewicht	– 73 kg	– 57 kg
Halbmittelgewicht	– 81 kg	– 63 kg
Mittelgewicht	– 90 kg	– 70 kg
Halbschwergewicht	– 100 kg	– 78 kg
Schwergewicht	> 100 kg	> 78 kg

Tab. 8.1: *Gewichtsklassen am Beispiel von Judo. Eine Kämpferin mit 70 kg kann sinnvoller Weise nur 7,9 kg zunehmen, damit sie mit 77,9 kg die Mittelgewichtsklasse optimal ausnützt. Würde sie 8 kg zunehmen, wäre sie bereits im Halbschwergewichtsbereich und hätte nichts gewonnen.*

Physiologie der Gleichgewichtsorgane

Frage 16
Wie ist es möglich, dass du dein Gleichgewicht hältst? Welche Sinnesorgane sind dafür zuständig?

Frage 17
Warum wird einem schwindlig, wenn man sich mehrmals hintereinander im Kreis dreht?

Frage 18
Was könnte der Grund sein, dass unter Nervosität das Gleichgewicht nicht mehr so gut funktioniert, etwa beim Vorturnen?

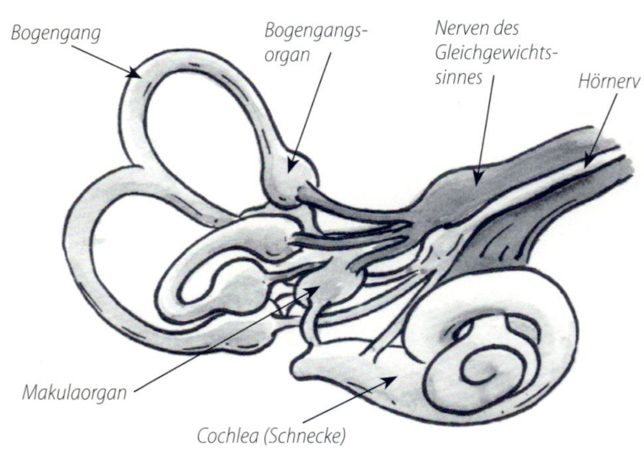

Abb. 8.27: *Der Vestibularapparat: Die Bogengänge sind etwa 1 mm dick. Die Schnecke zur Schallwahrnehmung liegt daneben, hat aber nichts mit dem Gleichgewicht zu tun.*

Damit du nicht umfällst, muss sich die Projektion deines KSP immer innerhalb deiner Standfläche befinden (siehe Abb. 8.23). Weil der Köper kein statisches Objekt ist, sind ständig kleine ausgleichende Bewegungen nötig. Um es etwas überspitzt zu formulieren: Wenn man dir ei-

nen Punkt auf den Kopf malt und ihn von oben filmt, dann bewegt er sich ständig ein wenig hin und her.
Woher weiß dein Körper, in welcher Lage er sich befindet? Das teilen ihm die Gleichgewichtsorgane mit. Das wichtigste ist der **Vestibularapparat** (Abb. 8.27) im Innenohr. Er besitzt drei Bogengänge, die wie eine Art dreidimensionaler Brezel aussehen. An einer Stelle sind diese Gänge jeweils etwas erweitert. Dort befinden sich die **drei Bogengangsorgane**, die auf **Drehbewegungen** reagieren (*Know-how Drehsinn*). Außerdem befinden sich im Vestibularapparat noch **zwei Makulaorgane**, die auf Veränderung der **Kopfposition** sowie **geradlinige Beschleunigungen** reagieren (*Know-how Lagesinn*).

Drehsinn **KNOW-HOW**

Drehsinn

In den dicken Stellen der Bogengänge befinden sich die drei **Bogengangsorgane**. In diesen befinden sich eine **Flüssigkeit** (Endolymphe) und **Sinneshärchen**, die bei einer Drehung des Kopfes mitschwingen und ihre Informationen an die Sinneszellen weitergeben (Abb. 8.28.a). Weil die drei Bogengänge in die drei Raumrichtungen zeigen, kann somit **jede Drehbewegung** festgestellt werden.

Dreht man den Kopf eine Zeit lang, so beginnt aber die Endolymphe durch die Reibung an der Wand mitzurotieren. Das ist zum Beispiel der Fall, wenn du dich einige Male um deine eigene Achse drehst. Wenn du nun die Bewegung stoppst, bewegt sich die Endolymphe auf Grund der Trägheit noch einige Zeit weiter (Abb. 8.28b). Das erzeugt das unangenehme **Schwindelgefühl** da die Sinneshärchen nicht im gleichen Ausmaß sofort mitschwingen.

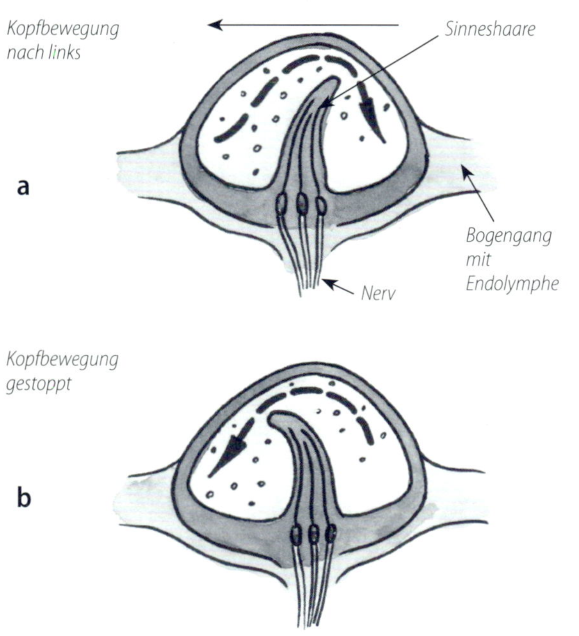

Abb. 8.28: *Bei Drehung des Kopfes in der Ebene des Bogenganges bleibt die Endolymphe infolge ihrer Trägheit zurück (a). Beim Abbremsen nach einigen Drehbewegungen entsteht der umgekehrte Effekt (b). Das erzeugt das unangenehme Schwindelgefühl.*

Lagesinn **KNOW-HOW**

Lagesinn

Im Vestibularapparat gibt es weiters ein System, das **für die Kontrolle der Lage des Kopfes** zuständig ist sowie für **geradlinige Beschleunigungen**, auf die die Bogengänge nicht ansprechen. Man spricht von den beiden **Makulaorganen** (Abb. 8.29).
In diesen befinden sich ebenfalls Sinneshärchen, über denen sich **Kalkkristalle** in einer Gallertschicht befinden. Je nach Lage des Kopfes werden die Härchen mehr oder weniger stark in verschiedene Richtungen gebogen. Weil es zwei Makulaorgane gibt, die in verschiedene Richtungen zeigen, kann somit jede statische Lage des Kopfes rekonstruiert werden. Außerdem können geradlinige Beschleunigungen gemessen werden, etwa wenn ein Auto beschleunigt, weil auch dann die Härchen durch den Druck der Kristalle die Lage verändern, sich verbiegen.

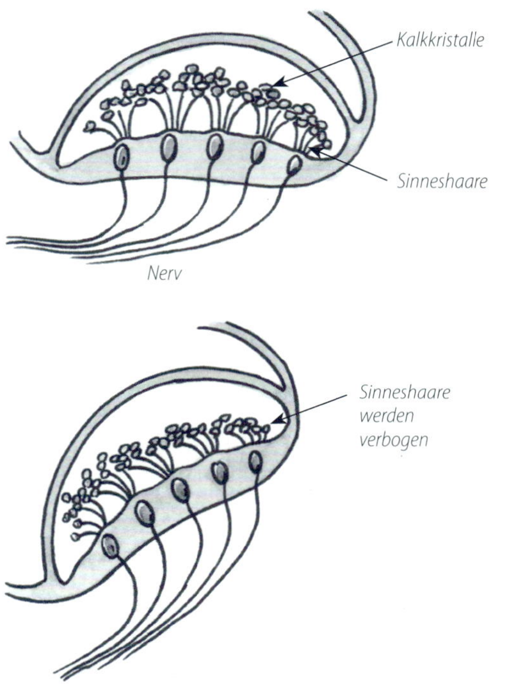

Abb. 8.29: *schematische Darstellung des Makulaorgans in zwei verschiedenen Positionen*

Die oben beschriebenen Dreh- und Lagesinn-Organe erfassen die Stellung des Kopfes im Raum und die auf ihn wirkenden Beschleunigungskräfte. Sie geben aber keinen Aufschluss über Lage und Bewegung des restlichen Körpers. Die für motorische Gleichgewichtsleistungen notwendige feine Abstimmung von Muskeleinsätzen wird durch eine Reihe von weiteren Sinnesempfindungen gesteuert.

- **Optischer Sinn:** Dieser gibt dir zusätzliche Information über die **Lage deines Kopfes**. Wie wichtig die Augen für dein Gleichgewicht sind merkst du, wenn du Balanceübungen mit geschlossenen Augen durchführst.
- **Bewegungsempfindlicher Sinn:** Dieser teilt dir Lage und Bewegung der einzelnen Körperteile mit. Zum Bei-

spiel befinden sich in den Muskeln und Sehnen Rezeptoren, die Länge und Spannung melden. Besonders wichtig sind diese in der Hals- und Nackenmuskulatur. Erst dadurch spürst du die **Lage deines Körpers** – der Vestibularapparat gibt dir ja nur Aufschluss über die Lage deines Kopfes (siehe auch *Know-how Homunculus*, S. 69).

- **Berührungsempfindlicher Sinn:** Diese messen unter anderem den Druck auf der Haut. Zum Beispiel ist die **Druckverteilung auf den Fußsohlen** ein wichtiger Hinweis für deinen Körper, wo sich dein Schwerpunkt befindet. Verlagerst du diesen zum Beispiel nach vorne, so erhöht sich der Druck auf den Fußballen (siehe auch *Know-how Homunculus*, S. 69).

Die Impulse, die über diese Sinnesorgane ausgelöst werden, werden im **Zentralnervensystem** verarbeitet (siehe *Know-how ZNS*). Das ZNS steuert die Muskeln (Motorik), um eventuell nötige Ausgleichsbewegungen durchzuführen. Man spricht daher vom **sensomotorischen Gleichgewicht**.

Gleichgewichtstests

Im Folgenden kannst du einige Tests zur Messung des statischen und dynamischen Gleichgewichts sowie des Objektgleichgewichts durchführen. Alle Tests sollten, sofern du sie nicht schon vorher abbrechen musstest, **nach 60 Sekunden beendet werden**.

Statisches Gleichgewicht

19

Aufgabe

Test 1

Stell dich auf das rechte Bein und gib die Arme in den Hüftstütz (Abb. 8.30). Das soll die Korrekturbewegungen erschweren. Stoppe, wie lange du in dieser Position stehen kannst, ohne mit dem zweiten Bein aufzutreten.

Abb. 8.30

Test 2

Die Position ist wie bei Test 1, schließe aber die Augen und gib den Kopf in den Nacken. Was für einen Unterschied zu Test 1 bemerkst du?

Test 3

Mache zehn Drehungen um die Längsachse, wobei jede Drehung etwa eine Sekunde dauern sollte. Danach führe Test 1 noch einmal durch. Was lässt sich danach beobachten?

Testprotokoll statisches Gleichgewicht	
Testnummer	Zeit in Sekunden
1	
2	
3	

Tab. 8.2

Die Zeit bei Test 1 ist quasi ein Ausgangswert für die beiden anderen Tests. Bei Test 2 wird deine Zeit kürzer sein, da einerseits die Kopfhaltung eine ungewohnte ist, andererseits durch das Schließen der Augen die wichtige optische Information genommen wird.
Auch bei Test 3 wird die Zeit kürzer sein, weil durch die vorhergehende Drehung die Endolymphe noch in Bewegung ist (Abb. 8.28) und du gegen das Schwindelgefühl ankämpfen musst. Vestibularapparat und Augen liefern dir unterschiedliche Informationen.

Dynamisches Gleichgewicht

20

Aufgabe

Test 4

Drehe eine Langbank um und markiere ein 2 m langes Stück (Abb. 8.31). Gehe dann immer zwischen den beiden Markierungen hin und her und drehe dort um. Gemessen wird die zurückgelegte Gehstrecke in 60 Sekunden auf 1 m genau.

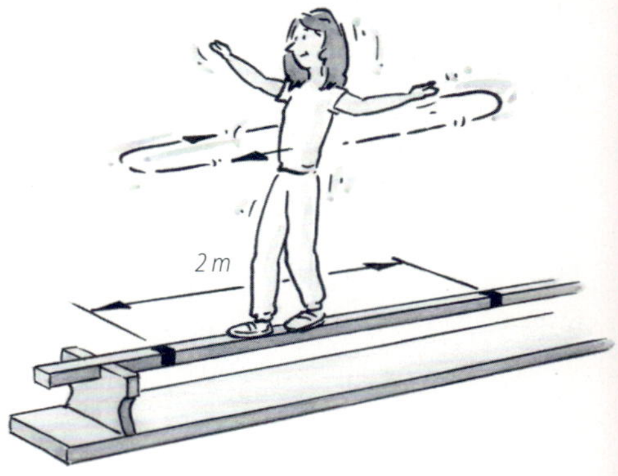

Abb. 8.31

Test 5

Wie Test 4, jedoch mit geschlossenen Augen. Das Umdrehen erfolgt auf Zuruf.

Test 6

Wie Test 4, jedoch wird dabei rückwärts gegangen.

Testprotokoll dynamisches Gleichgewicht	
Testnummer	Meter in 60 Sekunden
4	
5	
6	

Tab. 8.3

Bei Test 5 fällt wiederum die optische Zusatzinformation weg, bei Test 6 ist die Bewegungsrichtung ungewohnt und für diesen Fall das Gleichgewichtsempfinden bzw. die koordinative Antwort nicht so gut trainiert. Daher wird der zurückgelegte Weg in beiden Fällen deutlich kürzer sein.

Objektgleichgewicht

Unter Objektgleichgewicht verstehen wir die Fähigkeit, getragene Objekte mit Hilfe unserer Motorik im Gleichgewicht zu halten. Dies kann noch zusätzlich mit statischem und dynamischem Gleichgewicht kombiniert werden.

21

Aufgabe
Test 7
Nimm einen Gymnastikstab und balanciere ihn auf dem Zeigefinger oder der Handfläche. Gestoppt wird die Dauer des Gleichgewichthaltens vom „Los" bis zum Verlust des Kontaktes mit dem Stab, Verändern der Beinposition, Berührung des Stabes mit anderen Körperteilen oder Bodenkontakt des Stabes. Sollte diese Aufgabe zu leicht sein, kann sie zusätzlich dadurch erschwert werden, indem man sich auf nur ein Bein stellt.
Beginne mit einem Versuch mit deiner ungeschickteren Hand. Führe dann 16 Versuche mit der geschickteren Hand durch. Zum Schluss mach nochmals einen Versuch mit der ungeschickteren Hand. Durch den kontralateralen Transfer (siehe *Know-how Kontralateraler Transfer*, S. 12) müsste auch die nicht übende Hand besser werden.

Testprotokoll Objektgleichgewicht			
Versuch	Zeit	Versuch	Zeit
1 (geschicktere Hand)		9	
1 (geschicktere Hand)		10	
2		11	
3		12	
4		13	
5		14	
6		15	
7		16	
8		2 (ungeschicktere Hand)	

Tab. 8.4

22

Frage
Was versteht man unter dem KSP? Welche Eigenschaften besitzt er? Wie kann man den KSP eines Objekts bestimmen? Welche Bahn beschreibt der KSP bei einem Weitsprung?

23

Frage
Welche Gleichgewichtsarten kann man unterscheiden? Welche Lage nimmt dabei der KSP ein? Welche Beispiele fallen dir dazu aus dem Sport und Alltag ein? Warum lässt sich die physikalische Einteilung nicht so einfach auf den Menschen übertragen?

24

Frage
Was ist der Unterschied zwischen Auflagefläche und Standfläche? Wann kippt ein Gegenstand um? Wie kann man die Stabilität erhöhen? Wie kann man die vergrößerte Stabilität grafisch darstellen?

25

Frage
Welche Gleichgewichtsorgane gibt es und wie funktionieren sie? Wie kommt es zum Schwindelgefühl? Was versteht man unter statischem und dynamischem Gleichgewicht sowie unter Objektgleichgewicht? Was versteht man unter sensomotorischem Gleichgewicht? Was versteht man unter dem kontralateralen Transfer?

26

Aufgabe
Stelle das Testprotokoll zu Versuch 7 (Tab. 8.4) mit Hilfe einer Tabellenkalkulation grafisch dar.

27

Aufgabe
Warum kippt das Besteck in der Abbildung nicht vom Tisch? Es befindet sich doch völlig außerhalb der Tischplatte! Probiere es selbst mal aus!

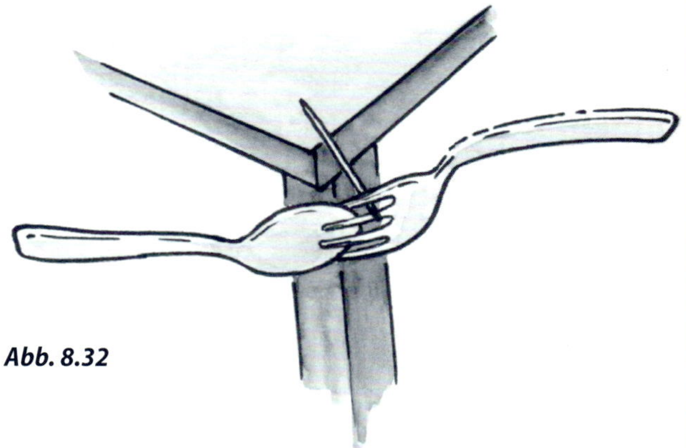

Abb. 8.32

28

Aufgabe
Wie schaffen es Tänzer/innen oder Eisläufer/innen, dass sie bei einer Pirouette nicht schwindlig werden? Besorge dir dazu Informationen aus dem Internet.

Lösungen

zu Aufgabe 9

Die Standfläche ergibt sich durch die „imaginäre Gummischnur" (Abb. 8.33)

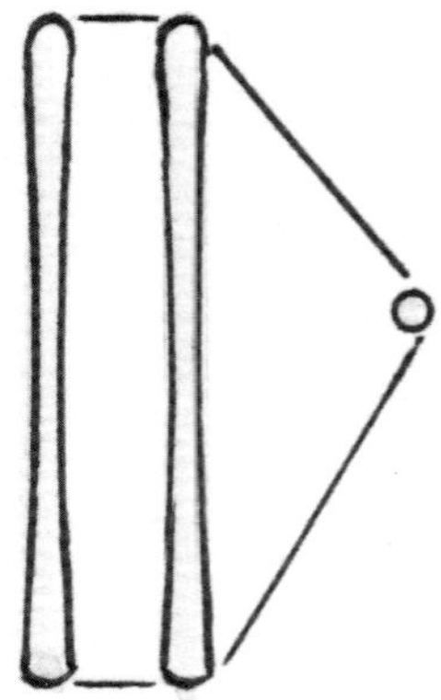

Abb. 8.33

zu Aufgabe 10

Block a ist im stabilen, b im labilen und c im indifferenten Gleichgewicht.

zu Aufgabe 11

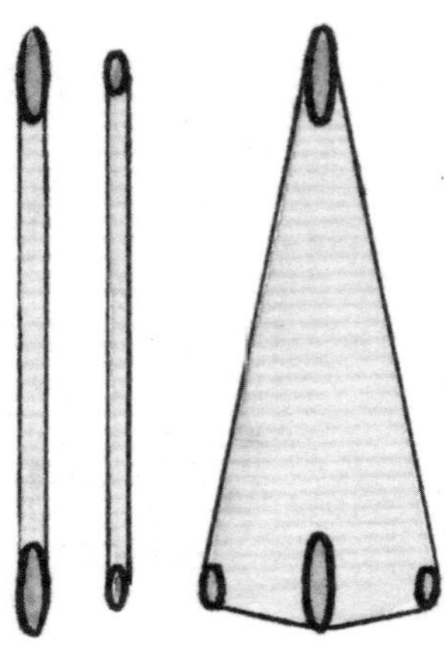

Abb. 8.34: *Die Auflagefläche ist dunkelgrau gezeichnet. Alles, was dunkel- und hellgrau ist, gehört zur Standfläche.*

Literatur

APOLIN Martin: Big Bang 5, Physik für die 5. Klasse, öbv, Wien 2008

BÄUMLER Günther / SCHNEIDER Klaus: Sportmechanik. BLV, München 1981

DRENCKHAHN Detlev: Anatomie Band 2. Urban & Schwarzenberg, Wien 1994

FETZ Friedrich: Sensomotorisches Gleichgewicht im Sport. Österreichischer Bundesverlag, Wien 1989

MATHELITSCH Leopold: Gleichgewicht – einige physikalische Betrachtungen. In: Leibesübungen – Leibeserziehung. Wien (1994) 3

WEINECK Jürgen: Sportbiologie. Spitta, Balingen 9. Aufl. 2004

WILLIMCZIK Klaus: Biomechanik der Sportarten, Rowohlt, Reinbek bei Hamburg 1989

9 Entspannungstraining

1 Frage
Was bedeutet Superkompensation? Versuche einen Superkompensationszyklus bei schneller und langsamer Erholung zu zeichnen. Wenn du dir nicht sicher bist, sieh nach in Abb. 5.6, S. 34.

Belastung und Erholung gehören zusammen und müssen auch so geplant werden. Ist die Erholung gut, dann kann die Superkompensation schneller ablaufen (Abb. 5.6) und man bringt mehr Training in der gleichen Zeit unter. Die beiden mit Abstand wichtigsten **Regenerationsmaßnahmen** sind richtige Ernährung und genügend Schlaf (siehe auch Kap. 5, *Know-how Belastung und Erholung*, S. 35).

Unter **aktiven Regenerationsmaßnahmen** versteht man körperliche Betätigungen. Dadurch wird der Stoffwechsel angekurbelt, etwa beim Auslaufen. Zu den **passiven Regenerationsmaßnahmen** gehören Schlaf und Ernährung, aber z. B. auch Sauna oder Massagen. Daneben gibt es aber auch noch **psychologische Regenerationsmaßnahmen**, zum Beispiel alle Formen von Entspannungstraining, die zu einer erholsamen, vertieften Ruhe führen. In diesem Kapitel werden zwei davon vorgestellt, nämlich die Tiefmuskelentspannung (TME) und das Autogene Training (AT).

Beide Techniken sind bereits längere Zeit bekannt, sie stammen etwa aus den 1920ern! Das Autogene Training ist in Europa wesentlich bekannter, wahrscheinlich deshalb, weil es in Deutschland entwickelt wurde. Die Tiefmuskelentspannung stammt aus den USA und ist dort heute sehr verbreitet.

Tiefmuskelentspannung (TME)

Die Entdeckung Jacobsons

2 Frage
Was bedeutet progressiv? Was bedeutet Relaxation? Was könnte daher mit progressiver Muskelrelaxation gemeint sein? Was versteht man unter dem Muskeltonus?

3 Frage
Man sagt, dass einem „die Angst im Nacken sitzt". Was ist damit gemeint? Fallen dir noch andere Redensarten ein, die einen Zusammenhang zwischen Psyche und Körper andeuten?

4 Frage
Hast du schon einmal den Begriff Psychosomatik gehört? Weißt du, was er bedeutet?

Die Tiefmuskelentspannung (TME) wurde vom Amerikaner **Edmund Jacobson** entwickelt (*Know-how Unter vielen Namen*). Durch umfangreiche wissenschaftliche Untersuchungen konnte er ab 1908 den Zusammenhang zwischen **übermäßiger muskulärer Anspannung** und unterschiedlichen **körperlichen und seelischen (also psychischen) Erkrankungen** nachweisen. Es fiel ihm auf, dass Anspannungen der Muskulatur häufig in Zusammenhang mit innerer Unruhe, Stress und Angst auftreten. Dieser Zusammenhang ist sprichwörtlich. Man spricht von der **„Angst im Nacken"** oder davon, dass jemand ständig **„auf dem Sprung"** ist. Beides sind Anzeichen dafür, dass die Muskulatur übermäßig anspannt ist. Ebenso deutet das Sprichwort **„jemandem sind seine Sorgen ins Gesicht geschrieben"** auf eine muskuläre Verspannung hin.

Jacobson fand heraus, dass die Reduktion der Muskelspannung, also des **Muskeltonus**, die Aktivität des Zentralnervensystems herabsetzt und Entspannung sich als allgemeines Heilmittel für **psychosomatische Störungen** eignet (*Know-how Psychosomatik*). Es ist also anscheinend so, dass nicht nur die Wirkungsrichtung Psyche – Muskulatur möglich ist, sondern auch der umgekehrte Weg. Eine Lockerung der Muskulatur kann auch die Psyche „lockern". Dieser Effekt ist von der Massage bekannt, bei der sich nicht nur die Muskeln entspannen, sondern auch die Psyche. **Diese Wechselbeziehung zwischen psychischer und muskulärer Spannung ist der Ansatzpunkt für die TME.** Durch das Training soll in systematischer Weise eine Herabsetzung der Spannung der Skelettmuskulatur erreicht werden, wodurch wiederum eine psychische Entspannung hervorgerufen wird.

Erst nach 20jähriger Forschung veröffentlichte Jacobson seine Ergebnisse, zunächst als Fachliteratur für Ärzte, erst später für ein allgemeines Publikum. Sein Hauptwerk **„You must relax"** erschien 1934, wurde aber erst 1990 (!) auch in deutscher Sprache veröffentlicht.

KNOW-HOW

Unter vielen Namen
Die TME ist auch unter anderen Bezeichnungen bekannt. Zum Beispiel hat man sie nach ihrem Erfinder **Jacobson-Methode** genannt. Weiters ist die Bezeichnung **neuromuskuläre Relaxation** geläufig. Relaxation bedeutet Entspannung. Neuromuskulär bedeutet Nerven und Muskeln betreffend. Und dann gibt es noch die Bezeichnung **progressive** (fortschreitende) **Muskelrelaxation**.

9 Entspannungstraining

Psychosomatik **KNOW-HOW**

Psychosomatik

Der Begriff **Psychosomatik** leitet sich aus den griechischen Wörtern **psyché** für **Seele** und **soma** für **Körper** ab. Psychosomatik ist eine Betrachtungsweise in der Medizin, die den seelischen Prozessen bei der Entstehung von körperlichen Leiden eine wesentliche Bedeutung beimisst.

Im heutigen medizinischen System wird eher versucht, einer Krankheit eine bestimmte körperliche Ursache zuzuordnen. Sehr oft wird dabei aber die **seelische Komponente vernachlässigt**. Studien zeigen, dass manche Patienten über 100 ärztliche Kontakte hinter sich hatten, ehe sie erstmals an einen Psychotherapeuten überwiesen wurden. Das liegt unter anderem daran, dass die Patienten selbst die psychische Komponente ihrer Beschwerden nicht akzeptieren wollen oder können.

Allgemeines zur Tiefmuskelentspannung

Die Methode der TME geht auf Beobachtungen Jacobsons zurück, dass auf eine **kurzzeitige Anspannung einer Muskelgruppe eine vertiefte Entspannung erfolgt**. Dieser Effekt ist auch bei bestimmten Formen des Stretchings bekannt (*Know-how Anspannungs-/Entspannungsdehnen*), bei der vor der Dehnung zunächst eine Anspannung der jeweiligen Muskelgruppe erfolgt.

Bei der TME handelt es sich um ein Verfahren, bei dem durch **willkürliche An- und Entspannung bestimmter Muskelgruppen** ein Zustand **tiefer Entspannung des ganzen Körpers** erreicht wird. Ziel ist eine Senkung der Muskelspannung unter das normale Niveau. Mit der Zeit lernt man, muskuläre Entspannung herbeizuführen, wann immer man möchte.

Die ursprüngliche Form war sehr kompliziert und zeitaufwändig. Es wurden daher **viele Abwandlungen** vorgeschlagen, wodurch sich wohl auch die verschiedenen Namen für diese Technik erklären (siehe *Know-how Unter vielen Namen*, S. 65).

Es werden nacheinander einzelne Muskelparten in einer bestimmten Reihenfolge angespannt. **Diese Anspannung sollte so stark wie möglich sein** und einige Sekunden gehalten werden – in der Literatur ist von 7 bis 10 Sekunden die Rede. Nichtbeteiligte Muskeln sollen möglichst locker bleiben.

Dann wird die Spannung wieder gelöst. Die darauf folgende Entspannungsphase sollte etwa eine halbe Minute betragen. Das Grundprinzip der TME ist daher paradoxerweise: **Entspannung durch vorhergehende Anspannung**. Die Konzentration wird auf den Wechsel von Anspannung und Entspannung gerichtet und auf die Empfindungen, die mit diesen unterschiedlichen Zuständen einhergehen.

KNOW-HOW Anspannungs-/Entspannungsdehnung

Anspannungs-/Entspannungsdehnen

Es gibt viele Stretching-Methoden. Ihre Wirkungen und ihre Effizienz geben immer wieder Anlass zu heftigen Diskussionen unter den Fachleuten.

Bei einer bestimmten Stretching-Methode wird der zu dehnende Muskel zunächst einige Sekunden stark **isometrisch angespannt** (laut Literatur 7 bis 10 Sekunden), dann 2 – 3 Sekunden gelockert und erst dann gedehnt. Isometrisch bedeutet, dass sich die Muskellänge dabei nicht ändert, dass man also gegen einen Widerstand arbeitet (Abb. 9.1).

Durch die starke Anspannung soll ein **hemmender Reflex** über die **Golgi-Sehnenorgane** (meist Golgi-Organe genannt) aktiviert werden. Die Golgi-Organe befinden sich in den Sehnen und messen die Spannung. Durch diesen Reflex soll der Muskeltonus (die Spannung im Muskel) kurzfristig sinken. Es handelt sich dabei also um **denselben Effekt wie bei der TME**. Durch das Nachlassen der Spannung soll es möglich sein, beim folgenden Dehnen in eine weitere Endlage zu gelangen.

Diese Methode ist unter vielen Namen bekannt: Anspannungs-/Entspannungsdehnen, CHRS-Dehnen (das steht für contract, hold, relax, stretch) oder PNF-Stretching (das bedeutet propriozeptive neuromuskuläre Fazilitation).

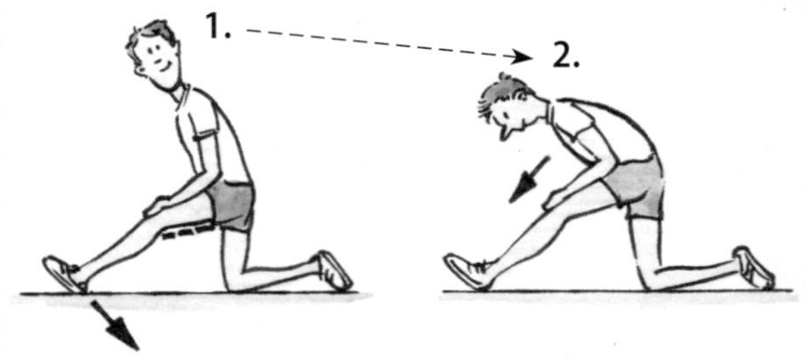

Abb. 9.1: *Dehnen der Oberschenkelrückseite nach dem Prinzip der vorhergehenden Anspannung: Zuerst wird die Ferse gegen den Boden gedrückt (1). Weil sich dabei das Bein nicht bewegt, spricht man von einer isometrischen Kontraktion. Erst dann wird die Muskelgruppe gedehnt (2).*

KNOW-HOW

Entspannungsposition

Meistens werden drei Haltungen unterschieden: die Liegehaltung, die Lehnhaltung und die so genannte Droschkenkutscherhaltung (Abb. 9.2).

Bei der **Liegehaltung** kann unter die Knie ein kleiner Polster gelegt werden, damit die Beine nicht völlig gestreckt sind. Noch besser ist es aber, die Füße anzuziehen oder die Unterschenkel auf einen Sessel zu legen, um ein Hohlkreuz zu vermeiden. Weiters sollte man unter den Kopf einen kleinen Polster legen, damit die Halswirbelsäule gerade ist.

Droschke ist ein alter Berliner Ausdruck für einen Pferdewagen, ähnlich dem Fiaker in Wien. Bei der **Droschkenkutscherhaltung** sitzt man also ähnlich wie ein Fiakerfahrer. Man rutscht auf den vorderen Teil der Sitzfläche und spreizt, wie bei der Lehnhaltung, die Beine leicht. Die Unterarme liegen auf den Oberschenkeln, doch ist der Oberkörper nicht mit dem Rücken aufrecht und angelehnt, wie bei der **Lehnhaltung**, sondern man lässt den Oberkörper senkrecht in sich zusammensacken. Der große Vorteil dieser Haltung ist, dass man sie beinahe auf jeder Sitzgelegenheit durchführen kann, also auch auf einem Hocker. Der Nachteil ist die Belastung der Wirbelsäule und dass man sich unter Umständen nicht optimal dabei entspannen kann.

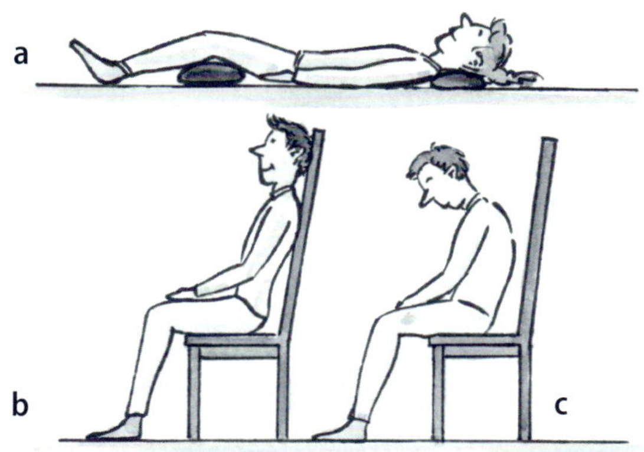

Abb. 9.2:
a) Liege-, b) Lehn- und c) Droschkenkutscherhaltung

Es gibt **verschiedene Positionen**, die sich für die Durchführung der TME eignen (*Know-how Entspannungsposition*). Wichtig ist in jedem Fall, dass man sich in der Position wohl fühlt und entspannen kann. Für das Durchführen in der Klasse ist natürlich die Lehnhaltung am Besten.
Ebenso wie beim Autogenen Training wird die Übung durch eine so genannte **Zurücknahme** beendet, bei der man die Arme mehrmals fest beugt und streckt und tief durchatmet, um sich zu aktivieren.

Die TME hat im Gegensatz zum AT (siehe S. 69) **keine** so genannten **Hochziele**, indem man sich positive Formeln suggeriert. TME soll „nur" der Verbesserung der physischen Wiederherstellung dienen. Der Vorteil der TME liegt darin, dass sie schneller zu erlernen ist. Außerdem kann sie, im Gegensatz zum AT, auch in Zeiten psychischer Anspannung erlernt und ausgeführt werden kann.

Wenn man nach einiger Übungszeit mit dem Training gut vertraut ist, kann zur Fortgeschrittenenstufe übergegangen werden. Hierbei wird das Anspannen der jeweiligen Muskelgruppen nur im Geist vorgestellt. **Das Üben in der Vorstellung bezeichnet man auch als mentales Training.** Diese Methode hat den Vorteil, dass sie sich unter allen Bedingungen durchführen lässt, also etwa auch in Anwesenheit anderer, unvertrauter Menschen. Es besteht weiters die Möglichkeit, die TME mit dem AT zu verbinden. Wird die TME vor dem AT durchgeführt, so lässt sich der Effekt von Schwere- und Wärmeübung (siehe S. 71 u. 72) deutlich verstärken.

Die einzelnen Übungen der TME

Frage 5

Die erste Übung besteht im Anspannen und Entspannen der Unterarme. Dieser Effekt ist bei deiner Schreibhand besser zu spüren. Was könnte der Grund dafür sein?

Aufgabe 6

Führe die folgenden Übungen alleine oder unter Anleitung des/der Lehrers/Lehrerin durch. Die beschriebenen Muskelgruppen werden jeweils einige Sekunden so fest wie möglich angespannt. Die Pause zwischen den Übungen sollte etwa 30 Sekunden betragen und bei Bedarf können sie ein- bis zweimal wiederholt werden. Die Übungen sind so etwas wie ein „Maximalkatalog", es können durchaus auch einige übersprungen werden. Wichtig sind vor allem die großen Muskelgruppen.

1 Dominante Hand und Unterarm

Man beginnt mit den Händen, weil diese im Gehirn besonders gut repräsentiert sind (*Know-how Homunculus*). Der Effekt der Entspannung ist auf der dominanten Seite, also rechts beim Rechtshänder, besser zu spüren. Das liegt daran, dass diese Hand durch den Alltag besser trainiert ist und man sie daher auch „besser spürt". Daher sollte die Übungsfolge mit dem dominanten Unterarm begonnen werden (Abb. 9.3).

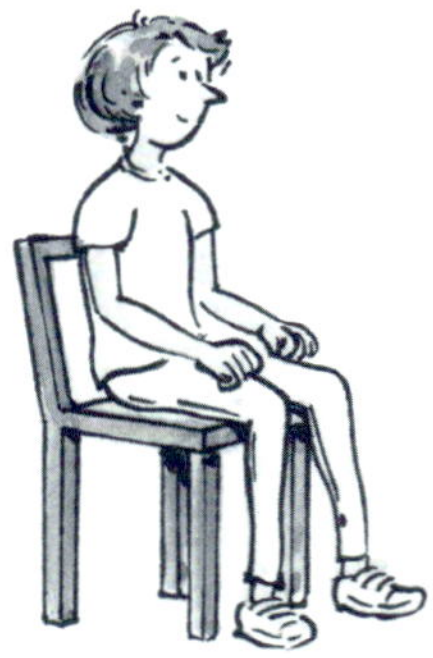

Abb. 9.3: *Zum Anspannen des Unterarms wird die Hand zur Faust geballt.*

2 + 3 Dominanter Oberarm

Zuerst wird der Oberarmbeuger angespannt, dann der Oberarmstrecker (Abb. 9.4). Zwischen den Übungen sollten 30 Sekunden Entspannung liegen.

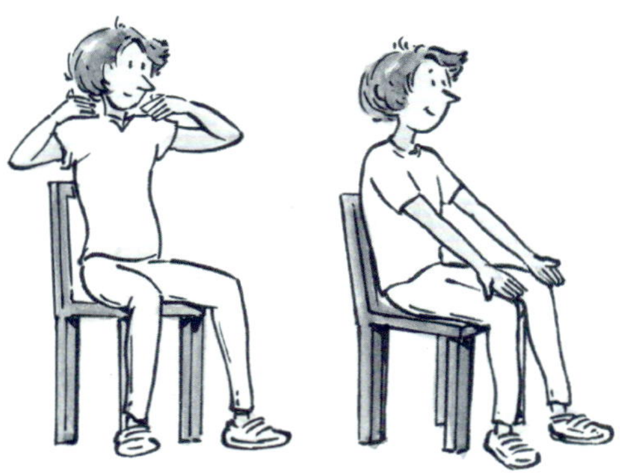

Abb. 9.4: *Links: Anspannen des Biceps; rechts: Anspannen des Triceps. Die Handrücken werden dabei gegen die Oberschenkel gedrückt. Zu Biceps und Triceps siehe auch Abb. 4.7 und 4.8, S. 28).*

4 Nicht-dominante Hand und Unterarm und
5 + 6 Nicht-dominanter Oberarm
Nun werden die Übungen 1 bis 3 auch auf der nicht-dominanten Seite durchgeführt.

7 + 8 Stirn- und Augenpartie
Zunächst werden die Augenbrauen in die Höhe gezogen, sodass sich die Stirn runzelt. Dann werden die Augen zusammengekniffen. Zwischen den Übungen sollten 30 Sekunden Entspannung liegen.

9 + 10 Mundpartie
Die Kiefermuskulatur wird durch Zusammenbeißen der Zähne angespannt. Nach 30 Sekunden Pause werden die Lippen aufeinander gepresst.

11 Nacken und Hals
Der Kopf wird in den Nacken gezogen, zunächst nur nach hinten, dann auch nach links und rechts (siehe Abb. 9.5). Es wird dazwischen **keine Entspannungspause** gemacht, sondern erst am Ende.

Abb. 9.5: *Anspannen der hinteren (links) und seitlichen Nackenmuskulatur (rechts)*

12 + 13 Schultern
Zuerst werden die Schultern hochgezogen, sodass der Hals zwischen den Schultern verschwindet (Abb. 9.6). Nach einer Pause wird die obere Rückenmuskulatur angespannt, sodass sich die Schulterblätter nähern.

Abb. 9.6: *Links: Hochziehen der Schultern; rechts: Anspannen der Rückenmuskulatur*

Abb. 9.7: *Die Bauchmuskeln werden so angespannt, dass der Bauch nach außen gedrückt wird.*

14 – 16 Bauch
Zwischen den drei folgenden Übungen wird jeweils eine Pause eingelegt. Atme so tief wie möglich ein und halte die Luft kurz an. Wenn du locker lässt, strömt die Luft von selbst wieder aus. Dann spanne die Bauchmuskeln so an, dass der Bauch nach außen gedrückt wird (Abb. 9.7). Zuletzt spanne die Bauchmuskeln so an, dass der Bauch nach innen gezogen wird.

17 Oberschenkel und Gesäßmuskel
Es werden gleichzeitig Vorder- und Hinterseite der Oberschenkel und der Gesäßmuskel angespannt.

18 + 19 Unterschenkel
Zuerst werden die Füße gestreckt und die Wadenmuskulatur angespannt. Nach einer Pause werden die Fußspitzen gehoben und die Schienbeinmuskeln angespannt.

Nach diesen Übungen erfolgt die **Rücknahme** durch kräftiges Ein- und Ausatmen und durch festes Beugen und Strecken der Arme.

Homunculus

Der **somatosensorische Cortex** (Abb. 9.8) ist der Teil der Großhirnrinde, der der Wahrnehmung des Körpers dient. Dort werden zum Beispiel Tast- und Berührungsreize, Temperatur- oder Schmerzreize verarbeitet und auch die Reize des bewegungsempfindlichen Sinnes (siehe Kap. 8, S. 61). Man fasst diese Wahrnehmungen unter der Bezeichnung **haptischer Sinn** zusammen. Der Name somatosensorischer Cortex leitet sich vom griechischen Wort soma (Körper) und den lateinischen Wörtern sensorius (der Empfindung dienend) und cortex (Rinde) ab.

In Abbildung 9.8 kannst du sehen, dass manche Körperteile sehr stark repräsentiert sind, etwa die Hände. Daher ist in diesen die Auswirkung nach der Anspannung des Unterarms auch sehr gut zu spüren, etwa als Kribbeln oder als Wärmeempfindung.

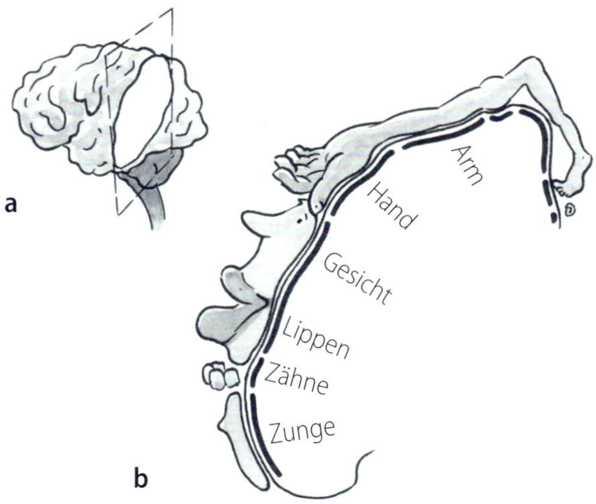

Abb. 9.8: *Querschnittsschema des somatosensorischen Cortex (b). Schnittrichtung und Lage sind in a dargestellt. Die angedeutete Figur soll die Größe der Repräsentanz der einzelnen Körperregionen im Gehirn verdeutlichen. Man sieht, dass die Hand einen sehr großen Bereich einnimmt.*

Die Regionen im Gehirn sind aber quasi „durcheinander", es ergibt sich keine zusammenhängende Figur. Man kann aber eine solche modellieren, bei der die Körperteile so groß sind, wie sie im somatosensorischen Cortex repräsentiert sind (Abb. 9.9). Eine solche Figur nennt man **Homunculus** (wörtlich Menschlein).

Abb. 9.9: *Ein somatosensorischer Homunculus: Die Größe der Körperteile entspricht der Empfindlichkeit, mit der wir sie wahrnehmen.*

Autogenes Training (AT)

Physiologische Grundlagen

Aufgabe

Der so genannte **Pendelversuch** veranschaulicht das Prinzip, auf dem alle Übungen des Autogenen Trainings beruhen. Nimm einen leichten Gegenstand (etwa eine Beilagscheibe oder eine Büroklammer) und befestige ihn an einem Faden. Halte den Faden über das Fadenkreuz wie in Abb. 9.10 dargestellt. Der Gegenstand sollte sich in der Mitte befinden. Stell dir nun vor, das Pendel schwingt entlang der senkrechten oder waagrechten Linie bzw. dreht sich im oder gegen den Uhrzeigersinn. Tu nichts dazu, sondern beobachte nur. Was passiert?

Abb. 9.10: *Der Pendelversuch: Der Ellbogen sollte am Tisch aufliegen und der Gegenstand knapp über der Tischplatte baumeln.*

Der **Pendelversuch** ist ein sehr beeindruckendes und anschauliches Beispiel dafür, dass durch **bloße Vorstellungen körperliche Reaktionen ausgelöst werden**, die uns normalerweise nicht bewusst sind. Durch die intensive Vorstellung kommt es nämlich in diesem Fall zu kaum wahrnehmbaren, unbewussten Fingerbewegungen, die das Pendel in die entsprechende Richtung schwingen lassen. Diesen Effekt nennt man den **Carpenter-Effekt** (*Know-how Ideomotorischer Effekt*). Weil die Fingerbewegungen sehr klein sind, muss der Gegenstand leicht sein.

KNOW-HOW Ideomotorischer Effekt

Ideomotorischer Effekt

Der **Carpenter-Effekt** oder **ideomotorische Effekt** bezeichnet das Phänomen, dass durch Beobachtung oder sogar nur durch das Denken an eine bestimmte Bewegung Muskelaktivitäten ausgelöst werden. Diese sind zwar geringer als bei der tatsächlichen Bewegungsausführung, können aber trotzdem sehr gut nachgewiesen werden (Abb. 9.11).

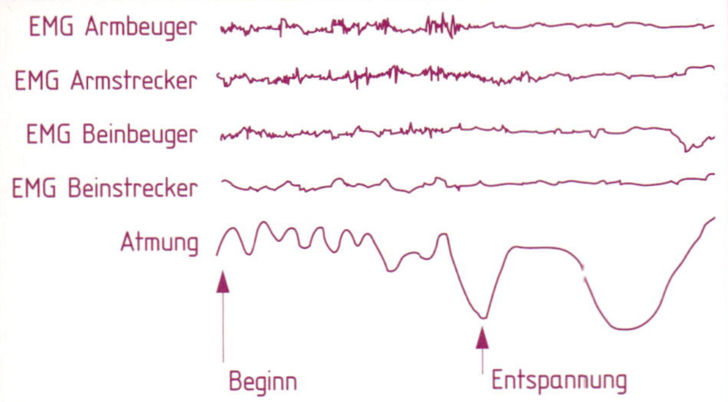

Abb. 9.11: *Hier stellt sich ein trainierter Skifahrer vor, dass er Kurzschwünge ausführt. Die Veränderungen der elektrischen Aktivitäten der Muskeln wurden dabei mit einem so genannten* ***Elektromyogramm*** *(EMG) aufgezeichnet.*

Der Effekt der unbewussten Muskelaktivitäten ist nach dem englischen Naturwissenschaftler **William Benjamin Carpenter** benannt, der diesen bereits **1852** beschrieb!

Das AT geht aber noch weiter. Durch Vorstellung können wir nämlich nicht nur kleine Muskelkontraktionen hervorrufen, sondern auch eine Vielzahl von Körperfunktionen beeinflussen und sogar Veränderungen im seelischen Bereich herbeiführen. Es kann durch das AT nämlich nicht nur das willkürliche, **motorische Nervensystem** beeinflusst werden, das deine Muskeln steuert, sondern auch das unwillkürliche, das so genannte **vegetative Nervensystem**.

	Sympathikus	Parasympathikus
allgemein	Aktivierung	Regeneration
Herzfrequenz	Steigerung ↑	Senkung ↓
Muskeltonus	Steigerung ↑	Senkung ↓
Blutgefäße	Verengung	---
Blutdruck	Steigerung ↑	Senkung ↓
Kerntemperatur	Steigerung ↑	Senkung ↓
Hauttemperatur	Senkung ↓	Steigerung ↑
Schweißdrüsen	Sekretion	---
Pupillen	Erweiterung	Verengung
Bronchien	Erweiterung	Verengung
Adrenalin	Ausschüttung	---
Glykogen	Mobilisierung von Blutzucker	Speicherung von Glykogen

Tab. 9.1: *Beispiele für die Wirkungsweise des Vegetativen Nervensystems.*
Der Blutzucker-Spiegel wird u. a. mittels Glykogenauf- und Glykogenabbau durch verschiedene Hormone reguliert: Adrenalin und Glucagon regen den Glykogenabbau an, Insulin fördert den Glykogenaufbau. Die Vorgänge im Muskel sind in etwa analog.

Dieses besteht aus einem leistungsaktivierenden Strang, dem **Sympathikus**, und einem dämpfenden Strang, dem Parasympathikus (Tab. 9.1). Der Sympathikus wird auch als „Leistungsnerv" bezeichnet, der **Parasympathikus** als „Erholungsnerv". Beide Nervensysteme steuern die Organfunktionen, etwa erweitern oder verengen die Blutgefäße (siehe Wärmeübung, S. 72) oder senken den Muskeltonus (siehe Schwereübung, S. 71).

Entwicklung und Durchführung des AT

Methoden der Entspannung und Selbstbeeinflussung sind schon lange bekannt, etwa die indische **Yogalehre** oder die japanischen **Zen-Meditation**. Allerdings sind diese Methoden kaum von der Weltanschauung der jeweiligen Lehre zu trennen oder sie verlieren dadurch an Wirkung.
Der Berliner Psychiater **Johannes Heinrich Schultz** entwickelte in den 1920ern mit dem Autogenen Training eine Technik, die **unabhängig vom kulturellen Umfeld** anwendbar ist. Schultz arbeitete lange Zeit in einem Berliner Hypnose-Ambulatorium. Auf diesen Erfahrungen aufbauend entwickelte er nach wissenschaftlichen Prinzipien seine **Selbsthilfemethode**, die er 1932 in seinem Buch „Das autogene Training" veröffentlichte.
Im Gegensatz zur Hypnose handelt es sich beim AT nicht um eine Fremd-, sondern um eine **Selbstentspannung**, die durch **Autosuggestion** („Selbstbeeinflussung") zu einem gesenkten Bewusstseinszustand mit optimaler Muskelentspannung führt. Daher leitet sich auch der Name ab. Autogenes Training könnte man am ehesten mit **„aus dem Selbst entstehendes Üben"** (griech. autos = selbst; griech. genos = entstehen) übersetzen.

Grundlage für das AT war die Entdeckung von Schultz, dass die meisten Menschen in der Lage sind, einen **Zustand tiefer Entspannung** nur mit Hilfe ihrer **Vorstellungskraft** zu erreichen. So lässt sich beispielsweise bei Personen, die sich intensiv Wärme in ihren Armen vorstellen, tatsächlich eine Zunahme der Oberflächentemperatur messen, die durch eine verbesserte Hautdurchblutung hervorgerufen wird (siehe auch Abb. 9.13). Die ursprünglichen Methoden wurden im Laufe des 20. Jahrhunderts aufgrund neuer Erkenntnisse erweitert. Die **Wirksamkeit des Autogenen Trainings** konnte in vielen Studien nachgewiesen werden.

Um durch AT den Prozess der Entspannung zu ermöglichen, sollte sich der Übende von Leistungsvorstellungen befreien und durch konzentrative Selbstentspannung Abstand zur Umwelt gewinnen. Das Erlernen des AT sollte daher **zu einem Zeitpunkt innerer Ruhe und psychischer Konfliktfreiheit erfolgen**. Salopp gesagt setzt diese Entspannungsmethode voraus, dass man bereits ein bisschen entspannt ist. Das ist eines der Unterscheidungsmerkmale zur TME. Diese kann auch zu Zeitpunkten psychischer Belastung erlernt und durchgeführt werden.

KNOW-HOW IGehirnwellen

Gehirnwellen

Schon 1924 wurden winzige **oszillierende Spannungen** entdeckt, die das menschliche Gehirn produziert. Zur Messung dieser Spannungen werden an der Kopfhaut Elektroden befestigt (siehe Abb. 9.12). Das Messergebnis ist eine **Elektroenzephalographie** (oder kurz EEG) – eine Aufzeichnung der elektrischen Ströme im Gehirn. Diese Methode ist ähnlich wie die EMG (siehe Abb. 9.11), bei der die elektrische Aktivität der Muskeln gemessen wird.

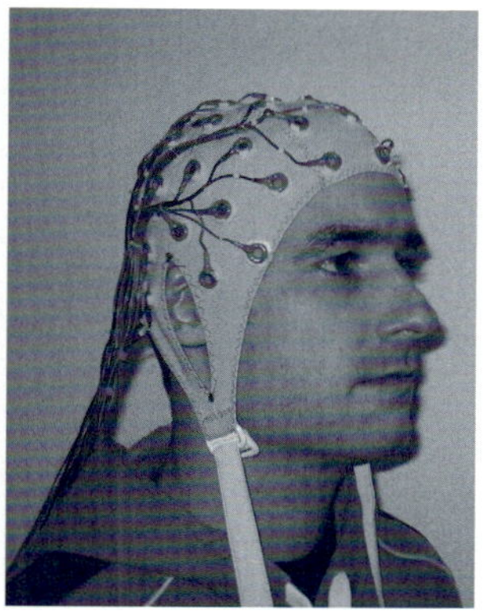

Abb. 9.12: *Kappe mit Elektroden, die die Spannungsunterschiede an der Kopfhaut messen*

Die Entdeckung der Hirnströme veranlasste die Forscher jene Bewusstseinszustände zu untersuchen, die mit den verschiedenen Arten von Gehirnwellen verbunden sind. Man unterscheidet heute im Wesentlichen vier verschiedene Arten von Gehirnwellen (siehe Tab. 9.2). **Beta-Wellen** treten hauptsächlich im wachen Zustand auf, **Alpha-Wellen** im Zustand der Entspannung, etwa beim Autogenen Training. Öffnet ein Mensch, dessen Gehirnwellen im Alpha-Rhythmus schwingen, seine Augen, so ändert sich meist die Frequenz und wird vom Beta-Rhythmus abgelöst. Deshalb sollte man die Augen beim AT und auch bei der TME schließen. **Theta-Wellen** treten beim Übergang vom Wach- in den Schlafzustand auf, **Delta-Wellen** nur während des Tiefschlafes.

Wellenbezeichnung	Wellenform	Frequenz [1/sec]	Amplitude [µV]
Beta-Wellen	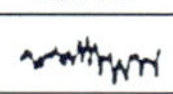	14-30	5-50
Alpha-Wellen	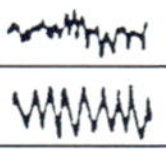	8-13	20-120
Theta-Wellen	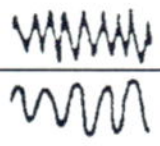	4-7	20-100
Delta-Wellen	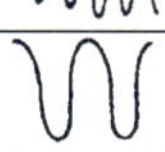	0,5-3	5-250

Tab. 9.2: *Die verschiedenen Wellen im EEG bedeuten unterschiedliche Rhythmen in den Frequenzen.*

Ohne regelmäßiges Üben kann das autogene Training kaum richtig erlernt werden. Während der Einlernphase sollte man laut Literatur sogar bis zu dreimal täglich üben, jedoch nie länger als ein bis zwei Minuten. Später können die Übungen auf fünfzehn Minuten oder länger ausgedehnt werden. Wenn es möglich ist, sollte man die Übungen immer zur gleichen Tageszeit machen, damit das Training im Laufe der Zeit zu einer Art **fixem Ritual** wird.

Für das Üben eignet sich am besten ein **ruhiger, etwas abgedunkelter Raum**. Die Wahrscheinlichkeit, dass irgendetwas die Übungen stört oder unterbricht, sollte so gering wie möglich sein. Die Angst vor einer Störung könnte sich negativ auf die Entspannung auswirken. Die Kleidung sollte angenehm und locker sein. Vor allem muss es möglich sein, die entspannende **Bauchatmung** (Abb. 9.14) durchzuführen. Einengende Gürtel müssen daher gelöst werden. Als Körperhaltungen eignen sich alle Positionen, die bei der TME angeführt sind (*Know-how Entspannungsposition*, S. 66f.).

Gelingt das AT, kommt es zu einer Umstellung der Gehirnwellen, die mit Hilfe eines Elektroenzephalographen gemessen werden können (*Know-how Gehirnwellen*). In einer tiefen Entspannung befindet man sich dann im so genannten **Alpha-Wellen-Zustand**.

Das AT spielt im **Sport** vor allem in der Erholung und Wiederherstellung der physischen und psychischen Leistungsfähigkeit eine Rolle, vor allem wenn sich der/die Sportler/in in Wettkampf oder Training extremen Belastungssituationen ausgesetzt hat. Durch das AT kann sich der Körper schneller regenerieren und der/die Athlet/in erreicht früher seine/ihre volle Leistungsfähigkeit (siehe auch Abb. 5.6, S. 34).

Die Grundübungen des AT

Aufgabe 8

Führe die folgenden Übungen alleine oder unter Anleitung durch. Wenn du die Übungen alleine machst, dann denkst du dir die Formeln nur, sprichst sie aber nicht aus. Wenn die Übungen unter Leitung des/der Lehrers/Lehrerin in der Klasse gemacht werden, dann spricht diese/r die Formeln für alle. Um die Wirksamkeit zu erhöhen, kann das AT mit einigen oder allen Übungen aus der TME eingeleitet werden.

Der Einstieg in das AT erfolgt über die autosuggestive Formel **„Ich bin ganz ruhig"**. Im Anschluss an diese Formel durchläuft man **6 Grundübungen**.

1) Schwere-Übung

Formel: „Arme und Beine sind ganz schwer".

Bei Anfänger/innen wird bei dieser Übung der geübtere Arm bevorzugt, da er im somatosensorischen Cortex (siehe Abb. 9.8) umfangreicher repräsentiert ist und die davon ausgehende Ausstrahlung auf andere Rindengebiete stärker ist. Das Gefühl der Schwere lässt sich durch eine **Abnahme des Muskeltonus** erklären.

2) Wärme-Übung

Formel: „Arme und Beine sind ganz warm".

Der **Blutgefäßtonus** wird herabgesetzt, und es kommt dadurch zu einer Weitstellung der Gefäße und einer **Erhöhung der Hauttemperatur**, die schon durch die Schwereübung eingeleitet wird (siehe Abb. 9.13). Parallel dazu kommt es zu einer Abnahme von Herzfrequenz und Blutdruck.

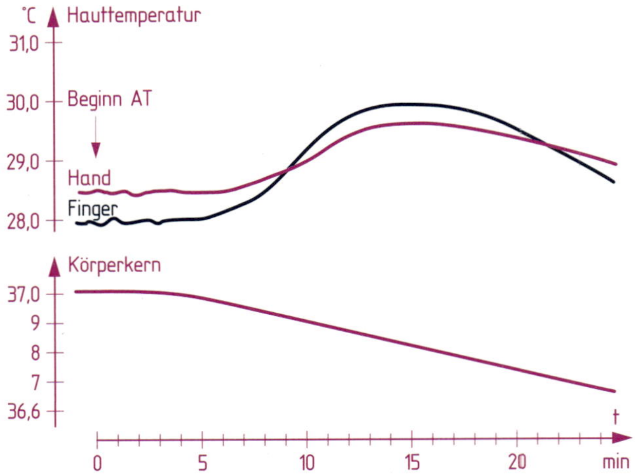

Abb. 9.13: *Veränderung der Haut- und Körperkerntemperatur bei Schwere- und Wärmeübung: Du siehst, dass dabei keine Wärme entsteht, sondern nur umverteilt wird.*

3) Herz-Puls-Übung

Formel: „Das Herz schlägt ganz ruhig und kräftig".

Durch diese Übung wird die schon in der Wärme-Übung eingeleitete Herzberuhigung fortgeführt und vertieft. Eine Herzfrequenzabnahme ist in der Regel mit einer Aktivierung des **Parasympathikus** verbunden (siehe Tab. 9.1).

4) Atem-Übung

Formel: „Der Atem ist ruhig und regelmäßig" oder „Es atmet mich".

Die Atem-Übung führt durch eine **Verlängerung des Ausatmens** zu einer weiteren Entspannung. Es sollte versucht werden, nicht mit der Brust, sondern mit dem Zwerchfell zu atmen. Man spricht dann von der **Zwerchfell- oder Bauchatmung** (Abb. 9. 14). Diese Form der Atmung wird unbewusst eingesetzt, wenn der Körper entspannt ist, beispielsweise beim Sitzen oder Schlafen und bewusst von guten Sänger/innen zur Atemstütze. Es ist die gesündeste Form der Atmung. Es wird weniger Energie umgesetz und der Blutdruck wird gesenkt.

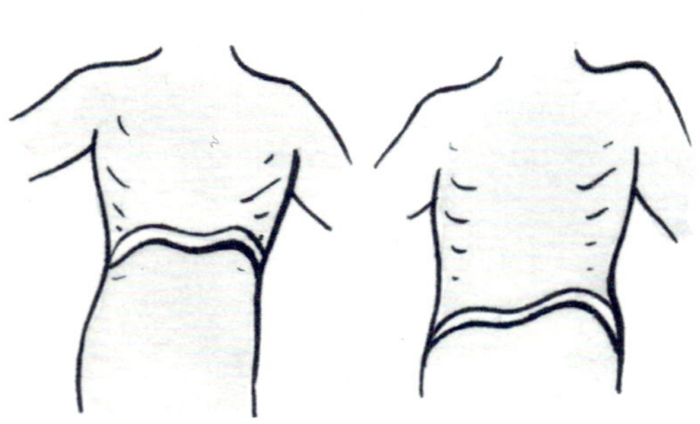

Abb. 9.14: *Bei Stress verwendet man automatisch die Brustatmung. Dabei heben und senken sich die Rippen. Bei der Bauchatmung erfolgt das Ein- und Ausatmen durch das Senken und Heben des Zwerchfells. Diese etwa 3 mm dicke Muskelplatte trennt Brust- und Bauchhöhle voneinander.*

5) Bauchorgan-Übung

Formel: „Das Sonnengeflecht ist strömend warm".

Das **Sonnengeflecht** (Plexus solaris) ist ein dichtes Geflecht von sympathischen und parasympathischen Nervenfasern (Abb. 9.15). Durch die Konzentration auf dieses Gebiet kommt es zu einer Mehrdurchblutung der Bauchorgane und so zu einem wohligen Wärmegefühl im Bauch.

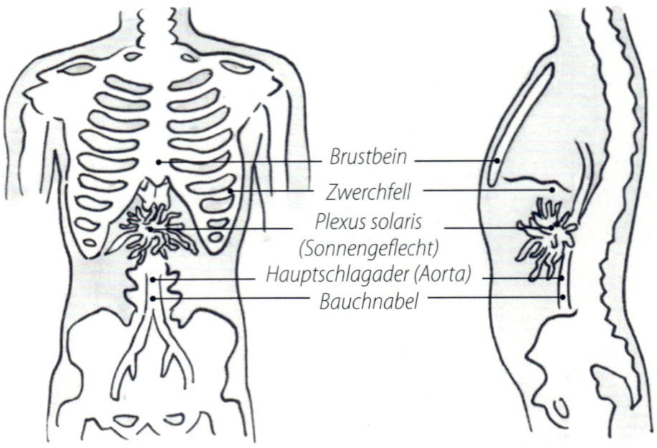

Abb. 9.15: *Darstellung und Lage des Sonnengeflechts*

6) Kopf-Übung

Formel: „Die Stirn ist angenehm kühl".

Es kommt zu einer **Gefäßverengung im Kopf**. Diese Übung soll helfen, einen „kühlen Kopf" zu bewahren, indem die Durchblutung des Kopfes gedrosselt wird. Wenn bei dieser Übung Kopfschmerzen auftreten, sollte man die Übung auslassen oder durch eine andere Formel ersetzen, etwa „der Kopf ist angenehm leicht und frei".

Am Ende dieser Grundübungen erfolgt, wie auch nach der TME, eine **„Rücknahme"**. Diese ermöglicht die Umschaltung aus dem entspannten Zustand in den normalen Wachzustand. Durch Beugen und Strecken der Arme und durch tiefes Atmen wird der Organismus wieder aktiviert und der Muskeltonus erhöht.

Diese Grundübungen haben hauptsächlich eine Muskelrelaxation und eine damit verbundene Entspannung zum Ziel. In ihrer Folge kommt es zur schon oben erwähnten beschleunigten Wiederherstellung. **Das Ziel des AT ist aber nicht nur die Beruhigung, sondern auch das Vermögen, zwischen bewusster Anspannung und Entspannung umschalten zu können.**

Wird das AT beherrscht, so kommt es in kürzerer Zeit zur Beseitigung oder Verringerung der Ermüdung und zum Abbau emotionaler Spannungen. Untersuchungen haben gezeigt, dass eine fünfminütige Erholung durch AT einen größeren Einfluss auf die Wiederherstellung der psychischen Funktionen hat als eine einstündige Erholung ohne AT.

Die Oberstufe des AT

Beherrscht man die Grundübungen gut, so kann man ihre Dauer verringern und anschließend versuchen, mithilfe von **Vorsatzformeln** das Unbewusste zu beeinflussen. Das ist einer der Vorteile gegenüber der TME, bei der solche Formeln fehlen.
Diese Formeln sollen kurz, klangvoll, positiv und einprägsam formuliert und auf die Anliegen und Probleme individuell abgestimmt sein. Sie werden im Anschluss an die Grundformeln einige Male im Geiste vorgesagt. Man sollte nie mehrere neue Vorsätze gleichzeitig ins Training aufnehmen und nie mehr als drei bis vier Vorsatzformeln verwenden.

Ein Beispiel gegen Verspannungen im Schulter- und Nackenbereich wäre die Formel **„Schultern und Nacken sind angenehm warm und weich"**. Ein Beispiel für eine Ruheformel wäre **„Ich bewahre überall Ruhe und Gelassenheit"** oder **„Vor dem Wettkampf bin ich immer ruhig und gelassen".**

9

Frage
Was bedeutet Superkompensation? Welcher Zusammenhang besteht zwischen Superkompensation und Entspannungstraining?

10

Frage
Was bedeutet progressive Muskelrelaxation? Was versteht man unter Psychosomatik? Was ist Anspannungs-/Entspannungsdehnen? Welche anderen Bezeichnungen hat diese Methode noch? Welche Entspannungspositionen gibt es? Was bezeichnet man als mentales Training?

11

Frage
Welche Einzelübungen gibt es in der TME und im AT? Was ist der Vorteil der TME gegenüber dem AT und umgekehrt? Welche allgemeinen Dinge in Bezug auf die Durchführung müssen bei diesen beiden Techniken beachtet werden? Was versteht man unter somatosensorischem Cortex und Homunculus? Was ist der haptische Sinn? Was bedeutet ideomotorischer Effekt? Was ist das vegetative Nervensystem? Was ist ein EEG und wofür kann man es verwenden?

12

Frage/Aufgabe
Was versteht man unter Golgi-Sehnenorganen? Es gibt auch einen motorischen Homunculus. Inwieweit unterscheidet sich dieser vom somatosensorischen Homunculus? Welchen Zusammenhang gibt es zwischen dem Carpenter-Effekt und „esoterischen Phänomenen"? Besorge dir dazu Informationen aus dem Internet.

Literatur

CARPENTER, W.B.: "On the Influence of Suggestion in Modifying and directing Muscular Movement, independently of Volition", Royal Institution of Great Britain, 1852, (12 March 1852), S. 147-153.
KRIECHBAUM Karl: Autogenes Training. Eigenverlag, 1994
OHM Dietmar: Progressive Relaxation.Trias, Stuttgart 2007
ROCHE Lexikon Medizin. Urban & Fischer, München 5. Aufl. 2009
SCHULTZ Johannes Heinrich: Das Autogene Training. Thieme, Stuttgart 20. Aufl. 2003
WEINECK Jürgen: Optimales Training. Spitta, Balingen 15. Aufl. 2007

10 Hochsprung

1

Frage
Was versteht man unter Biomechanik? Was versteht man unter Ist- und Sollwert? Was versteht man unter einer sportlichen Technik? Lies nach in Kap. 3.

In Kapitel 3 hast du einige Grundlagen zu Biomechanik und Bewegungslehre kennengelernt, unter anderem auch für den Hochsprung. In diesem Kapitel werden die Kenntnisse vertieft.

Hochsprung ist eine sehr alte sportliche Disziplin. In England gab es bereits ab Mitte des 19. Jahrhunderts Hochsprung-Wettkämpfe. Bei Olympischen Spielen steht der Hochsprung für Männer schon seit den ersten modernen Spielen **1896 in Athen** im Programm, für Frauen seit **1928 in Amsterdam**, wo die ersten Spiele mit Frauenbeteiligung stattfanden (Abb. 10.1).

Abb. 10.1: *Die Goldmedaillengewinnerin von 1928 Ethel Catherwood: Sie sprang mit dem damals üblichen **Schersprung** und gewann mit einer Höhe von 1,59 m.*

Die Rolle des KSP beim Hochsprung

2

Frage
Alle Hochspringer/innen verwenden heutzutage den so genannten Flop. Dabei überquert man die Latte rücklings (Abb. 10.2 links). Niemand springt mehr mit dem Wälzer (rechts). Warum?

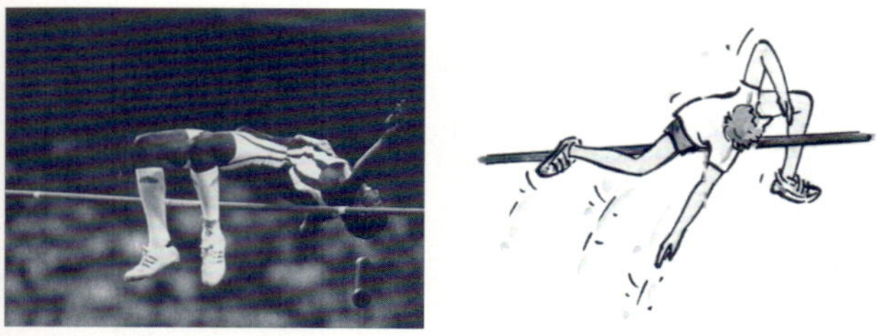

Abb. 10.2: *links der Kubaner Javier Sotomayor, der Weltrekordhalter im Hochsprung mit sagenhaften 2,45 m (Stand 2008) in der Flop-Technik; rechts die veraltete Wälzer-Technik, auch Straddle-Technik genannt*

3

Frage
Nimm an, ein/e Hochspringer/in schafft auf der Erde 2 m. Am Mond beträgt die Anziehungskraft nur 1/6. Wie hoch könnte er am Mond springen? (Anm.: Wir setzen vereinfacht voraus, dass die Absprunggeschwindigkeit gleich groß ist wie auf der Erde).

4

Frage
Was versteht man unter dem KSP? Welche Eigenschaften besitzt er? Wie kann man den KSP bei einem Menschen bestimmen? Lies nach in Kap. 8, S. 55. Muss sich der KSP immer innerhalb eines Körpers befinden?

5

Frage
Versuche, den KSP in den vier Fällen in der Abbildung unten einzuzeichnen.

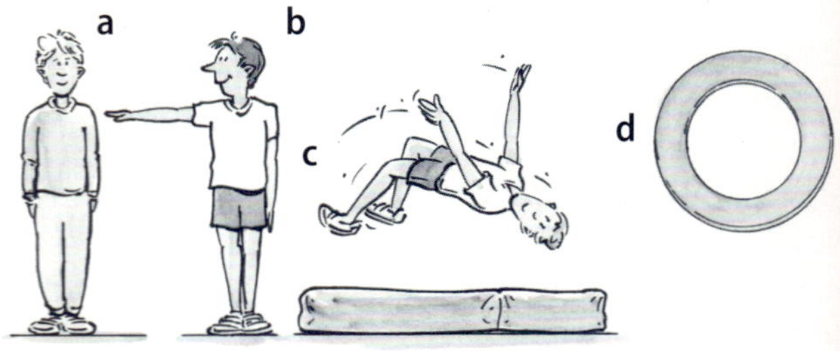

Abb. 10.3

Wie hoch kann ein/e Hochspringer/in mit einer Leistung von 2 m am Mond springen? Weil dort die Anziehungskraft 1/6 beträgt, würde man wahrscheinlich spontan auf 12 m tippen. Das ist aber nicht so. **Es besteht nämlich ein großer Unterschied zwischen der KPS-Hebung und der Latten-Höhe** (Abb. 10.4). Nehmen wir momentan vereinfacht für unser Beispiel an, dass der KSP in 1 m Höhe liegt (a). Um auf 2 m zu kommen, muss daher der KSP nur mehr um 1 m gehoben werden (b). Und nur diese KSP-Höhe würde sich am Mond versechsfachen. Die Sprunghöhe wäre daher 7 m.

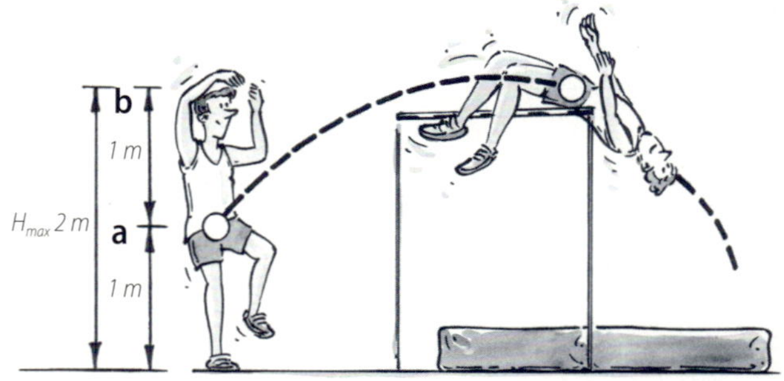

Abb. 10.4: *Die KSP-Hebung ist immer wesentlich geringer als die Sprunghöhe.*

Neben der KSP-Höhe beim Absprung und der KSP-Hebung gibt es aber noch eine **dritte Teilhöhe**. In Abb. 10.4 ist ja vereinfacht angenommen, dass der KSP genau durch die Latte geht. Das ist in Allgemeinen aber nicht der Fall. Daher muss man die **Position des KSP relativ zur Latte** während der Überquerung ebenfalls miteinbeziehen.
Der Körperschwerpunkt (KSP) befindet sich bei einem Menschen in etwa auf Nabelhöhe (siehe Abb. 10.5a). Das gilt aber nur für eine normale Stehposition, denn die Lage des KSP hängt von der Position der einzelnen Körperteile ab. Streckst du den **rechten Arm** seitlich weg, so **ver-**

schiebt sich der KSP etwas nach oben und rechts (b). Wenn du beide Arme seitlich weghältst, dann liegt der KSP noch höher, aber wieder in der Mitte.

Der Körperschwerpunkt ist ein gedachter, virtueller Punkt. Er verhält sich zwar so, als ob die gesamte Masse in ihm vereinigt wäre, aber man kann ihn nicht angreifen und er ist auch nicht zwangsläufig an den Körper gebunden. Daher ist es auch möglich, **dass der KSP außerhalb eines Körpers liegt**. Bei einem Ring (Abb. 10.5d) ist das recht offensichtlich, aber auch bei einem Hochspringer, der gerade die Latte überquert (c), kann sich bei guter Technik der KSP außerhalb des Körpers befinden.

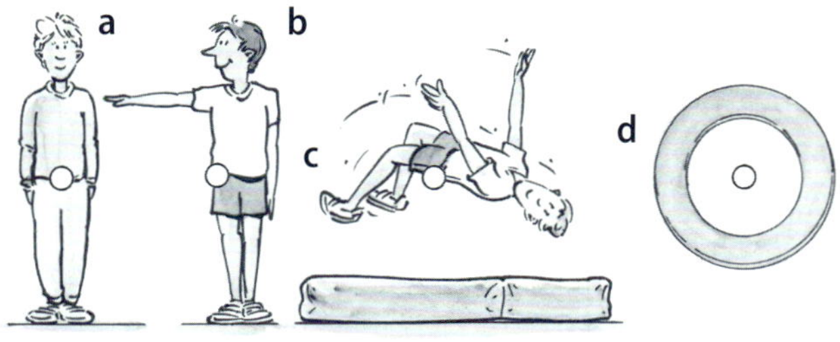

Abb. 10.5: *Positionen des KSP*

Der KSP kann daher bei guter Technik daher sogar unter der Latte durchgehen. Das ist beim Wälzer nicht möglich und somit auch der Grund, warum heutzutage niemand mehr mit der Wälzer-Technik springt.

Teilhöhen und Gesamthöhe

Es gibt also drei Teilhöhen, die man im Hochsprung berücksichtigen muss und die sich alle auf den KSP beziehen. Sehen wir uns diese Teilhöhen genauer an.

1) Die KSP-Höhe zum Zeitpunkt des Absprungs (Abflughöhe oder H_1)

6 **Frage**
Welches besondere körperliche Merkmal sollten Hochspringer/innen aufweisen?

7 **Frage**
Wie weit würde sich dein KSP verschieben, solltest du 10 cm wachsen?

Diese Höhe hängt zunächst vom **Körperbau des/der Athleten/Athletin** ab, und zwar einerseits von seiner/ihrer Größe und andererseits von seinen/ihren Proportionen, also zum Beispiel ob er/sie eher lange oder kurze Beine hat (siehe auch Tab. 10.1). Es ist klar, dass größere Athleten/Athletinnen auch eine bessere Ausgangsposition haben.

Exakt kann der KSP eines Menschen nur sehr aufwändig bestimmt werden (siehe Abb. 8.5, S. 56). Für unsere Fälle reicht es, wenn wir vereinfacht annehmen, dass dieser bei rund 60 % der Körpergröße liegt (*siehe Know-how KSP-Höhe*).

KNOW-HOW

KSP-Höhe

Natürlich haben es **größere Hochspringer/innen** leichter, weil ihr **KSP bereits höher liegt**. Oft wird als Maßstab die Körpergröße hergenommen, fairer wäre aber wohl die KSP-Höhe. **Der KSP liegt bei etwa 60 % der Körpergröße.** 10 cm mehr an Körpergröße bringen daher nur 6 cm mehr an KSP-Höhe (siehe Tab. 10.1) und somit auch nur 6 cm mehr an Höhenvorteil.

Gemessen an der Körpergröße haben Stefan Holm und Franklin Jacobs „Weltrekord" (Stand 2008), weil sie diese **um jeweils 59 cm** übersprungen haben (vierte Spalte)! Gemessen an seiner KSP-Höhe ist aber Stefan Holm alleiniger „Rekordhalter", weil er diese 1,31 m übersprungen hat (letzte Spalte). Das ist noch um 2 cm besser als bei Sotomayor.

Athlet	a Höhe	b Größe	Diff. a – b	c KSP-Höhe	Diff. a – c
Javier Sotomayor	2,45 m	1,93 m	0,52 m	1,16 m	1,29 m
Patrik Sjöberg	2,42 m	2,00 m	0,42 m	1,2 m	1,22 m
Igor Paklin	2,41 m	1,93 m	0,48 m	1,16 m	1,25 m
Stefan Holm	2,40 m	1,81 m	0,59 m	1,09 m	1,31 m
Franklin Jacobs	2,32 m	1,73 cm	0,59 m	1,04 m	1,28 m

Tab. 10.1: *Vergleich von Körpergröße und Sprunghöhe einiger der besten Springer in der ewigen Bestenliste und einem der kleinsten Weltklassespringer: Für die KSP-Höhe wurden 60 % der Körpergröße angenommen.*

Die KSP-Höhe zum Zeitpunkt des Absprungs hängt zwar stark von der Körpergröße ab, aber ebenfalls von der **Körperposition**. Befinden sich beide Arme in der Höhe oder nur einer, ist das Sprungbein völlig bis zur Zehenspitze gestreckt oder nicht? Dadurch kann es zwischen KSP-Höhe im Stand und KSP-Höhe zum Zeitpunkt des Absprungs zu Unterschieden von einigen Dezimetern kommen (vergleich etwa die KSP-Höhen von Paklin und Sjöberg in Tab. 10.1 mit der KSP-Höhe beim Absprung in Tab. 10.2).

2) Die KSP-Hebung (H_2)

Frage 8
Was versteht man unter dem Jump-and-reach-Test? Was misst dieser Test? Lies nach auf S. 26, Kap. 4.

Frage 9
Zwei gleich große Hochspringer haben eine Bestleistung von 2 m. Besitzen sie daher die gleiche Sprungkraft?

Die zweite Teilhöhe ist die **KSP-Hebung**, die durch die Sprungkraft bestimmt wird. Im Extremfall kann sie bei etwa 1,2 m liegen. Wie gut die Schnellkraft ist und wie sie sich im Laufe des Trainings verbessert, kann mit Hilfe eines **Jump-**

and-reach-Tests (siehe S. 26) ermittelt werden. Die dabei erreichten Höhen sind aber **kleiner als die KSP-Hebung** im Wettkampf. Das überrascht, weil ja sogar nur einbeinig gesprungen wird. Allerdings kommt es durch den Anlauf und das Abbremsen beim Absprung zu einer **starken Vordehnung** der Oberschenkel-Muskulatur. Man spricht von einer **exzentrischen Belastung**. Diese führt letztlich zu einer wesentlich besseren Sprungleistung, als wenn nur eine Ausholbewegung gemacht wird.

Hochspringer/innen müssen groß sein, sollten aber auch möglichst leicht sein. Wenn man annimmt, dass sich die Sprungkraft durch die Masse nicht ändert, kann man abschätzen, dass **eine Zunahme um 1 kg einen Höhenverlust von rund 2,5 cm bedeutet**.

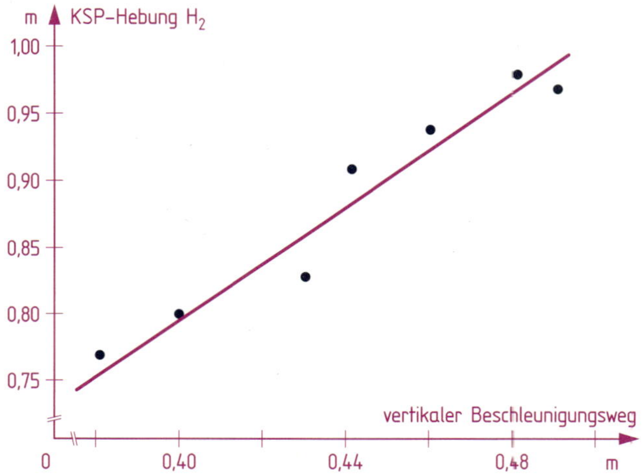

Abb. 10.6: *Je größer der vertikale Beschleunigungsweg, desto größer die KSP-Hebung: Die Werte stammen von Dwight Stones, der eine Bestleitung von 2,32 m hatte.*

Die beiden oben erwähnten Kriterien sind körperabhängig. Es gibt aber auch ein **technikabhängiges** Kriterium für die KSP-Hebung, und zwar den **vertikalen Beschleunigungsweg**. Dieser sollte möglichst groß sein (siehe Abb. 10.6). Das wird zum Beispiel durch eine starke Innenneigung durch den Kurvenlauf (siehe Abb. 10.12) erreicht.

3) Die Lattenüberhöhung (H_3)

Die dritte Teilkomponente ist die so genannte **Lattenüberhöhung**. Damit ist die Höhe gemeint, die quasi **„verschenkt"** wird. Die Kunst des Hochspringens besteht zu einem Großteil darin, eine Technik anzuwenden, die die Lattenüberhöhung möglichst reduziert (Abb. 10.7). Du siehst, dass die Entwicklung der Techniken zu einer Verkleinerung der Lattenüberhöhung geführt hat (zur Technikentwicklung siehe auch Kap. 3).

10 Frage
Warum sollten Hochspringer/innen im Bereich Rumpf und Hüfte sehr beweglich sein?

11 Frage
In Abb. 10.7 siehst du die Entwicklung der Hochsprungtechnik und wie hoch der KSP dabei über die Latte geht. Was lässt sich über Wälzer und Flop sagen? Wie hoch hätte Ethel Catherwood (Abb. 10.1) mit einem Flop theoretisch springen können?

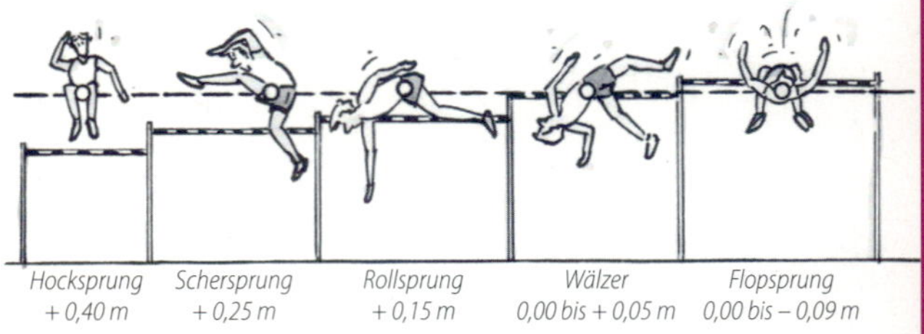

Abb. 10.7: *verschenkte Höhe bzw. gewonnene Höhe (positive und negative Lattenüberhöhung) in Abhängigkeit von der Sprungtechnik*

Von besonderem Interesse ist der **Flopsprung** oder Fosbury-Flop. Diese Technik wurde nach dem Amerikaner **Richard „Dick" Fosbury** benannt, der damit bei den **Olympischen Spielen 1968 in Mexiko City** überraschend die Goldmedaille gewann (*siehe Know-how Richard Fosbury*). Bei dieser Technik kann die Lattenüberhöhung zumindest theoretisch sogar negative Werte annehmen. Das bedeutet, dass keine Höhe verschenkt wird, sondern sogar gewonnen werden kann. Ethel Catherwood (Abb. 10.1) hätte mit einem Flop bis zu 34 cm höher springen und daher 1,93 m erreichen können.

KNOW-HOW Richard Fosbury

Richard Fosbury

Richard Fosbury kam während seines Highschoolbesuchs zur Leichtathletik. Wegen seiner Größe von 1,93 m schien er für den Hochsprung geschaffen, kam aber weder mit Schersprung noch mit Wälzer technisch klar. Ab 1967 experimentierte er mit anderen Techniken, ehe er den Flop für sich als ideal fand. Fosbury behauptet, dass der kurvenförmige Anlauf dadurch entstanden sei, dass ihm beim Training im heimischen Garten ein Baum den geraden Weg zur Latte versperrte. Sein Trainer kommentierte die seltsamen Experimente so: „So wird nichts aus dir. Besser wäre es, wenn du zum Zirkus gehst."

Abb. 10.8: *Richard Fosbury bei seinem Siegessprung (2,24 m) in Mexiko City 1968*

Fosbury ließ sich aber nicht beirren und sprang im Flop bald zehn Zentimeter höher als im Wälzer. **1968** wurde er bei den **Olympischen Spielen in Mexiko City mit 2,24 m auf Anhieb Olympiasieger** (Abb. 10.8) und verwandelte das Gelächter über den neuen Stil in bewunderndes Staunen.
Doch noch immer gab es Zweifler. Der Coach des amerikanischen Olympia-Teams warnte vor der neuen Technik: „Wenn Kinder versuchen, Fosbury zu imitieren, wird er eine ganze Generation von Hochspringern auslöschen, weil sie sich alle das Genick brechen werden." Trotzdem war der Flop nicht aufzuhalten, und für die Konkurrenz begann das große Umlernen. Bei ihrem Olympiasieg in München 1972 egalisierte Ulrike Meyfarth mit 1,92 Metern die Höchstmarke der **österreichischen Wälzer-Springerin Ilona Gusenbauer**. Ein Jahr später übersprang der Amerikaner Dwight Stones mit einem Flop die 2,30 m.

Eine **negative Lattenüberhöhung** ist deshalb möglich, **weil der KSP unter der Latte durchgehen kann** (*Know-how Hay-Technik*). Das wird durch die Kreuzhohl-Haltung ermöglicht, durch die sich der KSP außerhalb des Körpers befindet (siehe Abb. 10.9 und 10.5). Dazu ist aber eine sehr starke Überstreckung notwendig und daher auch eine große Beweglichkeit im Bereich Rumpf und Hüfte. **Der Höhengewinn im Vergleich zu einem Wälzer beträgt bis zu 14 cm.** Das ist auch der Grund, warum heutzutage alle Athleten und Athletinnen diese Technik benützen.

Abb. 10.9: *Perfekte Durchführung der Kreuzhohlhaltung beim Überqueren der Latte: Weil der KSP dann außerhalb des Körpers liegt, kann er unter der Latte durchgehen. Diese Position erfordert aber eine sehr große Beweglichkeit im Hüft- und Rumpfbereich. (JONATH el al. 1995, S. 230)*

KNOW-HOW

Hay-Technik

Der **Biomechaniker James Hay**, von dem auch die Berechnung der Lattenüberhöhung beim Flop stammt (siehe Abb. 10.7), berechnete 1973, dass bei einer Art einbeiniger Flugrolle die **Lattenüberhöhung** sogar –26 cm betragen könnte (Abb. 10.10). Einbeinig muss der Sprung deshalb sein, weil beidbeinige Absprünge nach den Leichtathletikregeln verboten sind. Diese Technik erwies sich aber in der Praxis aus koordinativen Gründen als nicht sehr praktikabel. Die größte jemals damit erreichte Höhe liegt bei 2,15 m.

Abb. 10.10: *Bei der Hay-Technik, einer Art einbeiniger Hechtrolle, könnte theoretisch die Lattenüberhöhung bei –26 cm liegen.*

Die Sprunghöhe, also die Höhe, auf der sich die Latte befindet, ergibt sich folgendermaßen:

Sprunghöhe = $H_1 + H_2 - H_3$

In Tab. 10.2 siehst du an einem konkreten Beispiel eines Wettkampfes, wie sich in der Realität diese Höhen zusammensetzen. Du siehst, dass von diesen 8 Athletinnen und Athleten nur eine einzige eine negative Lattenüberhöhung aufweist. **Kostadinova** hat in diesem Wettkampf mit **2,09 m Frauenweltrekord** aufgestellt, der bis heute gültig ist (Stand 2008). Sie hat aber 10 cm verschenkt. Der männliche Gewinner Sjöberg hat sogar 16 cm verschenkt. Negative Lattenüberhöhungen sind also zwar theoretisch möglich, aber in der Praxis schwer durchzuführen. Trotzdem bleibt der relative Vorteil des Flops gegenüber dem Wälzer bestehen (*Know-how Wälzer und Flop*).

Frauen	**Sprunghöhe $H_1 + H_2 - H_3$**	**H_1**	**H_2**	**H_3**
1. Kostadinova (BUL)	2,09 m	1,18 m	1,01 m	+0,10 m
2. Bykova (URS)	2,04 m	1,18 m	0,93 m	+0,07 m
5. Kositsina (URS)	1,96 m	1,24 m	0,70 m	–0,02 m
6. Redetzky (GER)	1,96 m	1,21 m	0,82 m	+0,07 m
Männer	**Sprunghöhe $H_1 + H_2 - H_3$**	**H_1**	**H_2**	**H_3**
1. Sjöberg (SWE)	2,38 m	1,37 m	1,17 m	+0,16 m
2. Paklin (URS)	2,38 m	1,45 m	1,08 m	+0,15 m
3. Avdeenko (URS)	2,38 m	1,43 m	1,07 m	+0,12 m
5. Saunders (USA)	2,32 m	1,28 m	1,10 m	+0,06 m

Tab. 10.2: *Teilhöhen H_1 bis H_3 und Sprunghöhe bei einigen der Finalisten/Finalistinnen der WM 1987 in Rom.*

10 Hochsprung

KNOW-HOW

Wälzer oder Flop

Wälzer und Flop

Sehen wir uns die drei Teilhöhen bei Wälzer und Flop noch einmal genauer an. Nehmen wir dabei an, dass die Lattenüberhöhung beim Wälzer +5 cm beträgt und beim Flop -5 cm (auch wenn, wie Tab. 10.2 zeigt, eine negative Lattenüberhöhung in der Praxis schwer durchzuführen ist). Man gewinnt daher durch eine Technikumstellung 10 cm (Abb. 10.11). Die beiden anderen Teilhöhen sind mit jeweils 1,2 m angenommen. **Die Flugbahn des KSP ist daher in beiden Fällen völlig gleich.** Im ersten Fall kann die Latte aber auf 2,35 m liegen, im zweiten aber auf 2,45 m!

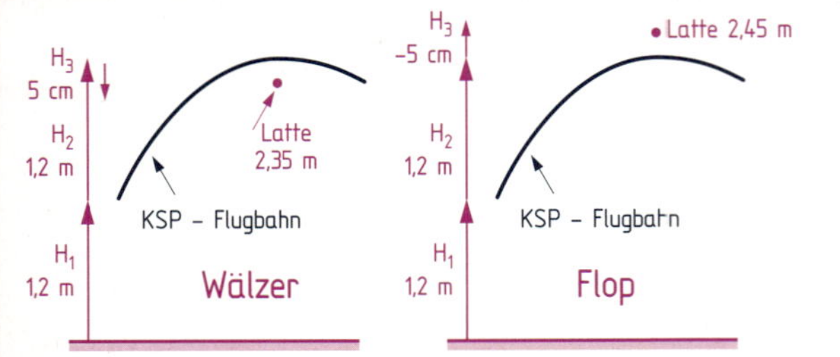

Abb. 10.11: *Die drei Teilhöhen bei Wälzer und Flop. Die Flugbahn ist in beiden Fällen identisch.*

Die Abschnitte eines Hochsprungs

Wir haben uns bis jetzt mit den Teilhöhen beschäftigt. Sehen wir uns aber den Ablauf eines Hochsprungs mit seinen einzelnen Phasen genauer an. Man unterteilt diese in Anlauf, Absprung, Flug und Landung.

Der Anlauf

12 **Frage**

Welche Kriterien des Anlaufs beim Flop lassen sich mit einer Videokamera sehr gut überprüfen? Lies nach auf S. ??, Kap. 3.

13 **Frage**

Wo sollte sich etwa die Absprungstelle im Bezug auf die Latte befinden? Was sollte man beim letzten Fußaufsatz beachten? Lies nach aus S. 20f., Kap. 3.

Der Flop wird – im Gegensatz zum Wälzer - aus einem **bogenförmigen Anlauf** gesprungen und zwar mit einer Gesamtlänge von **etwa 6–12 Schritten** (Abb. 10.12). Die ersten Schritte sind ein **Steigerungslauf**, der dem/der Spitzenspringer/in eine Geschwindigkeit von etwa 6 bis 8,5 m/s verleiht. Das ist sehr schnell. Eine Durchschnittgeschwindigkeit von 8,5 m/s entspricht einer 60 m-Zeit von etwa 7,0 s auf 60 m!

Die letzten drei Schritte dienen der **Absprungvorbereitung**. Ziel des bogenförmigen Anlaufs ist ja unter anderem das Erreichen einer Innenneigung. Dadurch wird nämlich der KSP abgesenkt, wodurch der Beschleunigungsweg für

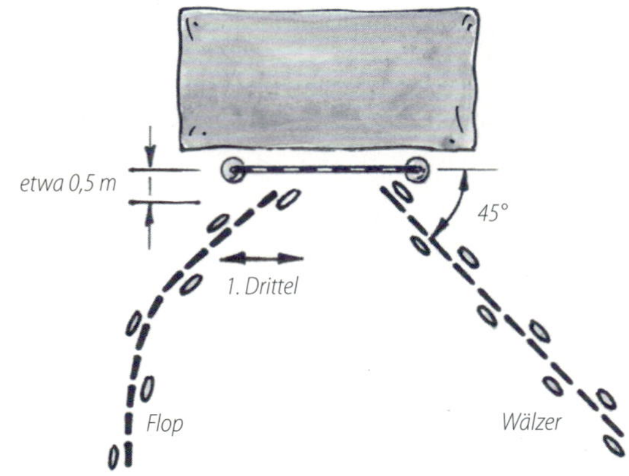

Abb. 10.12: *Der Anlauf bei Flop und Wälzer, wenn das Sprungbein das rechte ist. Der Flop ist ein Außenbeinsprung, der Wälzer ein Innenbeinsprung.*

den Absprung verlängert werden kann (Abb. 10.13). Die größere Neigung (diese liegt bei etwa 30 Grad) in Bezug zur Senkrechten weisen auf Grund des höheren Tempos Männer auf. Bei Frauen ist das Tempo geringer und dadurch auch die Neigung einige Grad weniger.

Wichtig ist, dass der letzte Fußaufsatz nie von der Latte wegzeigt (Abb. 10.12). Der Absprungwinkel wäre in diesem Falle zu flach. Außerdem ist die Position des letzten Fußkontakts wichtig. Dieser sollte im 1. Drittel der Latte liegen, damit die Flugbahn über die Mitte der Latte geht, wo diese durch das Durchhängen etwas niedriger ist. Der Normalabstand zur Latte sollte etwa 0,5 m betragen. Dieser Abstand variiert mit der Sprunghöhe, denn von ihm ist abhängig, wo der höchste Punkt der Flugparabel liegt (siehe auch Abb. 10.16).

Der **Flop** ist ein so genannter **Außenbeinsprung**. Du springst also mit dem **lattenfernen Bein** ab. Wenn du mit dem rechten Bein abspringst, musst du daher von links anlaufen. Der **Wälzer** ist ein **Innenbeinsprung**. Du würdest also mit dem **lattennahen Bein** abspringen und müsstest daher von rechts anlaufen (siehe Abb. 10.12).

Der Absprung

Frage 14

Was tippst du, wie lang die Kontaktzeit beim Absprung zum Hochsprung ist?

Frage 15

Wie groß schätzt du die Leistungen ab, die dabei nötig sind? Zum Vergleich: Beim gemütlichen Radfahren leistet man etwa 100 Watt (das wären etwa 0,14 PS).

Der Absprung hat zum Ziel, die horizontale Geschwindigkeit in eine vertikale umzusetzen, um eine möglichst hohe Abfluggeschwindigkeit bei einem optimalen Abflugwinkel zu erzeugen. Der Winkel beträgt bei Spitzenspringern etwa 55° (Abb. 10.13).

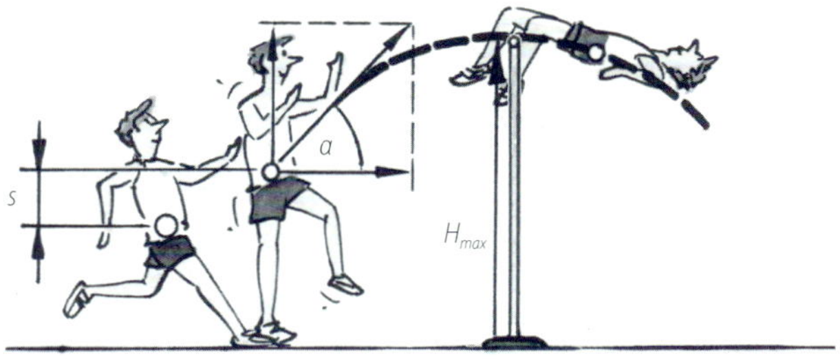

Abb. 10.13: *Durch den bogenförmigen Anlauf kommt es zu einer Innenlage und somit zu einem Absenken des KSP (s = Beschleunigungsweg, a = Absprungwinkel).*

Es können beim Absprung entweder beide Arme als Schwungarme eingesetzt werden oder nur einer und zwar der lattennähere. Beide Techniken sind auch in der Weltspitze zu finden.

Die **Kontaktzeit des Sprungbeines** beim Absprung hängt von den verschiedenen Möglichkeiten des Schwungbein- und Schwungarmeinsatzes ab. Sie liegt meistens zwischen **0,12 und 0,15 Sekunden**. Es gibt aber auch Springer/innen, bei denen die Kontaktzeit bis zu 0,2 Sekunden beträgt. Trotzdem ist die Kontaktzeit mit maximal 2/10 Sekunden sehr kurz. Dadurch ergeben sich beim Absprung **extrem hohe Leistungen** (*Know-how Hochsprungleistung und ATP*) und es entstehen **sehr hohe Kräfte**. Viele Hochspringer/innen haben daher mit Knie- oder Fußgelenksproblemen zu kämpfen (siehe Abb. 14.24, S. 112).

Das **wichtigste konditionelle Merkmal** eines/einer Hochspringers/Hochspringerin muss auf Grund der hohen aufzubringenden Leistungen die **Schnellkraft der Beine** sein (siehe auch Jump-and-Reach-Test, S. 26 Kap. 4). Deshalb sind Kraft- und Schnellkrafttraining die wichtigsten konditionellen Inhalte des Hochsprungtrainings.

Hochsprungleistung KNOW-HOW

Hochsprungleistung

Nehmen wir zur Abschätzung der Hochsprungleistung die Werte beim Weltrekord (2,45 m; Stand 2008) von **Sotomayor**. Wir nehmen an, dass die **KSP-Hebung** (H_2) bei diesem Sprung 1,2 m betrug (siehe Abb. 10.11 rechts) und die Masse (m) bei 80 kg lag.

Die Arbeit, die zum Heben der Körpermasse um 1,2 m nötig ist, lässt sich folgendermaßen berechnen (die Erdbeschleunigung g = 9,81 m/s²).

Hebearbeit = m*g*h = 80*9,81*1,2 J = 942 Joule

Diese gesamte Hebearbeit muss aber **innerhalb der kurzen Kontaktzeit** aufgebracht werden, weil danach die Flugbahn des KSP nicht mehr zu beeinflussen ist. Als Kontaktzeit nehmen wir 0,15 s an. Leistung ist Arbeit pro Zeit:

Leistung = Arbeit / Zeit = 942 J/ 0,15 s = 6280 W

Das ist eine sehr beeindruckende Leistung. Sie entspricht etwa 8,5 PS (1 PS sind 736 W). Das ist über 60-mal so groß wie die Leistung, die man beim gemütlichen Radfahren erzielt.

Aber auch bei einem Hochsprung in der Schule treten sehr hohe Leistungen auf. Bei einer KSP-Hebung von nur 30 cm und 60 kg ergeben sich immer noch fast 1200 W!

ATP KNOW-HOW

ATP

Ein Muskel kann sich nur dann zusammenziehen (man spricht vom Kontrahieren), wenn **die chemische Verbindung ATP** gespalten wird. ATP ist die Abkürzung für **Adenosintriphosphat** (Abb. 10.14). Wie der Name sagt, setzt sich das ATP aus einem Adenosin-Teil und drei ('tri') Phosphat-Teilen zusammen. Bei der Abspaltung eines Phosphatteiles wird Energie frei, die dann für die Muskelkontraktion genutzt werden kann.

Bei der Abspaltung des Phosphat-Teils entsteht aus **ATP das so genannte ADP** (Adenosindiphosphat). Man könnte daher folgende vereinfachte Reaktionsgleichung aufschreiben:

ATP -> ADP + P + Energie.

Diese Reaktion liefert für kurze Zeit, wie das etwa bei einem Absprung der Fall ist, extrem hohe Energien. Dann ist der ATP-Speicher aufgebraucht und ATP muss wieder aus ADP und P aufgebaut werden. Die dazu benötigte Energie liefern zum Beispiel die Kohlenhydrate. Dieser Aufbau braucht Zeit. Daher können solche Spitzenleistungen nur im Zeitraum von etwa ein bis zwei Zehntelsekunden erbracht werden.

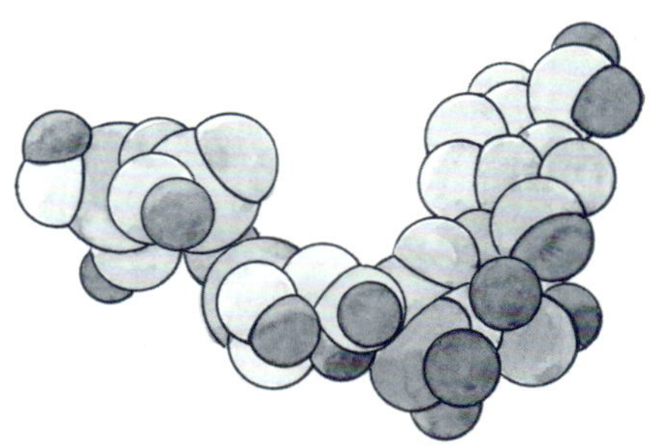

Abb. 10.14: *Das Modell eines ATP-Moleküls: Es besteht aus 47 einzelnen Atomen. Dieses Molekül ist die Grundlage des Lebens, weil es an allen energetischen Reaktionen im Körper direkt oder indirekt beteiligt ist. Deshalb nennt man es auch das „Lebensmolekül".*

Der Flug

16

Frage

Welche beiden Kriterien bei der Lattenüberquerung lassen sich mit einer Videokamera sehr gut überprüfen? Lies nach auf S. 21, Kap. 3.

Mit dem Absprung muss sich der/die Athlet/in einen Drehimpuls um seine/ihre Längsachse erteilen, **damit der Rücken** zur Latte hin gedreht werden kann. Nach dem Absprung ist die **Flugparabel** durch den Absprungwinkel α (Abb. 10.13) und die Absprunggeschwindigkeit komplett festgelegt **und kann nicht mehr verändert werden**. Die Flugbahn des KSP ist damit bis zur Landung vorgegeben.

Hochsprung

Was man aber noch beeinflussen kann, ist **die Lage des KSP relativ zum Körper**. Die von einem/einer Springer/in erreichbare Lattenüberhöhung ist daher unter anderem von dessen Beweglichkeit in Hüfte und Rumpf abhängig (siehe Abb. 10.9, S. 77). Ob diese Position gut ist oder ob Höhe verschenkt wird, kann mit einer Videokamera von der Seite sehr gut überprüft werden (Abb. 10.15).

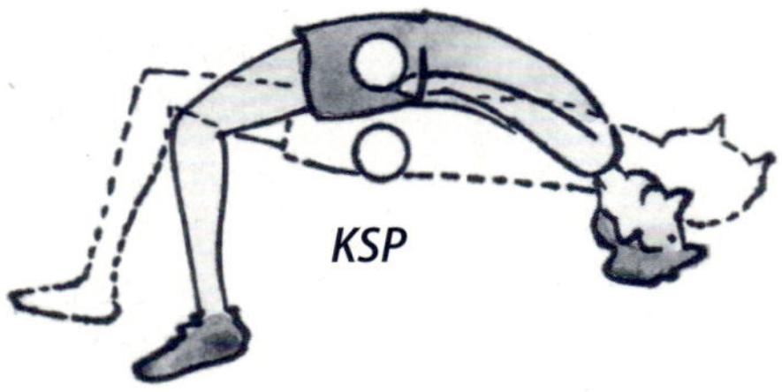

Abb. 10.15: *Durch eine gute Überstreckung können noch viele Zentimeter herausgeholt werden. Die Lage des KSP kann dadurch zwar nicht verändert werden, aber durch die Überstreckung kommt es zu keiner Berührung mit der Latte.*

Wichtig ist außerdem, dass die **höchste Stelle der Flugbahn** tatsächlich genau über der Latte liegt. Das ist natürlich vom Absprungpunkt und vom Absprungwinkel abhängig (siehe Abb. 10.16 und 10.13). Sollte sich der höchste Punkt hinter der Latte befinden, dann muss man weiter weg abspringen und umgekehrt.

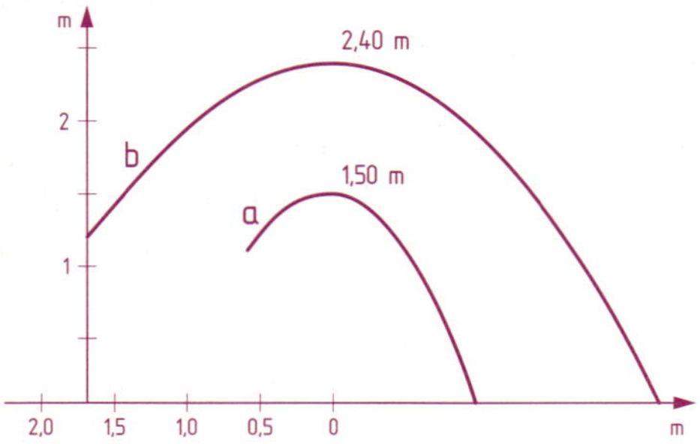

Abb. 10.16: *Maßstabsgetreue Abbildung zweier KSP-Flugbahnen bei einem Absprungwinkel von 55°: a zeigt als Beispiel eine Flugbahn, ähnlich wie sie in der Schule vorkommen kann. Der Scheitelpunkt liegt bei 1,50 m. Der Abstand zwischen dem höchsten Punkt und dem Abflugpunkt ist etwas mehr als 0,5 m. b zeigt die Verhältnisse im Bereich des Weltrekords. In diesem Fall müsste mehr als 1,5 m von der Latte entfernt abgesprungen werden.*

Die Landung

Diese ist aus biomechanischer Sicht nicht bedeutungsvoll. Wichtig ist nur, dass man den Körper ohne Verletzung zu Boden bringt.

17

Frage

Was versteht man unter dem KSP? Welche Eigenschaften besitzt er? Wie kann man den KSP bei einem Menschen bestimmen? Wo befindet sich dieser bei einem Menschen ungefähr? Wie verändert sich der KSP mit Veränderungen der Körperposition? Muss sich der KSP immer innerhalb eines Körpers befinden?

18

Frage

Aus welchen Teilhöhen setzt sich die Hochsprungleistung zusammen? Welches besondere körperliche Merkmal sollten Hochspringer/innen aufweisen? Wie weit würde sich dein KSP verschieben, würdest du 10 cm wachsen? Welcher Zusammenhang besteht zwischen KSP-Hebung und vertikalem Beschleunigungsweg? Was versteht man unter der Hay-Technik?

19

Frage

In welche Phasen kann man den Hochsprung unterteilen? Was versteht man unter Innen- und Außenbeinsprung? Wie lange sind Kontaktzeit und Leistung beim Hochsprung? Was versteht man unter ATP?

20

Aufgabe

Schätze deine persönliche Hochsprungleistung ab. Gehe dazu von deiner Körpergröße aus und nimm H_1 bei 60% davon an. Wie hoch du die Lattenüberhöhung annimmst, hängt von deiner Technik bei der Lattenüberquerung ab. Diese musst du mit einer Videokamera überprüfen (siehe Abb. 10.13). Schätze aus allen Werten die KSP-Hebung ab: H_2 = Sprunghöhe – H_1 + H_3. Als Anhaltspunkt kann auch ein Jump-and-Reach-Test helfen, bei dem die Sprungleistung wahrscheinlich etwas höher liegt. Berechne dann wie in Know-how Hochsprungleistung S. 79 mit Hilfe deiner Masse deine Leistung.

21

Aufgabe

Suche dir im Internet ein Java-Applet zum schiefen Wurf! Experimentiere mit verschiedenen Absprungwinkeln und Absprunggeschwindigkeiten (ähnlich wie in Abb. 10.16).

22

Aufgabe

Die Österreicherin Ilona Gusenbauer war ein Jahr lang Weltrekordhalterin im Hochsprung. Besorge dir Informationen über sie aus dem Internet.

Literatur

APOLIN Martin: Big Bang 5, Physik für die 5. Klasse, öbv, Wien 2008
BALLREICH Rainer / KUHLOW Angela (Hrsg.): Biomechanik der Leichtathletik. Enke, Stuttgart 1986
BÄUMLER Günter / SCHNEIDER Klaus: Sportmechanik. BLV, München 1981
JONATH Ulrich / KREMPEL Rolf / HAAG Eduard / MÜLLER Harald: Leichtathletik 2. Rowohlt, Reinbek bei Hamburg 1995
MATHELITSCH Leopold: Sport und Physik. öbv, Wien 2008
WILLIMCZIK Klaus (Hrsg.): Biomechanik der Sportarten. Rowohlt, Reinbek bei Hamburg 1989

11 Weitsprung

Weitsprung ist eine der ältesten sportlichen Disziplinen überhaupt, denn bereits vor rund 2700 Jahren wurde er bei den **antiken Olympischen Spielen** praktiziert. Er war eine Teildisziplin des Fünfkampfs (Pentathlon), und es wurde wahrscheinlich aus dem Stand gesprungen (Abb. 11.1). Bei den **modernen Olympischen Spielen** steht der Weitsprung für Männer schon seit den ersten Spielen **1896 in Athen** im Programm, für Frauen seit **1948 in London**.

Abb. 11.1: *Auf dieser alten griechischen Schale siehst du einen Weitspringer. Dieser hat zur Verbesserung der Sprungweite zwei Schwunggewichte in der Hand, die so genannten Halteren.*

Meistens wird der Weitsprung in vier Abschnitte unterteilt: **Anlauf, Absprung, Flug und Landung**. Die Hauptfunktionsphase des Weitsprungs ist der Absprung, da durch ihn die Sprungweite am stärksten beeinflusst wird. Allerdings kann in dieser Phase natürlich nur jene Geschwindigkeit umgesetzt werden, die man vorher beim Anlauf bereits erreicht hat.

Man kann den Weitsprung auch als **Körperwurf** betrachten, bei dem der Springer mit einem bestimmten Absprungwinkel entlang einer Wurfparabel bis zum Aufsprung fliegt.

Der Anlauf

Der Anlauf soll optimale Ausgangsbedingungen für den danach erfolgenden Absprung schaffen. Er lässt sich nochmals in eine 1) Beschleunigungsphase und 2) in die drei absprungvorbereitenden Schritte unterteilen. Weil Phase 2 so kurz ist, sind Anlauf und Beschleunigungsphase von der Länge praktisch gleichzusetzen.

1) **Beschleunigungsphase:** In dieser versucht man, eine **möglichst große horizontale Geschwindigkeit** zu erreichen. Der Anlauf muss daher so lang sein, dass man seine maximale Geschwindigkeit erreichen oder zumindest fast erreichen kann. Abb. 11.2 zeigt, dass die Länge der Beschleunigungsphase sehr von der Sprintleistung abhängig ist. Die durchgezogene Linie markiert **das Erreichen der maximalen Geschwindigkeit**.

   Du siehst, dass die Maximalgeschwindigkeit in diesem Beispiel je nach Sprintfähigkeit nach etwa 25 bis 60 m erreicht wird. Wie lange also der Anlauf beim Weitsprung sein sollte, hängt von der Sprintfähigkeit ab.

Frage 1

Beim Anlauf zum Weitsprung ergibt sich eine generelle Schwierigkeit, die mit der Konstanz der Schrittlänge zu tun hat. Welche könnte das sein? Inwieweit unterscheidet sich das Laufen beim Sprint von dem beim Weitsprung?

Frage 2

In Abb. 11.2 siehst du den Geschwindigkeitsverlauf beim 100 m-Sprint bei 6 verschieden guten Gruppen von Sprinter/innen. Was fällt dir auf? Was könnte die durchgezogene Linie markieren? Welcher Zusammenhang könnte hierbei mit dem Anlauf beim Weitsprung bestehen?

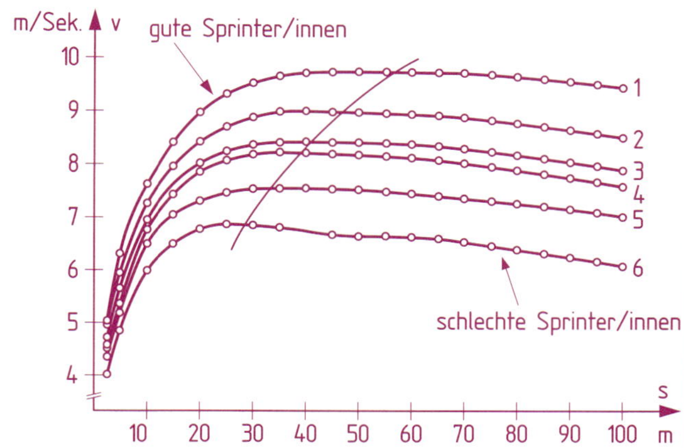

Abb. 11.2: *schematische Darstellung von Weg-Geschwindigkeitsdiagramm verschieden guter Sprinter/innen (siehe auch Abb. 4.1, S. 25).*

Frage 3

In Abb. 11.3 siehst du die Schrittlänge der letzten drei Schritte, die so genannten absprungvorbereitenden Schritte, bei fünf Weltklassespringern. Was fällt dir auf? Was könnte der Grund für diese Schrittgestaltung sein?

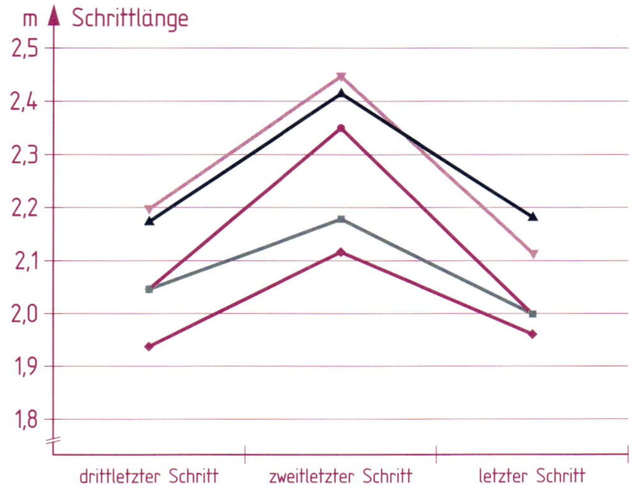

Abb. 11.3: *Länge der drei letzten Schritte vor dem Absprung*

11 Weitsprung

Deshalb wird im **Schul- bzw. Anfängerbereich ein Anlauf um die 20 m** oder sogar weniger genügen, während man im **Weltklassebereich mit 50 m oder mehr** oft den gesamten im Stadion zur Verfügung stehenden Anlauf nutzt. Am Ende dieser Beschleunigungsphase erreichen Weltklassespringerinnen um die 9,8 m/s, Weltklassespringer um 10,7 m/s. In einigen Fällen, etwa bei **Carl Lewis**, sind sogar 11,8 m/s dokumentiert.

2) **Absprungvorbereitende Schritte:** Diese **drei Schritte** schließen an die Beschleunigungsphase an (siehe Abb. 11.3). In dieser Phase sollen optimale Bedingungen für einen guten Absprung geschaffen werden. Dies geschieht durch die Schrittgestaltung **„kurz-lang-kurz"** der letzten drei Schritte. Der vorletzte Schritt wird gegenüber den beiden anderen um etwa 10%, also 20 bis 25 cm verlängert. Was ist der Grund für diesen längeren Schritt?

Absprungwinkel KNOW-HOW

Absprungwinkel

Bei normaler Schrittgestaltung wird der KSP erst mit dem Absprung gehoben (Abb. 11.4a). Im Falle der Schrittgestaltung „kurz-lang-kurz" wird der KSP beim vorletzten Schritt **um 5 bis 10 cm** gesenkt (Abb. 11.4b). Dadurch verlängert sich der vertikale Beschleunigungsweg. Außerdem wird der KSP bereits beim letzten, wieder kürzeren Schritt gehoben (c). Beides hat zur Folge, dass der Geschwindigkeitsvektor stärker gedreht werden kann und der Absprungwinkel wird größer ($\alpha_2 > \alpha_1$, siehe Abb. 11.4).

Abb. 11.4: *Schematischer Verlauf des KSP bei normalem Anlauf (oben) und bei der Schrittgestaltung kurz-lang-kurz (unten): Im ersten Fall erfährt die Bahn des KSP erst beim Absprung einen schärferen Knick (a). Im zweiten Fall wird mit der Hebung des KSP aber schon beim vorletzten Schritt begonnen (c) und die Bahn dadurch runder.*

Dadurch wird der **Körperschwerpunkt beim vorletzten Schritt gesenkt** (zum KSP siehe Kap. 10, S. 74; zur Absenkung des KSP beim Flop siehe Abb. 10.13, S. 78). Diese Absenkung **beträgt nur wenige Zentimeter**, aber sie verlängert den vertikalen Bescheunigungsweg und somit auch die vertikale Absprunggeschwindigkeit (*Know-how Absprungwinkel*). Das hat zur Folge, dass der Absprungwinkel größer wird, was wiederum die Sprungweite vergrößert.

Im Anfängerbereich ist es aber nicht sinnvoll, sich auf die Verlängerung des vorletzten Schritts zu konzentrieren. Es ist schwierig genug den Anlauf so hinzubekommen, dass man den Balken genau trifft. Das liegt an der Schwierigkeit, die Schrittlänge beim Anlauf jedes Mal möglichst gleich zu treffen (*Know-how Anlauf*). Das ist beim Sprint natürlich nicht leicht und muss erst extra gelernt werden.

Anlauf KNOW-HOW

Anlauf

Zunächst braucht man eine **Markierung**, die den Beginn des Anlaufs anzeigt, etwa einen Schuh oder eine Trinkflasche. Ein Hauptfehler beim Ausmessen des richtigen Anlaufs besteht darin, dass man kurz vor dem Balken zu „Zeppeln" beginnt, wenn man merkt, dass man den Balken nicht trifft. So kann man aber danach nicht sagen, was man beim nächsten Mal korrigieren muss.

Besser ist es, den Absprung durchzuführen, **ohne dass man die Schritte und das Tempo verändert**. Der Absprung erfolgt dann zwar an der falschen Stelle, doch kann einem ein/e Beobachter/in sagen, wie weit man vor oder nach dem Balken abgesprungen ist. Um diesen Wert korrigiert man dann die Markierung in die entsprechende Richtung. So wird es möglich sein, nach einigen Versuchen den Balken zu treffen. Wind verändert natürlich den Anlauf!

Wie schwierig es ist, den Absprung genau zu treffen, soll eine Abschätzung verdeutlichen. Nimm an, dein Anlauf beträgt 20 m. Du machst 10 Schritte mit je 2 m. Wenn du bei jedem Schritt nur um 2 cm abweichst, also bloß 1 %, dann verfehlst du den Absprung um 20 cm! Das ist der Grund, warum viele Weitspringer/innen Zwischenmarken verwenden.

Der Absprung

Frage 4

Der günstigste Abwurfwinkel liegt bei 45°. Dann werden die größten Weiten erzielt. Der Weitsprung ist ein „Körperwurf". Warum springt man dann aber nicht mit 45° ab, sondern nur mit etwa 20° (siehe Abb. 11.4). Wird dabei nicht viel Weite verschenkt?

Frage 5

Was passiert mit den Insassen eines Autos, wenn dieses plötzlich bremst oder in eine Kurve fährt – und was ist der Grund dafür?

6

Frage

In der Physik werden Geschwindigkeiten durch Pfeile dargestellt. In welchen der drei Fälle tritt eine Beschleunigung auf (Abb. 11.5)?

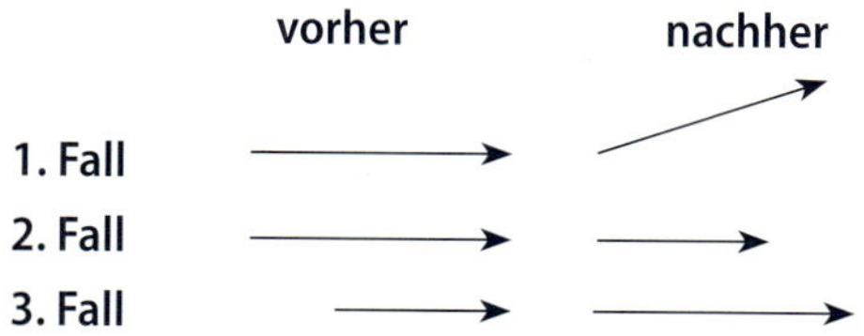

Abb. 11.5: *In welchen Fällen liegt eine Beschleunigung vor?*

7

Aufgabe

Probiere Folgendes aus: Laufe geradeaus und mache bei einer bestimmten, vorher festgelegten Markierung eine Kurve nach links oder rechts. Ändere in mehreren Versuchen sowohl das Tempo als auch den Kurvenradius. Wie hängt die Kraft, die zur Richtungsänderung erforderlich ist, mit dem Tempo und dem Kurvenradius zusammen?

8

Frage

Schätze die Kontaktzeit zwischen Fuß und Boden beim Weitsprungabsprung größenordnungsmäßig ab. Verwende dazu Abb. 11.6.

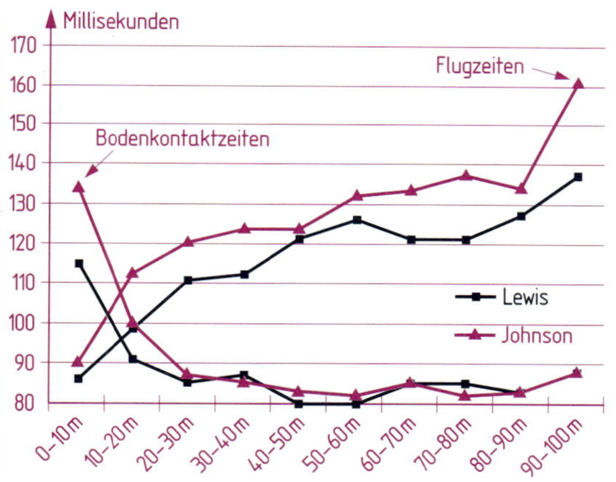

Abb. 11.6: *Stütz- und Flugzeiten zweier Sprinter während eines 100 m-Laufs: Wie lange dauern die Bodenkontaktzeiten bei maximaler Geschwindigkeit?*

9

Frage

Wieso kann es bei Anfänger/innen oft besser sein, wenn sie nicht mit größtmöglicher Geschwindigkeit anlaufen.

Beim Absprung hat der/die Sportler/in das Ziel, eine möglichst große **Abfluggeschwindigkeit** bei einem möglichst großen **Abflugwinkel** zu erzielen. Dazu muss er dem KSP neben seiner Horizontalgeschwindigkeit, die er/sie aus dem Anlauf bereits besitzt, auch eine Vertikalgeschwindigkeit mitgeben. Ein Teil dieser Vertikalgeschwindigkeit wird bereits durch die letzten drei Schritte erreicht (siehe Abb. 11.4).

Aus der Physik ist dir vielleicht bekannt, dass man die **größten Weiten** beim Werfen bei einem **Winkel von 45°** erzielt (*Know-how Abwurfwinkel*). Der Weitsprung ist ein „Körperwurf". Man würde also einen Absprungwinkel von 45° erwarten. Nun kann man aber messen, dass der Winkel beim Weitsprung eher um die 20° liegt. Das scheint doch ein Widerspruch zu sein!? Die Erklärung liegt **in der kurzen Kontaktzeit** beim Absprung.

KNOW-HOW Abwurfwinkel

Abwurfwinkel

Aus der Physik ist bekannt, dass man die größten Wurfweiten bei einem Winkel von 45° erzielt (Abb. 11.7). Man muss aber dazu sagen, dass diese Tatsache nur gilt, wenn a) der **Luftwiderstand vernachlässigt** wird, b) **Abwurf** und **Auftreffpunkt** auf derselben Höhe liegen und c) das Objekt **nicht aerodynamisch** ist wie etwa ein Speer oder ein Diskus.

Beim Weitsprung befindet sich der KSP zum Zeitpunkt des Absprungs auf etwa 1 m Höhe oder knapp darüber. Deshalb ist Punkt b nicht erfüllt, der Wurf ist leicht asymmetrisch. Dadurch liegt der günstigste Winkel beim Weitsprung, wenn man es ganz genau nimmt, je nach Sprungweite bei 41 bis 43°. Wenn man vereinfacht 45° annimmt, liegt man nur ein paar Grad daneben.

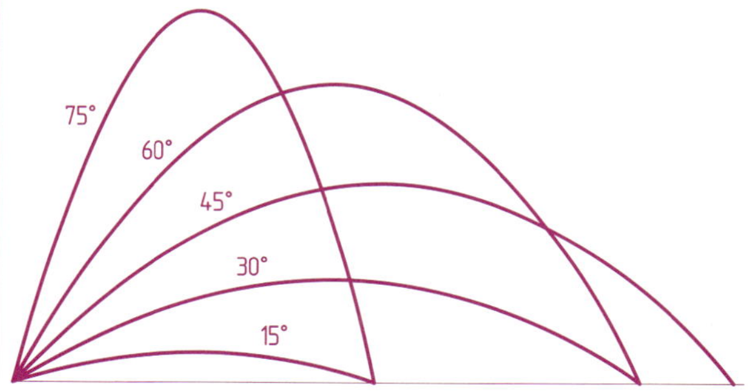

Abb. 11.7: *Simulation der Flugweiten bei verschiedenen Abwurfwinkeln: Die größte Weite wird bei 45° erzielt, wenn die Punkte a bis c erfüllt sind (siehe oben).*

Abb. 11.6 zeigt die Flug- und Bodenkontaktzeiten bei zwei sehr guten Sprintern. Du siehst, dass die **Bodenkontaktzeiten** bei maximaler Geschwindigkeit bei etwa 80 Millisekunden liegen, also bei 8/100 s.

Beim Absprung kommt es im Gegensatz zu einem normalen Sprintschritt zunächst zu einer kurzen **Stemmphase** (Abb. 11.8a). Dadurch wird der Bodenkontakt etwas verlängert. Trotzdem ist klar, dass ein Absprung aus dem vollen Sprint heraus nicht wesentlich länger dauern kann als ein Sprintschritt. Tatsächlich kann man messen, dass die **Kontaktzeit beim Absprung bei 10/100 bis maximal 13/100 s** liegt, also nur um 25 bis 60 % länger dauert als beim Sprintschritt. **Die Bodenkontaktzeit ist sehr kurz!**

Physikalisch gesehen sind alle Geschwindigkeitsänderungen Beschleunigungen. Damit kannst du auch Aufgabe 11.6 lösen. Fall 2 und 3 sind eine negative (dazu sagt man im Alltag Abbremsen) und eine positive Beschleunigung. Bei Fall 1 würdest du vielleicht nicht vermuten, dass es sich um eine Beschleunigung handelt, da

11 Weitsprung

Abb. 11.8: *Der Absprung: Zunächst kommt es zu einer kleinen Stemmphase (a), dann wird der Stoß abgefedert (b), zum Schluss erfolgt die Streckphase (c).*

ja die beiden Vektoren gleich lang sind. Geschwindigkeit hat aber nicht nur eine Größe, sondern auch eine Richtung. Ändert sich einer der beiden Werte oder auch beide, dann spricht man von einer Beschleunigung.
Der springende Punkt ist also der: **Auch wenn sich nur die Richtung der Geschwindigkeit ändert, liegt eine Beschleunigung vor.** Das ist dir aus dem Alltag bekannt, etwa wenn ein Auto in die Kurve fährt.

Wenn du Aufgabe 11.7 probiert hast, dann hast du sicherlich gemerkt, dass eine Richtungsänderung umso schwerer auszuführen ist, je stärker diese ist und je schneller man sich bewegt. Dann ist nämlich auch die aufzuwendende Beschleunigung größer.

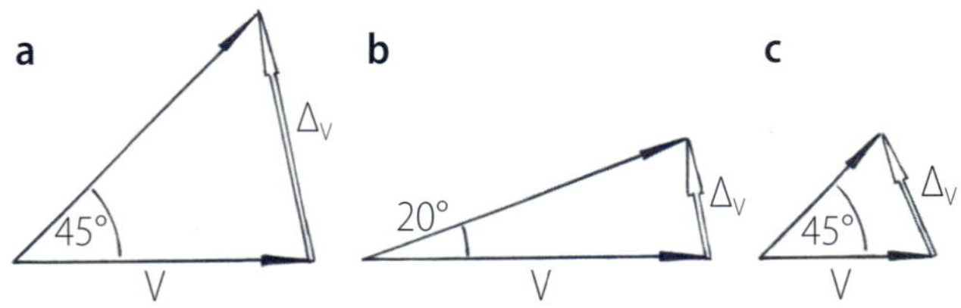

Abb. 11.9: *Geschwindigkeitsänderungen, die beim Absprung auftreten (würden): Es ist vereinfacht angenommen, dass sich der Betrag der Geschwindigkeit beim Absprung nicht verändert.*

Wenn man alle diese Punkte bedenkt wird klar, warum der Absprung beim Weitsprung deutlich unter dem idealen Winkel liegt. Die Kontaktzeit des Fußes ist mit rund 0,1 s (siehe oben) sehr kurz. In dieser kurzen Zeit muss aber der Geschwindigkeitsvektor um den Absprungwinkel gedreht werden. Dadurch treten am Sprungbein enorme Belastungen auf. **Je stärker die Drehung, desto größer muss aber wiederum die Beschleunigung sein!** In Abb. 11.9 siehst du schematisch die Geschwindigkeitsänderung (Δv), die bei einem Absprung mit 45° notwendig wäre. Für diese Geschwindigkeitsänderung wäre eine unglaubliche Beschleunigung und somit auch Kraft notwendig. Das schafft kein/e Weitspringer/in.

Bei b siehst du den realen Fall eingezeichnet. Das ist die Geschwindigkeitsänderung, die in 0,1 s zu schaffen ist. Steiler kannst du bei gleichem Tempo nicht abspringen. Bei c ist die Beschleunigung groß wie bei b, aber der Absprungwinkel ist 45°. Du siehst, dass man dazu aber die Anlaufgeschwindigkeit extrem vermindern müsste. Kurz: Du kannst zwar mit 45° abspringen, aber die Anlaufgeschwindigkeit müsste dann so klein sein, dass die Weite trotzdem geringer wäre als bei 20° (*Know-how Lewis und Powell*).

KNOW-HOW Lewis und Powell

Lewis und Powell
Carl Lewis gewann bei den Olympischen Spielen in Barcelona 1992 den Weitsprung mit 8,67 m knapp vor **Mike Powell** mit 8,64 m. Die Computerauswertung der Sprünge ergab eine Absprunggeschwindigkeit von 9,17 m/s und einen Absprungwinkel von 20,4° bei Powell, 9,72 m/s und 19,0° bei Lewis. **Lewis sprang zwar schneller, aber um 1,4° flacher ab.**
So paradox es klingt: Die Auswertungen ergaben, dass Lewis sich nur noch weiter verbessern könnte, wenn er seine Anlaufgeschwindigkeit **etwas verringern** würde. Dadurch würde sich nämlich die Kontaktzeit am Balken und somit der Abflugwinkel erhöhen, was in Summe eine bessere Weite brächte. **Auch bei Anfänger/innen ist es oft aus diesem Grund oft besser, wenn sie nicht mit größtmöglicher Geschwindigkeit anlaufen.**

Abb. 11.10: *Mike Powell, der aktuelle Weltrekordhalter mit 8,95 m (Stand 2008) Titelseite von „Sports Illustrated".*

Der Flug

Frage 10
Manche Weitspringer/innen laufen in der Luft weiter. Warum tun sie das? Wird dadurch die Weite größer? Können sie sozusagen durch die Luft laufen?

Frage 11
Bei den Olympischen Spielen in Mexico City 1968 gab es in der Leichtathletik in allen Sprint- und Sprungbewerben Weltrekorde, nicht aber in den Mittel- und Langstreckenbewerben. Woran könnte das gelegen sein?

Wenn der Körper vollständig in der Luft ist, befindet er sich im freien Fall. **Der/die Springer/in kann die Flugbahn des KSP dann nicht mehr beeinflussen**. Sie wird alleine durch Schwerkraft, Trägheit und eine geringe Luftreibung bestimmt (*Know-how Bob Beamon*). Die verschiedenen Sprungtechniken, nämlich Hock-, Hang-, Schritt- und Laufsprung, sind nur dazu da, die Ladung gut vorzubereiten. Bei dieser sollten nämlich die Beine weit vor den Körper gebracht werden. Auf diese Art können bei gleicher KSP-Bahn die Teilweiten W_3 und W_4 vergrößert werden (siehe Abb. 11.4).

Abb. 11.12: *Schrittsprungtechnik*

Abb. 11.13: *Hangsprungtechnik*

KNOW-HOW Bob Beamon

Bob Beamon

Bei den **Olympischen Spielen 1968 in Mexico City** sprang **Bob Beamon 8,90 m** weit (Abb. 11.11). Das war eine Verbesserung des Weltrekords um 55 cm! Es gibt die Meinung, dass dieser Sprung die größte individuelle sportliche Leistung in der Geschichte der Menschheit war.

Die Erklärung für den **Fabelweltrekord** Beamons liegt in den optimalen Bedingungen. Erstens traf er den **Absprungbalken** genau, verschenkte also keine Zentimeter. Dann betrug der **Rückenwind** exakt die maximal zulässigen 2,0 m/s. Schließlich hatten aber auch die **Höhenlage** von 2.248 m und die dadurch dünnere Luft einen Einfluss. Dadurch sinkt nämlich die Luftreibung, wodurch generell alle Sprintleistungen positiv unterstützt werden. Trotzdem: Biomechanische Berechnungen zeigen, dass Beamons Leistung auf Meereshöhe und bei Windstille trotzdem 8,56 betragen hätte, und auch das wäre Weltrekord gewesen.

Beamons Weltrekord hielt 23 Jahre lang, also bis 1991. Dann verbesserte **Mike Powell** (Abb. 11.10) den alten Rekord um 5 cm auf 8,95 m!

Abb. 11.11: *Bob Beamon bei seinem Fabelsprung auf 8,90 m.*

Die Landung

Frage 12

In Abb. 11.13 siehst du die vier Teilweiten, aus denen sich die Sprungweite zusammensetzt. Versuche diese mit eigenen Worten zu erklären.

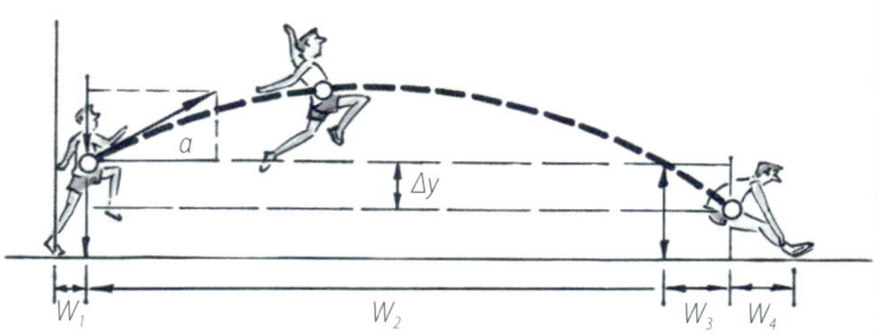

Abb. 11.14: *Die Teilweiten W1 bis W4, aus denen sich die Sprungweite zusammensetzt.*

Für Anfänger/innen eignet sich am ehesten die **Schrittsprungtechnik** (Abb. 11.12). Der Laufsprung ist zu komplex. Beim **Hangsprung** (Abb. 11.13) neigen Anfänger/innen dazu, die Hangposition zu früh einzunehmen und den Absprung selbst zu vernachlässigen oder zu „verhudeln", also die Streckung des Sprungbeines nicht abzuwarten.

Das Ziel bei der Landung ist die **Optimierung der Landeweiten** W_3 und W_4 (Abb. 11.14), die sich gegenseitig bedingen und bezüglich der Sprungweite nicht zu verachten sind (*Know-how Teilweiten*). Abb. 11.15 zeigt, wie durch das Zusammenklappen dieser Weitegewinn erzielt werden kann.

Abb. 11.15: *Beeinflussung der Weite durch eine Klappbewegung des Körpers*

11 Weitsprung

KNOW-HOW Teilweiten

Teilweiten

Die **Sprungweite W** setzt sich aus vier Teilweiten zusammen (Tab. 11.1). W_1 entsteht dadurch, dass sich der KSP beim Absprung vor dem Fuß befindet. W_2 ist die Flugweite des KSP in der symmetrischen Phase. W_3 und W_4 kommen durch die asymmetrische Flugbahn zustande. In der Tabelle siehst du, dass W_3 und W_4 in Summe um 30% der Weite ausmachen, also durchaus nicht zu vernachlässigen sind.

Gruppe	W	W_1	W_2	W_3	W_4
A	6,80 m	0,33 m	4,61 m	1,29 m	0,57 m
	100%	4,8%	67,8%	19%	8,3%
B	5,63 m	0,36 m	3,56 m	1,26 m	0,45 m
	100%	6,3 %	63,2%	22,4%	8%

Tab. 11.1: *Sprungweite W und Aufteilung in die Teilweiten absolut und in Prozent bei zwei unterschiedlich guten Springergruppen*

Fällt der/die Athlet/in nach hinten oder auf das Gesäß, so verliert er/sie an gemessener Weite, da der dem Sprungbalken am nächsten liegende Abdruck für die Messung herangezogen wird. In dem Moment, in dem die Füße den Sand berühren, gibt der/die Springer/in deshalb in den Knien nach, wodurch sich das Becken nach vorne schiebt. Eine Möglichkeit ist auch das Zur-Seite-Werfen des Körpers (Abb. 11.16).

Abb. 11.16: *Dieser Athlet verhindert ein Zurückfallen, indem er sich auf die Seite wirft.*

13

Frage

Welche Geschwindigkeit wird beim Sprint erreicht und nach welchem Weg? Was hat diese Tatsache mit dem Anlauf beim Weitsprung zu tun? Was ist der Unterschied zwischen dem Lauf beim Sprint und dem Anlauf beim Weitsprung? Wie sehen bei guten Springern/Springerinnen die letzten drei Schritte aus? Was passiert durch diese spezielle Gestaltung und welche Auswirkung hat das auf den Absprung selbst? Wie misst man den Absprung richtig aus?

14

Frage

Bei welchem Abwurfwinkel werden die besten Weiten erzielt? Unter welchen Bedingungen gilt dieser Zusammenhang? Wie groß ist der Absprungwinkel beim Weitsprung? Warum entspricht er nicht dem idealen Winkel? Wie werden in der Physik Geschwindigkeiten dargestellt? Was versteht man unter einer Beschleunigung? Wie lang sind die Stützzeiten bei einem Sprintschritt und beim Absprung? Wieso ist es für Anfänger/innen oft besser, nicht mit vollem Tempo anzulaufen?

15

Frage

Welche Sprungtechniken unterscheidet man? Was haben die Bewegungen in der Luft für einen Sinn? Wodurch wurde der Fabelweltrekord von Bob Beamon begünstigt?

16

Frage

Aus welchen Teilweiten setzt sich die Sprungweite zusammen? Welchen prozentmäßigen Einfluss haben sie auf die Sprungweite? Wie kann man die Landeweite erhöhen? Worauf muss man dabei besonders achten?

17

Aufgabe

Suche dir im Internet ein Java-Applet zum schiefen Wurf. Experimentiere mit verschiedenen Absprungwinkeln zwischen 15 und 25° und Absprunggeschwindigkeiten. Versuche möglichst reale Verhältnisse zu simulieren.

Literatur

APOLIN Martin: Big Bang 5, Physik für die 5. Klasse, öbv, Wien 2008

BALLREICH Rainer / KUHLOW Angela (Hrsg.): Biomechanik der Leichtathletik. Enke, Stuttgart 1986

JONATH Ulrich / KREMPEL Rolf / HAAG Eduard / MÜLLER Harald: Leichtathletik 2, Springen. Rowohlt, Reinbek bei Hamburg 1995

MATHELITSCH Leopold: Sport und Physik. öbv, Wien 2008

WILLIMCZIK Klaus (Hrsg.): Biomechanik der Sportarten. Rowohlt, Reinbek bei Hamburg 1989

12 Skilauf

Biomechanik und Trainingslehre

1 Frage

Beschreibe dein Gefühl auf der Fußsohle beim Skilauf! Welche Änderungen kannst du, z.B. wenn du einen Bogen oder einen Schwung fährst, feststellen?

2 Frage

Was bewirkt das beim Wachsen der Ski?

3 Aufgabe

Überlege dir, durch welche Eigenschaften der Ski das Kurvenfahren ermöglicht wird!

Warum Ski„lauf"? Manche behaupten, das wechselweise Beugen und Strecken der Beine sowie der „Kantenwechsel" sind beim Gehen und **(Ski-)Laufen** ähnlich (siehe Abb. 12.1). Die natürlichen „Rahmenbedingungen", z.B. Schneeverhältnisse, Gelände und Wetter, sind beim Skilaufen besonders wichtig und können intensiv erlebt werden.

Die Voraussetzung für ganz besonders schöne Erlebnisse, wie eine gelungene Tiefschnee- oder Firnabfahrt, ist eine **funktionelle Skitechnik**, d.h. eine, die zweckmäßiges und situationsgerechtes (Frequenz, Geschwindigkeit, Gelände und Schnee) Skilaufen ermöglicht.
Die technischen Grundelemente und Bewegungsmuster guter Skiläufer/innen sind weltweit sehr ähnlich. Die körperlichen und geistigen Eigenheiten des/der Einzelnen führen aber zur Ausprägung des persönlichen Stils.
Die grundlegende Aufgabe beim alpinen Skilauf ist es mittels des Systems Skiläufer/in – Ski **(innere Kräfte, d.h. hauptsächlich Muskelkräfte)** die einwirkenden **äußeren Kräfte** (siehe Abb. 12.2) und die **Zentrifugalkraft** (Fliehkraft) möglichst gut zu kontrollieren und auszunutzen.

Ausgewählte Kräfte beim Skilauf

Die **Schwerkraft** beschleunigt die Skiläufer/innen beim Gleiten in der **Falllinie**, die der jeweils größten Hangneigung folgt (siehe Abb. 12.3). Gleiten bedeutet das Bewegen der Ski in ihrer Längsrichtung auf dem Schnee. Je steiler der Hang, desto größer ist die **Hangabtriebskraft** zu Lasten der Normalkraft (normal auf die Berührungsfläche, also die Schneeoberfläche). Von vorne wirkt am Ski der Schneewiderstand und am Körper der Luftwiderstand entgegen.

Bei der **Schrägfahrt** (Gleiten in einer Richtung, die von der Falllinie abweicht) kann nur ein Teil der **Hangabtriebskraft**, die **Vortriebskraft** (abhängig von Hangneigung (α) und Spurrichtung (φ), zur Beschleunigung genutzt werden (siehe Abb. 12.4).

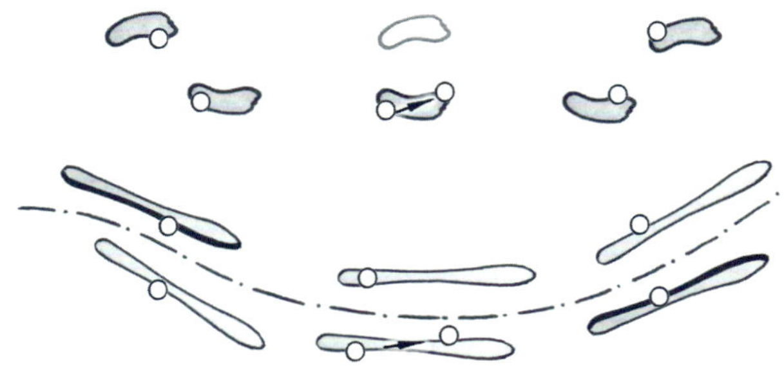

Abb.12.1: *Vergleich zwischen Gehen und Skilaufen*

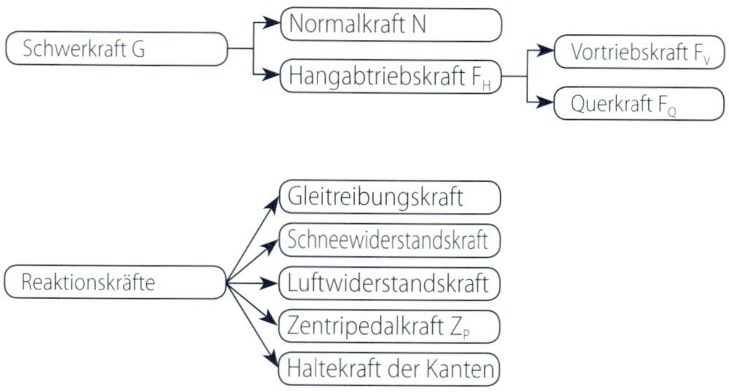

Abb.12.2: *Ausgewählte Kräfte beim alpinen Skilauf (die Abkürzungen werden auch in den nachstehenden Abbildungen verwendet).*

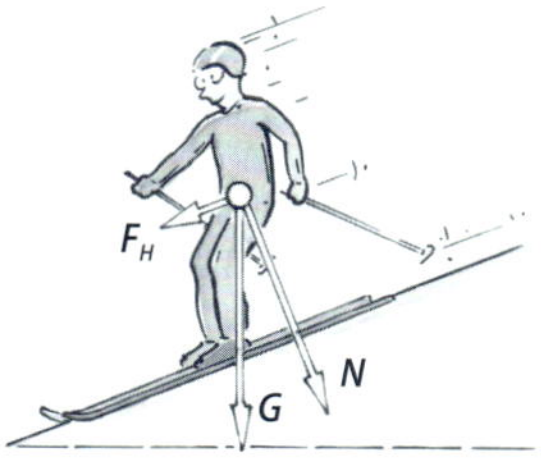

Abb.12.3: *Zerlegung der Schwerkraft bei der Fahrt in der Falllinie*

Abb.12.4: *Zerlegung der Schwerkraft bei der Hangschrägfahrt*

Die **Querkraft** (FQ) bewirkt seitliches Rutschen, eine vom Gleiten abweichende Bewegung der Ski, wenn nicht eine gleich große Haltekraft der Kanten entgegenwirkt.
Ein Skiläufer/eine Skiläuferin in der Schrägfahrt muss umso mehr aufkanten, je steiler der Hang ist und umso mehr seine/ihre Spurrichtung von der Falllinie abweicht.

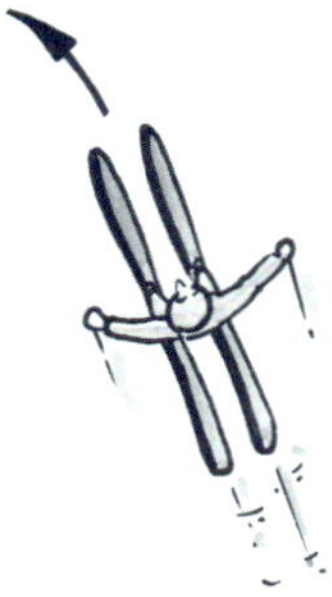

Abb. 12.5: *Schwung: Beim Links**schwung** werden die beiden linken, also gleichnamigen Kanten belastet.*

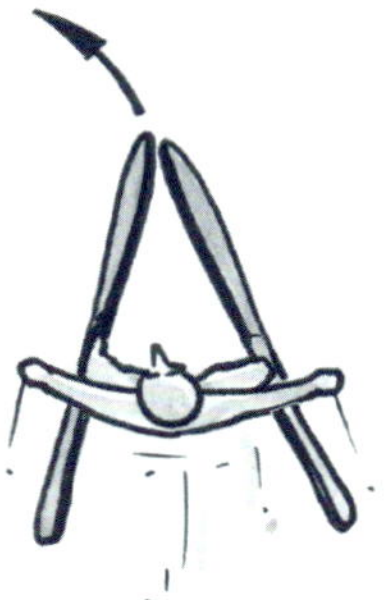

Abb. 12.6: *Bogen: Beim Links**bogen** wird der rechte Ski auf der linken Kante, der linke auf der rechten Kante (weniger) belastet.*

12 Skilauf

Als **Schwung** bezeichnet man das Fahren auf gleichen Kanten (etwa beide linke Kanten beim Linksschwung; siehe Abb. 12.5) im Gegensatz zum **Bogen**, bei dem auf ungleichen Kanten gefahren wird (Pflugbogen; siehe Abb. 12.6). Außerdem grenzt das **Beidrehen**, d.h. das aktive Umkanten des Innenski (auf den Schwungmittelpunkt bezogen) aus der Pflugstellung (Stemmschwingen) und daraus resultierendes rundes Rutschen das Schwingen vom Stemmbogen ab. Der Innenski läuft nämlich bei, und dann folgt eine Hangschrägfahrt in paralleler Skistellung.
Beim Fahren mit Richtungsänderung kommt es durch das Führen der Ski (durch innere Kräfte aktiv beeinflusst), zum Auftreten der **Zentripetalkraft** (FZp), die im Idealfall an der Innenkante des Außenski ansetzt und zum Schwungmittelpunkt gerichtet ist.
Die gleich große, entgegengesetzte **Zentrifugalkraft** (FZf) ist eine Trägheitskraft und Folge der beschleunigenden Zentripetalkraft, setzt aber am Schwerpunkt an. Dadurch entsteht ein Drehmoment, das das Kippen des Körpers von einer Kurvenlage (um nicht nach außen zu fallen) in die andere ermöglicht.
Um zu Schneiden, werden die Ski so geführt, dass beim Schwingen oder Pflugbogenfahren das Rutschen möglichst gering ist (Skispitze und Skiende fahren annähernd in einer Spur).

Während eines Schwunges überlagern sich zunächst die Vektoren der Querkraft und der Zentrifugalkraft. Nach Überfahren der Falllinie addieren sie sich jedoch (siehe Abb. 12.7). Die Zentrifugalkraft wird durch den verkürzten Kurvenradius am Schwungende zusätzlich erhöht. Wie eine Wellenbahn geht das Kurvenprofil eines Schwunges von überhöht über neutral zu hängend über. Alle diese Phänomene erschweren es, das Gleichgewicht zu halten. Für die grundlegenden Aufgaben beim Skilauf gilt: Beim Drehen (entlasteter, flach gestellter Ski wird angedreht) und Steuern (Führen der Ski zum Hang) versucht man durch ständiges Anpassen des Kurvenlagewinkels und des Aufkantwinkels das dynamische Gleichgewicht zu halten.

Die Konstruktion der Ski

Moderne Alpinski sind ein Verbund aus verschiedensten Materialien, die hohen Anforderungen gerecht werden müssen. Noch 1960 bestanden Ski zum Großteil aus hochwertigen Harthölzern (Esche, Hickory). Besser geeignete Werkstoffe fanden sich in der Kunststoff- und Verbundstoffetechnik. Werkstoffe wie Duraluminium, Titanal, unidirektionelle und bidirektionelle Fiberglaslaminate, hochwertige Bindemittel und elastische Ausgleichsfolien wurden in der Folge verwendet. Heute sind Carbonfaser und Kevlarlaminate häufig verwendete Ausgangsmaterialien.
Die wichtigsten Skieigenschaften sind Drehfreudigkeit, Eisgriffigkeit und Gleitfähigkeit. Durch die Elastizität des Ski wird dieser bei Belastung so geformt, dass seine Biegekurve einem Kreisausschnitt entspricht (Abb. 12.8). Wenn du einen Ski in der Mitte durchbiegst, kannst du seine für das Drehverhalten wichtige Biegelinie d.h. Elastizität und Steifigkeitsverteilung selbst überprüfen. Bei der Betrachtung eines Ski fällt auch auf, dass er in der Mitte schmäler ist als an den Enden. Diese Form bezeichnet man als Taillierung (Cut) oder Telemarkschweifung (siehe Abb. 12.9).

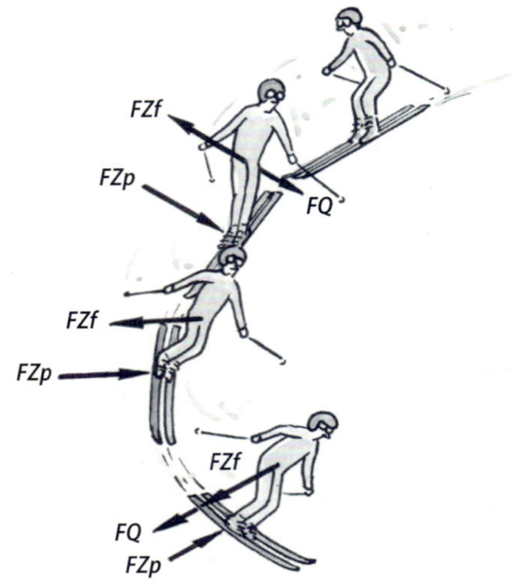

Abb. 12.7: *Überlagerung von Zentripetalkraft (FZp), Zentrifugalkraft (FZf) und Querkraft (FQ) während eines Schwungs.*

Abb. 12.8:
Biegelinie eines Ski

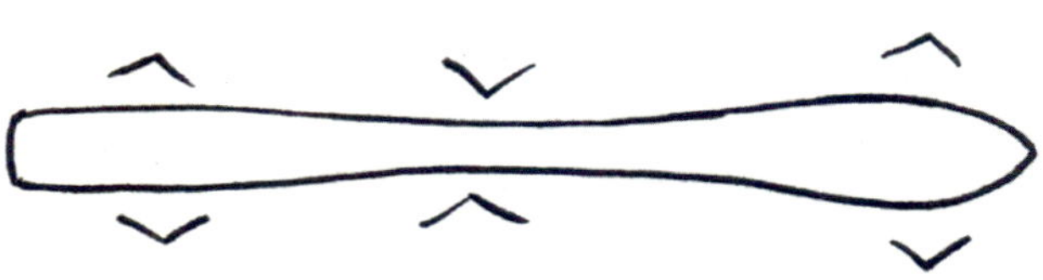

Abb. 12.9: *Jeder (alpine) Ski ist tailliert, d.h. er ist in der Mitte wesentlich schmäler als am Ende. Die Taillierung bestimmt unter anderem den Kurvenradius des Schwunges.*

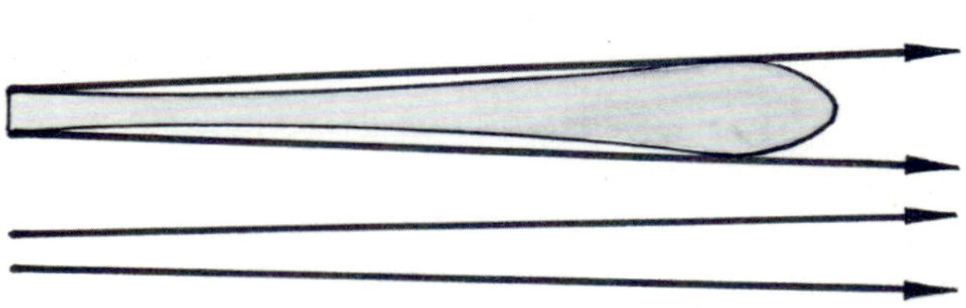

Abb. 12.10: *Die Trapezform des Ski ergibt sich daraus, dass er am Ende weniger breit ist als an der Schaufel. Heute verkleinern sich allerdings diese Unterschiede (Carving-Ski). Durch das Aufkanten des Ski ergibt sich schon eine leichte Richtungsänderung, jedoch ohne entsprechende Belastung noch keine Kurve.*

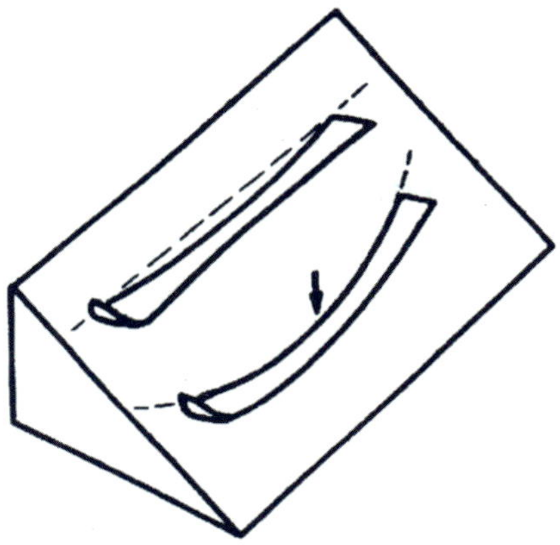

Abb. 12.11: *Beim Aufkanten liegt der Ski durch die beschriebenen Merkmale kreisbogenförmig am Schnee auf.*

Weiters ist ersichtlich, dass das Ende meist etwas schmäler ist als die Schaufel. Das wird als **Trapezform** bezeichnet. Sie erklärt eine Änderung der Bewegungsrichtung beim Aufkanten (siehe Abbildung 12.10). Die oben genannten technischen Merkmale der Ski ermöglichen das Kurvenfahren. Denn wird der Ski nun belastet aufgekantet, so liegt er kreisbogenförmig auf und fährt somit eine Kurve. Weiters kann der Radius der Kurvenfahrt durch das Belasten des Skis noch zusätzlich verkleinert werden (Abb. 12.11).
Das **Driften**, eine rutschende Drehseitbewegung der Ski (siehe Abb. 12.12), wird durch die exzentrische Montage der Skibindung erleichtert.

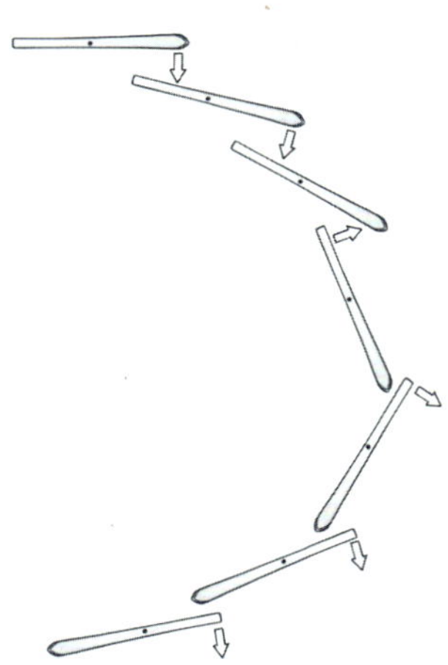

Abb. 12.12: *Schwungeinwärts- und Schwungauswärtsdriften der Ski*

Ein Carving-Ski ist ein Ski mit einer stärkeren Taillierung als ein klassischer Alpinski. Durch die Taillierung und die darauf abgestimmten Konstruktionsmerkmale Flex (Durchbiegung an der Querachse) und Torsion (Verwindungsteifigkeit bezüglich der Längsachse) sind Carving-Skier sehr drehfreudig. Auch die Höhe der Bindungsplatte ist für das Fahren von sehr engen Kurvenradien und dem damit verbundenen Gefühl verantwortlich.
Jeder Ski sollte eine hohe **Torsionsfestigkeit**, also eine Widerstandsfähigkeit gegen Verdrehung um die Längsachse, aufweisen: Dann hält er auf harten, maschinenbeschneiten Pisten umso besser.

Die **Gleitfähigkeit** der Ski entsteht dadurch, dass der Ski nicht direkt auf dem Schnee gleitet (hier wäre die Reibung etwa so hinderlich wie auf Sand), sondern dass sich zwischen Ski und Schnee ein Wasserfilm bildet. Diese etwa 1/1000 mm dicke Schicht besteht aus einer großen Zahl von Wassertröpfchen, die nur etwa 1 Promille der Skifläche bedecken. Die Reibung kann verringert werden, wenn man die Unebenheiten der Lauffläche mit Wachs ausfüllt. Außerdem verringert sich dadurch die Adhäsion zwischen Ski und Schnee. Adhäsion ist das Aneinanderhaften zweier verschiedener Stoffe.
Dem richtigen Skifinish, der Präparation der Kanten und des Belags, kommt eine entscheidende Rolle zu. Je nach Schliff (siehe Abb. 12.13 und 12.14) wird Drehfreudigkeit oder Eisgriffigkeit in den Vordergrund gestellt. Regelmäßiges Ausbessern und Wachsen des Belages erhöht die Drehfreudigkeit erheblich.

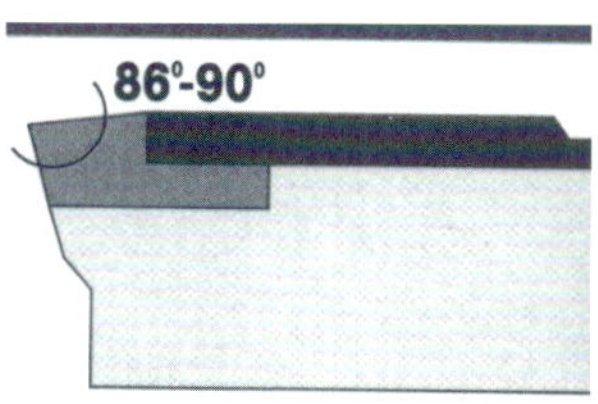

Abb. 12.13: *Hängende Kanten: Laufflächen; die Kante ist nach außen um 0,5°–1° geschliffen, der Ski wird so enorm drehfreudig..*

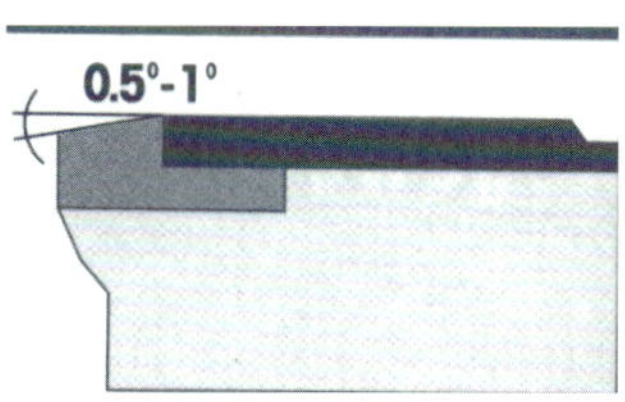

Abb. 12.14: *Negative Kanten: Seitenflächen; für harte, eisige Pisten schleift man die Kante auf einen Winkel kleiner als 90° zurück (ab 86°).*

Ski und Reibung

Die Reibung kommt durch die Verzahnung von Ski und Schnee und die Schneeverdrängung an der Schaufel zustande. Skiwachs füllt diese Unebenheiten weitgehend auf und verringert somit die Reibung.

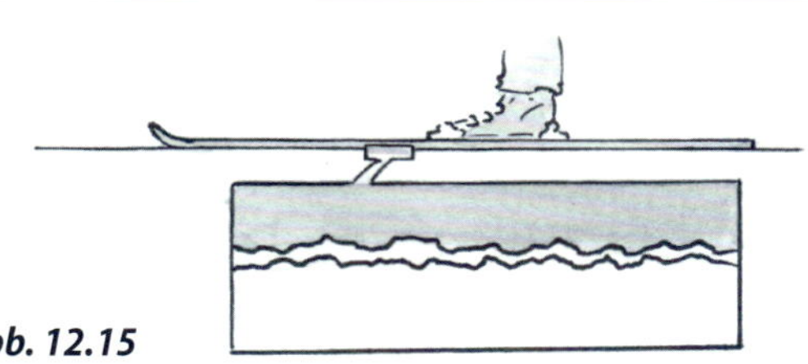

Abb. 12.15

Die Wärme, die zum Schmelzen des Schnees notwendig ist, kommt durch die Reibung zwischen Ski und Schnee zustande.

Es entsteht daher die paradoxe Situation, dass sich aufgrund der Reibung Wassertröpfchen bilden, die wiederum die Reibung herabsetzen.

Ist der Schnee sehr kalt, so reicht die Wärme nicht aus, um den Schnee zu schmelzen, und die Ski gleiten wesentlich schlechter.
Bei Skirennen kann so die plötzliche Sonneneinstrahlung die Bedingungen zugunsten der nachfolgenden Läufer verändern.

4 Frage
Welche Merkmale der Ski ermöglichen die Kurvenfahrt? Fertige dazu einige Skizzen an!

5 Frage
Wodurch ergibt sich die Gleitfähigkeit der Ski?

6 Frage
Welche Effekte hat das Skiwachs?

7 Frage
Wieso kann plötzliche Sonneneinstrahlung, z B. bei einer Weltcupabfahrt, für die nachfolgenden Starter/innen von Vorteil sein?

8 Aufgabe
Erkläre die unten stehende Zeichnung! Benenne die Kräfte und schreibe auf, wie sie wirken!
Überlege, ob ein stark gestrecktes Außenbein (wie in der Zeichnung) in der Regel sinnvoll und notwendig ist!

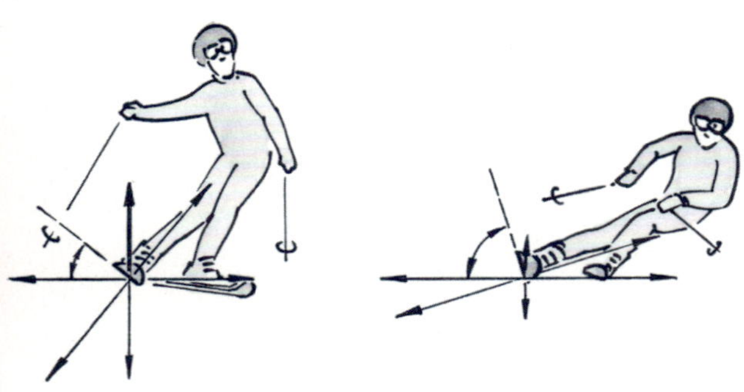

Abb. 12.16: *Durch die alpine Grundeinstellung kann der Talski stärker aufgekantet werden.*

Die alpine Grundeinstellung und das alpine Grundverhalten

Bewegungsvollzüge des Skiläufers/der Skiläuferin werden vorzugsweise in den verschiedenen Skilehrplänen einzelner Länder beschrieben. Die von außen beobachtbaren Steuerungsmaßnahmen lassen sich vereinfacht auf folgende Tätigkeiten reduzieren: **Gleichgewichthalten/ Gleiten (in Schussfahrt, Schrägfahrt, Kurvenfahrt); Drehen (Entlasten); Steuern/Kanten (Belasten).**
Eine natürliche Körperstellung im Stand in ebenem Gelände mit Skiausrüstung ist die Basis. Ziel ist das Einnehmen einer bewegungsbereiten Körpergrundhaltung für ein rasches Reagieren in alle Richtungen des Raumes in jeder Phase des alpinen Skifahrens. Im Stand in der Ebene ist das Gewicht auf beide Füße gleichmäßig verteilt. Sprung-, Knie-, Hüftgelenke und die Wirbelsäule befinden sich in einer mittleren Beugestellung **(„Mittellage“)**. In Schussfahrt werden Oberkörpervorlage und Sprunggelenkswinkel der Hangneigung und der Geschwindigkeit angepasst.

Gleiten in Hangschrägfahrt erfordert Ausgleichsmaßnahmen. Der Bergski fährt in höherer Spur als der Talski. Dieser Höhenunterschied zwischen den Ski wird durch **Vorschieben des Beckens und des Bergski** ausgeglichen. Die Hangneigung wird durch eine **Vorseitbeuge des Oberkörpers** nach außen kompensiert.

Abb. 12.17 und 12.18: *Alpine Grundeinstellung (aus: WALLNER 2004, S. 31). Die Achsenparallelität wird durch die Linien veranschaulicht.*

Zu den „dynamischen Mitteln der Schwungausführung“ (WÖRNDLE) kann man alle Bewegungsvollzüge des/der Skiläufers/Skiläuferin zusammenfassen, die in den verschiedenen Skilehrplänen der Länder beschrieben. Die von außen beobachtbaren Steuerungsmaßnahmen lassen sich vereinfacht auf folgende Tätigkeiten reduzieren:

- **Gleichgewichthalten/Gleiten** (in Schussfahrt, Schrägfahrt, Kurvenfahrt)
- **Drehen** (Entlasten)
- **Steuern** / Kanten (Belasten)

Eine Fülle von Bewegungen und Haltungen in alle Richtungen des Raumes („vor-rück“, „hoch-tief“, „links-rechts“) sind zur Erfüllung dieses Zieles der dynamischen Bewegungssteuerung notwendig.

Die alpine Grundstellung wird in Bewegung zum **„Alpinen Fahrverhalten“.** Damit ist ein ständiges Reagieren auf die äußeren Kräfte in jeder Fahrsituation gemeint, das auf ein achsenparalleles Verhalten zwischen den gedachten Achsen der Skigelenke (den „Hauptgelenksachsen“ in Sprung-, Knie-, Hüftgelenk) abzielt. Solides alpines Fahrverhalten ermöglicht sicheres Gleiten am Hang und schafft die Voraussetzungen für situationsgerechtes Kanten und Steuern.

Alpines Fahrverhalten ist eine Voraussetzung bzw. notwendig, um:
- Hangausgleich zu erzeugen
- zu kanten
- äußeren Kräften entgegenzuwirken (bei Richtungsänderungen)
- den Radius zu variieren (steuern)

Durch die Weiterentwicklung der Ausrüstung (Ski für geschnittene Kurven, siehe Carving) kann man eine Trennung von Gleiten, Drehen und Kanten nicht mehr so deutlich beobachten: das „Schwingen" im herkömmlichen Sinn (mit viel Körperdynamik) tritt dadurch in den Hintergrund, das „Schneiden" (die Fahrmechanik der Ski) gewinnt an Bedeutung, nimmt mehr Anteil am raumzeitlichen Gesamtablauf der Schwungphasen.

Grundlegendes zum Schwingen

Ein Schwung besteht aus drei Phasen (siehe Abb. 12.19): Die **Vorbereitungsphase** dient der Schaffung der Voraussetzungen für das Bewegungsgeschehen in der Hauptphase. Ski und Körper werden in eine für die jeweilige Auslöseform günstige Stellung gebracht (etwa Verbreitern der Spur, Einnehmen einer Stemmstellung, Vertikalbewegungen ...).

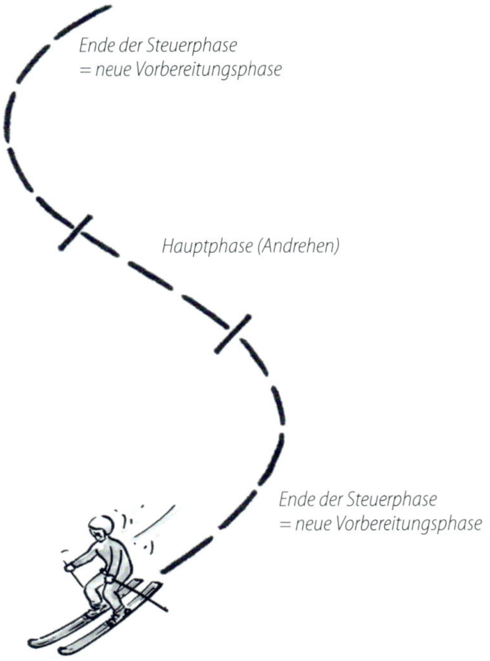

Abb. 12.19: *Verschmelzen der Phasen beim Schwingen*

Der **Belastungswechsel** vom Außenski auf den werdenden Außenski (seitlich und vertikal) und vom hinteren Teil der Ski auf den vorderen (vor–zurück) muss vorbereitet werden. Er ist der Motor des Schwingens, d.h. die Ski müssen entlastet und dann flachgestellt werden.
Das **Entlasten** (**Hochentlasten**) kann z.B. durch ein Strecken der „Skigelenke" (z.B. im Knie-, Hüftgelenk) erfolgen.

Aufgabe
Mithilfe einer Waage soll folgender Versuch gemacht werden: Ein Schüler bzw. eine Schülerin stellt sich auf die Waage und geht leicht in die Knie. Dann macht er/sie eine Streckbewegung wie beim Hochentlasten vor einem Schwung.

Wie verhält sich der Zeiger der Waage?
In welcher Phase der Bewegung steigt die Kraft, in welcher sinkt sie?
Derselbe Versuch soll auch mit Tiefentlasten durchgeführt werden.

In der Durchführung der Aufgabe konnte wahrscheinlich festgestellt werden, dass die Waage beim Hochgehen zunächst eine größere Kraft anzeigt, die dann aber unter die normale Gewichtskraft sinkt. Im Extremfall, wenn man so schnell streckt, dass man abhebt, sind die Füße gänzlich entlastet. **Beim Tiefentlasten (hierbei startet man in einer eher aufrechten Position und beugt Sprung-, Knie- und Hüftgelenk zur Schwungeinleitung) erfolgt die Entlastung im ersten Teil der Bewegung. Die Zeitdauer der Entlastung wird ausgenutzt, um die Ski flachzustellen, anzudrehen und aufzukanten.** Das Gewicht wird zunehmend auf den werdenden Außenski verlagert.

In der **Hauptphase** versetzt der Skiläufer/die Skiläuferin einen oder beide Ski im Schwungsinn in Drehung, der Schwung wird durch Muskelkräfte ausgelöst, die Phase endet, wenn die äußeren Kräfte überwiegen. Die flachgestellten Ski werden durch verschiedene Dreharten bzw. drehunterstützende Techniken angedreht. Die Belastung wechselt auf den Außenski und das Grundverhalten beginnt sich aufzubauen.

In der **Steuer- oder Endphase** schließlich werden die Ski, soferne der erforderliche Kantengriff hergestellt ist und beibehalten wird, hauptsächlich durch die äußeren Kräfte (Führungskräfte) weitergedreht.

Beide Ski (oder nur ein Ski) haben mit dem Schnee Kontakt und rutschen oder schneiden auf den Kanten richtungsändernd. Der Skiläufer/die Skiläuferin setzt seine/ihre Muskeln (insbesondere Bein- und Hüftmuskulatur) ein, um die Richtungsänderung zu dosieren. Er verstärkt kontinuierlich das Grundverhalten. Wenn man Schwünge unmittelbar aneinander reiht, kommt es zu einer **Verschmelzung von Vorbereitungs- und Steuerphase.**

Ein Schwungfächer entsteht nach kontrolliertem Steuern aus der Falllinie zur Tempokontrolle in mittelsteilem oder steilem Gelände. Zwei gecarvte Schnitte lassen sich – entlang der Taillierung beider Ski gezogen – auf der Piste beobachten.

12 Skilauf

Von „Funcarving" spricht man, wenn Skifahrer/innen mit spezieller Ausrüstung ihr Vergnügen in geschnittenen Kurven und extremen Kurvenlängen suchen. In dieser speziellen Anwendungsform ist Kurvenschneiden (fast ausschließlich auf Kanten fahren) das erklärte Ziel und die daraus entstehenden geschnittenen Spuren sind das Statussymbol der „Skiexperten/Skiexpertinnen", also der guten Skifahrer/innen unserer Zeit.

KNOW-HOW

Dreharten

1. Beinspiel: Drehen der Beine, während der stabilisierende Oberkörper ruhig bleibt.

2. Antizipation: Vorausdrehen der Hüfte im Schwungsinn, um die Ski flachzustellen.

3. Rotation oder „Beckenkurbel": Das Drehen des gesamten Körpers um die Längsachse ist aufgrund der großen Kräfte schwer zu kontrollieren.

4. Kombination der oben stehenden Möglichkeiten: Prinzipiell gilt, dass die Antizipation bei längeren Schwüngen im Vordergrund steht und das Beinspiel verstärkt bei kurzen Schwüngen (Wedeln) angewandt wird.

10

Aufgabe

Informiert euch auf der Internetseite des „Arbeitskreises Schneesport in Schulen & Hochschulen"über die verschiedenen Skilehrwege (www.schuleaufdiepiste.at).
Warum übrigens „Schneesport"?

11

Aufgabe

Erkläre den Unterschied zwischen Schwung und Bogen!

12

Frage

Was ist die alpine Grundeinstellung und welche Vorteile hat sie gegenüber der reinen Innenlage?

13

Frage

Wie unterscheiden sich „Schneiden" und „Rutschen"?

14

Aufgabe

Experimentiere im „Trockenen" mit den verschiedenen Möglichkeiten des Aufkantens!

KNOW-HOW Skikonstruktion

Skikonstruktion

Sandwichkonstruktion: Hochwertige Verbundkonstruktion, über viele Jahre die Toptechnologie; wird auch heute noch für Qualitätsski und besonders auch Rennski verwendet.

Kastenbauweise: „Gewickelte Ski"; um einen Torsionskasten als Kern werden Fiberglasbandagen gewickelt und anschließend „gebacken". Ergibt torsionssteife Ski, aufwendiges Verfahren, große Qualitätstoleranzen.

Monocoque Bauweise: Über ein tragendes U-Profil werden die Kräfte direkt auf die Kanten abgeleitet und bieten sehr guten Kantengriff.

Cap- (Halbschalen-) Konstruktion: die tragende Konstruktion ist nach wie vor im Ski selbst. Die aufgesetzte Halbschale (aus Kunststoffen oder aus hochwertigen Leichtmetalllaminaten (z.B. Titanal) bringt eine ansprechende Form und neue Möglichkeiten für das Design.

Fibre Tube Konstruktion: Fiberglasschläuche werden als tragende Elemente in den Ski eingebaut und von einer Halbschale überdeckt. Oberflächen oder Skispitzen werden häufig mit Konstruktionen zur Verbesserung der Schwingungsdämpfung ausgestattet.

PU-Schäumverfahren: Polyurethanschaum wird in eine tragende Konstruktion über das Skiende eingespritzt. Anwendung vorwiegend für preisgünstige Ski im Anfänger- und Jugendsegment.

(Quelle: Alpiner Skilauf, Werner Wörndle, www.seilbahnen.at)

Was ist CARVEN?

Ein Carving-Ski **(englisch to carve, „schneiden")** ist ein taillierter, relativ kurzer Ski, der am vorderen und hinteren Ende schaufelartig in die Breite geht, so dass er leichter steuerbar wird. Der Skischuh sitzt etwas erhöht auf einer Platte. Aufgrund der starken Taillierung und der erhöhten Standfläche können sehr enge, geschnittene Kurvenradien gefahren werden. Durch die Taillierung und die darauf abgestimmten Konstruktionsmerkmale Flex (Durchbiegung an der Querachse) und Torsion (Verwindungsteifigkeit bezüglich der Längsachse) sind Carving-Ski sehr drehfreudig.

Die ersten Versuche mit Carvingtechnik gehen auf den Vorarlberger k.u.k. Oberleutnant Georg Bilgeri (1873–1934) zurück, der mit kurzen Militärski bereits damals den breitbeinigen Fahrstil praktizierte. Der erste Carving-Ski wurde 1909 von Rossignol gebaut, konnte sich am Markt jedoch nicht durchsetzen.
In Deutschland wurden erstmals 1989 unter dem Namen Snowrider Carving-Ski produziert, die auf eine **Idee des Österreichers Reinhard Fischer** zurückgehen.

Ein wesentliches Merkmal zur Klassifikation des Carving-Ski ist der durch die Taillierung vorgegebene Kurvenradius. Übliche Radien liegen je nach Einsatzzweck bei zehn bis 20 Metern. Den technisch vorgegebenen Kurvenradius kann der Ski während der Fahrt abhängig von der Durchbiegung und dem Aufkantwinkel verringern. Carving-Ski, die sehr kleine Radien ermöglichen, werden meist mit einer Erhöhungsplatte unter der Skibindung gefahren, damit der Skischuh den Schnee beim daraus folgenden extremen Aufkantwinkel nicht berührt.

Carving-Ski haben wegen ihrer positiven Fahreigenschaften konventionell gebaute Ski fast vollständig verdrängt, werden umgangssprachlich auch „Carver" genannt und nach ihrem Einsatzgebiet üblicherweise unter folgenden Bezeichnungen angeboten:

Race-Carver GS: ein schwerer, harter Ski mit großem Radius, ausgelegt für hohe Geschwindigkeiten. Ein Race-Carver lässt sich erst bei höheren Geschwindigkeiten gut steuern, zeichnet sich dann aber durch hohe Spurtreue aus (salopp formuliert „bügelt er den Untergrund platt und legt Schienen darüber").

Race-Carver SL/Slalom-Carver: sehr wendige und spritzige Ski für extreme Kurvenradien und Schräglagen.
Supercross-Carver: sportliche Allroundcarver mit universellen Fahreigenschaften für den Einsatz auf und abseits der Skipiste, liegt vom Kurvenradius zwischen Racecarver GS und SL.

All-Mountain-Carver: Ski mit einer Mittelbreite von mindestens 70 mm mit sehr viel Auftrieb in schweren Schneearten wie Tiefschnee oder Frühjahrssulz.
Freerider: sehr breite Ski mit einer Mittelbreite bis zu 130 mm für den Einsatz im Gelände, Tiefschnee, Heliskiing.

Allround-Carver: ein „gutmütiger", drehfreudiger Ski mit mittlerem Radius, der Fahrfehler verzeiht.

Fun-Carver: ein sehr kurzer Ski mit sehr kleinem Radius für extreme Kurvenlagen, aber auch sehr gut für Anfänger/innen geeignet. Wird oft in Skischulen als Lernski eingesetzt.

Der österreichische Skilehrweg

Der österreichische Skilehrweg ordnet seine Lehrziele (aus Sicht der Lehrenden) oder Lernziele (aus Sicht des Schülers/der Schülerin) in drei Gruppen. Einerseits nach Könnensstufen (Bewegungsqualität) und andererseits nach dem jeweiligen Anwendungsbereich (Gelände).
So kann sich der Skilehrer/die Skilehrerin für jede Könnensstufe und jeden Anwendungsbereich den passenden Inhalt aussuchen. Die drei übergeordneten Lehrzielgruppen im österreichischen Skilehrweg sind:

Lernen (Einführung; Schuss; Pflug; Kurven; Kanten – Rutschen – Alpines Fahrverhalten; Carven Grundstufe)

Anwenden (paralleles Skisteuern – lange und kurze Radien; Carven – lange und kurze Radien)

Perfektionieren (Racecarven – lange und kurze Radien; Tempo & Wettkampf; Gelände; Trends; Alternative Schneesportarten; Inhalte frei verfügen und anwenden).

Das **Carven** verbindet bewährte Bewegungsmuster mit modernen Erkenntnissen und man meint heute damit im österreichischen Skilehrweg einen **Sammelbegriff für gut gesteuertes Kurvenfahren.**

Zum Vorzeigen und anfänglichen Lernen kann man bestimmte Bewegungen übertreiben. Nach ersten erfolgreichen Versuchen muss das Ausmaß derselben jedoch reduziert werden. Unnatürliche und übertriebene Bewegungen erschweren die Koordination und das Balancieren und ermüden die Lernenden rasch. Das verbesserte Gleichgewichtsgefühl ist Basis für weitere Lernfortschritte.

Anfänger/innen lernen leichter durch Bewegungsaufgaben. Je näher diese den täglichen Bewegungsabläufen kommen, desto leichter umsetzbar sind sie. Die dafür günstigen Bedingungen müssen von den Unterrichtenden geschaffen werden.

Üben festigt und verfeinert die Bewegungen, diese werden dadurch harmonischer, genauer und zweckdienlicher. Der/die Lernende fühlt sich wohler und macht größere Fortschritte. Das Gefühl für Schnee, Gleiten, Drehen, Kanten und Belasten entwickelt sich mit dem Üben zusehends. **Gleichgewichtsverhalten und Temporegulierung werden positive Verstärker.**

Durch das Aneinanderreihen von sinnvollen Übungen **(methodische Reihen)** erfolgt das Lernen in leicht begehbaren Stufen. Deren Auswahl sowie die kluge Wahl der Geländeformen sind von großer Bedeutung. Hemmungen, Stürze und Verletzungen können so weitgehend verhindert werden.

Schnee- und Pistenverhältnisse sind wichtige Kriterien für die Auswahl des Übungsortes und Übungsmaterials. Das Vorbereiten der Übungsstätte unter Einbeziehen von Geländehilfen ist daher von großem Vorteil. Die sinnvollen Veränderungen im Skibau haben in den letzten Jahren sowohl Skitechnik wie auch Lehrmethodik stark beeinflusst. Der kürzere Ski erleichtert die Richtungsänderungen, die stärkere Taillierung ein sichereres Steuern. Bewegungs- und Kraftaufwand können also sparsamer werden.

15 Frage

Was ist eine Sandwichkonstruktion?

16 Frage

Welchen Sinn machen Übungsreihen beim Erlernen des Skifahrens?

17 Frage

Welche Bewerbe stehen im alpinen Skilauf bei den Olympischen Winterspielen auf dem Programm?

18 Frage

Welche Werkzeuge benötigt man für eine gute Skipräparation? Hast du sie bereits auch einmal verwendet?

19 Aufgabe

Versuche mehr über die österreichischen Skipioniere zu erfahren und gestalte einen Beitrag für deine Mitschüler! (Insbesondere bei Wintersportwochen)

Literatur

AIGNER Günther: Zur Zukunft des alpinen Skisports. Einflussfaktoren und ihre Auswirkungen. Innsbruck, Univ., Dipl. Arb. 2004
GÖHNER Ulrich / KAISER Walter: Ski-Lehrplan Basic für Skifahrer, Carver, Snowboarder, Telemarker. Deutscher Verband für das Skilehrwesen e.V.; Interski Deutschland, München/Wien 2003
GÖHNER Ulrich: Ski-Lehrplan Style für Board und Ski; (Sprünge und Tricks mit Board und Ski). Deutscher Verband für das Skilehrwesen e.V.; Interski Deutschland (Hrsg.). München/Wien 2001
HELD Franz: Ski-Lehrplan Perfekt für fortgeschrittene Skifahrer und Carver. Deutscher Verband für das Skilehrwesen e.V.; Interski Deutschland (Hrsg.). BLV , Wien/München 2002
HERZOG Markwart (Hrsg.) / BODE Andreas: Skilauf – Volkssport – Medienzirkus. Skisport als Kulturphänomen. Kohlhammer, Stuttgart 2005
KASSAT Georg: ... doch die Piste dreht die Ski. Fitness-Contur, Rödinghausen 2000
KASSAT Georg: Biomechanik für Nicht-Biomechaniker. Fitness-Contur, Rödinghausen 1993
KEMMLER Jürgen / KAISER Walter: Richtig Carven. 2., durchges. Aufl. BLV, München/Wien 2002.
MATHELITSCH Leopold / THALLER Sigrid: Kräftespiel auf der Piste. Physik des Skilaufs. Wiley-Verlag, Weinheim 2005
MÜLLER Erich / LINDINGER Stefan / STÖGGL Thomas: Science and Skiing IV. Meyer & Meyer, Aachen 2008
OBERACHER Robert: Biokinematische und biodynamische Untersuchung von Carvingschwüngen. Innsbruck, Univ., Dipl. Arb., 2001
ÖSTERREICHSCHE SKISCHULVERBAND (Hrgb.), Snowsport Austria. Die österreichische Skischule. Hollinek. Punkersdorf 2007
RIENER Niklaus: Haftungsrechtliche Probleme von Kollisionsunfällen im Skilauf. Graz, Univ., Dipl. Arb., 2005
SCHIEFERMÜLLER Christian: Carving-Schwung versus traditioneller Parallelschwung. Eine vergleichende biomechanische Untersuchung. Salzburg, Univ., Dipl. Arb., 2001
SCHINDELWIG Kurt: Biomechanische Belastungsanalysen im alpinen Skilauf. Innsbruck, Univ., Diss., 2004
WALLNER Hermann (Hrsg.): Carven. Skilauf perfekt; offizielles Lehrbuch der österreichischen Skiinstruktoren. Verlag Hollinek, Purkersdorf 2008
WALLNER Hermann / WÖRNDLE Werner: CARVEN – Österreichischer Skilehrplan Neue Version. DVD-ROM 2004

13 Skispringen

Wie alle nordischen Skisportarten (Skilanglauf, Skispringen) entstand auch das **Skispringen** in Norwegen. Der erste größere jährlich ausgetragene Skisprungwettkampf fand ab **1879 in Oslo** statt. 1892 zog der Wettbewerb auf den **Holmenkollen** um. Skispringen gehört seit **den ersten Winterspielen 1924 in Chamonix** (Frankreich) zum olympischen Programm.
Skispringen, ist eine der wenigen Disziplinen, wo es Frauen noch untersagt ist, an olympischen Wettkämpfen teilzunehmen – aus „technischen Gründen" wird die Teilnahme vom IOC abgelehnt. Skispringerinnen scheiterten beim Versuch, ihre Teilnahme an den Olympischen Winterspielen in Vancouver 2010 zu erreichen. Ein kanadisches Gericht hat die Klage von 14 Skispringerinnen, die damit ihre Teilnahme an den Spielen im Februar 2010 erzwingen wollten, abgewiesen.

Abb. 13.1: *Skispringen anno 1905*

Die **Technik des Skispringens** hat sich im Laufe der Jahrzehnte sehr gewandelt (siehe auch Kap. 3). In der Anfangszeit ruderten die Skispringer während des Sprungs bei paralleler Skihaltung mit den Armen (Abb. 13.1). Später streckte man die Arme aus oder hielt sie eng am Körper. Die vorerst letzte technische Revolution gab es **Anfang der 1990er Jahre**, als sich der **Flugstil mit V-förmig gespreizten Ski** gegenüber dem Parallelstil durchsetzte (siehe Abb. 13.16, S. 99).

Der Anlauf

1 Frage
Wovon hängt die Geschwindigkeit ab, mit der ein/e Skispringer/in zum Schanzentisch kommt? Wie hoch schätzt du die Geschwindigkeit eines Skispringers/einer Skispringerin am Schanzentisch ein?

2 Frage
Was versteht man beim Skispringen unter Luke und Schanzentisch? Wo steht die größte Sprungschanze der Welt?

Der Anlauf hat bei Normalschanzen eine Länge von etwa 80 m und bei den größten Schanzen über 140 m (siehe Tab. 13.1 und Abb. 13.2). Mit dem Anlauf hat man zum

KNOW-HOW – Abfahrtsgeschwindigkeit

Anfahrtsgeschwindigkeit
Wie hoch der Anlaufturm mindestens sein muss, lässt sich einfach abschätzen. Wir vernachlässigen bei dieser Schätzung die Reibung. Die Geschwindigkeit (v), die ein Objekt erhält, wenn man es von einer bestimmten Höhe fallen lässt, kann mit $v = \sqrt{2gh}$ berechnet werden. g ist dabei die **Fallbeschleunigung** und beträgt 9,81 m/s^2, h die **Fallhöhe**. Für die Endgeschwindigkeit ist es egal, ob das Objekt frei fällt oder sich wie ein/e Skispringer/in entlang einer schiefen Ebene bewegt. Es kommt nur auf den Höhenunterschied an.

Wenn man umformt erhält man für die **Mindesthöhe** $h = v^2/2g$. Die Geschwindigkeit muss in m/s in die Formel eingesetzt werden. Um 88 km/h (24,4 m/s) zu erreichen, ist eine Turmhöhe von rund 30 m nötig, für 103 km/h (28,6 m/s) knapp 42 m. Die tatsächliche Höhe ist etwas größer, weil die Luftreibung den/die Springer/in bremst und weil der Turm natürlich nicht direkt hinter dem Anlauf aufhören kann.

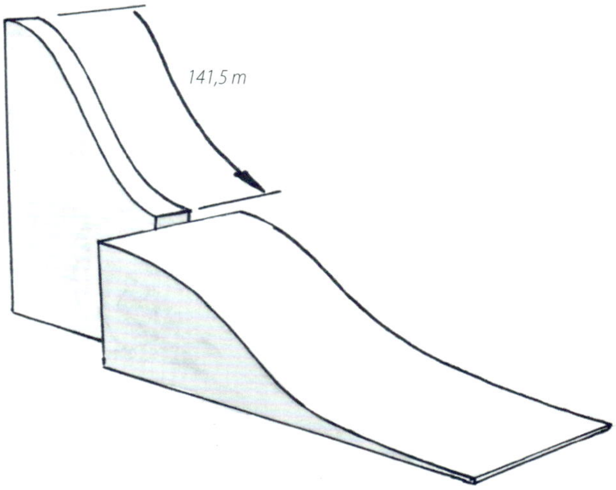

Abb. 13.2: *Profil der größten Schanze der Welt in Planica (Slowenien). Dort wird der Weltrekord mit 239 m gehalten (Stand 2008). Bei dieser Schanze beträgt der Anlauf über 140 m.*

	Trondheim Normalschanze	Innsbruck Großschanze	Planica Skifliegen
Anlauf	82 m	98 m	141,5 m
Anlaufgeschwindigkeit	88 km/h 24,4 m/s	93 km/h 25,8 m/s	103 km/h 28,6 m/s
Hillsize	99 m	130 m	215 m
Konstruktionspunkt	90 m	120 m	185 m
Schanzentischneigung	−11°	−10,75°	−10,8°

Tab. 13.1: *Vergleich der technischen Daten einer Normalschanze, einer Großschanze und einer Skiflugschanze*

13 Skispringen

Ziel, am Schanzentisch, bei dem der Absprung erfolgt, eine möglichst hohe Geschwindigkeit zu erreichen. **Denn der wichtigste Faktor für die Weite ist die Geschwindigkeit.** Diese hängt von der Anlauflänge ab und somit von der Schanze (Tab. 13.1 und Abb. 13.2; *Know-how Anfahrtsgeschwindigkeit*).

Die Anlaufgeschwindigkeit beträgt bei Normalschanzen knapp 90 km/h, bei Skiflugschanzen liegt sie über 100 km/h. Unter Anlaufgeschwindigkeit versteht man die Geschwindigkeit zum Zeitpunkt des Absprungs. Die Geschwindigkeit kann je nach Bedingungen, die gerade auf der Schanze herrschen, also etwa **Aufwind** oder **Rückenwind**, variiert werden, indem man die Springer aus verschieden hohen **Luken** starten lässt. Der bei Schanzen angegebene Anlauf (Tab. 13.1) entspricht immer dem von der höchsten Luke. Ein Geschwindigkeitsgewinn von 1 km/h am Schanzentisch bringt bei Großschanzen wie etwa in Innsbruck rund 5 bis 10 m an Weite.

Bei gleicher Anlauflänge hängt die **Endgeschwindigkeit** von drei Faktoren ab: a) von der **Masse** des/der Springers/Springerin, b) vom **Luftwiderstand** und c) von der **Reibung** zwischen Ski und Unterlage.

a) Eine größere Masse bringt zwar beim Anlauf durch das Erreichen einer höheren Geschwindigkeit leichte Vorteile, hat aber in der Flugphase einen negativen Effekt, weil man nicht so gut von der Luft „getragen" wird (siehe unten).
b) Der Luftwiderstand könnte durch einen windschlüpfrigen Anzug verringert werden (siehe auch Abb. 13.??). Das brächte aber wie eine große Masse Nachteile beim Flug. Daher bleibt nur die Möglichkeit, den Luftwiderstand durch eine optimale Anfahrtshaltung zu verringern.
c) Die Reibung der Ski kann durch gutes Wachs verringert werden.

Man kann also zusammenfassen: Da sich windschlüpfrige Kleidung und große Masse beim Flug negativ auswirken, sind die einzigen sinnvollen Maßnahmen, durch **optimale Position und Wachs** eine möglichst hohe Geschwindigkeit zu erreichen.

Frage 3

In Abb. 13.3 siehst du den Kniewinkelverlauf beim Absprung am Schanzentisch. Wie lange dauert die eigentliche Sprungaktion? Wie weit fährt ein/e Skispringer/in dabei, wenn du 100 km/h (rund 28 m/s) annimmst?

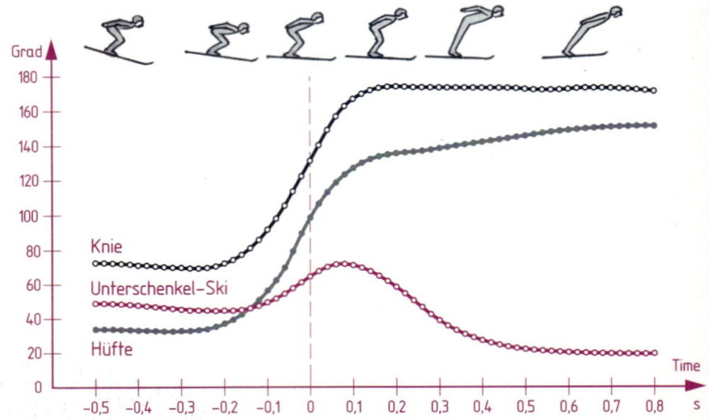

Abb. 13.3: *verschiedene Gelenkswinkel bei der Absprungaktion (siehe auch Abb. 13.4).*

Frage 4

Unter welchem Winkel ist deiner Meinung nach der Schanzentisch, an dem der Absprung erfolgt, geneigt?

Frage 5

Was ist das wichtigste konditionelle Merkmal eines Skispringers?

Der Absprung

Durch einen explosiven Absprung versucht der/die Springer/in am Schanzentisch die Flugbahn zu erhöhen und damit später im Flug Weite zu gewinnen. Dabei vollzieht er/sie den Übergang von der passiven Abfahrt zum kontrollierten Flug (Abb. 13.4). Dieser Übergang erfolgt durch eine Streckung von Fuß-, Knie- und Hüftgelenken (Abb. 13.3). Das wichtigste konditionelle Merkmal eines/r Skispringers/Skispringerin ist daher die **Schnellkraft seiner/ihrer Beine** (siehe auch Abb. 4.3 und 4.4, S. 26).
Ein grundlegendes Problem für den Springer/die Springerin ist das Timing des Absprungs. Dieser dauert nur etwa 0,3 bis 0,4 s (siehe Abb. 13.3). Während dieser

Abb. 13.4: *Absprung beim Skispringen (siehe auch Abb. 13.3 in Frage 3)*

Zeit legt der Springer/die Springerin aber bei 100 km/h über 11 m zurück! Die **maximale Streckgeschwindigkeit** sollte unmittelbar vor dem Verlassen des Schanzentisches erreicht werden. Dieser Punkt am Schanzentisch sollte mit einer Genauigkeit von ±0,5 m getroffen werden. Zu frühes, vor allem aber zu spätes Strecken vermindert die Sprungweite. Im zweiten Fall würde der Abdruck praktisch ins Leere gehen. Damit der Springer/die Springerin diesen Punkt mit der gewünscht Ortgenauigkeit trifft, ist eine Zeitgenauigkeit von ±2/100 s notwendig!

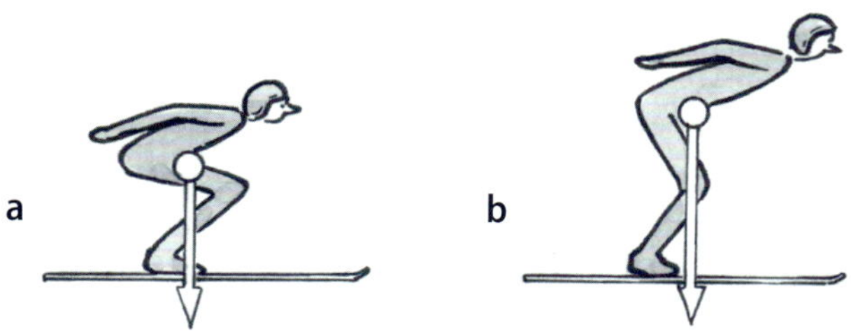

Abb. 13.5: *Lage des KSP in der Abfahrtshaltung (a) und direkt am Schanzentisch*

Beim Absprung sollte der Oberkörper so wenig wie möglich aufgerichtet werden. Vielmehr muss der **Körperschwerpunkt** (KSP, siehe S. 54, Kap. 8) möglichst schnell nach vorne gebracht werden, damit man sofort in die Flugposition gelangen kann. Je besser das gelingt, desto größer werden auch die Sprungweiten sein (Abb. 13.6).

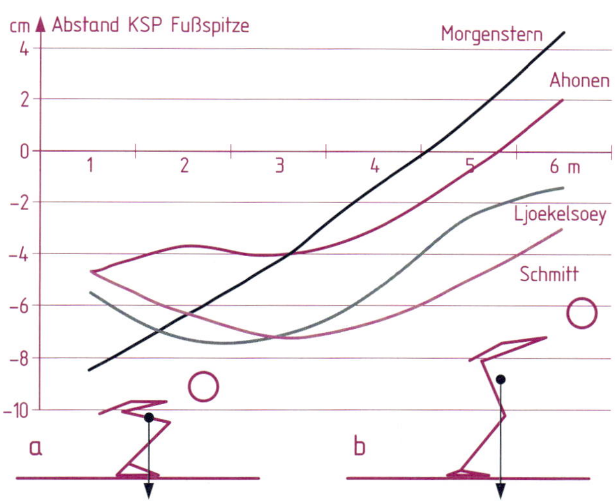

Abb. 13. 6: *Verlauf des vertikalen Abstands des KSP im Laufe des Absprungs (Beispiel aus 2007): In der Abfahrtshaltung liegt der KSP noch einige cm hinter der Fußspitze, direkt am Schanzentisch sollte er bereits vor der Fußspitze liegen. Am besten gelingt das in diesem Beispiel Thomas Morgenstern. Er kommt am schnellsten „über den Ski".*

Der **Schanzentisch** ist vielleicht überraschend um **etwa 10 bis 11° nach unten geneigt**, also unter der Horizontalen (siehe Abb. 13.7 und Tab. 13.1). Das heißt, dass auch ein noch so kräftiger Absprung nicht dazu führt, dass der/die Springer/in die Schanze über der Horizontalen verlässt (Abb. 13.9). Wäre der Tisch nach oben geneigt, wie man das von den Freestyle-Schanzen gewohnt ist (siehe *Knowhow Freestyle-Skiing*), so würden die Skispitzen sofort nach dem Absprung von der Luft nach oben gedrückt werden, und der Springer würde nach hinten stürzen.

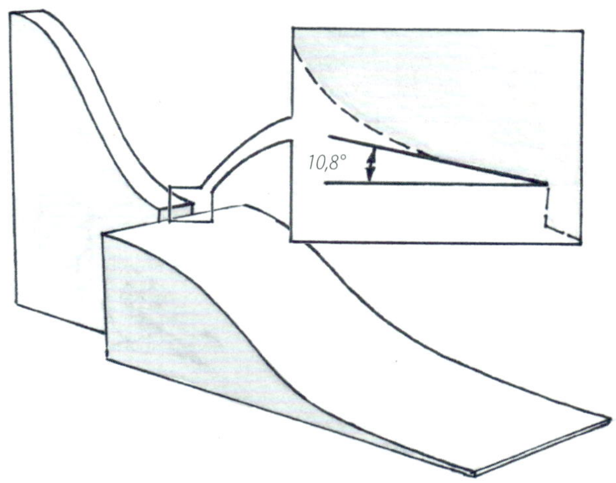

Abb. 13.7: *Der Schanzentisch in Planica ist um 10,8° nach unten geneigt. Eine ähnliche Neigung weisen alle Schanzentische auf.*

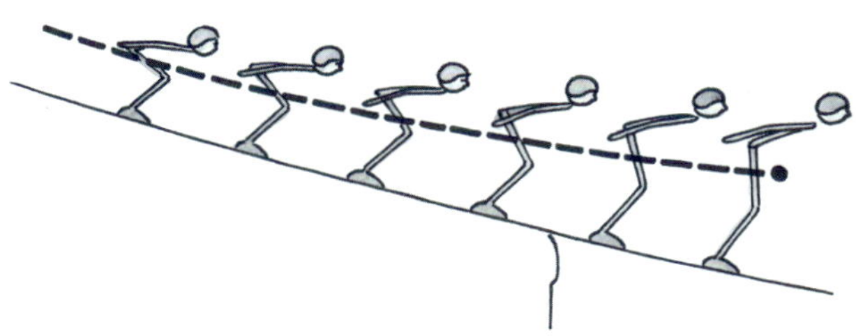

Abb. 13.8: *Obwohl sich der Springer/die Springerin am Schanzentisch abdrückt, hat die Bahn des KSP immer noch eine Abwärtsneigung – die Horizontale wird nicht erreicht.*

KNOW-HOW Freestyle-Skiing

Freestyle-Skiing

Abb. 13.9: *Eine Freestyleschanze für Sprünge*

Die Disziplinen des Freestyle-Skiing werden in solche unterteilt, bei denen eine Jury die Leistung mit Punkten bewertet, und solche, bei denen der Sieger eines direkten Vergleichs im Kopf-an-Kopf-Rennen gewinnt. Die Punkt-Disziplinen sind Aerials (Sprünge, Moguls (Buckelpiste) und Half Pipe. Bei den Aerials gibt es Sprungschanzen mit fast senkrecht nach oben weisender Absprungfläche (Abb. 13.9).

Die Springer zeigen Aneinanderreihungen von Saltos und Schrauben. Durch den steilen Absprung wird die Flugdauer sehr stark verlängert.

13 Skispringen

Der Flug

6 Frage

Alle Skispringer verwenden seit 1990 in großen Wettkämpfen die V-Technik (Abb. 13.10 rechts) und nicht mehr die klassische (links). Warum? Und worin unterschieden sich die Sprunganzüge von Skispringern/Skispringerinnen und Abfahrern/Abfahrerinnen?

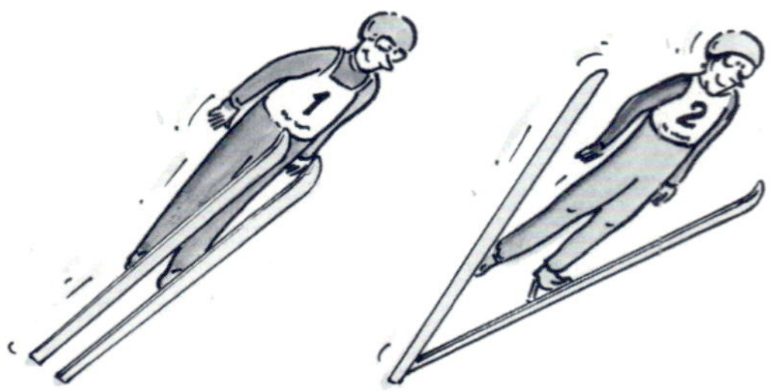

Abb. 13.10: *Klassische Technik (links) mit parallelen Skiern und neue Technik mit V-Stellung!*

7 Frage

Welches körperliche Merkmal sollten Skispringer/innen aufweisen? Was versteht man unter dem BMI?

8 Frage

Wie lange dauert es in etwa, bis ein/e Skispringer/in von der parallelen Skistellung beim Anlauf in die V-Position überwechselt? Wie groß ist der Winkel zwischen den Ski in der V-Position? Benutze zur Antwort Abb. 13.11.

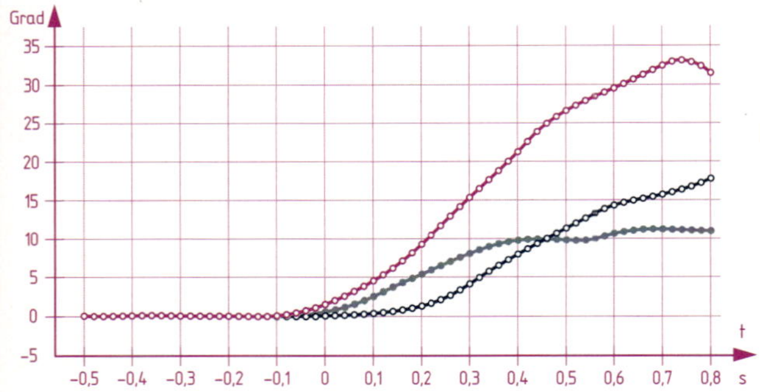

Abb. 13.11: *Winkel-Zeit-Verläufe des Skiöffnungswinkels bei drei verschiedenen Sprüngen*

Mit dem Absprung und dem Übergang in die Flugphase müssen sich die Springer möglichst schnell in eine gute **aerodynamische Flugposition** bringen, in der sie sicher und vor allem weit durch die Luft kommen. Die **erste Flugphase** beginnt mit dem Absprung und endet in dem Moment, wenn die Springer/innen ihre endgültige Flughaltung erreicht haben. Sie dauert etwas weniger als eine Sekunde (Abb. 13.11). Die **zweite Flugphase** dauert bis zur Landung an. Die Sprungweite hängt in hohem Maße von der Geschwindigkeit am Schanzentisch ab und wie gut der Springer den Absprung erwischt (Abb. 13.6).

Aber auch noch in der Luft kann Weite verloren oder gewonnen werden. Wovon hängt die Flugweite in der zweiten Flugphase ab? Einerseits von 1) der **Masse des Springers/der Springerin** und andererseits 2) von den **aerodynamischen Parametern.**

1) Während eine **größere Masse** bei der Anfahrt ein Vorteil ist, weil sich dadurch die Absprunggeschwindigkeit vergrößert (siehe S. 96), ist eine größere Masse beim Sprung nicht gut, weil man – salopp gesagt – schneller abstürzt (Abb. 13.12). Es handelt sich also um zwei gegenläufige Effekte, wobei dem Flug eine größere Bedeutung zukommt. **Eine geringere Masse ist daher in Summe günstiger.** Weil das zu immer leichtgewichtigeren Springern führte und teilweise auch Magersucht bei den Athleten auslöste, beschloss die FIS 2004 die Einführung der so genannte **BMI-Regel** (*Know-how Leichtgewichtige Springer*).

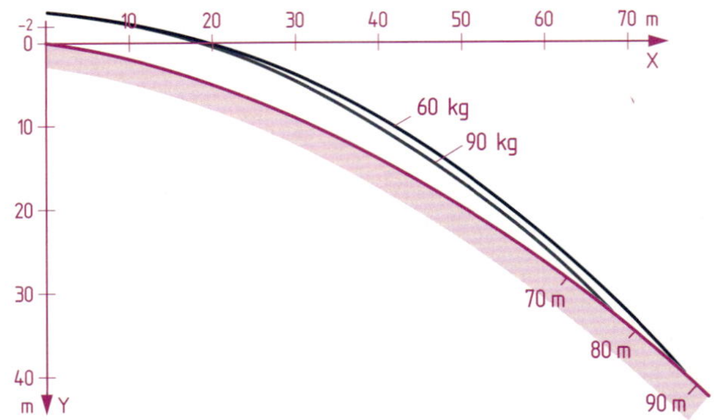

Abb. 13.12: *Simulation zweier KSP-Flugbahnen bei gleicher Geschwindigkeit und gleichem Absprungwinkel, aber bei unterschiedlicher Masse. Der Weitengewinn durch Reduzierung der Masse beträgt in diesem Beispiel rund 17%.*

KNOW-HOW – Leichtgewichtige Springer

Leichtgewichtige Springer

Die so genannte **BMI-Regel** wurde eingeführt, um den Trend zu immer leichtgewichtigeren Skispringern zu stoppen. Der **Body Mass Index** (kurz BMI) berechnet sich aus Körpermasse in Kilogramm durch Körpergröße in Metern zum Quadrat, also BMI = kg/m^2 (siehe auch S. ??, Kap. ??). **Ein BMI von 18,5 ist die Ausgangsgröße** für diese Regel. Diesen Wert hat zum Beispiel eine Person mit 60 kg bei einer Größe von 1,80 m und er wird laut Weltgesundheitsorganisation (WHO) als **leistungsminderndes Untergewicht** bezeichnet. Wenn man die Ausrüstung dazuzählt, dann erhöht sich der Wert bei Wettkämpfen auf 20.

Wird **beim Wiegen nach dem Sprung mit Anzug und Schuhen** (aber ohne Helm und Ski) ein BMI von weniger als 20 ermittelt, müssten die Ski in Relation zum fehlenden Gewicht gekürzt sein. Aus der normalerweise zulässigen **Skilänge** von **146 % der Körpergröße** (z.B. 146 % von 1,84 m = 2,69 m Skilänge) wird dann eine zulässige Skilänge von 2,65 m, „normale" Skilänge würde zur Disqualifikation führen. **Thomas Morgenstern** hatte in der Saison 2007/08, als er den Gesamtweltcup gewann, mit 1,84 m und 66 kg ohne Ausrüstung einen BMI von 19,5.

Aerodynamik

Wenn ein Springer durch die Luft fliegt, dann wirkt auf ihn eine „Luftkraft". Diese wird sinnvoller Weise in zwei Komponenten zerlegt, nämlich in die **Luftwiderstandskraft** $\mathbf{F_W}$ und die **Luftauftriebskraft** $\mathbf{F_A}$, kurz Auftrieb genannt. Wir sehen uns im Folgenden nur diesen Auftrieb an.

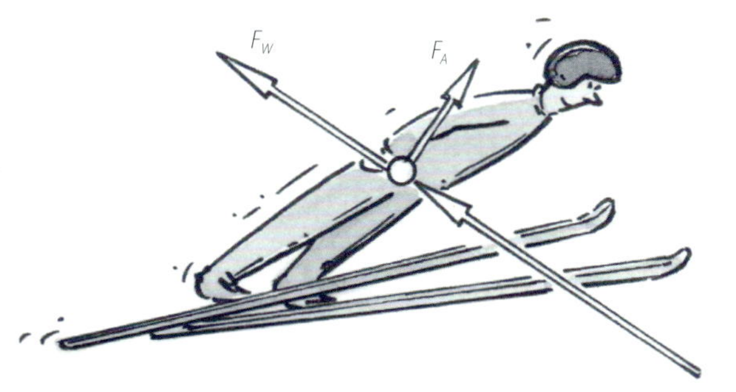

Abb. 13.13: *Die beiden Komponenten der „Luftkraft", die auf den Skispringer wirken.*

Mathematisch kann man den Auftrieb so beschreiben:

$$F_A = \frac{1}{2} c_A \rho A v^2.$$

Weil die physikalische Beschreibung des Fluges sehr kompliziert ist, werden wir im Folgenden vereinfachen, damit das Prinzip klar wird. ρ **ist die Dichte** der Luft, die nicht verändert werden kann. **v ist die Anströmgeschwindigkeit** der Luft. Diese ist mit dem Absprung gegeben und kann ebenfalls nicht verändert werden. c_A ist der **Auftriebsbeiwert**. Er ist nicht unabhängig von A, aber wir gehen nicht näher auf ihn ein. Wenn wir alle eben beschriebenen Werte als konstant betrachten, bleibt nur mehr A über.

A ist die so genannte **Anströmfläche oder Schattenfläche**. Sie entspricht nämlich der Fläche des Schattens, den das Objekt werfen würde, wenn man es mit parallelem Licht in Anströmrichtung beleuchtet (Abb. 13.14). Diese Schattenfläche und somit auch der Auftrieb kann durch einen weiten Sprunganzug und durch die **V-Technik vergrößert werden**.

Abb. 13.14

Flugtechnik

Ähnlich wie beim Hochsprung (siehe Abb. 10.7, S. 76) machte auch beim Skispringen die Technik eine lange Entwicklungsphase durch. In der Anfangszeit war die **Sprungweite noch völlig unwichtig** und es kam viel mehr auf einen möglichst ästhetischen Sprungstil an. Man sprang daher zum Beispiel völlig aufrecht (Abb. 13.15a).

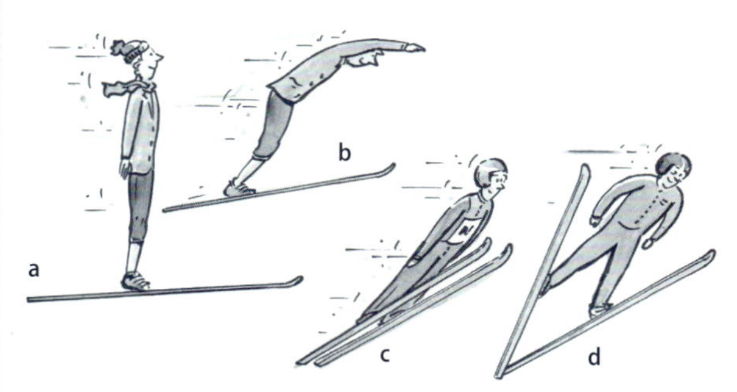

Abb. 13.15: *einige Beispiele für die Entwicklung des Sprungstils*

Zu **Beginn des 20. Jahrhunderts** wurden **die Sprungweiten wichtiger**. Die Skispringer begannen, ihre Oberkörper weit nach vorne zu strecken (b). Dabei gab es viele Variationsmöglichkeiten (siehe auch Abb. 13.1). Lange Zeit hielt sich dann die **klassische Technik** (c), bei der die Arme an den Körper gelegt wurden und die Skiführung parallel war. Eine große **technische Revolution gab es 1989**, als der **V-Stil** entwickelt wurde (d).

2) Weiters hängt die Flugbahn von den **aerodynamischen Parametern** ab (*Know-how Aerodynamik*). Wichtig ist vor allem, dass die **Schattenfläche** möglichst groß ist, damit der Auftrieb in der Luft erhöht werden kann. Der Springer erfährt dann ähnlich wie eine Tragfläche eine Kraft nach oben, die den Flug verlängert.

2a) Von Seiten des **Materials** kann hier ein weiter **Anzug** helfen, die Anströmfläche zu erhöhen, allerdings gibt es eine Regel für die Maximalgröße, die sich individuell am Körper des Athleten orientiert (Abb. 13.16).

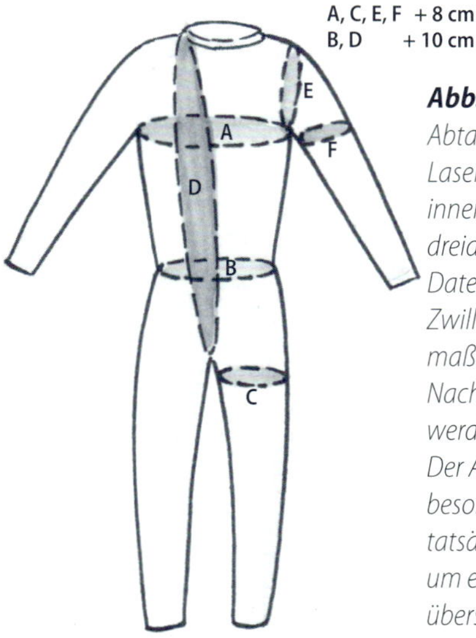

Abb. 13.16: *Durch die Abtastung des Athleten mittels Laser werden die Körpermaße innerhalb von Sekunden dreidimensional erfasst. Die Daten stellen einen „digitalen Zwilling" dar, dessen Körpermaße somit ohne manuelles Nachmessen genau berechnet werden können. Der Anzug darf an 6 besonderen Messstellen die tatsächlichen Umfänge nur um einige Toleranzzentimeter überschreiten.*

2b) Aber auch die richtige **Flugtechnik** kann helfen, die Anströmfläche zu vergrößern. Das war einer der Gründe, warum es im Laufe von über 100 Jahren zu einer ständigen Weiterentwicklung der Sprungtechnik kam (*Know-how Flugtechnik*). Auch heutzutage wird immer wieder in **Windkanälen** experimentiert, um die Technik noch weiter zu verfeinern.

13 Skispringen

Der erste Springer, der die Ski in der Luft V-förmig spreizte und damit den Gesamt-Weltcup in der Saison 1989/90 gewann, war der Schwede **Jan Bokløv** (*Know-how Froschstil*). Dieser neue **V-Stil** führt aufgrund der **vergrößerten Schattenfläche** (Abb. 13.15c und d) zu einer besseren Aerodynamik und somit zu deutlich weiteren Sprünge. Ursprünglich musste Bokløv dafür hohe Punktabzüge in Kauf nehmen, weil die neue Technik als unästhetisch verpönt war. Es dauerte zwei Jahre, bis sich der neue Stil bei allen Springern durchsetzte und zu keinen Punktabzügen mehr führte.

Wie weit der Sprung oder der Flug gehen kann, hängt von der Art der Schanze ab. Heutzutage verwendet man als Maß für die Größe einer Schanze die so genannte **Hillsize**. Bei der größten Schanze in Planica liegt diese bei 215 m. Die Weitenpunkte werden jedoch immer noch nach dem so genannten **K-Punkt** vergeben (*Know-how Lexikon und Weitenpunkte*).
Auf Grund der besseren Ausrüstung, der immer größeren Schanzen und der besseren Sprungtechnik haben sich die Sprungweiten enorm entwickelt.

Froschstil KNOW-HOW

Froschstil
Jan Bokløv war ein fast unbekannter schwedischer Skispringer, als er Ende der 1980er Jahre das Skispringen revolutionierte. Im Jahr **1986** missglückte ihm angeblich ein Trainingssprung. Um einen Sturz zu vermeiden, nahm er die Skispitzen auseinander und sprang dadurch noch einige Meter weiter. Nach dieser Beobachtung begann er diesen Stil, der damals noch **Froschstil** oder auch **Bokløv-Schere** genannt wurde, zu trainieren.
Er sprang bei der Vier-Schanzen-Tournee in der Saison 1986/87 das erste Mal mit dem neuen V-Stil. Dieser stieß zuerst auf heftige Ablehnung, da er den **ästhetischen Ansprüchen** nicht genügte. Vor allem die Norweger wehrten sich gegen den neuen Stil. Daher bekam Bokløv für diesen Stilbruch **hohe Abzüge bei den Haltungsnoten**, statt 19 oder 19,5 Punkte nur 14 oder 15 Punkte. Diese Abzüge konnte er in der ersten Zeit nicht immer durch die entsprechend größeren Weiten wieder gut machen, aber in der Saison 1988/89 gewann er den Gesamtweltcup. Nach Bokløv s Erfolgen stellten dennoch ab 1990 alle Skispringer auf die neue Technik um, für die es dann ab 1992 keinen Punktabzug mehr gab.

Die Landung

9 Frage
Was bezeichnet man als kritischen Punkt, Konstruktionspunkt und Hillsize? Was versteht man unter Telemark?

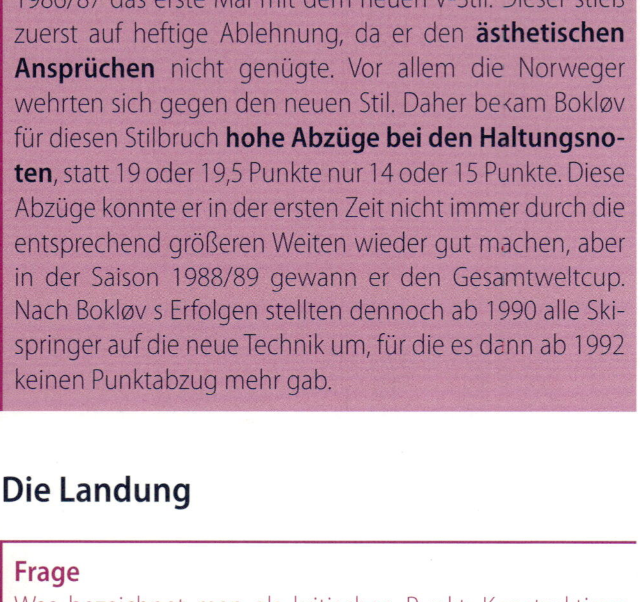

Abb. 13.17: *Der K-Punkt bezeichnet die Stelle des Auslaufs, ab der es wieder flacher wird. Die Hillsize ist der Abstand vom Schanzentisch bis zu der Linie, bei der die Neigung des Aufsprunghügels bei 32° liegt (siehe auch Tab. 13.1).*

Lexikon KNOW-HOW

Lexikon
Weiten werden generell von der Kante des Schanzentisches bis zum Ort des Aufsprungs gemessen, als ob man ein imaginäres Maßband **entlang des Hanges** legen würde. Die Weite wird mittels Videoweitenmessung auf 0,5 m genau bestimmt. Man unterscheidet drei wichtige Begriffe.
Kalkulations-Punkt (K-Punkt): Dieser Punkt, der auch Konstruktions-Punkt genannt wird und früher kritischer Punkt, ist an jener Stelle des Aufsprunghügels, an dem dieser **wieder flacher** wird (Abb. 13.17). Der K-Wert einer Schanze ist immer kleiner als ihre Hillsize (siehe unten).

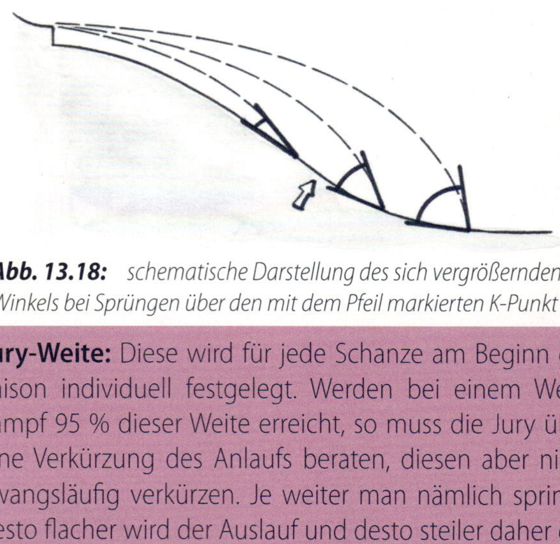

Abb. 13.18: *schematische Darstellung des sich vergrößernden Winkels bei Sprüngen über den mit dem Pfeil markierten K-Punkt*

Jury-Weite: Diese wird für jede Schanze am Beginn der Saison individuell festgelegt. Werden bei einem Wettkampf 95 % dieser Weite erreicht, so muss die Jury über eine Verkürzung des Anlaufs beraten, diesen aber nicht zwangsläufig verkürzen. Je weiter man nämlich springt, desto flacher wird der Auslauf und desto steiler daher der Aufsprungwinkel (Abb. 13.18). Dadurch vergrößern sich auch die Kräfte, denen bei der Landung standgehalten werden muss. Das kann zu schlimmen Stürzen führen.
Hillsize: Bis 2004 existierte als offizielle Größenangabe einer Skisprungschanze der **K-Punkt** (siehe oben). Dann wurde zum besseren Größenvergleich die Hillsize (Schanzengröße) eingeführt. Diese wird an dem Punkt festgelegt, an dem die Neigung des Aufsprunghügels 32° beträgt (siehe Abb. 13.17). Diese Stelle wird durch eine durchgehende Linie gekennzeichnet. Die ehemalige **K120 Schanze in Innsbruck** wird nun mit einer **Hillsize von 130 m** angegeben, die **K185-Schanze in Planica mit 215 m**. Die Sprungweiten-Punkte werden jedoch immer noch am weiterhin existierenden K-Punkt vergeben.

Weitenpunkt **KNOW-HOW**

Weitenpunkte

Die **Gesamtpunktezahl**, die ein Springer für seinen Sprung erhält, setzt sich aus den Punkten für Weite und Haltung zusammen. Die **Weitennote** errechnet sich aus dem **K-Punkt** der Schanze und der gemessenen Sprungweite. Für einen Sprung genau auf den K-Punkt werden 60 Weitenpunkte vergeben (bei Flugschanzen 120). Für jeden Meter über oder unterhalb des K-Punkts werden abhängig von der Schanzengröße Weitenpunkte addiert oder subtrahiert. Bei Großschanzen, die am häufigsten im Weltcup vertreten sind, sind dies **1,8 Punkte pro Meter**. Daraus ergibt sich die Gesamtpunktezahl für die gesprungene Weite (siehe Tab. 13.2)

Weite	K-Punkt	Berechnung	Weitenpunkte
125 m	120 m	60 + (125 – 120)*1,8	69,0

Tab. 13.2: *Berechnung der Weitenpunkte*

Dazu kommen noch die **Haltungsnoten**. Fünf Punkterichter vergeben Noten für drei zu bewertenden Kategorien: Flug, Landung und Ausfahrt. Von der Idealnote 20,0 werden in jeder Fehlergruppe 0 bis 5 bzw. in der Gruppe Ausfahrt 7 Punkte in 0,5-er-Schritten abgezogen. Von den fünf Punktwerten werden die höchste und die niedrigste Punktzahl gestrichen, so dass der Springer maximal 60 Punkte Haltungsnote erhalten kann (siehe Tab. 13.3). Die Gesamtpunktezahl für einen Sprung ergibt sich dann aus der Summe von Weiten- und Haltungsnote. In unserem Beispiel wäre die Gesamtnote 69 + 56 = 125.

	A	B	C	D	E	Haltungsnote
Flug	0,5	0,5	0,5	0,0	0,5	
Landung	1,5	1,0	0,5	1,5	0,5	
Ausfahrt	0,5	0,0	0,0	0,0	0,0	
	~~17,5~~	18,5	~~19,0~~	18,5	19,0	56

Tab. 13.3

Der erste Sprung über 100 Meter gelang dem Österreicher Sepp „Bubi" Bradl 1936 in Planica mit 101,5 Metern. Andreas Goldberger (AUT) sprang 1994 ebenfalls in Planica als erster Mensch über 200 Meter (202 Meter), konnte den Sprung aber nicht stehen. Somit gelang Toni Nieminen (FIN) mit 203 Metern der erste 200-Meter-Sprung. Momentan liegt der Weltrekord bei 239 m, gehalten vom Norweger Bjørn Einar Romøren (Stand 2008).

Abb. 13.19: *Links Telemark-Landung: das vordere Bein muss mindestens eine Schuhlänge vor dem hinteren sein, der Skiabstand darf maximal 2 Skibreiten betragen; rechts ein so genanntes „Kacherl".*

Nicht nur bei der Benotung des Flugstils, sondern auch bei der Landung zeigt sich, dass immer noch auf Ästhetik Wert gelegt wird. Wer nicht mit einer Telemark-Landung (Abb. 13.19 links) aufsetzt, sondern mit einem „Kacherl", bekommt bis zu 1,5 Punkten Abzug.

Frage 10

Wovon hängt die Geschwindigkeit am Schanzentisch ab, und wie groß ist sie? Durch welche sinnvollen Maßnahmen kann man die Anfahrtsgeschwindigkeit vergrößern? Wie groß ist die Anlauflänge bei Schanzen? Was versteht man unter einer Luke?

Frage 11

Wie weit fährt ein Springer während des Absprungs? Mit welcher Orts- und Zeitgenauigkeit sollte der Absprung im Idealfall getroffen werden? Welche Neigung hat der Schanzentisch und warum? Was ist das wichtigste konditionelle Merkmal eines Skispringers? Welchen vertikalen Abstand von der Fußspitze hat der KSP in der Anfahrt und beim Absprung?

Frage 12

Was ist die V-Technik und warum hat sie sich durchgesetzt? Was ist der BMI und was hat er mit dem Skispringen zu tun? Wie kann man die Aerodynamik in der Luft verbessern? Welche Rolle spielt der Sprunganzug und welche Regeln gibt es dazu?

Frage 13

Nach welchem Modus werden die Punkte nach einem Sprung vergeben? Was versteht man unter K-Punkt, Jury-Weite und Hillsize? Welchen Einfluss haben die Haltungsnoten?

Aufgabe 14

Suche dir aus dem Internet Gewicht und Größe der momentan besten Springer und berechne damit ihren BMI.

Literatur

HAIM Harald: Strukturanalyse von Imitations- und Schanzensprünge anhand biomechanischer Kenngrößen. Salzburg, Univ., Dipl.-Arb., 2004

JAHN Jens: Enzyklopädie des Skispringens. AGON Sportverlag, Kassel 2004

MAHNKE Rolf / MÜLLER Sören / KREIBICH Sascha: Anpassung und Weiterentwicklung des Verfahrens zur Einschätzung der Skisprungleistung anhand der Indexwerte Biomechanischer Punktwert und Punktwert Flugqualität. Zeitschrift für Angewandte Trainingswissenschaft, Meyer & Meyer, Aachen 2005(2), 75-90

MAHNKE Rolf / MROSS Horst / MÜLLER Sören: Entwicklungstendenzen im Skispringen im Olympiazyklus 1998-2002. 2002

SCHWAMEDER Hermann / MÜLLER Erich: Biomechanics in ski jumping: A review. European Journal of Sport Science, 1536-7290, Volume 1, Issue 1, 2001, Pages 1-16

REISENBERGER Ewald: Untersuchungen zum aerodynamischen Verhalten von Schispringern. Graz, Techn. Univ., Diss., 2005

14 Sportunfälle, -verletzungen, -schäden

1

Frage

In Abb. 14.1 siehst du die Entwicklung der Zahl der stationär behandelten Unfälle über rund 25 Jahre. Was ist die Kernaussage dieser Grafik?

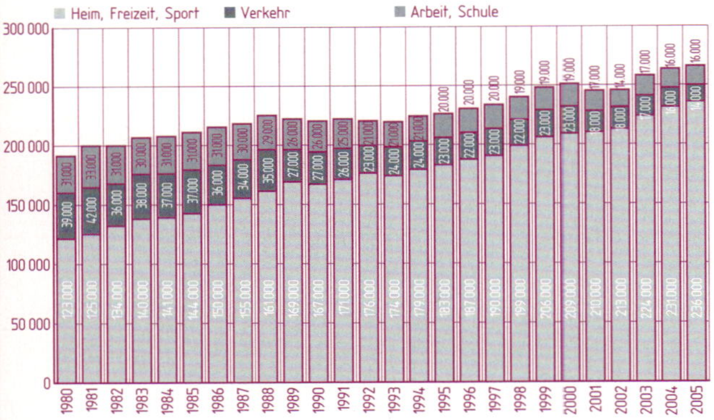

Abb. 14.1: *Stationär behandelte Unfälle*

2

Frage

Was versteht man unter stationärer und ambulanter Behandlung?

3

Frage

Sieh dir Tab. 14.1 an. In welchen Sportarten gibt es besonders viele Verletzungen? Welche Sportarten weisen ein besonders hohes Risiko auf? Warum ist diese Unterscheidung wichtig?

Sportart	Ausübende ab 15 Jahren	Unfälle ab 15 Jahren	Risiko je 1.000 Ausübende ab 15 Jahren
Aerobic/Gymnasitk/Tanz	1.529.300	2.500	1,6
Basketball/Streetball/Handball	436.700	7.400	6,3
Volleyball/Beachvolleyball	745.100		
Eislaufen/Eiskockey	1.383.100	5.200	3,8
Fußball	1.175.700	23.200	19,7
Inlineskating/Skateboarden	578.700	5.000	8,6
Kampfsport	228.900	3.000	13,1
Klettern/Bergsteigen	677.400	0	0,0
Laufen/Joggen	2.589.400	6.400	2,5
Mountainbiken/Radsport Gelände	593.900	5.000	8,4
Pistenskifahren (alpin)	2.257.700	39.700	17,6
Radfahren (allg.)	4.530.800	18.800	4,1
Reiten	235.900	4.100	17,4
Skilanglaufen	1.084.400	6.100	5,6
Skiwandern/Tourenskifahren	465.600	0	0,0
Schwimmen	4.194.400	2.100	0,5
Segeln/Windsurfen	291.400	0	0,0
Snowboarden	271.700	11.800	43,4
Tennis	676.400		
Tischtennis	1.196.000	3.800	1,3
Federball/Badminton	1.108.600		
Wandern/Bergwandern	3.651.900	7.200	2,0

Tab. 14.1: *Ausübende, Unfälle und Verletzungsrisiko bei verschiedenen Sportarten (Quelle KfV 2007).*

Mit dem Sport ist unvermeidbar das **Auftreten von Verletzungen** verbunden. Die steigende Zahl der Sporttreibenden erhöht damit auch zwangsläufig den Prozentsatz der Sportverletzungen relativ zur Gesamtzahl aller Verletzungen (*Know-how Kuratorium für Verkehrssicherheit*). In Abb. 14.1 kannst du sehen, dass 1980 rund 120.000 **stationär behandelte** Unfälle dem Bereich **Heim, Freizeit und Sport** zuzuordnen waren, im Jahr 2005 aber bereits etwa 240.000, also rund doppelt so viel!

Aber nicht jede Verletzung endet mit einer stationären Behandlung, also mit einem Spitalsaufenthalt. Viele können **ambulant** versorgt werden. Dabei kann der/die Patient/in am selben Tag wieder nach Hause gehen. Im Jahr 2006 gab es in Österreich in Summe (also ambulant und stationär) rund 822.000 versorgte Verletzungen. Abb. 14.2 zeigt die Aufschlüsselung dieser Unfälle. Rund ein Viertel davon ist dem Sport zuzuschreiben. Absolut sind das immerhin rund 200.000 Verletzungen durch den Sport im Jahr.

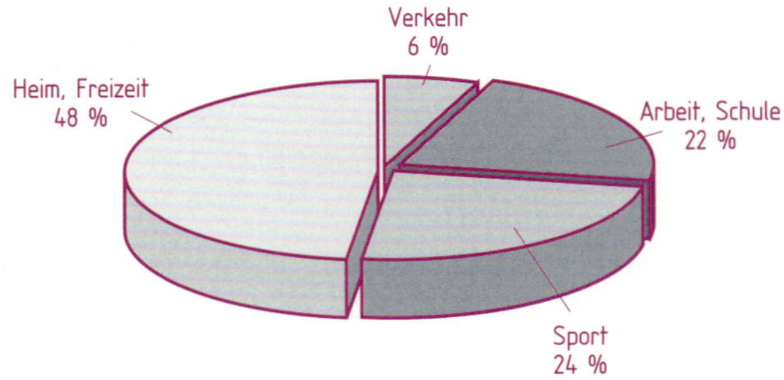

Abb. 14.2: *Aufteilung Gesamtzahl der Unfälle auf die verschiedenen Bereiche (Quelle KfV 2006)*

Zu den Sportarten mit den **absolut gesehen meisten Unfällen** zählen Skifahren, Fußball und Radfahren (siehe Tab. 14.1). Aber natürlich treten in Sportarten, die sehr häufig ausgeübt werden, auch mehr Verletzungen auf. Um das Verletzungsrisiko beim Ausüben einer Sportart zu berechnen, also die **relative Anzahl der Unfälle**, muss man die Anzahl der Verletzungen ins Verhältnis mit der Anzahl der Ausübenden setzten. Hier ergibt sich ein anderes Bild. Die gefährlichste Sportart ist dann mit großem Abstand Snowboarding, gefolgt von Fußball, Skifahren und Reiten.

KNOW-HOW Kuratorium für ...

Kuratorium für Verkehrsicherheit

Seit 1996 erhebt das Kuratorium für Verkehrssicherheit (KfV) als einzige Organisation in Österreich Daten zum Unfallgeschehen zu Hause, in der Freizeit und beim Sport und publiziert diese jährlich in der **Freizeitunfallstatistik** (www.kfv.at).

Der Aufwand, um diese Daten erheben zu können, ist sehr groß. Dazu werden in acht österreichischen Spitälern ambulant und stationär behandelte **Unfallopfer interviewt**. Dabei werden Fakten über Ursachen, beteiligte Produkte, betroffene Personen und Verletzungen erhoben. **Jährlich werden zwei Prozent aller Unfälle in 10.000 Interviews erfasst!** Auf dieser Basis sind **Hochrechnungen** für das ganze Bundesgebiet möglich. Die Daten werden auch an die Europäische Kommission weitergeleitet und bilden den österreichischen Beitrag für die **European Injury Database**. Diese Erhebungen sind natürlich kein Selbstzweck, denn wirksame Unfallverhütung braucht Wissen über Unfallursachen.

Auf Grund der hohen Verletzungsanzahl ist es kein Wunder, dass Versicherungen immer wieder fordern, dass Sportunfälle nicht in die Grundversicherung mit einzubeziehen sind und Freizeitsportler/innen eine zusätzliche Versicherung abschließen sollen.

Im Folgenden sollen einige der wichtigsten Sportverletzungen exemplarisch dargestellt werden. Zu diesen Verletzungen gehören Muskel-, Sehnen-, Knochen- und Gelenksverletzungen.

Muskelverletzungen

4

Frage
Wie viel Prozent der Körpermasse macht die Muskulatur aus? Was sind die Vor- und Nachteile ihrer guten Durchblutung?

5

Frage
Was passiert eigentlich bei einem Muskelkater? Wie wird er ausgelöst? Was kann man zu seiner Vermeidung tun und was, um sein Abklingen zu beschleunigen? Kann man durch Stretching nach einer Belastung Muskelkater vermeiden oder verringern?

6

Frage
Was ist der Unterschied zwischen einer Muskelzerrung und einem Muskelfaserriss? Wie kann man einen Muskelriss unmittelbar nach der Verletzung meistens erkennen? Was ist ein Hämatom?

Jeder Mensch besitzt über 600 willkürliche Muskeln, wobei diese beim **Mann etwa 40 %, bei der Frau etwa 25 %** der Gesamtkörpermasse ausmachen. Natürlich hängt aber der Anteil der Muskulatur auch von der Lebensweise ab. Bei Bodybuildern kann die Muskulatur bis zu 60 % der Körpermasse betragen.
In den Extrembereichen des Sports muss die Muskulatur kurzfristige Spitzenbelastungen aushalten, etwa bei einem **Sprung** (siehe *Know-how Hochsprungleistung*, S. 79), oder mehrere Stunden anhaltende Dauerbelastungen, etwa bei einem **Marathon**. Wird die momentan mögliche Belastungstoleranz überschritten, so kann es zu Muskelverletzungen kommen, die mechanisch gesehen eine Folge **überschrittener Dehnbarkeit** sind.

Da die Muskulatur ein sehr gut durchblutetes Gewebe ist und sich die Durchblutung unter aktiver Belastung um ein Vielfaches erhöhen kann, stellt die Blutungsbereitschaft bei einer Verletzung ein Schlüsselproblem dar. Dadurch kann es zu **großen Blutergüssen** (Hämatomen) im Muskel kommen. Andererseits gestaltet sich die **Heilung der Muskelverletzung** durch diese große Blutgefäßdichte außerordentlich günstig. Ein Muskel hat mehrere tausend Haargefäße pro mm^3!

Muskelkater

Ein allgemein bekanntes Phänomen ist der **Muskelkater**. Er tritt erst einige Zeit nach einem ungewohnten, intensiven Training auf. Die betroffene Muskulatur ist verhärtet, empfindlich gegen Berührung und schmerzt bei Bewegung. Lange Zeit nahm man an, dass Muskelkater durch Milchsäure zustande kommt. Das gilt heute aber als widerlegt (*Know-how Widerlegte Hypothese*).

KNOW-HOW Widerlegte Hypothese

Widerlegte Hypothese
Früher nahm man eine **Übersäuerung des Muskels** durch Milchsäure (Laktat) als Ursache für den Muskelkater an. Diese Hypothese ist jedoch durch folgende Fakten **widerlegt worden**:

1) Ein Muskelkater tritt hauptsächlich bei **ungeübten Sportlern** auf. Milchsäure wird jedoch sowohl vom Anfänger als auch vom Leistungssportler produziert.
2) Nach der Milchsäurehypothese müsste ein Muskelkater besonders durch sportliche Betätigungen entstehen, bei denen sehr hohe Milchsäurewerte gemessen werden, wie zum Beispiel beim 400-Meter-Lauf. Die Praxis zeigt jedoch, dass er häufiger **nach Krafttraining** auftritt, bei dem nicht so viel Milchsäure gebildet wird.
3) Milchsäure hat bei mittleren Laktatwerten (um 10 bis 15 mmol/l) eine **Halbwertszeit** von etwa 20 Minuten. Danach ist also die Hälfte abgebaut. Selbst nach starken Belastungen ist der Laktatspiegel nach etwa einer Stunde bis 90 Minuten wieder auf den Ruhewert abgesunken (Abb. 14.3). Ein Muskelkater tritt aber **erst Stunden später** auf, nachdem sich der Laktatspiegel längst normalisiert hat.

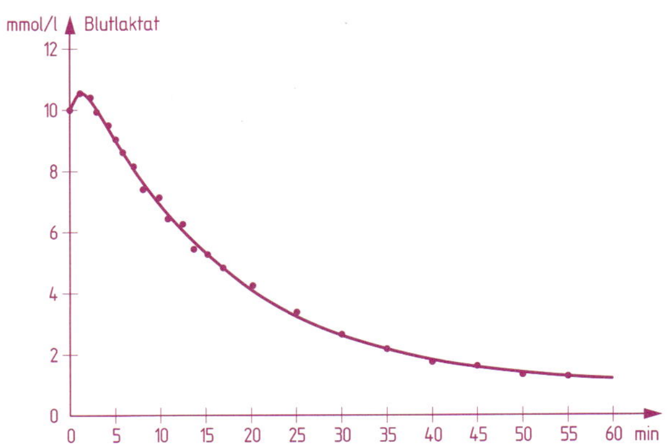

Abb. 14.3: *Abbau des Laktats nach einer Belastung: Das Laktat wird dazu im Blut gemessen, das man aus dem Ohrläppchen abnimmt. Nach einer Stunde ist in diesem Beispiel wieder der Ruhewert erreicht.*

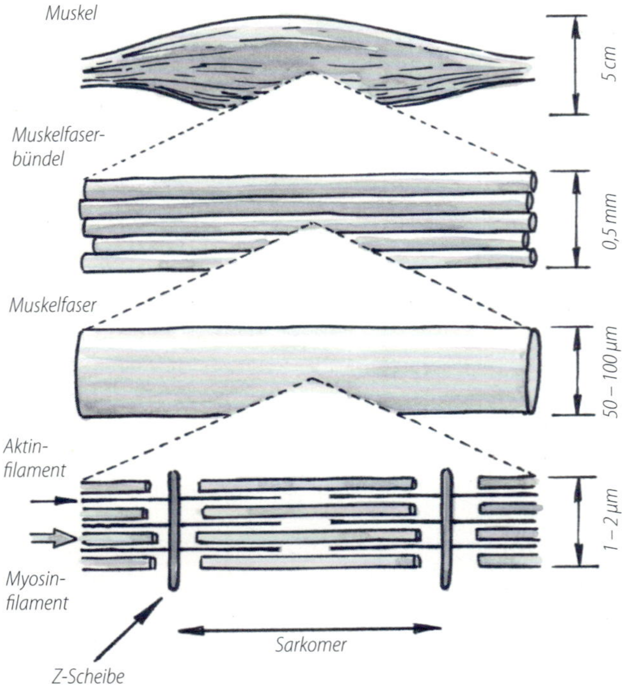

Abb. 14.4: *Auf unterster Ebene besteht ein Muskel aus dünnsten Proteinfäden (Filamenten). Diese gleiten beim Zusammenziehen des Muskels ineinander. Die kleinste sich zusammenziehende Einheit nennt man* ***Sarkomer****. Diese werden durch die* ***Z-Scheiben*** *abgegrenzt, die relativ leicht verletzbar sind. In diesen Stellen kommt es beim Muskelkater zu kleinsten Einrissen. In diese Abbildung ist das Titin nicht eingezeichnet (siehe Kap. 15, Know-how Titin, Abb. 15.11).*

Heute geht man davon aus, dass es sich beim Muskelkater um kleine Risse im Muskelgewebe handelt. Man spricht von **Mikrotraumata**. Trauma ist ein allgemeiner medizinischer Ausdruck für eine Verletzung durch Gewalteinwirkung. Diese kleinsten Verletzungen treten vor allem in den Z-Scheiben auf, weil an dieser Stelle der Muskel besonders verletzlich auf Zug reagiert (siehe Abb. 14.4 und 14.5).

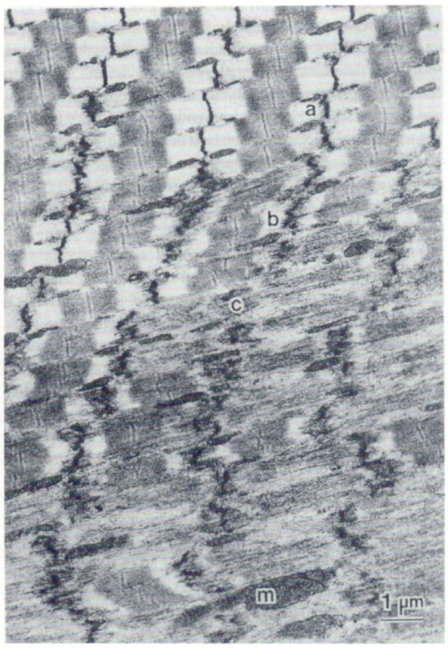

Abb. 14.5: *Ein Muskel unter dem Elektronenmikroskop: Beim Muskelkater kommt es zu Verbreiterungen (a und b) oder sogar zu Zerstörungen (c) der Z-Scheiben.*

Diese Risse entstehen vor allem **beim Bremsen von Bewegungen**, etwa beim Bergabgehen oder Abfedern eines Sprungs und bei ungewohnten und neuen Bewegungen. In vielen Fällen ist der Muskelkater Ausdruck mangelnden Trainings.

Natürlich stellt sich die Frage, warum im Augenblick der Verletzung kein Schmerz verspürt wird. Der Grund liegt darin, dass die Endigungen der Schmerznerven außerhalb der Muskelfasern liegen, nämlich im Bindegewebe. Die Entzündungen, die durch die Risse entstehen, führen durch Eindringen von Wasser zum Anschwellen des Muskels. Man spricht in diesem Fall von einem **Ödem**. Diese Wasseransammlung und die dadurch verursachte Dehnung des Gewebes sowie die Selbstauflösung (**Autolyse**) der zerstörten Faserstrukturen führen zu den bekannten Muskelschmerzen, die sich etwa **nach etwa 12 bis 24 Stunden** einstellen. Auf Englisch nennt man den Muskelkater daher auch etwas sperrig **delayed onset muscle soreness** (kurz DOMS), was sinngemäß soviel wie „Muskelschmerzen mit verzögerter Beginn" bedeutet.

Beim Muskelkater handelt es sich also um eine Entzündung des Gewebes. Diese Entzündung ist nichts anderes als das körpereigene Verfahren zur Reparatur entstandener Schäden. Der Schmerz, den du begleitend verspürst, trägt zur Schonung des Gewebes bei, weil man sich dadurch automatisch weniger bewegt. Der Muskelkater erreicht meist am zweiten Tag seinen Höhepunkt und klingt dann langsam ab.

Wie kann man einen Muskelkater vermeiden?

1) Bei fehlendem Training, nach längeren Trainingspausen und beim Erlernen neuer Bewegungen muss man **die Belastung vorsichtig steigern**. Muskelkater ist meistens ein Zeichen mangelnden Trainings.
2) Auch wenn du regelmäßig Sport betreibst, solltest du bei ungewohnten Bewegungen **mit geringer Intensität beginnen** und diese langsam und kontinuierlich steigern. Dies gilt insbesondere bei exzentrischer Belastung, also bei abbremsenden Bewegungen.

KNOW-HOW

Stretchingmythos

Es ist ein weit verbreitetes Gerücht, dass man durch **Stretching nach einer Belastung** Muskelkater verhindern kann. Warum stimmt das nicht? Beim Muskelkater handelt es sich um Verletzungen der Z-Scheiben (siehe Abb. 14.5). Diese spürt man, auch wenn sie schon passiert sind, viele Stunden später.

Wenn man nun nach der Belastung dehnt, dann setzt man die **Z-Scheiben einer neuerlichen Belastung aus**. Diese kann natürlich bereits kaputte Strukturen nicht reparieren. **Sie kann den Muskelkater verstärken oder sogar überhaupt erst auslösen.** Daher: Vorsicht mit hartem Stretching nach schweren Belastungen.

3) **Wärme dich** vor jeder sportlichen Aktivität **sorgfältig auf!** Dass Stretching nach dem Sport einen Muskelkater verhindern kann, ist ein weit verbreitetes Gerücht (*Know-how Stretchingmythos*)!

Was macht man bei Muskelkater?

Zu den Maßnahmen, die bei einem Muskelkater durchgeführt werden sollen, gibt es viele, sich teils widersprechende wissenschaftliche Meinungen. Gut ist wahrscheinlich alles, was die **Durchblutung erhöht**, weil dadurch der Abtransport des Ödems bescheunigt wird, also **leichtes Training**, Wärmebehandlungen, vorsichtiges Dehnen und Massagen. Eis ist abzulehnen, weil es verhindert, dass die Entzündung schnell abklingt. Auf jeden Fall sollte man **hohe Kraftbelastungen** vermeiden.

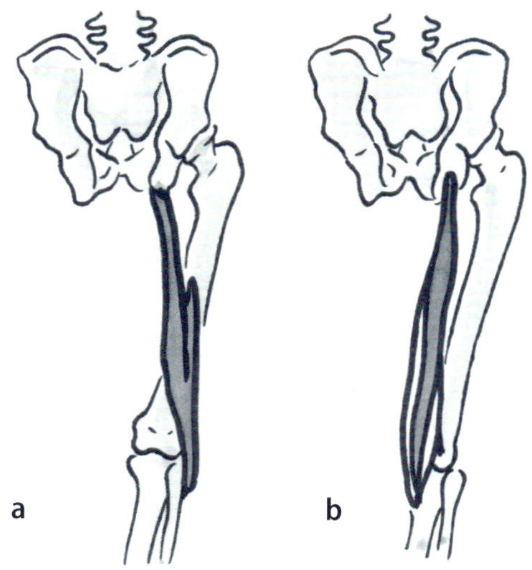

Abb. 14.6: *Diese Muskeln sind für die Beugung des Knies verantwortlich und neigen zu Zerrungen. a) M. biceps femoris; b) M. semimembranosus (hell) und M. semitendinosus (dunkel). Alle drei Muskeln zusammen bezeichnet man als ischiocrurale Muskulatur oder kurz als hamstring.*

Muskelzerrung

Bei der Muskelzerrung oder auch Muskelüberdehnung handelt es sich um eine in Längsrichtung des Muskels erfolgte Zugverletzung, bei der **ausschließlich das Gewebe um eine Muskelfaser gedehnt wird, ohne dass die Faser selbst verletzt wird** und blutet. Es ist jedoch oft schwierig, zwischen einer Muskelzerrung und einem Muskeleinriss (siehe unten) zu unterscheiden. Denn meistens kommt es auch bei der Muskelzerrung zu mikroskopisch kleinen Muskelfaserrissen. Wenn man sich an bestimmte Richtlinien hält, kann man das Auftreten von Zerrungen deutlich minimieren (*Know-how Vermeidung von Muskelverletzungen*).

KNOW-HOW

Vermeidung von Muskelverletzungen
- Vermeidung von Muskelaktivität in ermüdetem oder schlecht erholtem Zustand und nach Verletzungen
- ausreichendes Training mit sportartspezifischer Schulung von Kraft, Schnelligkeit, Ausdauer und Koordination
- ausreichende begleitende Maßnahmen wie Aufwärmen, Cool Down, Dehnen oder Massage
- sportartgerechte Kleidung zur Aufrechterhaltung einer hohen Muskeltemperatur
- Auf den Flüssigkeits- und Elektrolythaushalt achten

Typische **Verletzungsmuster für Zerrungen** sind plötzliches Abbremsen, Sprints, aber auch Brems- und Beschleunigungskombinationen. Die Zerrung tritt mit unterschiedlich heftigem Schmerz auf, die Dauer der Funktionsstörung kann je nach Ausmaß des betroffenen Fasernetzes etwa eine Woche andauern. Oft kündigt sie sich mit Koordinationsstörungen oder einem **leichten Ziehen** im Muskel bereits vorher an. Zerrungen treten sehr häufig in der Beinmuskulatur auf, vor allem auf der Rückseite (Abb. 14.6). Bei Auftreten einer Zerrung gilt die **PECH-Regel** (*siehe Know-how PECH*).

PECH KNOW-HOW

PECH

PECH ist ein sogenanntes Akronym, besteht also aus den Anfangsbuchstaben anderer Wörter. Es steht für Pause, Eis, Kompression und Hochlagerung.

Pause: Der betroffene Körperteil sollte natürlich unverzüglich ruhig gestellt werden.

Eis: Die Kälte verhindert, dass das betroffene Gewebe allzu stark anschwillt. Außerdem lindert Kälte im Akutzustand die Schmerzen. Wichtig ist aber, das Eis nicht direkt auf die Haut bringen, weil dann Erfrierungsgefahr besteht. Die Einwirkungszeit sollte etwa 20 Minuten betragen.

Kompression: Ein rechtzeitig angelegter Druckverband verhindert, dass sich Schwellungen und Blutergüsse ausbreiten. Dank Druckverband werden die Gefäße so eng gestellt, dass keine weitere Blutung möglich ist.

Hochlagern: Der verletzte Körperteil sollte unbedingt hochgelagert werden, am Besten über Herzhöhe. So wird der Rückfluss des Blutes verbessert.

Die Akut-Phase einer Verletzung endet meist am zweiten Tag. Bis dahin sollte nichts gemacht werden, was die Durchblutung erhöht, weil sich dadurch der Bluterguss vergrößern würde. Deshalb sollten in dieser Zeit auch keine Salben einmassiert werden. Nach zwei Tagen kann die verletzte Region wieder dosiert beansprucht werden. Dann sind auch alle durchblutungsfördenden Maßnahmen günstig. Voraussetzung hierfür ist aber immer, dass die Verletzung harmlos ist und vom Arzt/von der Ärztin keine weiteren Behandlungsschritte angeraten werden.

Muskelfaserriss, Muskelriss

Muskelzerrung, Muskelfaserriss und Muskelriss beruhen auf **demselben Verletzungsmechanismus** und **unterscheiden sich nur durch das Ausmaß** der Schädigung. Im Gegensatz zur Zerrung kommt es beim Riss zu einer

Zerstörung von Muskelzellen und Einblutungen. Man unterscheidet je nach Anzahl der betroffenen Fasern Faserriss, Teilriss oder Totalriss.

Faserrisse treten in Sportarten, bei denen es auf Kraft und Schnellkraft ankommt, häufig auf, zum Beispiel beim Kurzstreckensprint. Am häufigsten sind Oberschenkelmuskulatur (Abb. 14.6 und 14.8) und Wadenmuskulatur betroffen (Abb. 14.7).

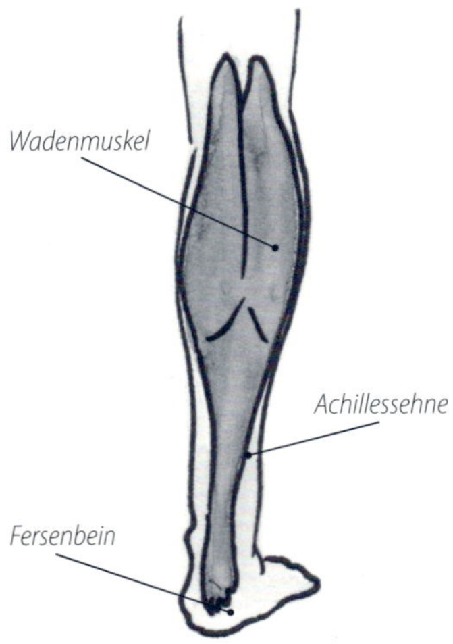

Abb. 14.7: *Beispiele für Einrisse bei Wadenmuskel und Achillessehne. Der Wadenmuskel hat etwa den 10-fachen Durchmesser der Achillessehne. Das ergibt sich aus den allgemeinen Zugeigenschaften von Muskeln und Sehnen.*

Derartige Risse sind durch einen plötzlich auftretenden Schmerz gekennzeichnet, der vom Verletzten wie ein **Peitschenhieb** oder **Stockschlag** empfunden wird. Nach dem Ereignis bleibt die Funktion des betroffenen Muskels über längere Zeit schmerzhaft eingeschränkt und es kommt beim Belasten zu einem stechenden, genau lokalisierbaren Schmerz. Auch beim Abtasten im Verletzungsbereich können diese Schmerzen ausgelöst werden. Oft zeigt sich auch eine Dellenbildung (Abb. 14.8). Außerdem kann nach einigen Stunden ein sichtbarer Bluterguss unterhalb der Verletzung auftreten. Sehr genau kann man Muskelrisse mittels **Sonografie** oder **Kernspintomografie** eingrenzen (*Know-how Bildgebende Verfahren*).

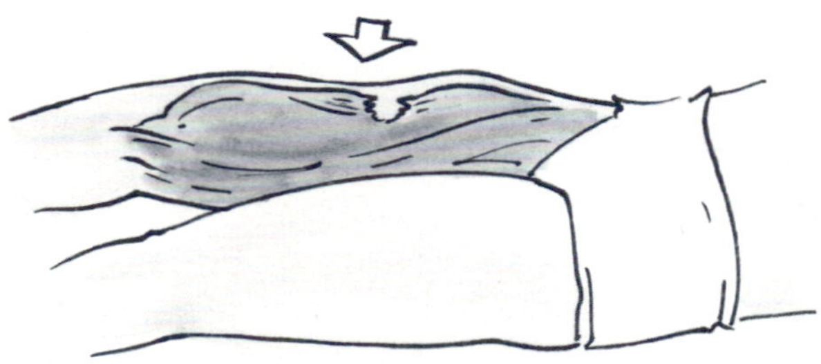

Abb. 14.8: *Riss im geraden vorderen Oberschenkelmuskel mit sichtbarer Dellenbildung.*

Als Sofortmaßnahme wird die **PECH-Regel** angewendet (siehe *Know-how* S. 105). Eine komplette Ruhigstellung ist später meist nicht notwendig, außer es musste operativ behandelt werden, etwa bei einem kompletten Durchriss oder bei einem Muskelriss größeren Ausmaßes. Der **vollständige Heilungsprozess verläuft über mindestens drei Wochen** (Abb. 14.11), kann jedoch auch weit über 10 Wochen dauern. Die Erfahrung zeigt, dass die vom Arzt empfohlenen Pausen oft missachtet werden, vor allem im Leistungssport (*Know-how Heilungsphase*).

KNOW-HOW Bildgebende Verfahren

Bildgebende Verfahren

Die **Sonografie** wird umgangssprachlich auch **Ultraschall** genannt, weil dieser eingesetzt wird, um die Bilder zu erhalten. Die **Kernspintomografie** wird auch **Magnetresonanztomografie** (MRT) genannt. Ihr Vorteil gegenüber einem Röntgen besteht darin, dass man Weichteile und Bindegewebe wesentlich besser erkennen kann.

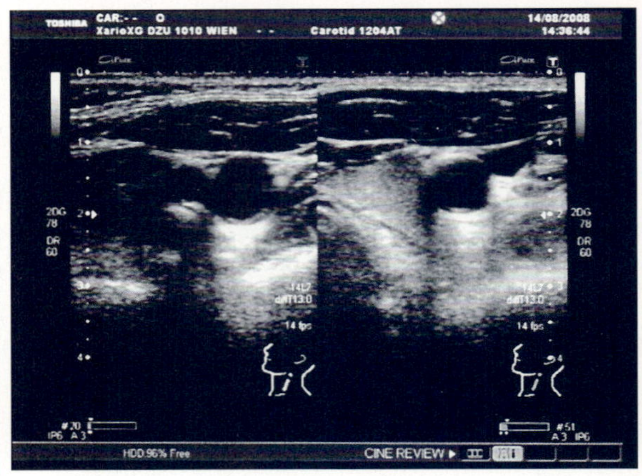

Abb. 14.9: *Ultraschallbilder der Halsschlagader (Carotis)*

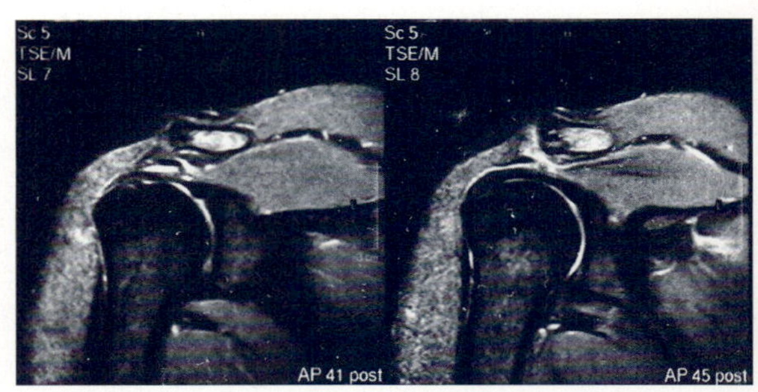

Abb. 14.10: *zwei MRT-Aufnahmen einer Schulter: Nicht nur die Knochen wie beim Röntgen, auch Muskeln und Bänder sind sehr gut zu erkennen.*

7

Aufgabe

Besorge dir weitere Informationen zu Sonografie und MRT aus dem Internet.

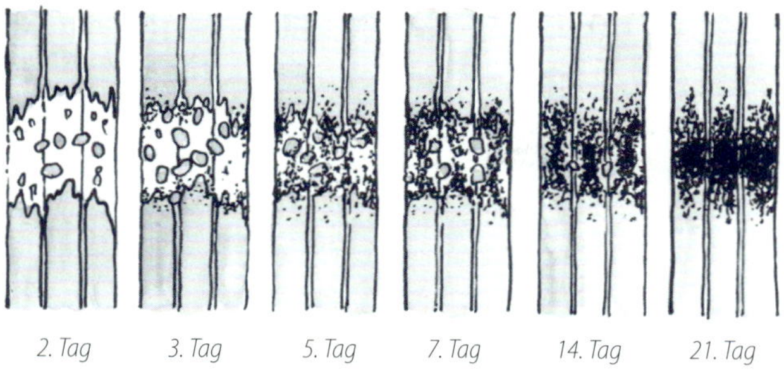

Abb. 14.11: *schematische Darstellung der Heilung von gerissenen Muskelfasern: Nach rund 3 Wochen ist die Verletzung ausgeheilt, es bleibt allerdings eine Narbe zurück.*

KNOW-HOW Heilungsphase

Heilungsphase

Bei **Muskelverletzungen** wird folgender Trainingsaufbau empfohlen:

Während der **ersten Tage** muss das Training auf statische Übungen beschränkt bleiben. Mit dynamischen Übungen kann frühestens nach Ablauf einer Woche begonnen werden. Der Umfang und die Intensität werden durch den Schmerz bestimmt.

Erst nach **zwei Wochen** sollte mit Dehnungsübungen und koordinativen Übungen begonnen werden.

Frühestens **drei Wochen** nach der Verletzung wird wieder mit dem Training begonnen, aber sehr extensiv (etwa mit leichtem Laufen).

Das spezifische Training mit hohen Intensitäten sollte erst **fünf Wochen** nach der Verletzung beginnen.

Diese Empfehlungen sind als Richtlinien zu verstehen, die der jeweiligen Situation angepasst werden können. Auf jeden Fall muss der/die Sportler/in über die **Folgen einer zu schnellen Wiederbelastung** aufgeklärt werden. Durch Faserrisse entstehen im Muskel Narben (Abb. 14.11). Wird das Training zu früh aufgenommen, kann es zur **Bildung weiterer Narben** kommen, wodurch die Muskelelastizität und in Folge auch die **Leistung des/der Sportlers/Sportlerin eingeschränkt** werden können.

Muskelprellungen

Die Prellung der Muskulatur entsteht beim Sturz, bei Schlägen, bei Balltreffern oder etwa beim Zusammenstoßen mit anderen Spielern oder harten Gegenständen. Dabei kommt es durch die **stumpfe Gewalteinwirkung zu einem Bluterguss im Muskel**. Um diesen so gering wie möglich zu halten, wird die PECH-Regel angewendet (siehe *Know-how* S. 105). Muskelprellungen sind meistens Bagatellverletzungen die nach einiger Zeit, wenn sich der Bluterguss aufgelöst hat, von selbst verschwinden. Sie können in einigen Fällen aber sehr schmerzhaft sein. Der „Pferdekuss" ist zum Beispiel eine bekannte und schmerzhafte Form der Muskelprellung bei Fußballspielern. Während einer Aktion trifft dabei das Knie eines Spielers/einer Spielerin den Oberschenkel des Gegners/der Gegnerin.

Sehnenverletzungen

Frage **8**

Was versteht man unter Sehnen? Was ist der Unterschied zwischen Sehnen und Bändern? Nenne einige Sehnen! Welches ist die stärkste Sehne im menschlichen Körper? Welche Belastung hält sie aus, also wie viel kg könnte man an diese Sehne hängen?

Frage **9**

In Abb. 14.7 siehst du am Beispiel des Wadenmuskels die typische bauchige Form eines Muskels. Wieso ist die Sehne viel dünner als der Muskel? Was sagt das über die Zugfestigkeit der Sehnen aus? Wieso setzt ein Muskel nicht direkt am Knochen an?

Frage **10**

Was versteht man unter den Begriffen elastisch und plastisch? Was passiert bei einer starken Bänderzerrung? Versuche dabei die Begriffe elastisch und plastisch zu verwenden.

Sehnen verbinden die Muskeln mit den Ansatzstellen am Knochen. Sie bestehen hauptsächlich aus **kollagenen Fasern**, das sind schwer dehnbare, aber sehr zugfeste Fasern.

Sehnen erfüllen zwei wesentliche Funktionen. **Erstens übertragen sie Kräfte** der Muskeln auf die Knochen und das oft über weite Strecken. So befinden sich fast alle Muskeln, die die Finger bewegen, im Unterarm. Schwer vorzustellen, dass sich ohne Sehnen diese Muskeln direkt in der Hand befinden würden.

Zweitens wirken Sehnen ähnlich wie eine Feder oder eine Bogensaite **als Energiespeicher**. Bei exzentrischen Belastungen, also bei Abbremsungen, wird eine große Menge an Energie in ihnen gespeichert, die dann beim Sprung freigesetzt wird.

KNOW-HOW Nirgends perfekt

Nirgends perfekt, überall gut

Tabelle 14.2 zeigt **typische Merkmale einer Sehne** im Vergleich mit anderen Materialien. Kautschuk ist enorm elastisch, reißt aber viel leichter. Federstahl und Eibenholz, das früher auf Grund seiner hohen Elastizität für Bögen verwendet wurde, haben eine große Reißfestigkeit. Die Sehne vereint jedoch viele günstige Eigenschaften. Sie ist wie ein Zehnkämpfer: nirgends perfekt, aber überall gut.

Material	Max. Dehnung [%]	Max. Spannung [N/cm²]	gespeicherte Energie [J/cm²]
Federstahl	0,3	70.000	100,0
Eibenholz	0,9	12.000	50
Sehne	8,0	7.000	280
Kautschuk	300	700	1000

Tab. 14.2: *Richtwerte für die Eigenschaften verschiedener Materialien*

Sehnen haben sehr gute **Mischeigenschaften** (Tab. 14.2). Sie sind ziemlich rissfest, dabei aber auch relativ elastisch und können sehr gut Energie speichern. Die Reißfestigkeit von Sehnen liegt bei etwa **7.000 N pro cm²**. Allerdings können durch Training Querschnitt und Rissfestigkeit der Sehnen erhöht werden. Die **Achillessehne** ist die stärkste Sehne im Körper. Abschätzungen ergeben, dass sie im Extremfall bis zu 18.000 N belastbar ist (*Know-how Weitsprung*). Man könnte daher 1,8 Tonnen, also einen Oberklassewagen, an der Achillessehne aufhängen.
Ein **Muskel** kann pro Quadratzentimeter Querschnittsfläche eine **Kraft von etwa 70 N** erzeugen. Die Sehne hält auf derselben Fläche die 100-fache Kraft aus (Tab. 14.2). **Daher müssen Sehnen auch nur 1/100 der Querschnittsfläche eines Muskels aufweisen, also 1/10 des Durchmessers.** Dieses Verhältnis, das natürlich nur ein Richtwert ist, kannst du sehr gut am Wadenmuskel erkennen (Abb. 14.7).

Sehnenverletzungen können in Zerrungen, Risse und Entzündungen eingeteilt werden.

KNOW-HOW Weitsprung

Weitsprung

Mit Hilfe der **Biomechanik** (siehe Kap. 3) kann man die Belastungen des Körpers berechnen, etwa die Kraft, die auf eine **Achillessehne** wirkt. Sehen wir uns als praktisches Beispiel den **Absprung beim Weitsprung** an (siehe auch S. 82, Kap. 11). In Abb. 14.12 siehst du den **Verlauf der vertikalen Kraft** beim Absprung, der mit Hilfe einer Kraftmessplatte ermittelt wurde.

Die erste hohe Zacke kommt durch den Fersenaufsatz zu Stande. Diese Kraft wirkt noch nicht auf die Achillessehne. An der Stelle, die mit dem Pfeil markiert ist, beginnt sich aber die Ferse vom Boden abzulösen. Die Kraft beträgt dann etwa 4,2 Kilonewton (4.200 N). Weil der Fuß wie ein Hebel wirkt, verstärkt sich diese Kraft aber um den Faktor 2,5. Man kann daher abschätzen, dass bei diesem Sprung die Achillessehne mit rund **11.000 N** (4.200 N x 2,5) belastet wird. Die Maximalbelastungen liegen aber noch weitaus höher.

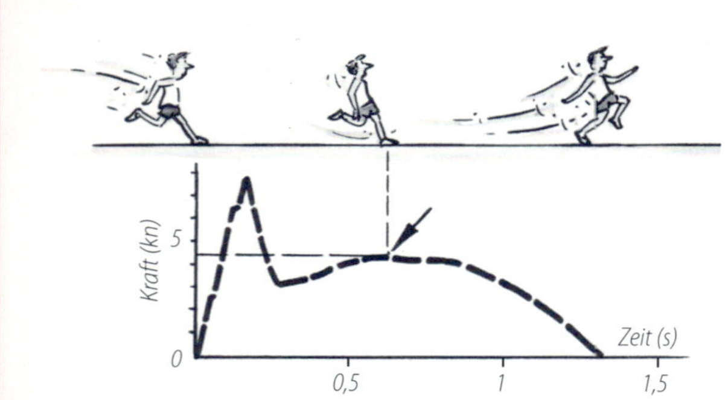

Abb. 14.12: *Verlauf der Kraft, die bei einem Absprung auf den Fuß des Athleten wirkt: Hochgerechnet ergibt das eine Belastung von etwa 11.000 N auf die Achillessehne.*

Sehnenzerrung (Distorsion)

Die Sehnenzerrung oder -überdehnung ist eine Verletzung mit Verlängerung des Sehnengewebes. Sie kommt zu Stande, wenn eine Dehnung über den elastischen Bereich der Sehne hinausgeht (*Know-how Elastisch und plastisch*). Bei Schonung und Behandlung kann die Sehne nach einigen Tagen ihre ursprüngliche Form und Länge wieder erreichen. Sind jedoch einzelne kollagene Fasern zerrissen, verlängert sich die Heilungsdauer. Die Zerrung geht mit einem scharfen, kurzen Schmerz einher, wobei sich der Schmerzpunkt teilweise an der Sehne ertasten lässt.
Die Erstversorgung erfolgt nach der **PECH-Regel** (siehe S. 105). Wenn ein Einriss nicht auszuschließen ist, sollte möglichst bald ärztliche Versorgung erfolgen.

KNOW-HOW Elastisch und plastisch

Elastisch und plastisch

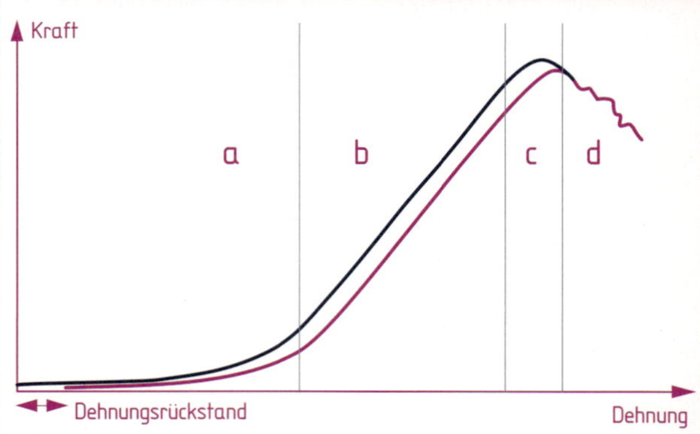

Abb. 14.13: *Spannungs-Dehnungs-Diagramm für kollagenes Gewebe. Wird der elastische Bereich überschritten, dann bleibt eine Verformung zurück (blaue Linie).*

Das **Bindegewebe** des Menschen, etwa Sehnen oder Bänder, besteht zu einem großen Teil aus **Kollagen. In Abb. 14.13 siehst du ein typisches Spannungs-Dehnungs**-Diagramm für solches Gewebe. Bei kleineren Kräften verhält es sich **elastisch** (a+b), die Verformung ist also **reversibel**. Dehnt man zu stark, kommt man in einen plastischen Bereich (c). Wenn die einwirkende Kraft nachlässt, bleibt dann ein Dehnungsrückstand. **Die Sehne oder das Band sind dann länger als vorher.** Ist die Belastung noch größer (d), kann es sogar zum Riss kommen. Sehnen sind um einige Prozent zu dehnen, bevor sie reißen (siehe Tab. 14.2).

Sehnenriss (Ruptur)

Sehnenrisse kommen meisten durch **exzentrische**, also **abbremsende** Belastungen zu Stande. Bei einem Riss liegt die Belastung über der tolerierbaren Maximalgrenze (Abb. 14.13d). Auch eine gesunde Sehne kann reißen. Meist jedoch ereignen sich Risse an bereits vorgeschädigten Sehnen.

Besonders gefährdet sind **Sporteinsteiger/innen** oder **Wiedereinsteiger/innen**. Durch regelmäßiges Training kann die Kraft der Muskulatur nämlich relativ schnell wachsen. **Sehnen sind aber schlecht durchblutet und passen sich daher wesentlich langsamer an.** Sie „hinken" der Anpassung hinterher. Daher kann bei Spitzenbelastungen der Muskel mehr Kraft aufbringen, als die Sehne momentan tolerieren kann, und es kommt zum Riss. Sportarten mit zusätzlichen exzentrischen Belastungen wie Tennis oder Fußball sind hier sehr häufig betroffen.
Beim Riss verspürt man einen plötzlichen, starken Schmerz und es kann, etwa bei der Achillessehne, zu einem **peitschenartigen Knall** kommen. Die Funktion des zur Sehne gehörenden Muskels ist aufgehoben. So kann man etwa bei einem Riss der Achillessehne den Fuß nicht mehr strecken. Eine deutliche Dellenbildung im Verletzungsbereich ist erkennbar. Schon nach kurzer Zeit kann jedoch die Delle durch die entstehende Blutung gefüllt sein.
Am häufigsten von kompletten Rissen sind folgende Sehen betroffen: **Achillessehne** (Abb. 14.7, S. 106), **Supraspinatussehne** (Abb. 14.14), die **Bicepssehne** am Unterarm (Abb. 4.7, S. 28) und die **Patellarsehne** (Abb. 14.15).

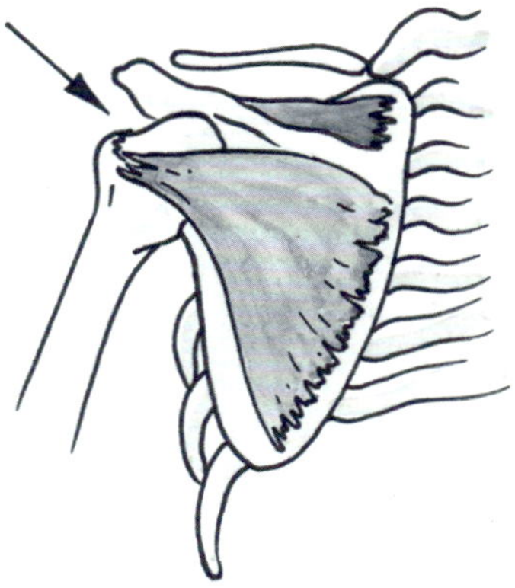

Abb. 14.14: *Der **M. supraspinatus** oder **Obergrätenmuskel** zieht vom oberen Rand des Schulterblatts zum Oberarmkopf und ist für die seitliche Hebung des Arms zuständig. An der Sehne (Pfeil) kommt es häufig zu Durchrissen.*

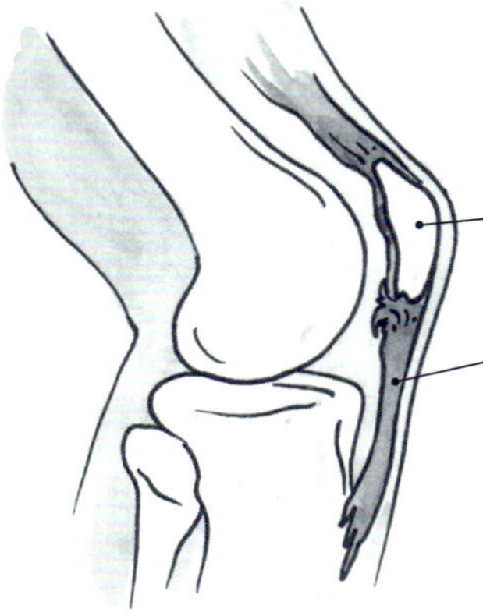

Abb. 14.15: *Teilriss der **Patellarsehne**: Diese verläuft von der Kniescheibe zu einem Knochenvorsprung am Schienbein. Sie ist eine Verlängerung des vorderen Oberschenkelmuskels (siehe auch Abb. 4.4, S. 26).*

Knochenverletzungen

Frage 11
Bei welchen Krafteinwirkungen kann es sehr leicht zu Knochenbrüchen kommen? Was versteht man unter einem Ermüdungsbruch?

Frage 12
Wodurch erreicht der Knochen sehr große Festigkeit bei geringem Materialverbrauch? Was versteht man unter einer Knochenprellung?

Frage 13
Was versteht man unter folgenden Brüchen: Querbruch, Schrägbruch, Spiralbruch und Trümmerbruch?

Die **Zugfestigkeit** eines Knochens liegt bei etwa 12.000 N/cm², die **Druckfestigkeit** sogar bei 17.000 N/cm². Knochen halten daher noch wesentlich mehr Zug aus, als die bereits sehr zugfesten Sehnen (siehe Tab. 14.2). Trotzdem haben Knochen nur **rund 40 % der Wasserdichte**. Diese erstaunlichen Eigenschaften werden durch eine **Leichtbauweise** erreicht (Abb. 14.16). Der Knochen ist nämlich nicht durch und durch fest, sondern er weist **Knochenbälkchen** auf, die sich in Belastungsrichtung anordnen.

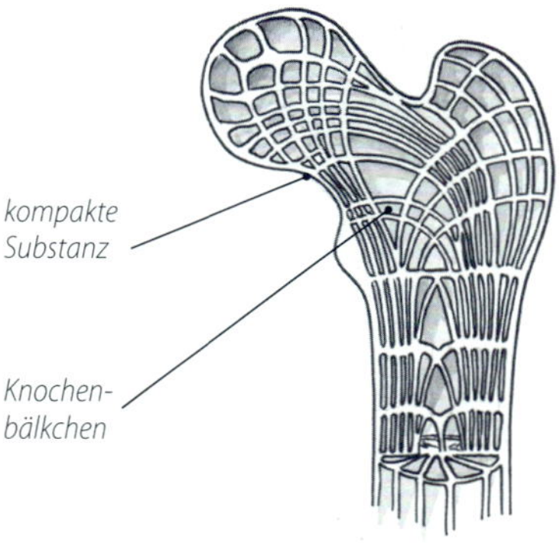

Abb. 14.16: *Schematisierte Darstellung der dreidimensionalen Anordnung der Knochenbälkchen: Die Verlaufslinien entsprechen den Zug- und Drucklinien des Knochens.*

Abb. 14.17: *Gewalteinwirkungen von der Seite können leicht zu Knochenbrüchen führen.*

Die hohe Belastungstoleranz kommt also durch die **Richtung der Knochenbälkchen** zu Stande und gilt daher nur für bestimmte Richtungen. Treffen Gewalteinwirkungen aus „nicht vorgesehenen" Richtungen auf den Knochen, so wird die Belastungstoleranz schnell überschritten. So werden Belastungen in Längsrichtung von den Unterschenkelknochen hervorragend toleriert. Trifft jedoch eine seitliche Gewalt auf den Knochen, so führt dies schnell zum Bruch (siehe Abb. 14.17).

Sportunfälle, -verletzungen, -schäden

Knochenbruch

Man unterscheidet unsichere und sichere Bruchzeichen. **Unsichere Bruchzeichen** sind Schmerz, Schwellung oder Verfärbung durch Bluterguss. **Sichere Bruchzeichen** sind Verformung, abnormale Beweglichkeit und Knochenreiben. Abb. 14.18 zeigt einige Arten von Knochenbrüchen. Eine besondere Form des Knochenbruchs sind die Ermüdungsbrüche (*Know-how Ermüdungsbrüche*).
Knochenbrüche dürfen durch Ersthelfer/innen weder eingerenkt noch gerichtet werden. Der/die Verunglückte soll **so wenig wie möglich bewegt werden**. Man fixiert zum Beispiel mit Dreiecktüchern aus dem Verbandkasten oder zusammengerollten Decken die Bruchstelle. Dabei ist auf die aktuelle Position des Verletzten Rücksicht zu nehmen. Er/sie wird wahrscheinlich von sich aus eine Schonhaltung einnehmen.
Die Lagerung sollte sicher sein und der/die Verletzte ausreichend geschützt vor Unterkühlung oder Überhitzung. Da bei der Fraktur großer Knochen sowie eventueller Weichteilschäden oder innerer Verletzungen die **Gefahr eines Schocks** besteht, sollte der/die Verletzte nicht alleine gelassen werden.

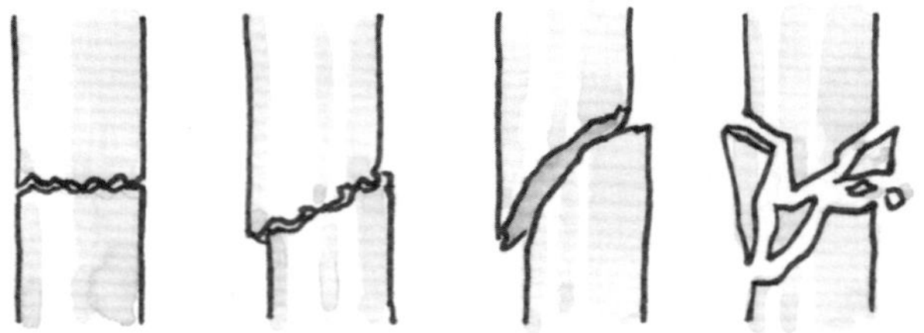

Abb. 14.18: *schematische Darstellung der verschiedenen Fraktur-Typen (von links: Querbruch, Schrägbruch, Spiralbruch und Trümmerbruch)*

KNOW-HOW Ermüdungsbrüche

Ermüdungsbrüche

Ermüdungsbrüche, auch **Stressfrakturen** genannt, ereignen sich auf Grund immer wiederkehrender Belastungen, wie sie bei Leistungssport vorkommen. Sie machen nur rund 2 % der Knochenbrüche aus, wobei Frauen eher betroffen sind. Nur die **Knochen des Fußskeletts, der Ober- und Unterschenkelknochen** sowie in seltenen Fällen das Becken und die Arme sind von Stressfrakturen betroffen.

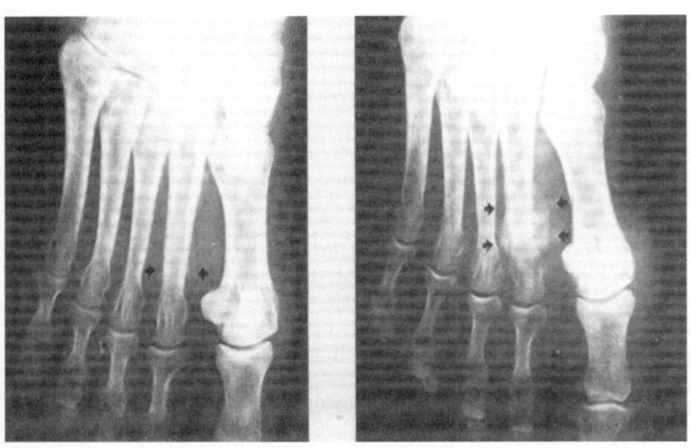

Abb. 14.19: *Links: Ermüdungsbruch des zweiten Mittelfußknochens im Frühstadium. Rechts: Sechs Wochen später. Die Knochenbildung im Bruchbereich ist als Heilungsvorgang zu verstehen. (aus PETERSON/RENSTRÖM, S. 55)*

Obwohl Stressfrakturen bereits **1855** bei Preußischen Soldaten nach langen Märschen erstmals diagnostiziert wurden, ist ihre **Ursache bis heute nicht restlos geklärt**. Wahrscheinlich sind es längere mechanische Überbelastungen, die aber nicht ausreichen, dass der Knochen sofort bricht.
Die Beschwerden der Ermüdungsbrüche äußern sich meist **schleichend und sind unspezifisch**. Daher werden sie oft über eine längere Zeit nicht richtig zugeordnet. Die Betroffenen bemerken leichte Schmerzen, die nur unter Belastung auftreten und im Ruhezustand nicht mehr zu spüren sind.
Wenn eine Stressreaktion des Knochens frühzeitig erkannt wird, ist eine **längere Trainingspause** sinnvoll. Ist es bereits zu einem Bruch gekommen, wird die betroffene Extremität mit einem unbeweglichen Verband über einen Zeitraum von etwa sechs Wochen ruhig gestellt. Begleitend kann mit **Calcium- und Vitaminpräparaten** therapiert werden.

KNOW-HOW Osteoporose

Osteoporose

Osteoporose ist eine häufige Alters-Erkrankung des Knochens, die ihn für Brüche anfälliger macht. Die auch als Knochenschwund bezeichnete Krankheit ist gekennzeichnet durch eine geringe Knochenmasse und den übermäßig raschen Abbau der Knochensubstanz und -struktur (Abb. 14.20). Die erhöhte Frakturanfälligkeit kann das ganze Skelett betreffen.

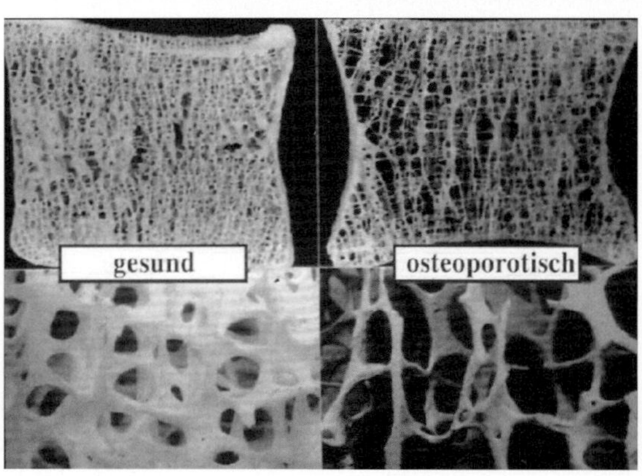

Abb. 14.20: *Links ein gesunder Knochen, rechts einer mit Knochenschwund. www.klinikum.uni-heidelberg.de*

An der Erkrankung leidet **fast die Hälfte der über 70-jährigen**. Frauen mindestens zwei Mal so häufig wie Männer. Osteoporose kann aber in Zusammenhang mit Calciummangel oder anderen Krankheiten auch schon in jüngeren Jahren auftreten. Häufige Folgen sind Knochenbrüche. Am häufigsten treten Wirbelkörper-Einbrüche und Oberschenkelknochenbrüche auf. **Körperliche Aktivität schützt vor Knochenschwund!**

Knochenprellung

Lässt der erste heftige Schmerz nach Kühlung schnell nach und liegen keine weiteren Funktionsstörungen oder sicheren Bruchzeichen vor, so kann es sich um eine Knochenprellung handeln. Diese ist zwar schmerzhaft, aber harmlos. Die Schmerzen entstehen durch eine Verletzung der **Knochenhaut** (Periost), die eine hohe Zahl von sensiblen Nerven enthält, etwa am Schienbein. Da trotzdem die Möglichkeit eines Bruches bestehen kann, sollte zur Abklärung eine Röntgenuntersuchung erfolgen.

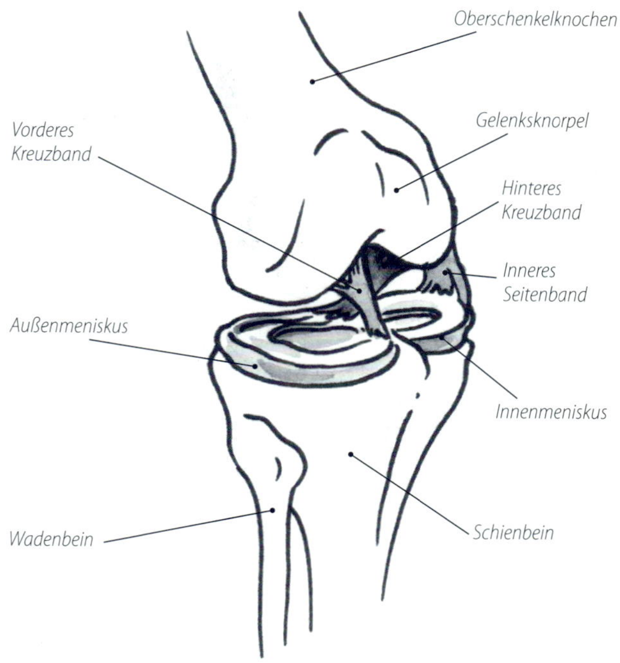

Abb. 14.22: *wichtige Teile des Kniegelenks*

Gelenksverletzungen

14 **Frage**
Was versteht man unter Kreuzbändern, Seitenbändern, Menisken und Gelenksknorpel im Knie? Welche Aufgabe haben sie?

15 **Frage**
Was ist eine Arthroskopie und was wird dabei gemacht? Was ist ihr Vorteil gegenüber einer konventionellen Operation?

16 **Frage**
Was versteht man unter einem Band? Wo im Körper befinden sich Bänder und was ist ihre Aufgabe?

17 **Frage**
In Abb. 14.21 siehst du einen Röhrenknochen. Warum sind diese an den Enden immer breiter als in der Mitte?

Abb. 14.21: *Form eines Röhrenknochens*

Die meisten Gelenksverletzungen, rund ein Viertel, passieren im Kniegelenk. Deshalb sehen wir uns exemplarisch für alle anderen Gelenke dieses näher an. Das Kniegelenk ist eigentlich **ein „Kompromiss" zwischen großer Beweglichkeit und großer Stabilität**. Die wichtigsten und zugleich verletzlichsten Teile sind Seitenbänder, Kreuzbänder, Gelenksknorpel und Menisken (siehe Abb. 14.22).

Menisken

Die Menisken liegen zwischen Oberschenkelknochen und Schienbein und haben die Aufgabe, die Kontaktfläche zwischen den Knochen so groß wie möglich zu machen (Abb. 14.22). Dadurch wird der Gelenksknorpel geschont (*Know-how Gelenksknorpel*). Menisken sind **Faserknorpel** und verteilen das Gewicht im Knie gleichmäßig, sie sind in der Lage, Stöße abzufangen, und sie stabilisieren das Gelenk.
Bei Beugung und Streckung des Knies sowie bei Drehungen werden die Menisken verschoben (Abb. 14.23). Bei sehr schnellen Streckbewegungen wie etwa bei einem Fußballschuss oder bei Drehbewegungen des Unterschenkels können die Menisken eingezwickt werden und dadurch ein- oder durchreißen. Während man früher einen verletzten Meniskus völlig entfernte, wird heutzutage nur der abgerissene Teil entfernt (*Know-how Arthroskopie*).

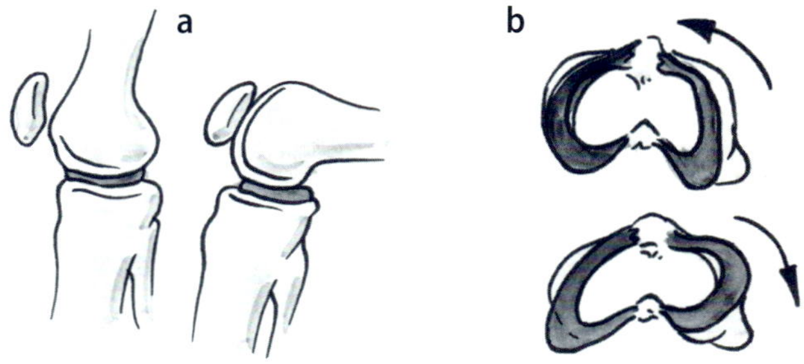

Abb. 14.23: *Meniskusbewegung bei Beugung–Streckung (A) und bei Drehung des Schienbeins (B).*

KNOW-HOW

Gelenksknorpel

Die Gelenksknorpel nennt man auch **hyaline Knorpel**. Ihre Druckfestigkeit ist geringer als die der Knochen. Deshalb sind diese an den Enden verbreitert (Abb. 14.21). Weil Druck Kraft pro Fläche ist, sinkt nämlich durch das Vergrößern der Auflagefläche bei gleicher Belastung der Druck auf den Knorpel ab.

Großzügige operative Entfernungen des Meniskus führen etwa 20 Jahre später zur **Arthrose** des betroffenen Kniegelenkes. Darunter versteht man eine chronische, schmerzhafte, zunehmend funktionsbehindernde Gelenkveränderung, bei der der hyaline Knorpel zunehmend abgenutzt wird. Es handelt sich also um eine degenerative Gelenkerkrankung. Arthrose ist einer der häufigsten Beratungsanlässe in einer allgemeinmedizinischen Praxis.

Arthroskopie KNOW-HOW

Arthroskopie

Knieoperationen werden heutzutage mit Hilfe eines **Arthroskops** durchgeführt, einer speziellen Form eines **Endoskops**. Endoskope sind generell dünne optische Instrumente, mit deren Hilfe man Untersuchungen oder Operationen im Körper durchführen kann. Sie werden gemeinsam mit **miniaturisierten chirurgischen Instrumenten** verwendet (Abb. 14.24). Dabei entstehen nur winzige Narben, wodurch sich Operationsrisiko und Aufenthaltszeit im Spital stark verringern.

Ein wichtiger Bestandteil von Endoskopen sind **Glasfasern**, die als Lichtleiter dienen. Dabei nutzt man den Effekt der Totalreflexion aus. Jede einzelne Faser ist nur etwa 1/100 mm dick und liefert einen Bildpunkt. Damit die Bildauflösung zum Operieren gut genug ist, müssen Endoskope aus einigen zehntausend Glasfasern bestehen.

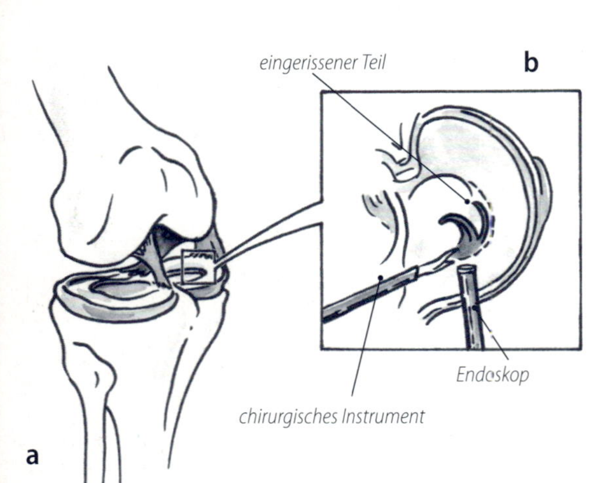

Abb. 14.24: *a) Das rechte Knie in einer Seitenansicht; b) ein eingerissener Meniskus wird entfernt: Chirurgisches Instrument und Endoskop haben einen Durchmesser von wenigen Millimetern und hinterlassen kaum Narben.*

Seitenbänder

Die Seitenbänder stabilisieren das gestreckte Bein gegen Bewegungen nach innen oder außen. Sie sind bei gestrecktem Beim maximal gespannt und bei gebeugtem Bein entspannt. Ein typischer Verletzungsmechanismus bei einer Seitenbandruptur (Seitenbandriss) ist die seitliche Gewalteinwirkung bei gestrecktem Bein.

Kreuzbänder

Die Kreuzbänder stabilisieren das Knie bei der Beugung, bei der ja die Seitenbänder entspannt sind. Sie verhindern in dieser Stellung das Vor- und Zurückgleiten des Schienbeins. Wie der Name andeutet, überkreuzen sich diese Bänder im Knie (Abb. 14.22). Verletzungen des Kreuzbandes passieren sehr häufig, wenn sich bei gebeugtem Knie und fixiertem Unterschenkel der Oberschenkel dreht. Eine solche Bewegung findet häufig beim Skifahren oder beim Fußball statt.

Ist ein Kreuzband gerissen, so kann der Unterschenkel gegen den Oberschenkel verschoben werden, und das Kniegelenk verliert dadurch seine Stabilität. Das Auftreten dieses so genannten **Schubladenphänomens** kann mit einem einfachen Griff überprüft werden (Abb. 14.25). Dadurch kann mit großer Sicherheit der Riss des vorderen oder hinteren Kreuzbandes diagnostiziert werden.

Abb. 14.25: *Schubladenphänomen*

Sportschäden

Der menschliche Bewegungsapparat zeigt eine erhebliche Toleranz gegenüber sportlichen Höchstleistungen. **Bei oftmaliger Belastung knapp unter der Toleranzgrenze** kommt es zwar zu keiner Sportverletzung, aber im Laufe der Zeit zu den so genannten **Sportschäden**, also den Verschleiß des Gewebes und der Gelenke.

Die Sportschäden, die durch die einzelnen Sportarten verursacht werden und charakteristisch für ein Überlastungssyndrom sind, haben in der Medizin Eigennamen erhalten, etwa Jumper's knee, Blumenkohlohr, Tennisellbogen oder Runner's knee, um nur einige zu nennen (*Know-how Sportschaden*). Kommt es bei Reduzierung der Belastung und adäquater Behandlung wieder zur Beschwerdefreiheit, so spricht man von **primären Sportschäden**. Der **sekundäre Sportschaden** ist dagegen von bleibenden Defekten und Belastungsminderungen gekennzeichnet, wobei die Übergänge jedoch fließend sind.

Sportschaden KNOW-HOW

Sportschaden
Als **Jumper's knee** bezeichnet man eine Entzündung der Patellarsehne (Abb. 14.15), die z.B. durch intensives Sprungtraining hervorgerufen wird. Das **Blumenkohlohr** oder **Ringerohr** ist eine bleibende Entstellung des äußeren Ohres, die durch Blutergüsse in der Ohrmuschel entsteht. Ein **Tennisellbogen** (Abb. 14.26) ist ein chronischer Reizzustand am äußeren Oberarmhöcker. Als **Runner's knee** bezeichnet man eine Abnutzung des hyalinen Knorpels, der sich unterhalb der Kniescheibe befindet (Abb. 14.27).

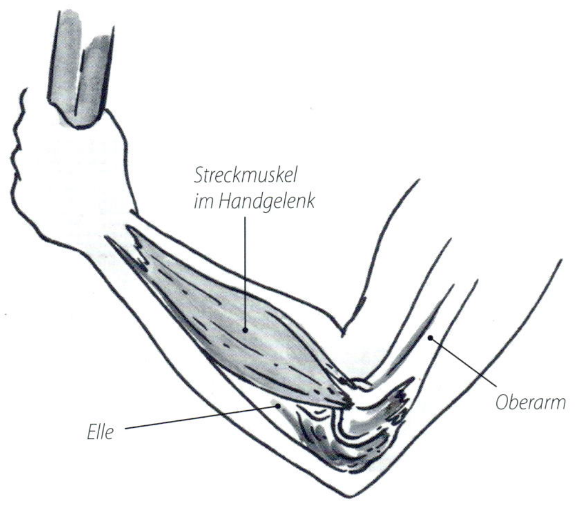

Abb. 14.26: *Tennisellbogen*

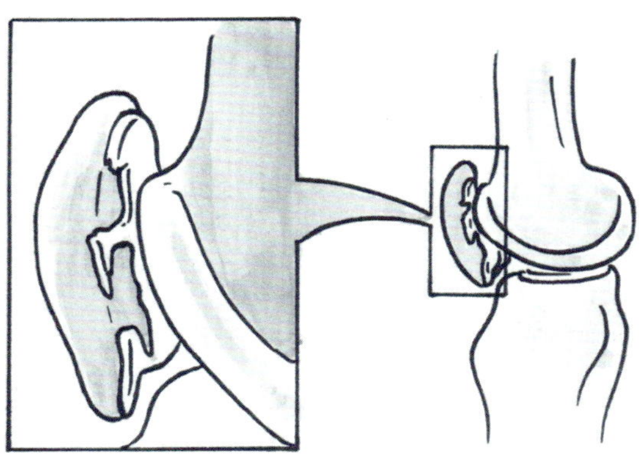

Abb. 14.27: *Runner's knee mit Abnutzung des hyalinen Knorpels unter der Kniescheibe*

18
Frage
In welchen Sportarten treten absolut und relativ gesehen besonders viele Verletzungen auf? Wie viel Prozent der Unfälle sind dem Sport zuzuordnen? Gehe auf die Seite des Kuratoriums für Verkehrssicherheit (www.kfv.at) und hole dir die aktuellen Daten. Vergleiche sie mit den auf Seite 102 angegebenen Werten.

19
Frage
Wie viel Prozent der Körpermasse macht die Muskulatur aus? Was versteht man unter Muskelkater? Wie kann man ihn vermeiden? Welche Rolle spielt dabei Stretching? Was sind ein Sarkomer und die Z-Scheiben? Was versteht man unter der Milchsäurehypothese und wie kann man sie widerlegen? Was ist der Unterschied zwischen Muskelzerrung und Muskelriss? Was versteht man unter DOMS? Was ist die PECH-Regel? Was sind Sonografie und Kernspintomografie?

20
Frage
Was sind Sehnen? Nenne einige Beispiele! Welche Belastungen halten Sehnen aus? Wie kommen die Muskeln zu ihrer typischen bauchigen Form? Was versteht man unter plastisch und elastisch? Was ist ein Spannungs-Dehnungs-Diagramm und was sieht man beim Bindegewebe? Welche „Mischeigenschaften" haben Sehnen? Was bedeuten Distorsion und Ruptur? Welche Sehnen neigen häufig zum Durchriss?

21
Frage
Was sind Knochenbälkchen? Warum brechen Knochen bei seitlicher Belastung relativ leicht? Was sind sichere und unsichere Bruchzeichen? Wie entstehen Ermüdungsbrüche? Was ist Osteoporose? Was ist eine Knochenprellung?

22
Frage
Was versteht man unter Kreuzbändern, Seitenbändern, Menisken und Gelenksknorpel im Knie? Welche Aufgabe haben sie? Was ist eine Arthroskopie und was wird dabei gemacht? Warum sind Röhrenknochen an den Enden breiter? Was ist ein Sportschaden? Nenne einige Beispiele!

Literatur

HINRICHS Hans-Uwe: Sportverletzungen Erkennen, Helfen, Vorbeugen. rororo, Reinbek bei Hamburg 1998
HOLLMANN Wildor / STRÜDER Heiko: Sportmedizin. Schattauer, Stuttgart 5. Aufl. 2008
ENGELHARDT Martin (Hrsg.): Sportverletzungen. Urban & Fischer, München 2006
KAPANDJI Ibrahim A.: Funktionelle Anatomie der Gelenke. Thieme, Stuttgart unveränd. Aufl. 2006
PETERSON Lars / RENSTRÖM Per: Verletzungen im Sport. Deutscher Ärzte-Verlag, Köln 3. Aufl. 2002
VAN DEN BERG Frans: Angewandte Physiologie. Thieme, Stuttgart 2007
WEINECK Jürgen: Sportbiologie. Spitta, Ballingen 9. Aufl. 2004
WEINECK Jürgen: Sportanatomie. Spitta, Ballingen 18. Aufl. 2008

15 Ernährung und Sport

1 Frage
Was versteht man unter Superkompensation? Lies nach auf S. 33, Kap. 5. Was ist die Hauptaussage von Abb. 15.1? Welcher Zusammenhang besteht zwischen der Abbildung und gesunder Ernährung?

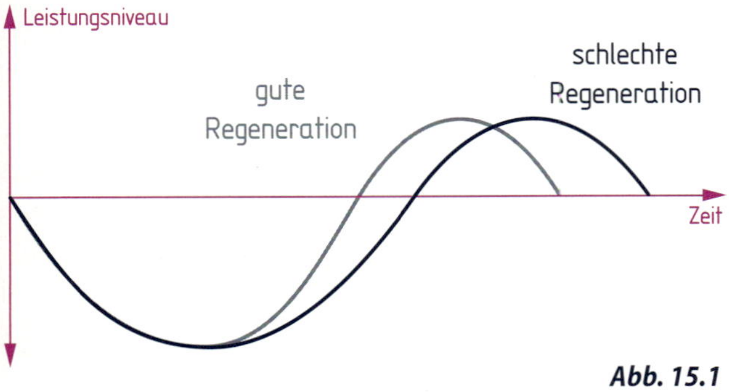

Abb. 15.1

2 Frage
Was versteht man unter Grund- und Leistungsumsatz? Welche Energie liefernden Nährstoffe müssen vom Körper aufgenommen werden?

3 Frage
Welchen Tagesbedarf an Energie hat ein/e Nicht-Sportler/in? Welche Rolle spielen dabei das Geschlecht und die Masse? Wie lautet die Umrechung zwischen Kilokalorien und Kilojoule?

4 Frage
Welche Leistung in Watt muss dein Körper für die Aufrechterhaltung seiner Organfunktionen, also den Grundumsatz, aufbringen? Gib einen Tipp ab.

Richtige Ernährung ist neben ausreichender Bewegung der wichtigste Faktor einer gesunden Lebensführung. Außerdem sind nur so langfristig sportliche Spitzenleistungen zu erzielen. Schlechte Ernährung führt zu einer langsameren Regeneration (Abb. 15.1), man bringt in derselben Zeit weniger Training unter, wodurch wiederum die Leistung sinkt.

KNOW-HOW

Joule und Kalorien
Die heutzutage gebräuchliche Einheit der Energie ist das **Joule** (J). Es ist aber auch noch die Einheit **Kalorien** (cal) weit verbreitet. Die Umrechnung lautet:

1 cal = 4,2 J.

Ein Joule ist eine sehr geringe Energiemenge. Im Ernährungsbereich spricht man daher immer von **Kilojoule** (1 kJ = 1000 J) und von Kilokalorien (1 kcal = 1000 cal). Ein Beispiel: 100 g Vollmilch-Schokolade haben einen Brennwert von etwa 2350 kJ (560 kcal).

Bereits 1978 wurde zur Angabe von Energien die Einheit **Joule** verpflichtend eingeführt. Gerade im Ernährungsbereich hat sich aber bis heute die veraltete Einheit **Kalorien** gehalten. Deshalb werden im Folgenden immer beide Einheiten angegeben (*Know-how Joule und Kalorien*).

Den gesamten Energiebedarf eines Menschen nennt man **Gesamtumsatz**. Er setzt sich aus dem **1) Grundumsatz** und dem **2) Leistungsumsatz** zusammen.

1) Der Grundumsatz ist die Energiemenge pro Tag, die ein Mensch bei Ruhe für die Aufrechterhaltung der Körperfunktionen benötigt. Streng genommen wird er bei einer Raumtemperatur von 28 °C ermittelt.
Ein Großteil des Grundumsatzes dient zur Aufrechterhaltung der **Körpertemperatur**, weil diese mit 37 bis 38° C deutlich über der Außentemperatur liegt. Der Rest des Grundumsatzes wird für die Aufrechterhaltung der Organfunktionen benötigt, das betrifft vor allem Gehirn, Herz, Muskulatur, Leber und Nieren.

Als gute und einfache **Faustregel** zur Berechnung des Grundumsatzes gilt (*Know-how Grundumsatz*):

Grundumsatz Frauen
3,8 kJ/kg/h (0,9 kcal/kg/h)
Grundumsatz Männer
4,2 kJ/kg/h (1 kcal/kg/h)

KNOW-HOW Grundumsatz

Grundumsatz
Physikalisch gesehen handelt es sich beim Grundumsatz um Energie pro Zeit, also um eine Leistung. Rechnen mit Hilfe der Faustregel für zwei konkrete Fälle:
Eine **Frau mit 60 kg** hat einen Grundumsatz von **5472 kJ pro Tag** (etwa 1300 kcal pro Tag). Ein Watt ist ein Joule pro Sekunde, ein Tag hat 86.400 Sekunden. Dieser Grundumsatz entspricht daher **63 Watt**.
Ein **Mann mit 75 kg** hat einen Grundumsatz von **7560 kJ pro Tag** (etwa 1800 kcal pro Tag). Das entspricht **88 Watt**.
Der Grundumsatz eines Menschen, also das, was der Körper in Ruhe an Leistung aufbringen muss, entspricht also etwa der **Leistung einer Glühbirne**!

Die Faustregel oben liefert einen sehr guten Richtwert. Der Grundumsatz ist aber genau genommen nicht nur von Masse und Geschlecht abhängig, sondern auch von folgenden Faktoren:
- Lebensalter: Kinder haben aufgrund der Wachstumsprozesse einen höheren Grundumsatz als Erwachsene
- Zentralnervöse Einflüsse: Durch nervliche Anspannung wird der Organismus aktiviert, dadurch erhöht sich der Grundumsatz
- Weiters spielen hormonelle Einflüsse, Jahreszeit, Klima und Höhenlage eine Rolle.

2) Alle Beanspruchungen des Körpers über den Grundumsatz hinaus führen zu einem erhöhten Energieverbrauch, den man Leistungsumsatz nennt. Schon im Sitzen erhöht sich der Umsatz, da mehr Muskeln angespannt sind als im Liegen. Entscheidend für die Höhe des Leistungsumsatzes sind die Masse der eingesetzten Muskulatur, sowie Intensität und Dauer der Muskelarbeit.

Da Ausmaß und Art der körperlichen Belastung von Mensch zu Mensch sehr unterschiedlich sein können, kann auch der **Leistungsumsatz beträchtlich variieren**. Für bestimmte sportliche Tätigkeiten gibt es Faustregeln, mit denen man den Energiebedarf berechnen kann (siehe dazu S. 114).

PAL KNOW-HOW

PAL

Da der Umfang der täglichen Muskelarbeit sehr unterschiedlich ist, teilt man in den **Ernährungswissenschaften** die Menschen nach ihrer körperlichen Aktivität in fünf Gruppen und ordnet ihnen einen so genannten **PAL-Wert** zu (Tab. 15.1). PAL steht für **Physical Activity Level**.

Mit diesem Faktor ist der Grundumsatz zu multiplizieren, um auf den Gesamtumsatz zu kommen. In Tab. 15.2 ist das exemplarisch für Personen mit unterschiedlichem PAL-Wert gemacht. Es wurden dazu die im *Know-how Grundumsatz* berechneten Werte genommen. Du siehst, dass je nach Tätigkeit der Tagesbedarf um einen Faktor 2 schwanken kann.

Faktor	Tätigkeit	Beispiele
1,2	nur sitzend oder liegend	alte, gebrechliche Menschen
1,4–1,5	fast ausschließlich sitzend, wenig Freizeitaktivitäten	Schreibtischtätigkeit
1,6–1,7	überwiegend sitzend, mit zusätzlichen stehenden/gehenden Tätigkeiten	Kraftfahrer, Schüler/innen, Laboranten
1,8–1,9	überwiegend stehende/gehende Tätigkeit	Verkäufer, Kellner, Handwerker
2,0–2,4	körperlich anstrengende berufliche Tätigkeit	Bergleute, Landwirte, Waldarbeiter, Hochleistungssportler

Tab. 15.1: *PAL-Faktoren bei verschiedenen Tätigkeiten*

Faktor	Gesamtumsatz Frau, 60 kg	Gesamtumsatz Mann, 75 kg
1,2	6566 kJ / 1563 kcal	9072 kJ / 2160 kcal
1,4	7661 kJ / 1824 kcal	10584 kJ / 2520 kcal
1,6	8755 kJ / 2085 kcal	12096 kJ / 2880 kcal
1,8	9850 kJ / 2345 kcal	13608 kJ / 3240 kcal
2,0	10944 kJ / 2605 kcal	15120 kJ / 3600 kcal
2,2	12038 kJ / 2866 kcal	16632 kJ / 3960 kcal
2,4	13133 kJ / 3127 kcal	18144 kJ / 4320 kcal

Tab. 15.2: *Gesamtumsatz, der sich durch die Multiplikation des Grundumsatzes mit dem PAL-Faktor ergibt.*

Bei **extremen sportlichen Ereignissen**, etwa einer **Tour de France-Etappe in den Bergen**, kann der Tagesbedarf sogar auf etwa 40000 kJ steigen! Das würde einem PAL-Wert von über 5 entsprechen!

Damit man auch für alltägliche Tätigkeiten den Tagesbedarf abschätzen kann, hat die **Weltgesundheitsorganisation** (WHO) anhand erfahrungsgemäßer Daten Tabellen zu dessen Berechnung erstellt *(Know-how PAL)*.

Frage 5

Versuche nun mit Hilfe von Know-how Grundumsatz und PAL deinen Grundumsatz und Tagesbedarf abzuschätzen.

Einteilung der Nährstoffe

Frage 6

Welche Nährstoffe muss der Mensch zu sich nehmen, damit er gesund bleibt? Welche davon haben einen Brennwert?

Frage 7

Was denkst du, welche Menge Alkohol in Österreich im Schnitt im Laufe eines Jahres getrunken wird?

Abb. 15.2 zeigt, wie man die **Lebensmittel** unterteilen kann. Wir werden uns im Folgenden überblicksmäßig mit Nähr- und Ballaststoffen sowie Alkohol beschäftigen. Von diesen Stoffen haben nur Kohlenhydrate, Fette, Eiweiß und Alkohol einen Brennwert, liefern also Energie (Tab. 15.3).

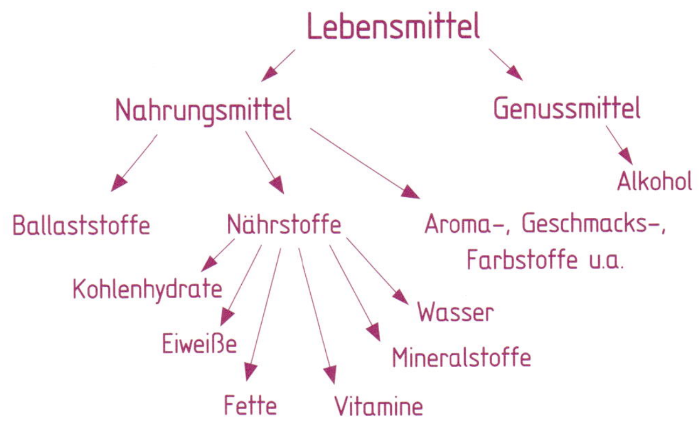

Abb. 15.2: *Einordnung und Zusammensetzung der Nahrungsmittel. Alle farbig markierten Stoffe muss man zu sich nehmen, um gesund zu bleiben.*

1 g Kohlenhydrate	17 kJ	4,1 kcal
1 g Fett	39 kJ	9,3 kcal
1 g Eiweiß	17 kJ	4,1 kcal
1 g Alkohol	30 kJ	7,1 kcal

Tab. 15.3: *physiologische Brennwerte der Grundnährstoffe und von Alkohol*

15 Ernährung und Sport

Wie die **Zusammensetzung der Nahrung** sein sollte, hängt von verschiedenen Faktoren ab. Deshalb finden sich in der Literatur auch verschiedenen Angaben. Außerdem wird Alkohol meist nicht berücksichtigt, obwohl in der Realität ein gewisser Teil der Energieaufnahme über ihn erfolgt (*Know-how Alkoholkonsum in Österreich*).
Abb. 15.3 ist daher als größenordnungsmäßige Einteilung zu verstehen. **Der überwiegende Teil der Nahrung sollte aus Kohlenhydraten bestehen.** Bei vielen Menschen ist es aber so, dass der Großteil der Nahrung über Fette gedeckt wird und ein nicht unbeträchtlicher Anteil über Alkohol.

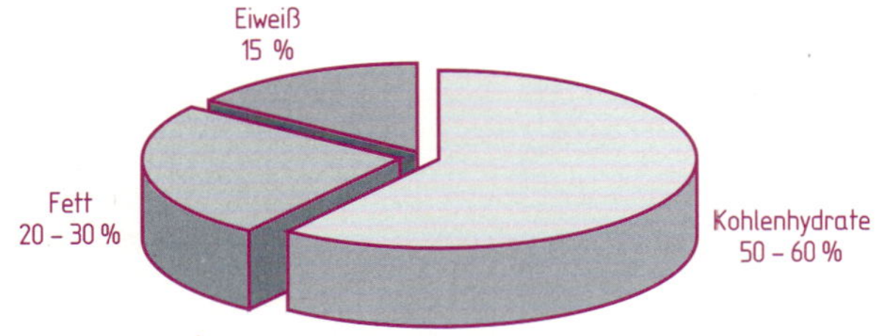

Abb. 15.3: *Richtwerte für eine günstige Zusammensetzung der Nahrung*

KNOW-HOW

Alkoholkonsum in Österreich
Der **Alkoholkonsum der Österreicher/innen** wird anhand von Statistiken über den Verkauf abgeschätzt. Für das Jahr 2000 ergaben sich dabei für die Konsumation pro Person folgende Durchschnittszahlen:

Bier 113 Liter, Wein 31 Liter, Spirituosen 1,5 Liter!

Umgerechnet entspricht das einem **Konsum von 11,5 Liter reinem Alkohol pro Jahr** bzw. 24,6 g reinem Alkohol pro Tag. Auf den Nährwert umgerechnet (Tab. 15.1) sind das 738 kJ (175 kcal). Im Schnitt werden also etwa 5 bis 10 % des täglichen Energiebedarfs über Alkohol gedeckt (vergleiche mit Tab. 15.2).

Kohlenhydrate

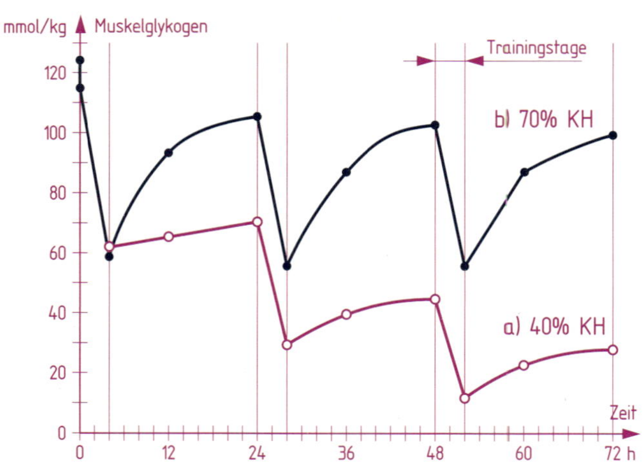

Abb. 15.4: *Der Kohlenhydratgehalt im Muskel während drei aufeinander folgenden Tage mit jeweils zweistündigem, intensivem Training. Im Fall a betrug der Prozentsatz der zugeführten Kohlenhydrate 40 %, im Fall b 70 %.*

Frage 8
In Abb. 15.4 siehst du, wie sich der Kohlenhydratgehalt der Muskulatur bei intensivem Training und unterschiedlicher Ernährung verhält. Was ist die Kernaussage dieser Grafik?

Frage 9
Wie wird Traubenzucker noch genannt? Wie heißt die Speicherform der Kohlenhydrate im menschlichen Körper? Wo können diese gespeichert werden?

Frage 10
Wie groß ist prozentmäßig der Muskelanteil am gesamten Köpergewicht bei Männern und Frauen? Lies nach im Kapitel 14, Muskelverletzungen, S. 103.

Kohlenhydrate sind die wichtigste Energiequelle des Menschen. Sie sind die **Hauptenergielieferanten** für den Organismus und im Gegensatz zu den Fetten schnell verwertbar. Etwa 50 bis 60 % der aufgenommenen Energie sollte über Kohlenhydrate gedeckt werden (Abb. 15.3).
Ganz grob kann man in kurzkettige und langkettige Kohlenhydrate einteilen. Das wichtigste kurzkettige Kohlenhydrat ist der **Traubenzucker (Glucose)**, ein **Einfachzucker** (Monosaccharid). Ein wichtiger **Zweifachzucker** (Disaccharid) ist der **Haushaltszucker (Saccharose)**, der sich aus je einem Molekül von Glucose und Fructose (Fruchtzucker) zusammensetzt.
Die **langkettigen Kohlenhydrate** nennt man Polysaccharide. Dazu gehört zum Beispiel die **Stärke**. Diese ist in Vollkornprodukten, Kartoffeln, Gemüse oder Obst enthalten, die zudem auch Ballaststoffe, Mineralstoffe und Vitamine liefern (siehe S. 121). Die langkettigen Kohlenhydrate müssen zuerst im Dünndarm in Glucose zerlegt werden und **gehen somit langsamer ins Blut**. Dadurch steigt der Blutzucker langsamer an, und man bekommt später kein Hungergefühl (*Know-how Blutzucker*, Abb. 15.5).

Abb. 15.5: *Sinnvoll lässt sich Hunger nur durch langkettige Kohlenhydrate bekämpfen, etwa mit Obst.*

Blutzucker KNOW-HOW

Blutzucker

Der Kohlenhydratanteil der Nahrung sollte in erster Linie aus **langkettigen Kohlenhydraten** bestehen, also pflanzlicher Stärke. Warum? Der Hunger wird unter anderem durch den **Blutzuckerspiegel** reguliert. **Zucker**, wie er in Süßigkeiten oder Limonaden enthalten ist, kann schneller aufgespaltet werden und **gelangt sehr schnell** durch die Darmwand ins **Blut**. Der Blutzucker steigt in kurzer Zeit sehr stark an (Abb. 15.6).
Hohe Blutzuckerwerte führen aber zu einer **starken Ausschüttung des Hormons Insulin** aus der Bauchspeicheldrüse ins Blut. Das senkt den Blutzuckerspiegel. Sinkt der Blutzucker nach einiger Zeit zu sehr ab, spricht man von einer **Unterzuckerung** oder **Hypoglykämie**. Diese ist sehr unangenehm, weil sie Schwäche, Schwindel und Zittern hervorruft, aber auch wiederum Hunger erzeugt. Wenn man dann wieder zu Süßigkeiten greift, beginnt der Zyklus von neuem. Man nimmt auf diese Weise über den Tag sehr viel Energie zu sich und hat trotzdem häufig ein Hungergefühl.
Nimmt man jedoch langkettige Kohlenhydrate zu sich, etwa in Form von Obst, kann man den Blutzucker relativ stabil halten und bekommt nicht so schnell Hunger (Abb. 15.6). Die WHO (World Health Organization) empfiehlt, **dass nicht mehr als 10 % der Energie aus Zucker** bezogen werden sollten.

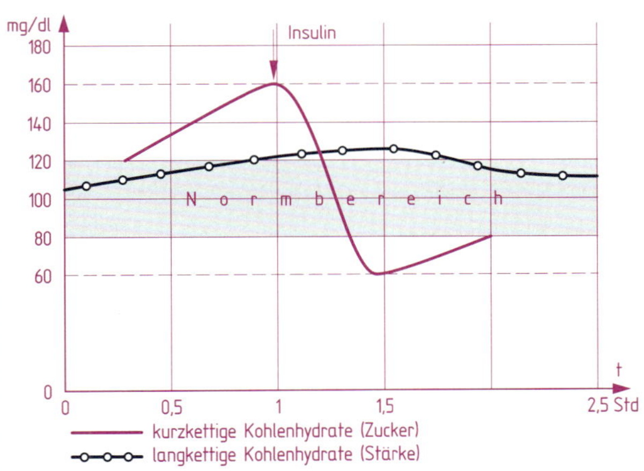

Abb. 15.6: *Verhalten des Blutzuckers bei Aufnahme von Zucker und Stärke: Die Aufnahme von Zucker führt nach einiger Zeit zur Unterzuckerung und zu Hungergefühl.*

Die **Speicherform der Kohlenhydrate** in den Pflanzen nennt man **Stärke** (siehe oben), im menschlichen und tierischen Körpern **Glykogen**. Kohlenhydrate in der Nahrung sind auch deshalb so wichtig, weil sie dafür sorgen, dass die **Glykogenspeicher in Muskulatur und Leber** immer wieder aufgefüllt werden (*Know-how Glykogenspeicher*). Das Glykogen in der Leber sorgt auch im Nüchternzustand für die Aufrechterhaltung des Blutzuckerspiegels. Da insbesondere das Gehirn sehr von Kohlenhydraten als Energieträger abhängig ist und keine Fette verwerten kann, muss der **Blutzuckerspiegel** in engen Grenzen gehalten werden (siehe auch Abb. 15.6).

Die schnelle Wiederauffüllung entleerter Glykogenspeicher nach einer intensiven Ausdauerbelastung ist durch eine **erhöhte Kohlenhydratzufuhr** von 60 % des Gesamttagesenergiebedarfs oder mehr möglich (Abb. 15.4). Dann werden die Depots schneller und stärker wieder aufgefüllt als bei der üblichen Mischkost, und die nächste Trainingseinheit kann früher stattfinden (siehe Aufgabe 15.1).

Glykogenspeicher KNOW-HOW

Glykogenspeicher

Der größte **Glykogenspeicher** ist in den Muskeln. Bei Untrainierten besteht **1 % der Muskulatur** aus Kohlenhydraten. Über das Körpergewicht und den Prozentsatz der Muskulatur kann man dann den **Muskelglykogenspeicher** abschätzen (Tab. 15.2). Auch in der Leber ist Glykogen gespeichert, aber in wesentlich geringerer Menge. Theoretisch machen die Speicher ein Viertel bis die Hälfte des Tagesumsatzes aus.

	Frau, 60 kg	**Mann, 75 kg**
Muskelmasse relativ	25 %	40 %
Muskelmasse absolut	15 kg	30 kg
Kohlenhydratmenge kg	0,15 kg	0,30 kg
Kohlenhydratmenge g	150 g	300 g
geschätztes Leberglykogen	60 g	75 g
Summe Glykogen	210 g	375 g
Brennwert	3570 kJ	6375 kJ
	861 kcal	1538 kcal

Tab. 15.4: *Abschätzung der Glykogenspeicher*

Fette

11

Frage
Was versteht man unter gesättigten und ungesättigten Fettsäuren? Was versteht man unter essentiellen Fettsäuren? Welche Wirkung haben sie auf den Körper?

12

Frage
Was ist Cholesterin (wissenschaftlich Cholesterol)? Welche Arten kann man unterscheiden? Welche Nahrungsmittel haben einen hohen Cholesteringehalt? Was sind die Richtwerte für den Cholesterinspiegel im Blut?

13

Frage
Warum sind hohe Cholesterinwerten im Blut auf die Dauer wahrscheinlich sehr gefährlich?

Fette gehören zu den **Grundnährstoffen** des Menschen (siehe Abb. 15.2 und 15.3). Sie sind neben den Kohlenhydraten (siehe S. 116) wichtige **Energielieferanten** (*Know-how Fettspeicher*). Daneben haben sie im Körper noch viele andere Aufgaben. Sie dienen als **Isolator** gegen Wärmeverlust, als **Schutzpolster** für innere **Organe** und das **Nervensystem**, und sie sind Bestandteil der **Zellmembranen**. Außerdem werden mit den Fetten die **fettlöslichen Vitamine** aufgenommen (siehe S. 121).

15 Ernährung und Sport

Fettspeicher **KNOW-HOW**

Fettspeicher

Der **Körperfettanteil** liegt bei untrainierten Frauen unter 20 Jahren im Schnitt bei 25 %, bei Männern bei 18 %. **Ein Kilogramm Speicherfett** im Körper hat einen **Brennwert von 29000 kJ** (während die tierischen und pflanzlichen Fette 39000 kJ haben; siehe Tab. 15.3). Mit diesen Werten kann man die **Größe des Fettspeichers** abschätzen (Tab. 15.5). Wenn du mit Tabelle 15.4 vergleichst, siehst du, dass die Fettspeicher etwa 80 bis 160-mal so groß sind, wie die Kohlenhydratspeicher (Tab. 15.6). Natürlich ist das Ergebnis exemplarisch zu sehen, weil die Größe des Fettspeichers von Person zu Person sehr schwanken kann. Du siehst aber sehr gut, dass der Fettspeicher um vieles größer ist als der Kohlenhydratspeicher. **Das unterstreicht die Wichtigkeit des Speicherfetts für lang andauernde Belastungen.**

	Frau, 60 kg	Mann, 75 kg
Fettmasse relativ	25 %	18 %
Fettmasse absolut	15 kg	13,5 kg
Brennwert	435.000 kJ	392.000 kJ
	104.000 kcal	93.000 kcal

Tab. 15.5: *Abschätzung der Fettspeicher.*

	Frau, 60 kg	Mann, 75 kg
Brennwert Fettspeicher	435.000 kJ	392.000 kJ
Brennwert Kohlenhydratspeicher	3570 kJ	6375 kJ
Verhältnis	122 : 1	61 : 1

Tab. 15.6: *Verhältnis von Fett- und Kohlenhydratspeicher*

Das **Depotfett** im menschlichen Körper stammt nicht zwangsläufig aus dem mit der Nahrung aufgenommenen Fett, wie oft angenommen wird. Wenn die Kohlenhydratspeicher voll sind, dann wird der **überschüssige Zucker in Fett umgewandelt** und in den Depots gespeichert. Ob man zunimmt oder abnimmt hängt nicht von der Nahrungszusammensetzung ab, sondern vom Brennwert, also von der Energiebilanz (siehe auch S. 114f.).

Die Fettzufuhr sollte bei einem erwachsenen Menschen nur 60 bis 80 g pro Tag betragen. Umgerechnet sind das rund **25 % der zugeführten Kilojoule** (siehe Abb. 15.3). Dabei kann es durchaus zu kleinen Überschreitungen kommen, sofern in den folgenden Tagen die Fettzufuhr ausgeglichen wird.

Abb. 15.7: *Zu einer Burenwurst müsste man etwa 12 Semmeln essen, um den Fettgehalt der Mahlzeit auf 30 % zu drücken!*

Man kann davon ausgehen, dass der/die **Durchschnittsösterreicher/in jedoch weit mehr als 50 % der Energie in Form von Fett** zu sich nimmt. Das liegt daran, dass nicht nur sichtbares Fett konsumiert wird, sondern auch die „versteckten Fette" (Tab. 15.7). Zum Beispiel ist die Hälfte des Brennwerts von Vollmilch auf Fett zurückzuführen! Deshalb ist fettreduzierte Milch zu bevorzugen. Auch in Käsen und Würsten befindet sich sehr viel Fett. Lässt man sich zum Beispiel eine Burenwurst schmecken, müsste man dazu **mindestens 12 Semmeln** essen, um den Fettanteil dieser Mahlzeit auf 30 % zu senken!!!

Schweinespeck 115 g	Salami 200 g
fettreiche Mayonnaise 120 g	geröstete Erdnüsse 200 g
Walnüsse 160 g	Kartoffelchips 253 g
Mandeln 185 g	Milchschokolade 305 g

Tab. 15.7: *Jedes Lebensmittel enthält in der oben angegebenen Menge 80 g Fett, also die Obergrenze dessen, was für die tägliche Aufnahme empfohlen ist. Du dürftest dann also zusätzlich kein Fett mehr essen.*

Für den Körper sind die **ungesättigten Fettsäuren** wichtig, denn manche von diesen sind **essentiell**, können also vom Körper nicht selbst gebildet werden. Essentielle Fettsäuren senken den Cholesterinspiegel (siehe unten) und vermindern somit wahrscheinlich Gefäßschäden und Infarktrisiko. Cholesterin heißt mit dem chemischen Fach-

Ungesättigte Fettsäuren **KNOW-HOW**

Ungesättigte Fettsäuren

Ungesättigte Fettsäuren werden in essentielle und nicht essentielle Fettsäuren eingeteilt. Eine wichtige essentielle Fettsäure ist die **Linolsäure** (Abb. 15.8). Sie gehört zur Gruppe der **Omega-6-Fettsäuren**. Sie ist zum Beispiel in Distelöl und Sonnenblumenöl enthalten. Ebenfalls essentiell ist die **Linolensäure**. Sie gehört zur Gruppe der **Omega-3-Fettsäuren**. Sie ist unter anderem in Leinöl, Walnussöl und Weizenkeimöl enthalten. Der Bedarf dieser Fettsäuren liegt bei etwa **10 g/Tag**, das entspricht also rund einem **Esslöffel Öl**. Damit sollten die ungesättigten Fettsäuren etwa 1/6 bis 1/8 des Fettbedarfs ausmachen, der bei 60 bis 80 g/Tag liegt.

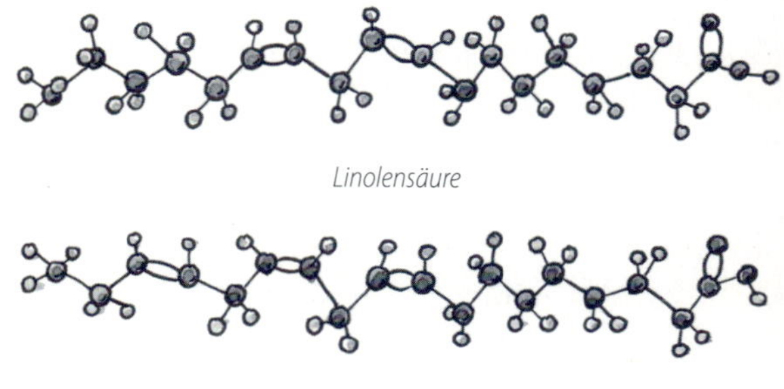

Linolensäure

Linolensäure

Abb. 15.8: *Zwei für den Menschen sehr wichtige essentielle Fettsäuren: Ungesättigt bedeutet, dass es zwischen den Atomen eine oder mehrere Doppelbindungen gibt.*

ausdruck Cholesterol. **Flüssige Fette** haben einen hohen Gehalt an ungesättigten Fettsäuren und sollten daher gegenüber den festen Fetten bevorzugt werden (*Know-how Ungesättigte Fettsäuren*).

Cholesterin (wissenschaftlich Cholesterol) **ist ein Fettbegleitstoff** und hat im Organismus spezifische Aufgaben zu erfüllen. Es ist zum Beispiel Hauptbestandteil der Zellmembran, und für die Bildung von Hormonen, Gallensäuren oder **Vitamin D** verantwortlich.

Lebensmittel	mg Cholesterin pro 100g essbaren Anteil
Kalbshirn	3140 mg
Hühnereigelb	1400 mg
Hühnerei gesamt	410 mg
Kalbsniere	310 mg
Kaviar	300 mg
Biskuit	280 mg
Leber	250 mg
Butter	240 mg

Tab. 15.8: *Beispiele für Stoffe mit großen Mengen an Cholesterin*

Der menschliche Körper produziert die notwendige Menge an Cholesterin selbst. Das nennt man **endogenes Cholesterin**. Somit kann kein Mangel auftreten. Das mit der Ernährung aufgenommene **exogene Cholesterin** sollte mit 300 mg pro Tag beschränkt werden. Ein einziges Hühnerei hat bereits einen größeren Cholesteringehalt (Tab. 15.8)! Weil man auch über andere Nahrungsmittel wie etwa Butter Cholesterin zu sich nimmt, gibt es daher die Empfehlung, **nicht mehr als 3 Eier pro Woche zu essen**.
Es gibt **unterschiedliche Cholesterinarten**, die auf verschiedene Weise auf den Organismus einwirken. Das **HDL-Cholesterin** übt eine **Schutzfunktion** auf die Gefäße aus, das **LDL-Cholesterin** führt jedoch wahrscheinlich zu einer **Verkalkung** der Gefäße (Tab. 15.9; *Know-how Koronare Cholesterin-Hypothese*). Man muss daher vor allem versuchen, den LDL-Cholesterin-Anteil im Blut zu senken. Positiv kann man etwa durch essentielle Fettsäuren und durch **Ausdauertraining** auf den Cholesterinspiegel einwirken, weil dadurch gleichzeitig der HDL-Anteil gehoben und der LDL-Anteil gesenkt wird.

	Jugendliche unter 20	Erwachsene über 20	bei Gefäßleiden und nach Infarkt
Gesamt-Cholesterin	160 mg/dl	200 mg/dl	160 mg/dl
LDL-Cholesterin	100 mg/dl	130 mg/dl	100 mg/dl
HDL-Cholesterin	>50	>50	>50
Ges-Cholesterin/ HDL-Cholesterin	<4	<5	<3

Tab. 15.9: *Normalwerte für den Cholesterinspiegel*

Cholesterin-Hypothese

Die Hypothese, ein **hoher Blut-Cholesterinspiegel** spiele eine ursächliche Rolle bei der Entstehung von Herzinfarkten, ist heute weit verbreitet und ein wesentliches Element der vorbeugenden Behandlung.

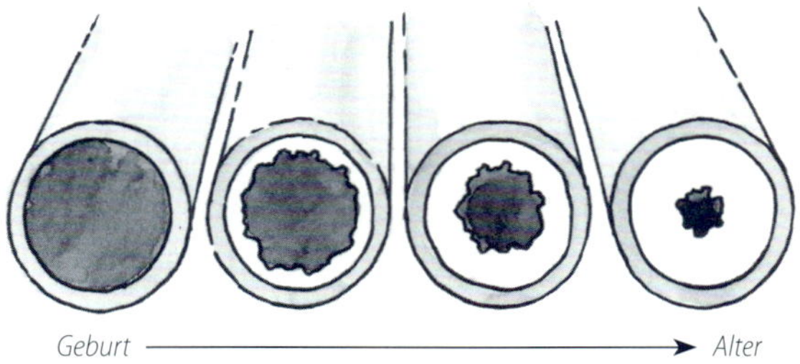

Abb. 15.9: *Im Laufe des Lebens kommt es zur Verkalkung der Gefäße, zur Arteriosklerose. Ein wesentlicher Bestandteil dieser Ablagerungen ist das LDL-Cholesterin.*

Die Hypothese stützt sich unter anderem darauf, dass Cholesterin ein wesentlicher Bestandteil der Ablagerungen in den Gefäßen ist (Abb. 15.9). Außerdem kann ein statistischer Zusammenhang zwischen hohem Cholesterinspiegel und den Todesfällen durch Herzinfarkt hergestellt werden (Abb. 15.10).

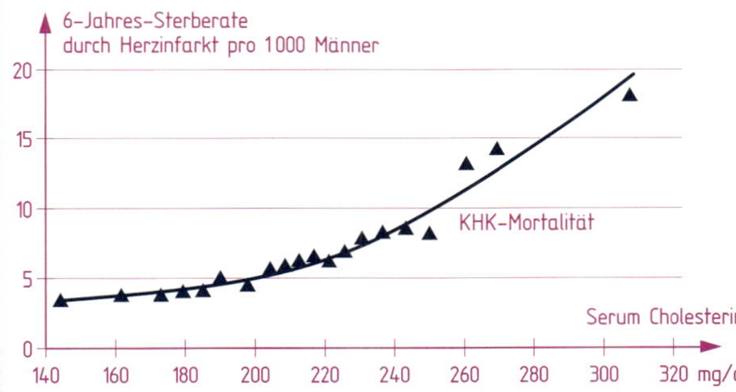

Abb. 15.10: *Die Kurve zeigt die Sterblichkeit (Mortalität) durch koronare Herzkrankheiten (KHK). Wie viele Männer von 1000 sterben im Laufe von 6 Jahren, wenn sie den angegebenen Cholesterinspiegel aufweisen. Je höher der Cholesterinspiegel, desto höher das Risiko, an einem Herzinfarkt zu sterben.*

Die Hypothese ist aber nicht unumstritten. Zum Beispiel ist zweifelhaft, ob eine Umstellung der Ernährung überhaupt zu einer Änderung des Cholesterinspiegels führt. Die größte jemals durchgeführte Ernährungsstudie, die Anfang 2006 veröffentlicht wurde, zeigte zum Beispiel **keinerlei Vorteile einer fettarmen Ernährung**. Außerdem lässt sich aus einem Zusammenhang zwischen Cholesterinspiegel und Herzinfarkten (Abb. 15.10) nicht zwangsläufig darauf schließen, dass das Cholesterin der Auslöser ist. Beides könnte eine gemeinsame, noch unbekannte Ursache haben.
Cholesterinsenker stellen das weltweit umsatzstärkste Segment des Pharmamarktes dar. Im Jahre 2004 wurden damit weltweit Umsätze von 27 Milliarden Dollar erzielt!

15 Ernährung und Sport

Eiweiße (Proteine)

14

Frage
Was versteht man unter Eiweiß, Protein und Aminosäuren? Was versteht man unter essenziellen Aminosäuren? Wo wird im Körper Eiweiß am meisten benötigt?

15

Frage
Was versteht man im Muskel unter Sarkomer und Z-Scheiben? Was versteht man unter Aktin- und Myosin-Filamenten? Lies nach im Kapitel 14, Muskelkater, S. 103f.

16

Frage
Was tippst du, wie groß der Eiweißbedarf eines Menschen in Gramm pro Kilogramm Körpermasse ist? Lies nach auf S. 48, Kap. 7.

Proteine, umgangssprachlich Eiweiße genannt, sind Makromoleküle, bestehen also aus vielen Atomen und Atomgruppen (*Know-how Titin*). Proteine gehören zu den **Grundbausteinen aller Zellen**. Sie verleihen diesen nicht nur Struktur, sondern sind quasi die molekularen „Maschinen", die Stoffe transportieren, **Ionen** pumpen, chemische Reaktionen katalysieren und Signalstoffe erkennen. Sie werden aber auch zur Herstellung von Hormonen, Enzymen, Immunstoffen und Blut benötigt und befinden sich natürlich auch im Muskelgewebe.

Titin KNOW-HOW

Titin
Die Proteine im menschlichen Körper können extrem groß sein. **Titin, das größte bekannte menschliche Protein, besteht aus über 30000 Aminosäuren!** Es ist ein Bestandteil der Sarkomere (Abb. 15.11). Die Aufgabe des Titins ist, die Myosin-Filamente zwischen den Aktin-Filamenten zu zentrieren und den Sarkomer nach der Dehnung zurückzustellen.

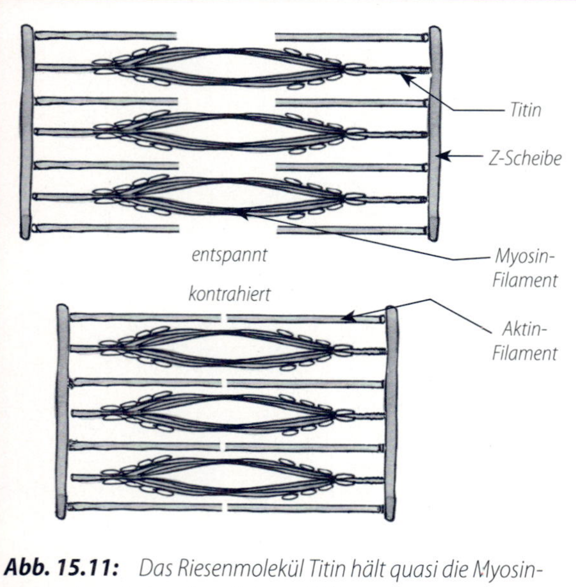

Abb. 15.11: *Das Riesenmolekül Titin hält quasi die Myosin-Filamente zwischen dem Aktin „auf Führung".*

Die Bausteine der Proteine bezeichnet man als Aminosäuren. Es sind etwa 80 verschiedene bekannt, im **Menschen** kommen davon 20 vor. Mehr als die Hälfte davon können vom Organismus selbst durch Umformung aus anderen Aminosäuren hergestellt werden, der Rest jedoch nicht. Diese werden als **essenzielle Aminosäuren** bezeichnet.

Durch die ständig im Körper ablaufenden Um- und Abbauvorgänge **geht täglich Eiweiß verloren**, welches wieder ersetzt werden muss. Das Eiweißoptimum beträgt für erwachsene Nicht-Sportler/innen etwa 1 g pro kg Körpermasse, für Kraftsportler/innen und Kinder bis zu 2,5 g/kg (siehe auch Tab. 7.2, S. 48).

Tierische Eiweiße		Pflanzliche Eiweiße	
Vollei	100	Soja	84
Rindfleisch	92 - 96	Roggen	81
Fisch	94	Mais	72
Milch	88	Reis	70
Edamer	84	Kartoffeln	70
Geflügel	80	Bohnen	58

Tab. 15.10: *Beispiele für die biologische Wertigkeit verschiedener Nahrungsmittel: Sie hängt davon ab, wie viele der essentiellen Aminosäuren enthalten sind.*

Diesen Eiweißbedarf können wir durch **pflanzliche oder tierische Eiweiße** decken. Das Eiweiß ist **umso hochwertiger, je mehr essenzielle Aminosäuren** enthalten sind. Von einem **vollwertigen Eiweiß** kann man sprechen, wenn alle essenziellen Aminosäuren enthalten sind. Das ist zum Beispiel beim Ei der Fall. Seine biologische Wertigkeit wird daher gleich hundert gesetzt (Tabelle 15.10).

Um den oben erwähnten Eiweißbedarf zu decken, muss die Ernährung vielfältig sein. Würde der Eiweißbedarf ausschließlich über Fleisch gedeckt, dann müsste ein/e Kraftsportler/in mit 80 kg und einem Tagesbedarf von 2,5 g/kg entsprechend 200 g Eiweiß zu sich nehmen. Da Fleisch zu 80% aus Wasser und anderen Substanzen besteht, müsste er/sie täglich 1 kg Fleisch zu sich nehmen. Das ist deshalb nicht erforderlich, weil Eiweiß auch in Milch, Käse, Eiern, Getreide, Reis oder Kartoffeln enthalten ist (siehe Tab. 15.10), um nur einige Beispiele zu nennen.
Bei der Eiweißzufuhr sollte darauf geachtet werden, dass **nicht zu viel Cholesterin** aufgenommen wird (z.B. bei Eiern; siehe Tab. 15.8). Fisch, entrahmte Milch oder Kartoffeln haben bei hohem Eiweiß- einen sehr niedrigen Cholesteringehalt.

Bei zu **viel Eiweißzufuhr** dient dieses nicht mehr als Baustoff, sondern nur mehr als **Energielieferant** (siehe

Tab. 15.3, S. 115). Eiweiß hat aber gegenüber Kohlenhydraten und Fetten den Nachteil, dass es **Stickstoff** enthält, der **über die Niere** im Harn ausgeschieden werden muss. Überhöhte Eiweißaufnahme kann daher eine Belastung für den Organismus und die Nieren darstellen.

Mangelhafte Eiweißzufuhr über längere Zeit führt zu Wasseransammlung im Gewebe (Ödemen), zum Abbau von Muskelmasse und zu **Muskelschwäche**, sowie zur **Schwächung des Immunsystems**. Die Gefahr eines Eiweißmangels ist aber in den Industrieländern kaum gegeben, sie beschränkt sich vorwiegend auf Gebiete, in denen Hungersnot herrscht. In Österreich wird eher zuviel als zuwenig Eiweiß gegessen.

Vitamine

17

Frage

Welche Aufgaben haben die Vitamine? Was bezeichnet man als Provitamin? Man kann Vitamine in zwei Gruppen einteilen! In welche?

Vitamine sind organische Verbindungen, die der Organismus nicht als Energieträger, sondern für andere lebenswichtige Funktionen benötigt. Es sind 20 Vitamine bekannt, 13 davon sind für den Menschen lebensnotwendig (Tab. 15.11). Sie können zum Großteil nicht im Körper erzeugt werden und müssen daher mit der **Nahrung** aufgenommen werden. **Vitamine haben ausnahmslos wichtige Funktionen im Stoffwechsel.** Sie ermöglichen als Bestandteil von Enzymen und Hormonen den Ablauf von Stoffwechselvorgängen und sind für Wachstum, Leben und Fortpflanzung des Menschen unentbehrlich.

Einige Vitamine werden dem Körper als Vorstufen zugeführt und dann erst im Körper in die Wirkform umwandelt. Man spricht dann von so genannten **Provitaminen**. β-Carotin ist zum Beispiel die Vorstufe zu Vitamin A.

Trivialname	Chemischer Name
Vitamin A	Retinol
Vitamin B1	Thiamin
Vitamin B2	Riboflavin
Vitamin B3	Niacin
Vitamin B5	Pantothensäure
Vitamin B6	Pyridoxin, Pyridoxal und Pyridoxamin
Vitamin B7	Biotin
Vitamin B9	Folsäure
Vitamin B12	Cobalamin
Vitamin C	Ascorbinsäure
Vitamin D	Calciferol
Vitamin E	Tocopherol
Vitamin K	Phyllochinon und Menachinon

Tab. 15.11: *Die für den Menschen lebensnotwenigen Vitamine: Sie haben einen Trivialnamen, unter dem sie im Alltag bekannt sind, und eine chemische Bezeichnung. Die Vitamine B3 und D sind nicht essenziell, können also vom Körper selbst gebildet werden.*

Die im Organismus vorhandenen Vitamine werden ständig langsam abgebaut und müssen daher mit der Nahrung aufgenommen werden. **Der Bedarf der Vitamine liegt nur im Milligrammbereich und richtet sich vor allem**

Man unterteilt in fettlösliche (Tab. 15.12) und wasserlösliche Vitamine (Tab. 15.13).

fettlösliche Vitamine			
	Tagesbedarf eines /einer Erwachsenen	Wirkungen	Vorkommen
A	0,8–1 mg	verbessert Sehkraft und Zellwachstums, Erneuerung der Haut	Leber, Milchfette, Fisch, als Provitamin in vielen Pflanzen
D	5 µg	Regulierung des Calciumhaushalts	Wird vom Körper bei UV-Einfluss hergestellt; Fischprodukte; in geringerer Menge in Milch
E	10–15 mg	dient der Zellerneuerung, hemmt entzündliche Prozesse, stärkt das Immunsystem	Pflanzliche Öle, Blattgemüse, Vollkornprodukte
K	0,001–2,0 mg	Erforderlich für die Bildung der Blutgerinnungsfaktoren.	Eier, Leber, Grünkohl

Tab. 15.12

wasserlösliche Vitamine			
B1	1,3–1,8 mg	verbessert den Kohlenhydratstoffwechsel, wichtig für Schilddrüsenfunktion, und Nerven	Schweinefleisch, Erbsen, Haferflocken
B2	1,8–2,0 mg	Verwertung von Fetten, Eiweiß und Kohlenhydraten, gut für Haut und Nägel	Schweinefleisch, grünes Blattgemüse, Vollkornprodukte
B3	15–20 mg	fördert die Merkfähigkeit und Konzentration	mageres Fleisch, Fisch, Hefe
B5	8–10 mg	fördert die Wundheilung, verbessert die Abwehrreaktion	Leber, Weizenkeime, Gemüse
B6	1,6–2,1 mg	schützt vor Nervenschädigung, wirkt mit beim Eiweißstoffwechsel	Leber, Kiwis, Kartoffeln
B7	0,25 mg	schützt vor Hautentzündungen, gut für Haut, Haare und Nägel	Leber, Karfiol, durch Darmbakterien
B9	0,16–0,40 mg	verhindert Missbildungen bei Neugeborenen, gut für die Haut	Leber, Weizenkeime, Kürbis
B12	3 µg	bildet und regeneriert rote Blutkörperchen, wichtig für die Nervenfunktion	Leber, Fisch, Milch
C	100 mg	Schutz vor Infektionen, wirkt als Radikalenfänger, stärkt das Bindegewebe	Hagebutten, Zitrusfrüchte, Sanddorn, Kiwis, Paprika

Tab. 15.13

nach Alter und körperlicher Belastung (Tab. 15.12 und 15.13). Die erhöhte Stoffwechselaktivität des Sportlers/der Sportlerin erfordert gegenüber Nichtsportler/innen einen erhöhten Vitaminbedarf.
Ausdauersportler/innen sollten in Perioden mit extrem hoher Trainingsbelastung (sie können zu einer Vitaminunterversorgung von B1, B2 und C führen) neben der Aufnahme einer vitaminreichen Kost, noch zusätzliche Vitamine in Form von Multivitaminpräparaten zuführen. Für alle Sportler/innen gilt ein gesteigerter Bedarf an Vitamin C durch hohe Schweißverluste, vor allem auch bei Belastungen in den Wintermonaten.

Mineralstoffe und Spurenelemente

18 **Frage**
Welche Mineralstoffe müssen im Körper ausreichend vorhanden sein, damit es zu keinen Muskelkrämpfen kommt?

19 **Frage**
Welche Personen sollten auf übermäßigen Salzkonsum aufpassen?

Mineralstoffe und Spurenelemente sind anorganische, lebensnotwendige Substanzen, die für die Aufrechterhaltung eines ungestörten Stoffwechsels erforderlich sind. Von Mineralstoffen spricht man, wenn der Tagesbedarf über 100 mg, von Spurenelementen, wenn er unter 100 mg liegt (Tab. 15.14). Mineralstoffe und Spurenelemente werden durch die moderne Mischkost in ausreichender Menge aufgenommen. **Deckungslücken** treten bisweilen bei **Eisen**, **Iod** und **Fluor** auf.

An **Eisen** wird normalerweise nur ein Zehntel vom Körper aufgenommen. **Iodmangel** kann auftreten, wenn überwiegend Lebensmittel aus Gegenden verzehrt werden, wo zu geringer Iodgehalt im Boden ist. Zur Deckung des Bedarfs dient unter anderem die Verwendung von Iodsalz bei der Zubereitung von Gerichten.

Mineralstoff	Vorkommen
Natrium (Na)	Kochsalz
Chlor (Cl)	Kochsalz
Kalium (K)	Getreide, Obst, Gemüse
Calcium (Ca)	Milch und Milchprodukte
Spurenelemente	**Vorkommen**
Eisen (Fe)	Fleisch, Vollkorn
Fluor (F)	Fleisch, Eier, Obst
Kupfer (Cu)	Hülsenfrüchte, Leber
Nickel (Ni)	Hülsenfrüchte, Käse, Fisch

Tab. 15.14: *Beispiele für Mineralstoffe und Spurenelemente*

Sportler/innen haben aufgrund des größeren Schweißverlustes einen wesentlich höheren Mineralstoffbedarf. Vor allem **Natrium** und **Chlor** gehen mit dem Schweiß verloren und müssen daher in erheblichen Mengen ersetzt werden. Personen mit erhöhtem Blutdruck sollten sparsam im Salzkonsum sein, weil sonst der Blutdruck noch weiter steigen kann. Weiters müssen **Kalium- und Magnesiumverluste** ersetzt werden, um Muskelkrämpfen vorzubeugen.

Da die Mineralstoffe nicht organisch und die **Elemente** meist als Ionen oder in Form anorganischer Verbindungen vorliegen, sind sie anders als einige **Vitamine**, gegen die meisten Zubereitungsmethoden unempfindlich. Zum Beispiel können sie durch Hitze oder Luft nicht zerstört werden. Viele von ihnen können allerdings durch übermäßig langes Kochen in zu viel Wasser aus der Nahrung ausgelaugt werden.

Wasser und Wasserhaushalt

Frage 20
Wie hoch ist der Prozentanteil von Wasser beim Menschen? Wie groß ist der Wasserbedarf eines Erwachsenen pro Tag? Welche Folgen hat ein starker Wasserverlust für den Organismus?

Frage 21
Ab wieviel Flüssigkeitsverlust (in % der Körpermasse) treten schwerwiegende physiologische Veränderungen auf? Ab welcher Höhe (in % der Körpermasse) ist Flüssigkeitsverlust lebensgefährlich?

Der Mensch besteht zu einem Großteil aus Wasser. Der Wassergehalt ist abhängig von Lebensalter, Geschlecht und Körperzusammensetzung (Abb. 15.12). Mit zunehmendem Alter sinkt der Wasseranteil. Frauen haben einen etwas geringeren Wassergehalt und einen etwas größeren

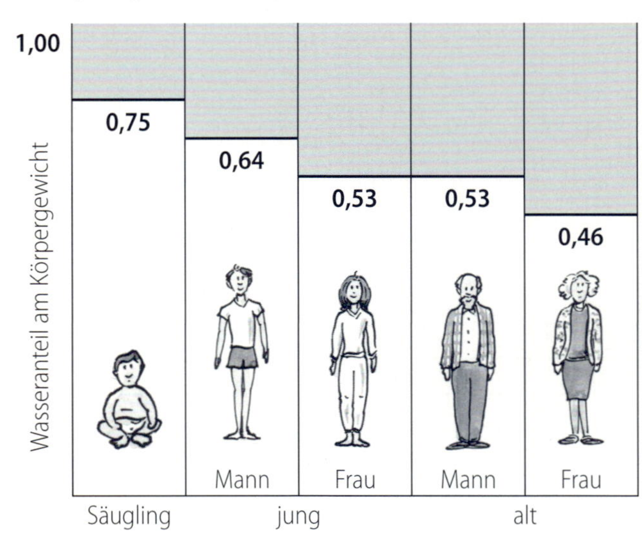

Abb. 15.12: *unterschiedliche Wasserspeicherung im Körpergewebe des normalgewichtigen Menschen*

Fettgehalt als Männer. Zusätzlich hängt der Wassergehalt aber auch vom Gewicht ab. Übergewichtige haben weniger, Untergewichtige mehr Wasseranteil. **Zusammenfassend kann man sagen, dass der Wasseranteil des Menschen rund ½ bis ¾ des Körpergewichts ausmacht.**

Wasser gehört mit Sauerstoff zu den lebensnotwendigsten Stoffen. Es ist Bestandteil von Makromolekülen, spielt eine wichtige Rolle bei der Wärmeregulation und wird bei vielen biochemischen Reaktionen benötigt. Nur in wässriger Lösung können Substanzen in lebende Zellen eindringen oder sie verlassen, und auch innerhalb der Zelle können nur gelöste Substanzen miteinander reagieren.
Ein Erwachsener verliert bei geringer körperlicher Aktivität etwa **2,5 l Flüssigkeit pro Tag**. Diese geht durch Ausscheidungen, Schweiß und Anfeuchten (und Austrocknen) von Mund- und Nasenschleimhäuten verloren (Abb. 15.13). Damit die Bilanz ausgeglichen ist, muss natürlich diese Flüssigkeitsmenge wieder aufgenommen werden.

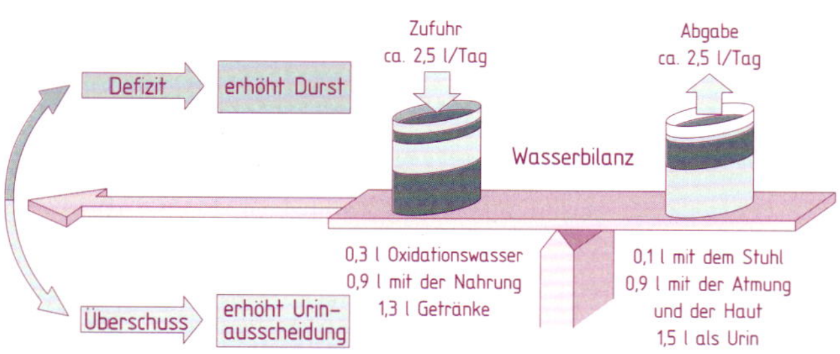

Abb. 15.13: *Richtwerte für die Wasserbilanz eines Tages*

Knapp einen Liter Flüssigkeit nimmt man mit den **Nahrungsmitteln** zu sich, die teilweise einen großen Wassergehalt haben, etwa Obst und Gemüse (Abb. 15.14). Rund 1/3 Liter Wasser entsteht im Körper bei der Verbrennung von Kohlenhydraten und Fetten. Man spricht vom **Oxidationswasser** (*Know-how Oxidationswasser*). Der Rest, etwa 1 bis 1,5 Liter, muss direkt in Form von Flüssigkeit zu sich genommen werden.
Ein Wasserüberschuss ist aus gesundheitlichen Gründen sehr zu begrüßen. Er dient zur Schonung der Niere und

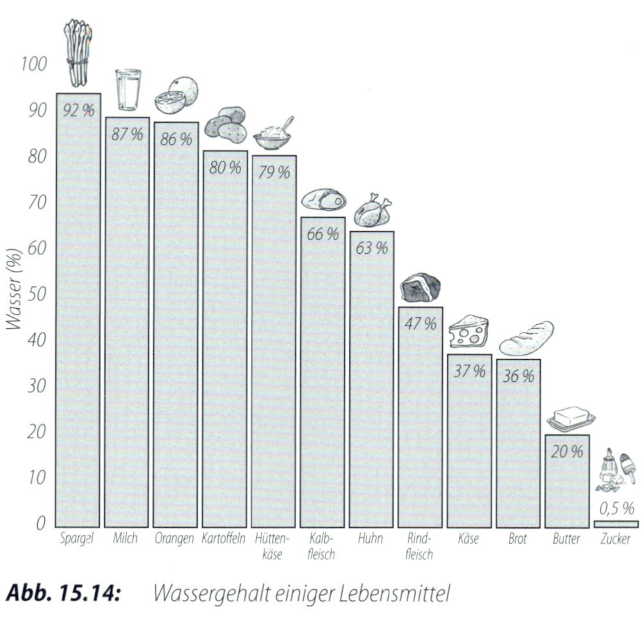

Abb. 15.14: *Wassergehalt einiger Lebensmittel*

wird durch erhöhte Urinausscheidung wieder ausgeglichen. Getränke mit **Koffein** oder **Teein**, also Cola, Kaffe, Tee, Eistee oder so genannte Energy-Drinks, sind nicht geeignet, weil sie die Harnproduktion übermäßig anregen. Netto ergibt sich dadurch sogar ein **Flüssigkeitsverlust**.

KNOW-HOW

Oxidationswasser
Bei der Oxidation (Verbrennung) von Kohlenhydraten und Fetten entstehen CO_2 und Wasser. Die Glucoseverbrennung läuft zum Beispiel so ab:

$$C_6H_{12}O_6 + 6O_2 \rightarrow 6CO_2 + 6H_2O + \text{Energie}$$

Beim Abbau von Fetten und Eiweiß ist es ganz ähnlich. Auf dieser Weise entstehen bei Mischkost pro Tag rund 0,3 Liter Wasser im Körper.

Der Flüssigkeitsbedarf des/der Sportlers/Sportlerin hängt von den auftretenden Flüssigkeitsverlusten ab, die bei verschiedenen Sportarten und -disziplinen recht unterschiedlich ausfallen können (Tab. 15.15). **Schweißverluste führen neben dem Verlust von Mineralstoffen und Wasser zu einer Bluteindickung.** Dadurch wird die periphere Durchblutung vermindert und der Abtransport von Stoffwechselresten erschwert. Außerdem wird die Herzarbeit erhöht. Insgesamt bedeutet das, dass die Leistungsfähigkeit gesenkt wird.
Ein Wasserverlust von **2% des Körpergewichts** beeinträchtigt die Leistungsfähigkeit bereits deutlich. Dies entspricht bei 60 kg 1,2 Liter und bei 75 kg 1,5 Liter. Ein Wasserverlust von **10% des Körpergewichts** führt zu ernsthaften Symptomen und ist prinzipiell **lebensbedrohlich**, **15%** sind normalerweise tödlich. Die Regulierung der Flüssigkeitsaufnahme über das Durstgefühl ist nicht ausreichend. Dieses tritt erst nach Wasserverlusten von 0,5 bis 1,5 Liter auf. Ob noch ein Flüssigkeitsdefizit besteht oder nicht, lässt sich am besten über eine Gewichtskontrolle feststellen.

Sportart	Verlust (Kg)
100-m-Lauf	0,15
10 000-m-Lauf	0,9 – 1,5
Marathon	bis 4,0
Radrennen 50 km	1,5 – 3,0
Fußball	1,0 – 3,0

Tab. 15.15: *Richtwerte für flüssigkeitsbedingten Masseverlust bei Wettkämpfen*

Dauert eine Belastung **länger als 45 Minuten**, sollte **bereits während des Sports getrunken** werden, etwa bei Halbmarathon, Marathon oder langen Radetappen. Als Richtwert gilt, dass dann während der körperlichen Belastung **alle 10 bis 15 Minuten 200 bis 250 ml** getrunken werden oder in noch kürzeren Intervallen ein paar Schlucke. Auf diese Weise kann man 0,8 bis 1,5 Liter pro Stunde zu sich nehmen. Am besten eignen sich Getränke, mit 60 bis 80 g Kohlenhydraten pro Liter (also 6 bis 8 %) und 400 bis 500 mg Natrium. Im Vergleich mit Mineralwasser werden diese drei- bis viermal so schnell vom Körper aufgenommen.

15 Ernährung und Sport

Ballaststoffe

Unter dieser Bezeichnung wird eine Gruppe von Stoffen zusammengefasst, die für den menschlichen Organismus nicht oder nur zu einem geringen Teil verdaulich sind. Der größte Teil davon ist Zellulose, die Gerüstsubstanz der Pflanzen. Obwohl diese Stoffe vom Körper nicht oder kaum aufgenommen werden, sind sie ernährungsphysiologisch bedeutungsvoll, weil sie dem Speisebrei Konsistenz verleihen und die **Darmtätigkeit anregen.**

Das Fehlen der Ballaststoffe in der heutigen Ernährung wird als mögliche Ursache für eine Reihe von Krankheiten angesehen, etwa chronische Verstopfung. Es wird daher empfohlen, mit der täglichen Kost etwa **10 – 20 g Ballaststoffe** zuzuführen. Diese Stoffe sind zum Beispiel in Weizenkleie, Brot, Müsli oder Vollkornreis in ausreichender Menge vorhanden (Tab. 15.16).

Weizenkleie	49,3	**Erdnüsse**	7,1
Mandeln	9,8	**Roggenmischbrot**	6,0
Getrocknete **Feigen**	9,6	Grüne **Erbsen**	5,0
Getrocknete **Marillen**	8,0	**Müsli** (Durchschnittswert)	4,6
Weiße **Bohnen**	7,5	**Vollkornreis**	3,7

Tab. 15.16: *Ballaststoffgehalt ausgewählter Lebensmittel in Gramm Ballaststoffen pro 100 Gramm Lebensmittel*

Übergewicht, Abnehmen und Zunehmen

22 **Frage**
Was versteht man unter dem Body-Mass-Index? Wie kann man ihn berechnen?

23 **Frage**
Wovon hängt es ausschließlich ab, ob man ab- oder zunimmt?

24 **Frage**
Wie lange muss man Nulldiät machen, damit man 1 kg Fett abnimmt? Wie weit muss man laufen oder gehen, damit man 1 kg Fett abnimmt?

Für eine gesunde Ernährung ist die Zusammensetzung der Nahrung wichtig. So sollten Fette nicht mehr als 30 % der Energiemenge ausmachen (Abb. 15.3, S. 116). **Ob man zunimmt oder abnimmt**, liegt aber nicht daran, ob man eher Fette oder Kohlenhydrate zu sich nimmt, sondern **hängt ausschließlich von der Energiebilanz ab** (Abb. 15.15).

Nimmt man im Schnitt pro Tag genauso viel Energie auf, wie man umsetzt, bleibt das Gewicht gleich. Die Energiebilanz ist ausgeglichen.

Nimmt man im Schnitt pro Tag mehr Energie auf, als man umsetzt, steigt das Gewicht. Die Energiebilanz ist positiv.

Nimmt man im Schnitt pro Tag weniger Energie auf, als man umsetzt, sinkt das Gewicht. Die Energiebilanz ist negativ.

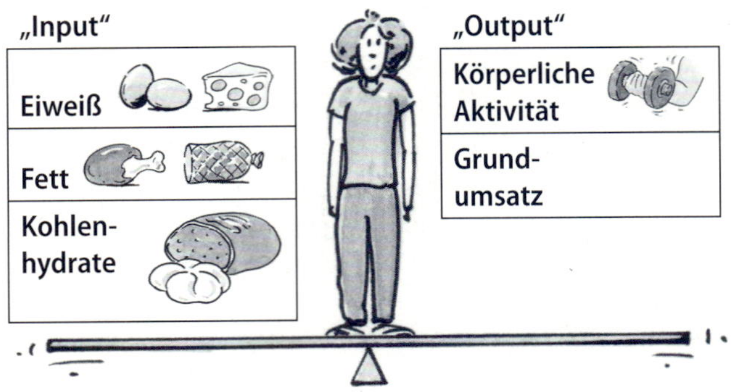

Abb. 15.15: *Wenn die Energiebilanz ausgeglichen ist, bleibt auch die Masse gleich.*

Das Problem Übergewicht bei Kindern ist schon längst kein rein US-amerikanisches mehr, wie lange Jahre behauptet wurde. So ist im deutschsprachigen Raum jedes vierte Kind zu dick (Stand 2007), Tendenz steigend. Die epidemische Zunahme von Übergewicht stellt laut WHO **die größte Herausforderung für die Gesundheitspolitik in der EU dar** (*Know-how BMI und Waist-Hip-Ratio*).

KNOW-HOW BMI und Waist-Hip-Ratio

BMI und Waist-Hip-Ratio

Der Body-Mass-Index (BMI) ist eine Maßzahl für die Bewertung der Körpermasse eines Menschen. Er wird folgendermaßen berechnet:

$$BMI = \frac{\textit{Körpermasse in kg}}{(\textit{Körpergröße in m})^2}$$

Ein Mädchen mit 60 kg und 1,70 m Größe hat einen BMI von 20,76 und liegt daher in einem sehr günstigen Bereich (siehe Abb. 15.16 und 15.17). Da **Übergewicht** ein weltweit zunehmendes Problem darstellt, wird der BMI dazu verwendet, auf eine diesbezügliche Gefährdung hinzuweisen. Er gibt aber lediglich **einen Richtwert an** und ist umstritten, da er die Statur eines Menschen und die individuell verschiedene Zusammensetzung der Körpermasse aus **Fett-** und **Muskelgewebe** nicht berücksichtigt.

Für die Übergewichtsbestimmung kommt auch häufiger das **Taille-Hüft-Verhältnis** (Waist-Hip-Ratio) zum Einsatz, wobei die Taille in Nabelhöhe und die Hüfte an der dicksten Stelle gemessen wird. Dieses Verhältnis soll **bei Männern kleiner als 1,0 und bei Frauen kleiner als 0,85 sein**.

Der **Taille-Hüft-Quotient** liefert die Antwort auf die Frage, wo die Fettdepots sitzen. Bauchbetontes Übergewicht (Apfeltyp) bedeutet ein viel höheres Risiko für Herz-

Kreislauf-Erkrankungen. Besonders nachteilig wirken sich Fettdepots im Bauchraum und an den inneren Organen aus. Mit der Zunahme des Bauchfetts steigt das Risiko für Folgeerkrankungen.

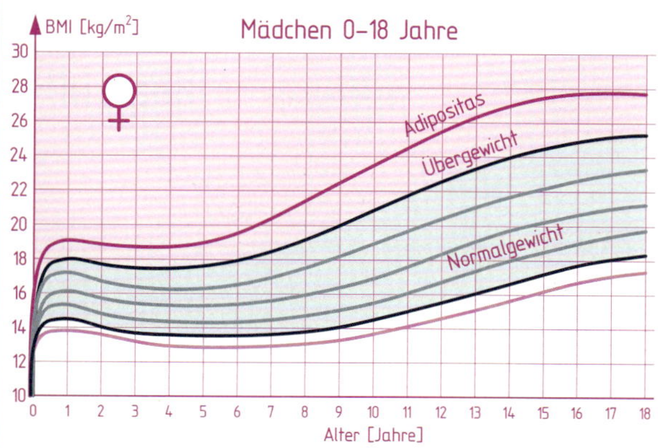

Abb. 15.16

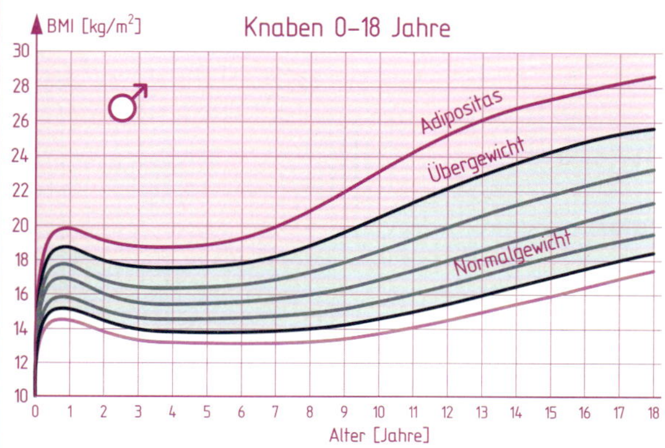

Abb. 15.17

KNOW-HOW Nur 1% zu viel

Nur 1% zu viel

Wie verändert sich das Gewicht im Laufe eines Jahres, wenn man im Schnitt pro Tag nur um 1% zu viel an Nahrung aufnimmt? Das entspricht bloß rund 1,5 Stück Würfelzucker.

Nehmen wir zur Abschätzung eine **Frau mit 60 kg** und einen **Mann mit 75 kg**, die einen PAL-Faktor von 1,4 haben (Tab. 15.2, S. 115). 1% des Tagesbedarfs sind dann 76 kJ bzw. 106 kJ. Auf ein Jahr hochgerechnet macht das dann einen Überschuss von 27740 kJ bzw. 38690 kJ. 1 kg Körperfett hat einen Brennwert von 29.000 kJ (siehe Know-how Fettspeicher, S. 118). **Nimmt man also pro Tag im Schnitt nur 1% zu viel zu sich, summiert sich das im Laufe eines Jahres auf 1 kg Körperfett oder mehr! Dasselbe gilt natürlich auch in die Gegenrichtung.** Nimmt man im Schnitt 1% weniger auf, nimmt man im Jahr 1 kg ab.

Die Ursachen für die rasante Zunahme an übergewichtigen Kindern in den letzten Jahren sind vielfältig und verstärken sich gegenseitig: **Ständig verfügbare Nahrung, falsche Essgewohnheiten und Bewegungsmangel.** Dadurch wird die Energiebilanz positiv, was auch bei einem leichten Überschuss auf die Dauer zur Gewichtszunahme führt (*Know-how Nur 1% zu viel*).

Eine erfolgreich Prophylaxe aber auch Therapie von Übergewicht kann nur mit **Veränderungen der Lebens- und Ernährungsgewohnheiten** erfolgreich sein. Es gibt lediglich zwei Möglichkeiten zur Gewichtsabnahme: Den Input verringern, also weniger essen, und/oder den Output erhöhen, also mehr Bewegung machen. Beides muss aber mit Maß und Ziel erfolgen, denn Abnehmen ist immer ein Langzeitprojekt (*Know-how Abnehmen durch Bewegung*). Das Ziel ist keine Crash-Diät, die nur kurz durchgehalten wird, sondern eine langfristige und dauerhafte Umstellung der Ernährungsgewohnheiten.

KNOW-HOW Abnehmen durch Bewegung

Abnehmen durch Bewegung

Man kann abschätzen, wie weit und lange man laufen muss, um 1 kg Fett abzunehmen. Voraussetzung für die folgenden Schätzungen ist, dass man an der Ernährung nichts ändert, also nicht etwa durch den Sport bedingt sogar mehr isst.

Als Faustregel gilt: Pro gelaufenem Kilometer und pro Kilogramm Körpermasse benötigt man 4,2 kJ (1 kcal). Als Richtwert für 1 kg Speicherfett nehmen wir wieder 29.000 kJ. Dieser Verbrauch ist vom Lauftempo so gut wie unabhängig.

In Tab. 15.17 siehst du, dass man zum Abnehmen von 1 kg Speicherfett rund 100 km laufen muss und dabei etwa 8 bis 10 Stunden unterwegs ist! Beim Gehen benötigt man wesentlich weniger Energie pro Strecke. Man muss rund 2,5-mal so weit gehen, um 1 kg Fett abzunehmen, also etwa 230 bis 290 km. Abnehmen ist ein Langzeitprojekt!

	Frau, 60 kg	Mann, 75 kg
Verbrauch pro Kilometer	252 kJ / 60 kcal	315 kJ / 75 kcal
Lauf-km, um 1 kg Fett abzunehmen	115 km	92 km
Gesamtlaufzeit bei 5 min pro km	9,6 h	7,7 h

Tab. 15.17

15 Ernährung und Sport

25

Frage
Was versteht man unter Grund- und Leistungsumsatz? Welche energieliefernden Nährstoffe müssen vom Körper aufgenommen werden? Welchen Tagesbedarf an Energie hat ein Mensch? Was ist der PAL-Wert? Wie lautet die Umrechnung zwischen Kilokalorien und Kilojoule?

26

Frage
Wie können die Nahrungsmittel unterteilt werden? Wie sollten sie zusammengesetzt sein? Wie wird Traubenzucker noch genannt? Wie heißt die Speicherform der Kohlenhydrate im menschlichen Körper? Wo können diese gespeichert werden? Wie kann man die Größe der Kohlenhydratspeicher eines Menschen abschätzen? Wie groß ist prozentmäßig der Muskelanteil am gesamten Köpergewicht bei Männern und Frauen? Warum sollte man Zucker in der Ernährung meiden?

27

Frage
Was versteht man unter gesättigten und ungesättigten Fettsäuren? Was ist Cholesterin? Welche Nahrungsmittel haben einen hohen Cholesteringehalt? Was ist die Cholesterin-Hypothese? Wie kann man die Größe der Fettspeicher eines Menschen abschätzen?

28

Frage
Was versteht man unter Eiweiß, Protein und Aminosäuren? Was versteht man im Muskel unter Sarkomer und Z-Scheiben? Was versteht man unter Aktin- und Myosin-Filamenten? Was ist Titin? Welche Nahrungsmittel haben einen hohen Eiweißgehalt?

29

Frage
Welche Aufgaben haben Vitamine, Mineralstoffe und Spurenelemente? Wie kann man die Vitamine unterteilen? Zu wie viel Prozent besteht ein Mensch aus Wasser? Wie groß ist der Wasserbedarf eines Erwachsenen pro Tag? Welche Folgen hat ein starker Wasserverlust für den Organismus? Wie sieht die Wasserbilanz eines Menschen aus? Was sind Ballaststoffe und wofür braucht sie der Mensch?

30

Frage
Berechne deinen BMI und ordne ihn mit Hilfe von Abb. 15.16 und 15.17 ein. Berechne dein Waist-Hip-Ratio. Berechne, wie weit du laufen müsstest, um 1 kg Fett abzunehmen.

31

Aufgabe
Was versteht man unter dem glykämischen Index und unter der Glyx-Diät? Besorge dir dazu Informationen aus dem Internet. Ist diese Diät wissenschaftlich fundiert? Diskutiere mit deinen Klassenkolleginnen und Kollegen darüber.

Literatur

BIESALSKI Hans Konrad / GRIMM Peter: Taschenatlas Ernährung. Thieme, Stuttgart 4. Aufl. 2007

GERGELI Stefan M.: Ernährungslehre. Manz Verlags- und Universitätsbuchhandlung, Wien 1990

HAUBER-SCHWENK Gaby / SCHWENK Michael: dtv-Atlas Ernährung, München 2000

SILBERNAGL Stefan / DESPOPOULOS Agamemnon: Taschenatlas der Physiologie. Thieme, Stuttgart 7. Aufl. 2007

WEINECK Jürgen: Sportbiologie. Spitta, Balingen 9. Aufl. 2004

ZINTL Fritz / EISENHUT Andrea: Ausdauertraining. BLV , München 6. überarb. Aufl. 2004

16 Sportorganisation in Österreich

1 Frage
Wie wird das Zusammenleben von Menschen in einem demokratischen Staat geregelt?

2 Frage
Welches ist das für die Republik Österreich wichtigste Gesetz?

Sportgesetze

Verfassungsmäßige Grundlagen

„Alle Menschen sind frei und gleich an Würde und Rechten geboren ... Jeder Mensch hat Pflichten gegenüber der Gemeinschaft, in der allein die freie und volle Entwicklung seiner Persönlichkeit möglich ist." So findet man in der „Allgemeinen Erklärung der Menschenrechte" der Vereinten Nationen den Hinweis auf ein Zusammenleben der Menschen.

Du bist sicherlich auch in mehreren Gemeinschaften integriert: in Familie oder Freundeskreis, auf dem Sportplatz und in der Schule. Die umfassendste dieser Formen ist der Staat. Wenngleich auch Menschen oft ihre Einzelziele verfolgen, müssen in einer Gemeinschaft Einzelinteressen dem Gemeinwohl untergeordnet werden.

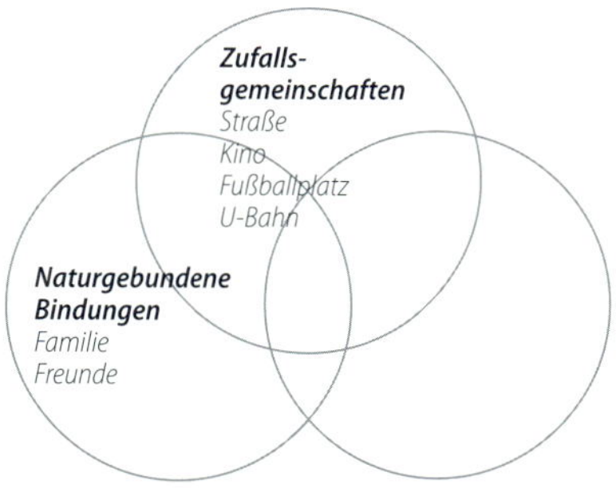

Abb. 16.1: *Das Zusammenleben innerhalb einer Gemeinschaft bringt auch Verpflichtungen. Es gibt verschiedene Gemeinschaften, in einigen bestehen Vereinbarungen für das Zusammenleben.*

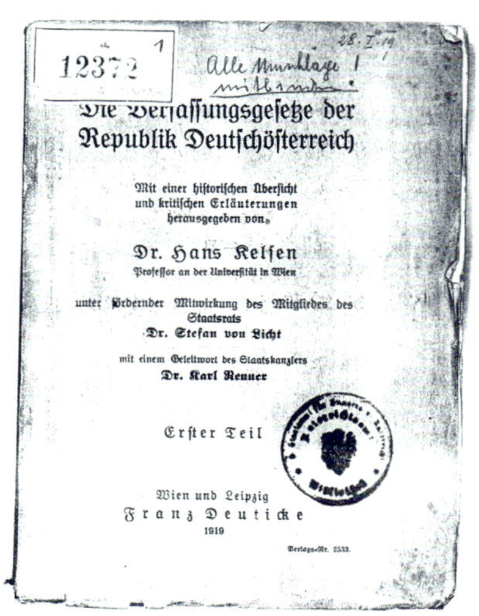

12372

Die Verfassungsgesetze der Republik Deutschösterreich

Mit einer historischen Übersicht und kritischen Erläuterungen herausgegeben von

Dr. Hans Kelsen
Professor an der Universität in Wien

unter fördernder Mitwirkung des Mitgliedes des Staatsrats
Dr. Stefan von Licht

mit einem Geleitwort des Staatskanzlers
Dr. Karl Renner

Erster Teil

Wien und Leipzig
Franz Deuticke
1919

Abb. 16.2: *Titelblatt der österreichischen Verfassung (1919)*

Das führt zu Spannungen. Um Spannungen zu vermeiden oder zu lösen gibt es eine Rechtsordnung. Unter Recht versteht man oft die Gesamtheit aller Regeln (Normen), die das Verhalten von Menschen bestimmen. Die **Rechtsordnung** ist insofern etwas Besonderes, als notfalls etwas auch durch Anwendung staatlicher Machtmittel zwangsweise durchgesetzt werden kann.

Die Verfassung eines Staates enthält die fundamentalen Rechtsnormen: Staatsform, Grundrechte, Aufgaben der höchsten Staatsorgane, Weg der Gesetzgebung, Kontrolle der Verwaltung und Kompetenzbestimmungen, das heißt die Verteilung der Aufgaben auf Bund und Länder.

Die wichtigsten Hinweise dazu gibt das **österreichische Bundes-Verfassungsgesetz (B-VG)**, das am 1. Oktober 1920 beschlossen wurde. Diese Verfassung wurde im Wesentlichen von Dr. Hans Kelsen, einem Universitätsprofessor für Staatsrecht, entwickelt und trägt daher manchmal dessen Namen: „Kelsen-Verfassung". Das Bundes-Verfassungsgesetz kann nur geändert oder ergänzt werden, wenn im Parlament mehr als zwei Drittel der Abgeordneten dafür sind (Zweidrittelmehrheit). Trotzdem sind mittlerweile schon so viele Änderungen notwendig gewesen, dass man kaum mehr einen Überblick haben kann.

Der Verfassung liegen mehrere Prinzipien zugrunde. Ein sehr altes Prinzip besteht etwa schon seit der Staatslehre von J. J. Rousseau (1712 – 1778) in der **Gewaltentrennung** (siehe Abb. 16.3) zum Schutz der Bürger.

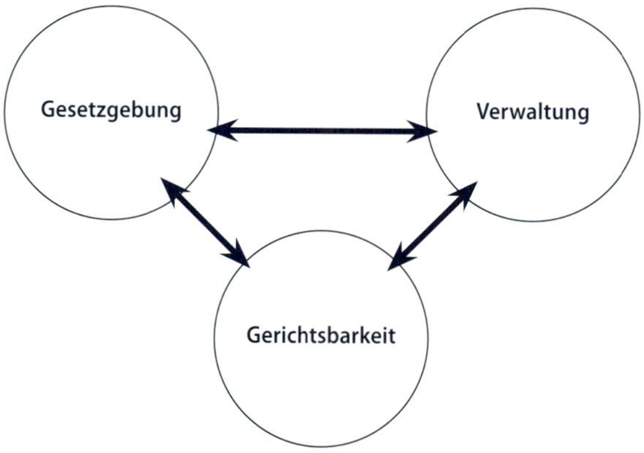

Abb. 16.3: *Grundlage einer parlamentarischen Republik: Die Organisation des Staates ist so zu gestalten, dass die Staatsfunktionen Organen übertragen werden, die voneinander verschieden sind (Gewaltentrennung), die einander aber wechselseitig kontrollieren (Gewaltenverschränkung). Die Macht ist dem Recht unterworfen, und dies gewährleistet Freiheit und Wohlfahrt der Bürger.*

Ein anderes Prinzip, das **bundesstaatliche Prinzip** besagt, dass Gesetzgebung und Vollziehung zwischen Bund und Ländern geteilt ist. Österreich besteht nicht nur geographisch aus neun Bundesländern, dies ist auch eine Gliederung mit politischen und rechtlichen Konsequenzen.

„Bundessache" sind in Gesetzgebung und Vollziehung z.B. die Angelegenheiten der Bundesverfassung selbst, der Außenpolitik, des Passwesens, des Bundesfinanzwesens, des Zivilrechtswesens, des Gewerberechtes, der Organisation der Bundespolizei und des Vereinsrechtes.

16 Sportorganisation in Österreich

„Landessache" sind in Gesetzgebung und Vollziehung unter anderem der Jugendschutz, das Kino- und Theaterwesen, das Bauwesen und der **Sport**!
Manchmal ist es aber auch komplizierter: In einigen Artikeln des Bundes-Verfassungsgesetzes (keine „Paragrafen" (§) wie sonst in allen anderen Gesetzen) wird geregelt, was der Bund grundsätzlich (Grundsatzgesetz) bestimmen soll und dass ein Ausführungsgesetz durch das jeweilige Bundesland zu erstellen ist.
Ein Beispiel aus der Schule: Für das Pflichtschulwesen (Volksschulen, Hauptschulen, polytechnische Schulen, Sonderschulen) ist aber auch geregelt, wie Schulen errichtet und erhalten werden müssen. In dieser Angelegenheit erlässt der Bund grundsätzliche Vorschriften (Schulorganisationsgesetz), und in jedem Bundesland werden eigene Landesgesetze gemacht, die nur in diesem Bundesland gelten. Denn die genannten Schulen werden mit den Steuermitteln der Bürger/innen des Bundeslandes erhalten.
Für alle Bereiche, die im Bundes-Verfassungsgesetz nicht ausdrücklich geregelt oder der Vollziehung des Bundes übertragen sind, gilt, dass das jeweilige Bundesland die Verantwortung hat und Gesetze zu erlassen hat (Generalklausel).

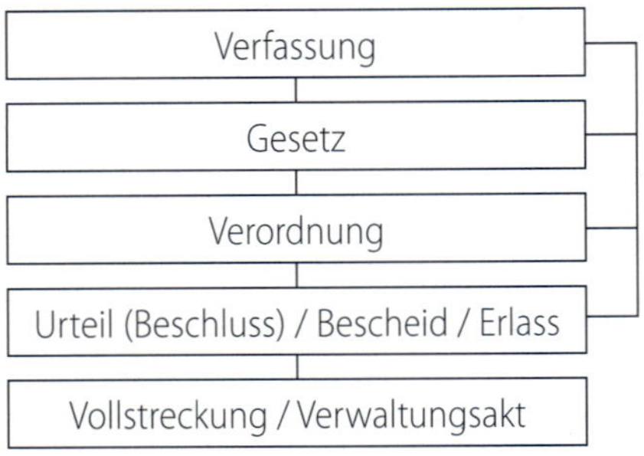

Abb. 16.4: *Stufenleiter (Stufenbau) der Rechtsordnung.*

In vielen Gesetzen wird etwa eine Ministerin oder ein Minister, ein Landeshauptmann bzw. -frau oder auch ein(e) Bürgermeister(in) ermächtigt, weitere Bestimmungen zu erlassen: Man nennt sie allgemein Verordnungen und Erlässe. Eine Rechtsgrundlage ist von der übergeordneten insofern abhängig, als sie dazu nicht im Widerspruch stehen darf: Man nennt dies den Stufenbau der Rechtsordnung.

„Hoheitsverwaltung" (im Gegensatz zur „Privatwirtschaftverwaltung", die nicht-hoheitliche Verwaltung) ist ein Begriff aus der Juristensprache und bezeichnet den Teil der Staatsverwaltung, in dem es im Wesentlichen darum geht, die Ordnung im Zusammenleben der Menschen zu sichern und aufrecht zu erhalten. Hoheitliche Regelungen im Sport können nur die Bundesländer erlassen, sodass Landesgesetze (wie sie etwa für Förderungen, Aus- und Fortbildung oder auch für die Führung von Sportschulen, etwa Skischulen, notwendig sind) im Bundesland beschlossen werden und daher auch Unterschiede von Bundesland zu Bundesland festzustellen sind.

Frage 3
Welche Regelung für den Sport findet man in der österreichischen Bundesverfassung?

Frage 4
Was versteht man unter Gewaltentrennung in der österreichischen Rechtsordnung?

Frage 5
Welches Merkmal beim Zustandekommen eines Gesetzes unterscheidet das Bundes-Verfassungsgesetz von einem „gewöhnlichen" Gesetz?
Versuche zu erfahren, ob es gewöhnliche Gesetze gibt, die ebenso wie Beschlüsse zum Bundes-Verfassungsgesetz zustande kommen!

Frage 6
Versuche zu erklären, was sich hinter den Begriffen Gesetzgebung, Gerichtsbarkeit und Verwaltung verbirgt?

Frage 7
Beschreibe den Vorgang, wie ein Gesetz zustande kommt!
Kennst du Verwaltungsbehörden in deiner Umgebung, deren Dienste deine Familie schon einmal in Anspruch genommen hat? Tausche deine Erfahrungen mit deinen Mitschülern und Mitschülerinnen aus.

Sportförderung

Der Bund hat im Bereich der Förderung des Sportes nur im Wege der Privatwirtschaftsverwaltung (Art. 17 B-VG) Kompetenz in der Gesetzgebung und der Vollziehung. **1969** ist erstmals ein Bundesgesetz beschlossen worden, das Förderungen durch den Bund ermöglicht **(Bundes-Sportförderungsgesetz)** und damit bestimmte Aufgaben festlegt.
Ergänzungen wurden gemacht: 1986 wurde die Vergabe der Sporttotomittel geregelt und 1990 wurde ergänzt, dass die Sporteinrichtungen der Bundesschulen von Verbänden und Vereinen vorrangig und (1995) möglichst unentgeltlich oder gegen geringen Ersatz des Aufwandes benutzt werden können.
2005 wurde mit einer neuen Regelung im Glücksspielgesetz eine Steigerung der finanziellen Mittel gesichert. Mit einer **Bindung an den Umsatzerlös der Österreichischen Lotterien** (3% für den Sport) und der **Mindestgarantie von 40 Millionen Euro** jährlich erhielt der österreichische Sport eine wichtige finanzielle Grundlage. Die Aufhebung der Befristung für diese Neuregelung ermöglichte mehrjährige Planungen. Bemerkenswert ist die „Zweckwidmung" von Mittel für Bewegungsprogramme, Schulkooperationsprojekte und Strukturmaßnahmen der Dachverbände.

Aufgabe

Zeichnet in der Gruppe eine Grafik zu der Verteilung der Sportförderung der Bundesländer. Diskutiert das Ergebnis im Hinblick auf die Begriffe „allgemeine (Sport-) Förderung" und „Sport-Investititonsförderung"!

	1990		1995		1999		2004		2007	
Förderungen	**allgem.**	**Invest.**	**allgem.**	**Invest.**	**allgem.**	**Invest.**	**allgem.**	**Invest.**	**allgem.**	**Invest.**
Burgenland	0,8	0,4	1,8	1,0	1,5	0,7	0,3	0,8	0,68	1,536
Kärnten	2,7	1,2	4,4	2,2	11,5	1,8	0,1	3,5	6,414	5,096
Niederösterr.	5,4	3,9	7,0	0,2	6,7	5,1	1,1	4,0	5,362	5,829
Oberösterr.	8,9	5,1	11,7	6,4	12,6	6,6	1,1	8,4	7,766	8,267
Salzburg	3,8	0,6	5,3	1,1	6,5	1,2	1,9	1,9	3,049	1,004
Steiermark	1,2	1,1	1,5	0,3	2,9	0,3	3,3	0,2	6,345	0,286
Tirol	4,5	0,2	4,4	0,6	11,6	4,9	10,9	1,9	7,726	2,477
Vorarlberg	2,3	0.7	3,3	1,4	7,6	4,4	2,6	2,8	5,763	5
Wien	20,4	7,3	22,1	1,4	25,9	2,0	31,8	3,3	36,834	0,45
Summe	**50,0**	**19,8**	**61,5**	**14,6**	**86,8**	**27,0**	**53,1**	**26,8**	**79,9**	**29,9**

Alle Beträge in Millionen Euro

(Quellen: Sportberichte der Bundesregierung 1990,1995, 1999, 2004, 2007)

Der Bund fördert den Sport bei Vorhaben von internationaler oder gesamtösterreichischer Bedeutung **(allgemeine Sportförderung)**:

1. Sportveranstaltungen von internationaler Bedeutung (z.B. Welt- und Europameisterschaften) oder von gesamtösterreichischer Bedeutung (z.B. Österreichische Meisterschaften);
2. Auslandsbeziehungen des Sports von gesamtösterreichischer Bedeutung;
3. Einrichtungen, die dem internationalen oder gesamtösterreichischen Sport dienen;
4. Errichtung und Erhaltung von Sportstätten, die internationalen oder gesamtösterreichischen sportlichen Zwecken dienen;
5. Maßnahmen zur Umsetzung eines österreichweiten Sportstättenentwicklungsplanes (Schaffung von vielfältig und nachhaltig nutzbaren Spiel-, Sport- und Bewegungsräumen);
6. sportärztliche und sportwissenschaftliche Forschungs-, Beratungs-, Untersuchungs- und Behandlungsstellen von gesamtösterreichischer Bedeutung;
7. Tätigkeiten von Vereinigungen im Rahmen internationaler oder gesamtösterreichischer Sportanliegen;
8. gesamtösterreichische Sporttagungen;
9. Sportpublikationen von internationaler und gesamtösterreichischer Bedeutung (z.B. Österreichisches Sportjahrbuch, Sportstättenpläne; Ergebnisse von Sportkongressen);
10. Pilotprojekte von gesamtösterreichischer Bedeutung.

Der Bund fördert die Tätigkeiten von Vereinigungen im Rahmen internationaler oder gesamtösterreichischer Sportanliegen sowie regionalen Sportanliegen jedoch nur auf Grund gesamtösterreichischer Vorgaben **(besondere Sportförderung)**. Sport darf mit diesen Mitteln nur gefördert werden, wenn dieser nicht von Berufssportvereinigungen betrieben wird. Sie dienen insbesondere zur Errichtung und Erhaltung von Sportstätten aller Art sowie für die Beschickung und Durchführung von Wettkämpfen und Lehrgängen.

Die Erhaltung der Sportstätten umfasst neben der sportgerechten Instandhaltung der Anlage erforderlichenfalls die Beistellung von Sportlehrern/Sportlehrerinnen und Trainern/Trainerinnen sowie von Sportärzten/Sportärztinnen. Wichtig ist sicherlich, dass Sportstätten, wenn sie nicht für internationale oder gesamtösterreichische sportliche Angelegenheiten in Anspruch genommen werden, für Schulen und für andere sportliche Veranstaltungen zur Verfügung zu stellen sind.

KNOW-HOW Sportförderungsmittel des Bundes

Sportförderungsmittel des Bundes

	2003	2004	2005	2006	2007
Allgemeine Sportförderung	15,1	19,6	15,4	14,8	16,3
Besondere Sportförderung	37,8	37,8	46,7	54,8	61,2
Darlehen	0,3	0,3			
Aufwendungen	1,2	1,2	18,3	22,1*	13,9*
Summe	54,2	58,9	80,4	91,7	91,4*

*zusätzliche Mittel (Investitionsmaßnahmen) für die EURO 2008

Der Bund fördert die Tätigkeiten von Vereinigungen im Rahmen internationaler oder gesamtösterreichischer Anliegen, soweit diese nicht von Berufssportvereinigungen betrieben werden.

Die Förderungsmittel sind nach dem Bundesförderungsgesetz 2005 entsprechend aufzuteilen:

1. 14 vH sind wie folgt aufzuteilen:
   a) 1,4 vH an den Österreichischen Behindertensportverband,
   b) 0,1 vH an das Österreichische Paralympische Committee,
   c) 0,1 vH an Special Olympics Österreich,
   d) 6 vH für innovative Sportprojekte, für die Förderung des Mädchen- und Frauensports und für gesundheitsfördernde Bewegungsmaßnahmen im Kindergarten- und Volksschulalter),
   e) 1,5 vH an die BSO zur Wahrnehmung ihrer zentralen Koordinationsaufgaben und als Kostenersatz für die Wahrnehmung der Aufgaben,
   f) 2,6 vH an den Verband Alpiner Vereine Österreichs,
   g) 1,3 vH an das Österreichische Olympische Comite zur Beschickung von Olympischen Spielen;
   h) 1 vH an die Unabhängige Dopingkontrolleinrichtung (Anti-Doping-Bundesgesetz 2007) zur Wahrnehmung ihrer Aufgaben;
2. von den verbleibenden 86 vH sind 36 322 560 Euro aufzuteilen;
3. ein Sechstel an die BSO, schwerpunktmäßig im Sinne dieses Bundesgesetzes je zur Hälfte der Errichtung und Erhaltung von Sportstätten und dem Leistungs- und Spitzensport zu widmen;
4. fünf Sechstel im Ausmaß von
   a) 42 vH zu gleichen Teilen an die Dachverbände,
   b) 38 vH an den Österreichischen Fußballbund (ÖFB),
   c) 16 vH an die BSO zur Verteilung an österreichische Fachverbände (ausgenommen ÖFB),
   d) 4 vH an das Österreichische Olympische Comite;
5. die 36 322 560 Euro gemäß Z 2 übersteigenden Förderungsmittel sind zu verwenden:
   a) 55 vH für die Unterstützung
   aa) neu anzuerkennender und ab 1. Jänner 2005 anerkannter Fachverbände und
   bb) innovativer Strukturreformen und -projekte anerkannter Fachverbände (ausgenommen ÖFB),
   b) 14 vH für Strukturreformen und Maßnahmen im Nachwuchsbereich des ÖFB,
   c) 22 vH für Bewegungsprogramme, Schulkooperationsprojekte und Strukturmaßnahmen der Dachverbände,
   d) 9 vH für die Umsetzung der bundesweiten Bewegungsinitiativen des Bundeskanzlers / der Bundeskanzlerin.

Die zu überweisenden Beträge sind im Ausmaß von je einem Zwölftel auf Basis der in der Bilanz des Vorvorjahres der Österreichischen Lotterien ausgewiesenen 3 %igen Umsätze bis zum Ende jedes Kalendermonats zu leisten.

9

Aufgabe
Besorge dir ein Landessportgesetz deines Bundeslandes (wenn es das gibt, sonst eines benachbarten Bundeslandes) und arbeite die wesentlichen Inhalte heraus. Merke an, welche Bereiche der Sportförderung, der Sicherheit beim Sporttreiben, den Sportflächen, dem Sportlehren und dem Führen einer Sportschule gelten.

10

Frage
Wer ist im Allgemeinen für das Sportwesen in einem Bundesland zuständig?
Versuche zu erklären, warum!

11

Frage
Welche Formen der Unterstützung für den Sport (Subvention) gibt es?

12

Frage
Welche Mittel sind für die Förderung des Sportes hauptsächlich vorhanden?
Lass dir erklären, was man unter einem Monopol versteht; versuche zu beantworten, ob das Monopol für die Durchführung von Glücksspielen mit der Sportförderung etwas zu tun hat.

Sportförderungen

Sportförderungen sind Geldzuwendungen, Annuitäten-, Zinsen- oder Kreditkostenzuschüsse sowie zins- oder amortisationsbegünstigte Darlehen für eine bereits erbrachte oder beabsichtigte Leistung einmalig oder laufend zur Verfügung gestellt.
Für jedes Kalenderjahr ist ein Jahresplan zu erstellen. Jenen Vorhaben ist der Vorrang zu geben, die für die Sicherung des Ansehens Österreichs in sportlicher Hinsicht erforderlich sind. Vor der Erstellung des Jahresplanes ist die Österreichische Bundes-Sportorganisation (BSO) zu hören und nach seiner Erstellung den Ländern zur Kenntnis zu bringen.

Allgemeine Förderungsvoraussetzungen

Die Förderung darf nur erfolgen, wenn das Vorhaben ohne Einsatz von Bundesmitteln nicht in Angriff genommen oder fertig gestellt werden kann.
Für eine bereits erbrachte Leistung darf eine Förderung nur erfolgen, wenn die durch diese Leistung dem Förderungswerber entstehenden Kosten von ihm nicht getragen werden können, dies für ihn unvorhersehbar war und die Förderung auch vor der Erbringung der Leistung zulässig gewesen wäre.

Förderungsbedingungen und -auflagen

Ein förderungswürdiges Vorhaben darf unter solchen Auflagen und Bedingungen gefördert werden, die geeignet sind, den angestrebten Erfolg unter Einsatz der geringsten Bundesmittel zu erreichen. Die Förderung ist vom Einsatz entsprechender Eigenmittel des Förderungswerbers sowie von Beitragsleistungen anderer Rechtsträger abhängig zu machen, wenn sich aus der Verwirklichung des Vorhabens für diese rechnerisch erfassbare Vorteile ergeben. Die Förderung ist auch dann zulässig, wenn andere Gebietskörperschaften zu dem Vorhaben beitragen.

Das Österreichische Olympische Comité (ÖOC)

Am 16. Juni 1894 wurde auf Bestreben Pierre de Coubertins das Internationale Olympische Komitee (IOC) in Paris gegründet. Coubertin lud die Regierung zum Gründungskongress an der Sorbonne ein, aber kein österreichischer Vertreter nahm in Paris teil. Kaiser Franz Josef I. stufte die Olympische Bewegung nicht als richtungsweisend und wichtig ein, lediglich der k.u.k. Unterrichtsminister nahm die Ehrenmitgliedschaft an.

Am 23. Februar 1896 bildete sich in Wien ein „Comité für die Olympischen Spiele in Athen für Österreich" unter dem Vorsitz des Grafen Hans Wilczek, Eduard Graf Lamezan und Theodor Harmes.

Im Jahr 1899 bildete sich – das alte löste sich nach den Spielen in Athen auf – auf Drängen von Zeitungen (!) in Wien das „Wiener Comité zur Beschickung der Pariser Olympischen Spiele 1900" mit einem Präsidium, einem Exekutivkomitee und Vertretern verschiedener Sportarten.

Nach öffentlichem Drängen – Kritik durch Victor Silberer in der Allgemeinen Sport-Zeitung am 25. September 1904 – wurde 1905 endlich ein Österreicher, Alexander Prinz zu Solms Braunfels, als 43. Mitglied in das Internationale Olympische Komitee (IOC) aufgenommen.

Verbände äußerten die Absicht, sich als Österreichisches Olympisches Comité (ÖOC) konstituieren zu wollen: am 16. März 1908 erfolgt dies, allerdings nicht wie beabsichtigt unter der Bezeichnung Österreichisches Olympisches Comité, sondern als „Zentral-Verband für gemeinsame Sportinteressen". 1918 wird der Zentral-Verband in „Österreichischer Hauptverband für Körpersport", am 19. Juni 1935 in „Österreichisches Olympisches Comité" umbenannt, aber schon 1938 aufgelöst.

Am 11. Dezember 1946 erfolgt die Neugründung des Österreichischen Olympischen Comités. Das ÖOC ist als Organisation von seiner Aufgabenstellung ohne jegliche Bindung und daher in seinen Entscheidungen frei und unabhängig.

Das Österreichische Olympische Comité ist eines von weltweit 205 (Stand: 2008) Nationalen Olympischen Comités und ist gemäß dem Reglement des Internationalen Olympischen Comités, der Olympischen Charta („Olympic Charter"; Stand: 2007), eine unabhängige und selbstständige Organisation in Österreich.

Das ÖOC ist ein nicht-staatlicher, nicht auf Gewinn ausgerichteter Verein. Die Finanzierung erfolgt aus Mitteln der Besonderen Bundes-Sportförderung sowie durch Einnahmen aus speziellen Marketingmaßnahmen im Rahmen des nationalen und internationalen Sponsorenprogramms.

Die Aufgabenstellung ist olympiaspezifisch umfassend und reicht von

- Planung, Vorbereitung und Organisation der Teilnahme einer österreichischen Delegation an Olympischen Spielen,
- Nominierung der österreichischen Olympia-Mannschaft,
- Auswahl und Unterstützung von österreichischen Städten zur Bewerbung um die Austragung Olympischer Spiele,
- Planung, Vorbereitung und Organisation der Teilnahme einer österreichischen Mannschaft am Europäisch-Olympischen Jugendfestival,
- Verbreitung des olympischen Gedankengutes in Österreich,
- Schutz der olympischen Embleme und Bezeichnungen,
- Vergabe von Lizenzrechten bis hin zur
- Kooperation mit nationalen und internationalen Sport-Organisationen.

Mitglieder des ÖOC sind: Der/die österreichische Delegierte beim Internationalen Olympischen Comité; je eine Vertretung der Sportfachverbände, deren Sparte im Olympischen Programm aufscheinen; je eine Vertretung der Dachverbände und der Bundes-Sportorganisation.

Umfangreiche Kritik vor allem an der finanziellen Gebarung des ÖOC machen eine Strukturreform in neuster zeit notwendig.

Die **Österreichische Olympische Akademie** besteht seit 1982 im Rahmen des ÖOC und setzt ganz besondere pädagogische Maßnahmen zur Verbreitung der Idee und der Ideale. Mit einer Initiative des IOC setzte 1983 ein weltweites Förderprogramm ein, so dass heute in mehr als 130 Ländern Nationale Olympische Akademien bestehen (*vgl. das Know-how*).

KNOW-HOW

Österreichische Olympische Akademie

Bei dem Olympischen Gedanken geht es um mehr als um die Teilnahme an sportlichen Wettkämpfen und nicht nur um das Dabeisein mit anderen im sportlichen Wettbewerb. Es geht im Prinzip um viel mehr. Es geht um eine geistig-moralische Haltung des Einzelnen und um die praktische Umsetzung eines besonders sportlichen, sozialen und ethisch-moralischen Lebensstils als Folge dieser geistigen Haltung.

Fasst man die Aufgaben und Aktivitäten zusammen, die den Kernbereich einer Nationalen Olympischen Akademie bestimmen, so laufen alle verschiedenen und sich ergänzenden Maßnahmen auf ein gemeinsames Ziel hinaus: die Förderung des Olympischen Gedankens und die Verbreitung der Olympischen Idee in Form eines Bündels von verschiedenen Maßnahmen für die Olympische Erziehung von Kindern und Jugendlichen in ihren verschiedenen Lebenswelten, in der Schule, im Sport und außerhalb von Schule und Sport.

16 Sportorganisation in Österreich

Heilungsphase **KNOW-HOW**

Pierre de Coubertin – Schulen

Seit 1996 arbeitet das Internationale Pierre de Coubertin Comité (www.coubertin.org) am Aufbau eines internationalen Netzwerkes von Coubertin-Schulen. In Österreich sind z. B. das Don-Bosco-Gymnasium in Unterwaltersdorf (www.donboscogym.ac.at) und das BORG Radstadt (seit 2006; http://www.borg-radstadt.salzburg.at) Mitglieder. Weitere Schulen: Lycée Polyvalent Pierre de Coubertin Bolbec (Frankreich); Lycée Pierre de Coubertin Calais (Frankreich); Lyzeum Pierre de Coubertin Pallini (Griechenland); Lyzeum Pierre de Coubertin Pyrgos (Griechenland); William Brookes School Much Wenlock (Großbritannien); Liceo Scientifico Sportive „Pierre de Coubertin" Genua (Italien); Coubertin-Lyzeum St. Petersburg (Rußland); Gymnazium Pierra de Coubertina Tábor (Tschechien); Lycée Sportif Pierre de Coubertin d' El Menzah Tunis (Tunesien); NOC Australia (Gewinner des Coubertin-Awards); Gymnazium Pierra de Coubertina Piestany (Slowakei); Ulemürne Gymnasium Tartu (Estland); Coubertin-Gymnasium Berlin (Deutschland); Coubertin-Gymnasium Erfurt (Deutschland).

Lehrer/innen und Schüler/innen setzen sich mit den ethischen idealen Coubertins wie Friede, Toleranz und Völkerverständigung – le mutuelle respecte – auseinander, und zeigen die Möglichkeiten der Realisierung im Schulalltag auf. Es wird versucht, dabei auch Eltern und Öffentlichkeit mit einzubinden.

13

Aufgabe

Beschreibe die Aufgaben der Österreichen Olympischen Akademie und des Österreichischen Olymischen Comités.

Die Adresse der Österreichischen Olympischen Akademie (ÖOA) ist: „Haus des Sports", 1040 Wien, Prinz-Eugen-Straße 12 bzw. www.oeoc.at oder www.olympia.at

Nehmt unter Anleitung eures/eurer Sportlehrers/Sportlehrerin Kontakt mit einer der genannten Pierre-de-Coubertin-Schulen auf und versucht gemeinsame Projekte zu vereinbaren.

Sportverbände

Dachverbände

Ein Dachverband oder eine Dachorganisation ist eine Vereinsorganisation, die mehrere thematisch-fachlich oder regional zusammengehörige, rechtlich unabhängige Unterorganisationen (Vereine oder Verbände) bündelt. Für den österreichischen organisierten Sport bestehen drei Dachverbände, die sich in Landesverbände untergliedern; diesen können sich Vereine (prinzipiell aber auch Sportler/innengruppen) anschließen (siehe dazu das *Know-how*).
Diese drei Dachverbände sind Vielsparten-Sportorganisationen und weltanschaulich ausgerichtet. Jeder Dachverband unterhält eine Geschäftsstelle (Sekretariat), das von einem/einer Generalsekretär/in geleitet wird. Die Schwerpunkte der Verbände liegen im Breitensport, wobei auch Leistungs- und Spitzensport der Mitglieder/innen gefördert wird. Vielfach wird diskutiert, ob diese historisch gewachsene Struktur der Dachverbände heute noch als sinnvoll erscheint oder ob nicht alle Ausgaben ausschließlich von den Fachverbänden übernommen werden sollen. Das umso mehr, als es im Ausland vergleichbare Strukturen nicht gibt.

Arbeitsgemeinschaft für Sport und Körperkultur (ASKÖ)

Gegründet 1892, 14.559 Vereine, 1.165.851 Mitglieder; Internet: www.askoe.or.at (Stand 2009)

Die ersten Vereinsgründungen waren in Wien, wobei hier vor allem der Arbeiterbildungsverein großen Anteil hatte. Ab 1892 entwickelten sich in den Arbeiterbildungsvereinen eigene Turnsektionen, zuerst in Wien und um die Jahrhundertwende auch in den Bundesländern. Nach dem 1. Weltkrieg kam es zum Aufschwung: 1919 wurde der Verband „Arbeiter- und Soldatenvereinigung" gegründet; im Jahre 1924 ist die Umbildung in den „Arbeiterbund für Sport und Körperkultur" vorgenommen worden. Nach dem 2. Weltkrieg wurde der Verband sofort reaktiviert. Im Jahre 1971 wurde am Bundestag die Namensänderung auf „Arbeitsgemeinschaft für Sport und Körperkultur" beschlossen.

Allgemeiner Sportverband Österreichs (ASVÖ)

Gegründet 1949, 5.342 Vereine, 1.107.134 Mitglieder; Internet: www.asvoe.at und www.asvoe.info (Stand 2009).
Die weltanschauliche Festlegung der beiden Dachverbände (ASKÖ, SPORTUNION) und die Absicht, auch anderen Vereinen Förderungsmittel zukommen zu lassen, führte 1949 zur Gründung des ASVÖ. Der ASVÖ umfasst daher alle jene Institutionen im Sport, die keine weltanschauliche Bindung eingehen wollen.

SPORTUNION ÖSTERREICH

Gegründet 1945, 4.238 Vereine, 1.103.526 Mitglieder; Internet: www.sportunion.at (Stand 2009)

Das geistige Fundament des Verbandes ist auf die Christlich-Deutsche Turnerschaft begründet. Um die Wende vom 19. zum 20. Jahrhundert wurden die katholischen Turnvereine ins Leben gerufen, weil sowohl deutsch-nationale wie auch Arbeiter-Turnvereine keine besonders guten Beziehungen zur katholischen Kirche hatten.
Die Verbindung der nationalen Einstellung, des Christentums und der Turnbewegung führten 1914 zur Gründung des „Reichsverbandes der christlich-deutschen Turnerschaft".
Mit Beginn der Zweiten Republik wurde auch die Gründung dieses Dachverbandes vollzogen.

Österreichischer Heeressportverband

Der Österreichische Heeressportverband wurde am 19. Oktober 1967 als Dachverband für alle in Österreich bestehenden Heeressport-Landesverbände und deren Mitgliedsvereine sowie für die Heeressportvereine und ihre Zweigvereine gegründet. Seine Tätigkeit erstreckt sich auf das gesamte Bundesgebiet nach dem föderalistischen Prinzip. In dieser Funktion wurde der Österreichische Heeressportverband am 16. März 1974 als „außerordentliches Mitglied" in die Österreichische Bundes-Sportorganisation aufgenommen. Der Zweck des Verbandes, der eine gemeinnützige Vereinigung darstellt und dessen Tätigkeit nicht auf Gewinn ausgerichtet ist, liegt gemäß seinen Statuten in:

- der Hebung der körperlichen Leistungskraft der Soldaten und der anderen Mitglieder der Heeressportvereine
- der Koordinierung der sportlichen Tätigkeit der Heeressport-Landesverbände, des Leistungs- und Spitzensports im gesamten Verbandsbereich sowie der Beschaffung und Vertiefung von für den Sportbetrieb erforderlichen Mitteln,
- der Veranstaltung von Wettkämpfen und Kursen, Durchführung von Leistungs- und Konditionsprüfungen,
- der Schaffung und Pflege der Beziehung mit in- und ausländischen Sportverbänden.

Die Fachverbände

Die Organisation des Leistungs- und Spitzensports ist Schwerpunkt der Aufgaben der Fachverbände; sie sind daher frei von jeder politischen und weltanschaulichen Zielsetzung. Das oberste Ziel ist: den Sportler/die Sportlerin zur Höchstleistung zu führen.

Der Fachverband ist verantwortlich für die Durchführung der nationalen Meisterschaften (Staats-, Landes-, Bezirksmeisterschaften usw.).

Um bei internationalen Großsportveranstaltungen (Welt-, Europameisterschaften usw.) starten zu dürfen, ist die Mitgliedschaft des österreichischen Fachverbandes im internationalen Fachverband notwendig. Die Entsendung zu diesen Großsportveranstaltungen fällt in den autonomen Verantwortungsbereich des jeweiligen Fachverbandes, der auch über die Festsetzung der Qualifikationslimits und Kadereinteilung entscheidet.

Die Fachverbände sind, wenn sie anerkannt sind (derzeit 59) Mitglieder der BSO, wo alle über einen Fachverband hinausgehenden Fragen gemeinsam beraten und koordiniert werden. Die Fachverbände, deren Sparte im olympischen Wettkampfprogramm aufscheint, sind auch Mitglieder im Österreichischen Olympischen Comité.

4

Frage

Beschreibe die Unterschiede zwischen einem Dachverband und einem Fachverband.

Bundes-Sportorganisation (BSO)

Die BSO ist der Dachverband des organisierten österreichischen Sports, nicht auf Gewinn ausgerichtet und eine im Sinn der Bundesabgabenordnung gemeinnützige Vereinigung. Sie steht allen bundesweit tätigen gemeinnützigen Sportverbänden, allen sportrelevanten Institutionen und Einrichtungen für eine Mitgliedschaft offen.

Unter Sport werden motorische Aktivitäten verstanden, die körperliche Fertigkeiten und Anstrengungen verlangen, die wettkampfmäßig in Interaktion mit anderen Personen betrieben werden können und/oder gesundheitsfördernden Charakter haben. Es können auch gezielte geistige Leistungen als Sport anerkannt werden, sofern der Verlauf und die Ergebnisse dieser Aktivitäten nicht durch unbeeinflussbaren Zufall oder Glück bestimmt sind. Die Ausprägung des Sports muss auch kulturellen Maßstäben gerecht werden. Charakteristisch für die sportliche Praxis ist das Streben nach technischem Können, nach Leistung und nach Leistungsvergleich im geregelten Wettkampf bzw. nach gesundheitsförderndem Ausgleich durch körperliche Bewegung.

Ordentliche Mitglieder sind:

- die Sportdachverbände (ASKÖ, ASVÖ, SPORTUNION);
- die Sportfachverbände,
- das Österreichische Olympische Comité (ÖOC), der Österreichische Behindertensportverband (ÖBSV)
- und sonstige Sportverbände, die die Interessen einer Gruppe von Vereinen vertreten und bestimmte Kriterien aufweisen (Mitgliedschaft von neun Landesverbänden, qualifizierte hauptamtliche Mitarbeiter auf Bundes- und Landesebene; Betreuung von mindestens 10 wettkampfmäßig betriebenen und von der BSO anerkannten Sportarten; aktive Sportausübung in mindestens 60 Vereinen, die keinem Sportdachverband angehören dürfen).

Außerordentliche Mitglieder können sein: die Republik Österreich, die Landessportorganisationen, Sportverbände, die eine Aufnahme in die BSO als ordentliches Mitglied anstreben.

Zweck der BSO ist die Verbreitung und Förderung des Sports, sowie die Wahrung und Vertretung der Interessen des Sports innerhalb und außerhalb Österreichs.

1. Koordination der sportpolitischen Aktivitäten.
2. Erbringung von Serviceleistungen für die Mitglieder Vertretung der Anliegen des Sports gegenüber staatlichen Einrichtungen.
3. Vertretung des österreichischen Sports in internationalen Gremien.
4. Koordination der Fördereinrichtungen, Trainer- und Instruktoren(Lehrwarte)ausbildungen.
5. Aus- und Fortbildung von Führungskräften.
6. Entwicklung von Sportprojekten.

7. Begutachtung und Erarbeitung von Gesetzes- und Verordnungsentwürfen.
8. Information über sportrelevante Rechts- und Steuerangelegenheiten.
9. Herausgabe von Publikationen.
10. Erstellung von Dokumentationen und Datenbanken.
11. Event- und Verbandsmarketing
12. Förderung von Fairness im Sport, insbesondere durch Maßnahmen gegen Doping, Gewalt und Rassismus.
13. Verwaltung und Überprüfung der widmungsgemäßen Verwendung der besonderen Bundes-Sportförderungsmittel.

Organe der BSO sind die Bundes-Sportversammlung, unter anderem der Bundes-Sportrat, der Bundes-Sportfachrat und die BSO-Sportjugend.

Der **Bundes-Sportrat** besteht aus dem Präsidenten der BSO, dem Präsidium des Bundes-Sportfachrates, je einem Vertreter der Sportdachverbände, ergänzt durch jene Anzahl von Stimmberechtigten jedes Sportdachverbandes in alphabetischer Reihenfolge, sodass die Gesamtzahl der Repräsentanten der Sportdachverbände so groß ist wie die Anzahl der Sportfachverbände, je einem Vertreter jedes sportrelevanten Mehrspartenverbandes, je einem Vertreter des ÖBSV und des ÖOC und den Mitgliedern mit beratender Stimme (einem Vertreter des für Sport zuständigen Ministeriums und je einem Vertreter der Landessportorganisationen).
Den Vorsitz des Bundes-Sportrates führen jährlich abwechselnd die von den Sportdachverbänden dafür nominierten Vertreter. Dem Bundes-Sportrat kommen u. a. folgende Aufgaben zu:
- Koordination sportpolitischer Fragen
- Koordination der Interessen von Sport, Fremdenverkehr und Wirtschaft
- Kommunikation mit den Landessportorganisationen, den Bundesanstalten für Leibeserziehung und den Schulbehörden der Republik Österreich
- Mitwirkung bei der Verwaltung der besonderen Bundes-Sportförderungsmittel
- Publikationen in Zusammenhang mit Agenden des Bundes-Sportrates

Der **Bundes-Sportfachrat** besteht aus dem Präsidenten der BSO, dem Präsidium des Bundes-Sportrates, je einem bevollmächtigten Vertreter jedes als ordentliches Mitglied aufgenommenen Fachverbandes, je einem Vertreter eines sportrelevanten Mehrspartenverbandes und je einem Vertreter des ÖBSV und des ÖOC sowie einem Vertreter des für Sport zuständigen Ministeriums mit beratender Stimme.
Der Bundes-Sportfachrat ist mindestens einmal jährlich einzuberufen. Dem Bundes-Sportfachrat kommen insbesondere folgende Aufgaben zu:
- Beratungen über Fragen des Leistungs- und Spitzensports
- Koordination des Sportbetriebes zwischen den Sportfachverbänden, dem ÖBSV und den sportrelevanten Mehrspartenverbänden
- Aufnahme von Fachverbänden als ordentliche Mitglieder
- Beratung über Maßnahmen zur Förderung des Fitness-, Leistungs- und Spitzensports
- Mitwirkung bei der Aus- und Fortbildung von Übungsleitern/Übungsleiterinnen, Instruktoren/Instruktorinnen (Lehrwarten) und Trainern/Trainerinnen
- Anerkennung von österreichischen Staatsmeisterschaften
- Mitwirkung bei der Verwaltung der besonderen Bundes-Sportförderungsmittel.

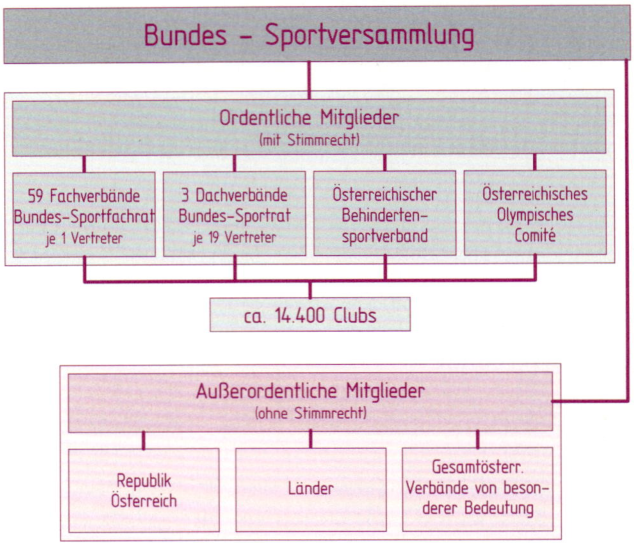

Die **Bundes-Sportversammlung** ist die Mitgliederversammlung und das oberste Organ der BSO. Die ordentliche Bundes-Sportversammlung findet einmal jährlich statt. Stimmberechtigt sind der Präsident und die Vertreter der ordentlichen Mitglieder. Jeder der Sportdachverbände hat grundsätzlich die gleiche Stimmenanzahl, wobei die Summe der Stimmen aller Sportdachverbände der Summe der Stimmen aller Sportfachverbände entspricht. Sofern die Anzahl der Sportfachverbände überwiegt, haben die Sportdachverbände in alphabetischer Reihenfolge der Mitglieder die entsprechende Anzahl von Stimmberechtigten zur Erstellung der Parität zu entsenden.
Die Aufgaben der Bundes-Sportversammlung sind unter anderem:
- Beschlussfassung über Sportangelegenheiten von grundsätzlicher Bedeutung
- Entgegennahme der Berichte
- Genehmigung des Rechnungsabschlusses und des Voranschlages
- Beschlussfassung über die Höhe der Mitgliedsbeiträge und sonstiger finanzieller Leistungen der Mitglieder
- Aufnahme von Mitgliedern (ausgenommen Sportfachverbände)

- Beschlussfassung über Änderung des Statuts und Auflösung der BSO
- Beschlussfassung über die Geschäftsordnung der Bundes-Sportversammlung
- Beschlussfassung der Jugendordnung
- Verleihung von Ehrenzeichen und Ernennung von Ehrenmitgliedern.

Die Organisation, Zusammensetzung und Tätigkeit der **BSO-Sportjugend** wird durch die von der Bundes-Sportversammlung zu beschließende Jugendordnung der BSO bestimmt.

15 **Frage**
Nenne die Mitglieder der österreichischen Bundes-Sportorganisation!

16 **Frage**
Welche Aufgaben erfüllt die österreichische Bundes-Sportorganisation? Welche Aufgaben kommen dabei dem Bundes-Sportrat bzw. dem Bundes-Sportfachrat zu?

17 **Aufgabe**
Versuche, ein aktuelles „Sportjahrbuch" der Österreichischen Bundes-Sportorganisation zu erhalten und erkunde, ob die Beiträge dir nähere Erläuterungen zu den Aufgaben der BSO geben. Adresse: „Haus des Sports", 1040 Wien, Prinz-Eugen-Straße 12 (www.bso.or.at).

Sportverein

Jede/r vierte Österreicher bzw. Österreicherin ist Mitglied in einem Sportverein. Überhaupt sind in Österreich sehr viele Menschen in Vereinen. Viele sind aber nur „eingeschriebene" Mitglieder. Bei den Sportvereinen ist naturgemäß die Zahl der aktiven Mitglieder höher.

Untersuchungen haben ergeben, dass fast die Hälfte der Sport treibenden Österreicher/innen auch in einem Sportverein sind; die andere Hälfte geht ihrem Sport ohne Bindung zu einem Verein nach. Änderungen im Freizeitsportverhalten sind feststellbar: Immer mehr Menschen treiben daher „privat" Sport oder besuchen Einrichtungen wie Fitnessstudios. Sie begründen das mit dem Unwillen an Vereinstätigkeit („Vereinsmeierei") oder weil sie nicht am wettkampfmäßigen Sport interessiert sind. Gerade die durch Beruf, Haushalt und Kindererziehung mehrfach belasteten Frauen gehören dieser Gruppe an.

Sehr oft wird daher die derzeitige Sportförderung des Staates und der Länder in Frage gestellt, weil sie zum größten Teil den organisierten Sport unterstützt: Es wird gefordert, mehr Einrichtungen für den nichtorganisierten Sport zu schaffen. Moderne Vereine versuchen daher Angebote zu erstellen, die diese Interessen berücksichtigen, aber daneben die großen Vorteile einer Gemeinschaft, wie sie ein Verein bieten und ein Mitglied annehmen kann, beibehalten.

Der Sport der Österreicher/innen

KNOW-HOW Der Sport der Österreicher/innen

Sportart Mehrfachnennungen	F	M	F	M	F	F
1. Rad fahren (allgemein)	26	31	48	51	22	4
2. Schwimmen	17	11	63	68	17	3
3. Gymnatik/Aerobic	15	4	31	15	49	5
4. Laufen/Joggen	13	14	23	28	59	4
5. Wandern/Bergwandern	12	12	57	58	27	3
6. Pistenskifahren (alpin)	10	13	34	41	51	4
7. Fitnesstraining Geräte	6	7	13	16	76	5
8 Rollschuhlaufen/Inline-skaten/Skateboarden	4	2	17	15	74	5
9. Mountainbiken/Tourenrad fahren	3	10	10	22	82	5
10. Tennis	3	5	9	12	83	4
11. Federball/Badminton	2	2	29	21	64	5
12. Skilanglaufen	2	2	18	21	76	5
13. Volleyball	2	2	9	11	84	5
14. Klettern/Bergsteigen	2	3	9	13	84	5
15. Skiwandern/Tourenskifahren	1	2	5	8	89	5
16. Fußball	1	10	6	21	88	5
17. Snowboarden	1	1	4	7	89	6
18. Angeln	1	2	3	11	91	5
19. Golf	1	2	2	3	92	5
20. Judo/Karate	1	1	1	1	92	6

Tab. 16.1: *Häufigkeit der Sportaktivitäten nach Sportarten und Geschlecht: „Welche dieser Sportarten üben Sie regelmäßig (d.h. mindestens einmal pro Woche), gelegentlich oder nie aus?" Österreichische Bevölkerung ab 15 Jahren; Frauen (F): N = 2.079; Männer (M): N = 1.921; Quelle: FESSEL-GfK 2003, Angaben in %*

Ich treibe Sport

KNOW-HOW Ich treibe Sport

privat, mit dem Partner, mit Freunden oder Bekannten	51,4
privat, allein	25,4
als Mitglied in einem Sportverein	11,5
in einer anderen gemeinnützigen Organisation (z.B. Volkshochschule, Kammer, etc.)	3,2
als Mitglied in einem Fitnessstudio	5,0
als Kunde in einer (anderen) kommerziellen Organisation (z.B. Tennisclub, Bowlinghalle)	2,8
in der Schule (außerhalb des Pflichtunterrichts)/an der Hochschule/Universität	2,6
im Betrieb (Firmensport)	1,6
Sonst wo: Nennungen: im Seniorenclub, im Alpenverein, im Urlaub etc.	0,4

Tab. 16.2: *Organisationsformen des Sporttreibens. Österreich, Bevölkerung ab 15 Jahren; N = 4500; Quelle: Fessel-GfK 2003, Mehrfachantworten waren möglich.*

18

Aufgabe

Mache gemeinsam mit deinen Mitschülerinnen und Mitschülern eine Umfrage: „Wie, wie oft treibst du Sport?" Befragt eine Gruppe ohne Vorgaben und tragt die Antworten zusammen. Verwendet für eine andere Gruppe die Antwortmöglichkeiten aus der Tabelle 16.2 (privat, Verein etc.) und vergleicht eure Ergebnisse mit der Studie.

Ein Verein ist eine freiwillige, auf Dauer geschlossene und organisierte Verbindung mehrerer Personen zur Erreichung eines bestimmten erlaubten und gemeinschaftlichen Zweckes mittels fortgesetzter gemeinschaftlicher Tätigkeit. Das wichtigste Element ist, dass der Beitritt zu ihm freiwillig erfolgt und der Austritt jederzeit möglich ist.
Den ersten Schritt zur Vereinsgründung stellt die Einreichung bei der **Vereinsbehörde** dar. Dabei muss man schriftlich erklären, dass man einen Verein gründen will und auch die Regeln („Statuten") des künftigen Vereines beilegen. Mit dem Einlangen der Errichtungsanzeige bei der zuständigen Vereinsbehörde beginnt eine Frist von vier Wochen zu laufen. Innerhalb dieser Frist kann die Vereinsbehörde mit Bescheid die Erklärung abgeben, dass die Vereinsgründung wegen Gesetzwidrigkeit nicht gestattet wird.
Jeder Verein braucht zumindest eine **„Mitgliederversammlung"** (zur gemeinsamen Willensbildung) und ein „Leitungsorgan". Die Bezeichnung kann frei gewählt werden: Üblich ist z.B. Generalversammlung bzw. Vorstand. Die Mitgliederversammlung muss allen Mitgliedern offen stehen, das aktive Wahlrecht (Stimmrecht) und das passive Wahlrecht aber nicht. Das **Leitungsorgan** muss aus mindestens zwei natürlichen Personen bestehen (z.B. Obmann und Schriftführer). Die ihm zukommende Führung der Vereinsgeschäfte und Vertretung des Vereins ist klar und umfassend zu regeln. Die konkrete Ausgestaltung und Verteilung dieser Funktionen ist freigestellt. Mindestens zwei Rechnungsprüfer müssen zwar bestellt, aber nicht als „Vereinsorgan" eingerichtet werden.
Es gibt zumeist ordentliche Mitglieder, die alle Vereinsaktivitäten mitmachen, außerordentliche oder unterstützende Mitglieder, die dem Verein nahe stehen und auch Ehrenmitglieder, die dazu ernannt werden können. Vereine können sich durchaus auch im Zusammenhang mit Schulen (besonders mit sportlicher Schwerpunktsetzung) bilden; entweder als Teile des Elternvereines oder als Förderverein für bestimmte Aktivitäten, wie z.B. wegen der Organisation und Finanzierung von Wettkampfteilnahmen.
Vereine bringen ihre Mittel oft über Sponsoren auf. Manchmal werden Feste veranstaltet oder gar eine Kantine geführt. Hier muss man aufpassen, dass alle steuerlichen Auflagen erfüllt werden bzw. Ausnahmen genau eingehalten werden.

KNOW-HOW – Die Gründung eines Vereines

Die Gründung eines Vereines

Zuallererst braucht es den Entschluss, einen Verein ins Leben zu rufen: Mindestens zwei Personen beschließen die Gründung eines bestimmten Vereins und einigen sich über die Statuten dieses Vereins. Das ist die „Gründungsvereinbarung". Vereinsgründer (und Vereinsmitglieder) können natürliche Personen (Menschen) und/oder juristische Personen (z.B. andere Vereine), aber auch rechtsfähige Personengesellschaften (z.B. OHG) sein. Natürliche Personen brauchen die österreichische Staatsbürgerschaft nicht zu besitzen.

Der nächste Schritt ist die **Anzeige der Errichtung** bei der Vereinsbehörde durch die Gründer oder die schon bestellten Vertreter. Der Verein entsteht mit positivem Abschluss des durch die Anzeige ausgelösten vereinsbehördlichen Verfahrens.

Der **Vereinsname** muss so beschaffen sein, dass er einen eindeutigen Schluss auf den Vereinszweck zulässt und Verwechslungen mit anderen Vereinen, Einrichtungen oder Rechtsformen ausschließt.

Statuten müssen grundsätzlich in deutscher Sprache abgefasst sein und sind zivilrechtlich als Vertrag zwischen den Mitgliedern und zwischen jedem Mitglied und dem Verein anzusehen.
In den Statuten werden der Name, die Zielsetzungen und die innere Ordnung eines Vereins einschließlich seiner Vertretung nach außen bestimmt. Sie bilden die **Grundlage seiner Organisation** und seiner Tätigkeit.

Sie müssen jedenfalls den Vereinsnamen, den Vereinssitz, den Vereinszweck, die für seine Verwirklichung vorgesehenen Tätigkeiten einschließlich jener zur Aufbringung finanzieller Mittel, den Erwerb und die Beendigung der Mitgliedschaft, die Vereinsorgane und ihre Aufgaben wie insbesondere die Führung der Vereinsgeschäfte im Inneren und die Vertretung des Vereins nach außen, die Bestellung der Vereinsorgane und ihre Funktionsperiode, die Formerfordernisse für gültige Beschlussfassungen durch die Organe, die Art der Schlichtung von Streitigkeiten aus dem Vereinsverhältnis sowie die freiwillige Auflösung des Vereins und die für diesen Fall vorgesehene Verwertung des Vereinsvermögens regeln.

Der **Sitz eines Vereins** ist jener Ort, an dem sich die zentrale Leitung und Verwaltung (Hauptverwaltung) befindet. Dieser Ort muss in Österreich liegen. Die Angabe der Gemeinde genügt. Ab 01.04.2006 ist eine Zahl des Zentralen Vereinsregisters von den Vereinen im Rechtsverkehr nach außen zu führen. Das Nichtführen der ZVR-Zahl im Rechtsverkehr nach außen stellt eine strafbare Verwaltungsübertretung dar.

Der **Vereinszweck** muss klar und umfassend dargestellt werden.

Weitere Hinweise, Muster für Statuten, Literaturhinweise und Muster für Eingaben: www.bmi.gv.at/Vereinswesen

Mitgliederstatistik	Burgenland		Kärnten		Niederösterreich		Oberösterreich		Salzburg		Steiermark		Tirol		Vorarlberg		Wien		Sonstige		Gesamt		
Stand: 1.1.2009	Vereine	Mitglieder	Vereine	Mitglieder	Vereine	Mitglieder	Vereine	Mitglieder	Vereine	Mitglieder	Vereine	Mitglieder	Vereine	Mitglieder	Vereine	Mitglieder	Vereine	Mitglieder	Vereine	Mitglieder	Vereine	Mitglieder	
Dachverbände																							
ASKÖ	287	43.502	560	90.964	776	193.567	674	206.810	309	78.961	767	218.634	635	76.614	73	17.987	478	238.812			4.559	1.165.851	
ASVÖ	763	-	681	-	427	-	711	-	362	-	582	-	910	-	680	-	226	-			5.342	1.107.134	
SPORTUNION	186	37.266	401	53.524	925	215.476	786	229.487	375	85.276	742	194.258	303	82.654	203	38.679	317	166.906			4.238	1.103.526	
Ordentliche Fachverbände:																							
American Football	-	-	1	150	7	950	3	240	1	100	5	443	5	1.674	2	215	7	1.141	2	200	33	5.113	
Badminton	2	24	6	246	18	717	30	1.158	7	200	18	561	13	543	21	1.200	16	927			131	5.576	
Bahnengolf	-	-	1	25	19	1.605	13	476	6	359	6	222	11	1.272	7	486	9	582			72	5.027	
Base-& Softball	siehe NÖ		siehe Stmk		10	620	7	405	siehe OÖ		4	160	7	310	4	235	7	790			39	2.520	
Basketball	11	815	13	1.808	28	2.729	18	2.378	11	632	14	1.040	12	705	6	558	54	6.009			167	16.674	
Billard	6	127	13	197	27	475	22	307	12	172	19	346	16	362	15	250	33	874			163	3.110	
Bob & Skeleton	-	-	-	-	-	-	-	-	-	-	-	-	17	565	-	-	-	-	9	200	26	765	
Bogensport	12	219	7	269	22	1.125	19	940	12	876	19	781	25	1.393	6	393	6	345			128	6.341	
Boxen	-	-	6	169	9	450	5	339	7	811	6	184	8	325	2	250	9	485			52	3.013	
Casting	1	15	-	-	2	91	8	753	-	-	-	-	-	-	-	-	4	169			15	1.028	
Curling	-	-	-	-	-	-	-	-	-	-	-	-	-	-	-	-	2	27	4	132	6	159	
Eishockey	-	-	60	2.109	17	921	13	782	9	581	52	1.718	48	2.080	15	873	42	1.383			256	10.447	
Eiskunstlauf	2	98	3	124	7	282	6	962	7	470	7	376	12	1.444	5	730	13	2.304			62	6.790	
Eisschnelllauf	2	65	1	902	4	109	1	6	2	74	7	436	7	1.280	1	5	5	260			30	3.137	
Eisstocksport	32	1.495	185	14.249	235	10.807	416	19.039	135	16.629	612	45.304	122	9.607	17	372	15	698			1.769	118.200	
Faustball	-	-	4	228	16	367	112	3.868	10	712	10	455	-	-	8	319	14	430			174	6.379	
Fechten	-	-	11	156	9	249	6	177	6	83	6	159	2	41	6	102	12	341			58	1.308	
Floorball	1	32	5	311	1	16	5	237	3	172	5	345	3	97	3	167	7	270			33	1.647	
Flugsport	25	613	42	1.768	96	3.975	72	3.175	36	1.176	93	2.947	67	2.009	25	1.060	29	1.730			485	18.453	
Fußball	177	25.000	178	60.000	497	120.000	357	100.000	118	35.000	323	80.000	148	35.000	68	20.000	265	50.000			2.131	525.000	
Gewichtheben	ehe Nö		-	-	21	1.420	7	650	3	295	4	425	3	355	1	130	7	520			46	3.795	
Golf	3	1.754	11	6.284	39	30.773	27	22.063	12	11.259	24	15.587	17	11.456	6	2.874	4	2.022			143	104.072	
Handball	7	598	12	1.292	33	3.905	19	3.364	7	754	23	3.188	15	2.163	12	1.694	21	3.098			149	20.056	
Hockey	-	-	-	-	6	489	4	354	-	-	3	105	-	-	-	-	15	3.164	4	20	32	4.132	
Jiu-Jitsu	10	488	4	186	30	1.570	4	150	5	350	2	81	2	92	2	78	48	2.456	2		109	5.451	
Judo	10	480	15	1.005	32	2.240	34	2.820	18	1.740	39	1.920	11	1.151	7	570	31	3.800			197	15.726	
Kanu	-	-	4	392	10	658	10	1.556	1	38	6	357	8	349	-	-	9	576			48	3.926	
Karate	6	360	9	795	29	1.975	31	2.130	17	1.024	24	1.476	4	188	12	1.125	21	1.200			153	10.273	
Kickboxen	4	229	14	708	4	37	9	154	5	155	13	668	14	688	4	87	19	566			86	3.292	
Kraftdreikampf	-	-	-	-	13	183	11	206	4	172	5	149	11	117	-	-	6	98			50	925	
Leichtathletik	20	1.037	52	744	72	6.484	77	7.525	23	884	58	2.731	47	6.366	39	1.917	29	3.809			417	31.497	
Mod. Fünfkampf	1	5	-	-	3	315	1	5	1	7	1	42	1	8	-	-	2	38			10	420	
Orientierungslauf	4	127	8	159	9	262	5	140	4	125	10	233	6	179	1	10	12	290			59	1.525	
Pferdesport	75	2.553	127	4.031	461	15.152	199	8.677	88	2.830	207	7.186	98	3.838	35	1.827	42	1.961			1.332	48.055	
Rad	15	1.590	37	3.922	81	8.586	56	5.936	22	2.332	60	6.360	71	7.526	27	2.862	32	3.392			401	42.506	
Ringen	2	289	-	-	3	321	5	447	4	676	3	421	4	489	5	932	6	756			32	4.331	
Rodeln	-	-	45	-	18	-	15	-	17	-	51	-	112	-	15	-	37	-			310	25.850	
Rollsport	7	185	8	187	16	400	4	95	5	293	3	69	6	351	9	364	16	859			74	2.803	
Rudern	-	-	5	403	10	869	9	937	3	339	-	-	-	-	-	-	12	1.107	7	402	46	4.057	
Rugby	-	-	2	58	2	95	1	63	-	-	2	101	4	70	-	-	5	598			16	985	
Schach	31	538	47	1.442	63	1.676	72	2.525	32	913	68	1.866	39	1.224	18	758	75	1.324			445	12.266	
Schießen	29	506	48	1.032	138	3.922	143	4.377	52	3.249	89	3.081	167	8.576	49	2.280	25	1.556			740	28.579	
Schwimmen	5	1.848	14	6.072	20	7.210	27	8.750	20	4.308	14	8.430	15	5.020	9	3.208	15	18.200			139	63.046	
Segeln	17	3.000	8	1.200	4	320	21	4.100	7	1.520	8	1.140	7	1.250	7	1.200	8	1.300	3	1.450	90	16.480	
Skibob	e Wien		3	88	10	760	12	634	12	520	3	104	15	560	4	426	3	135			62	3.227	
Ski	36	1.286	98	12.442	106	9.906	228	25.226	110	15.488	197	18.751	248	37.062	108	17.265	79	5.858	3	2.862	1.213	146.146	
Sportkegeln	23	2.039	27	656	59	2.216	39	1.430	24	3.125	22	3.002	37	2.503	11	598	78	3.812			320	19.381	
Squash	-	-	2	58	9	533	12	248	5	46	8	138	8	150	2	54	10	495			56	1.722	
Taekwondo	6	350	-	-	18	1.150	17	817	8	610	12	570	30	3.050	6	210	13	610			110	7.367	
Tanzen	-	-	11	156	25	763	19	812	8	493	21	513	7	296	7	831	24	950			122	4.814	
Tauchen	-	-	-	-	11	484	19	854	13	437	-	-	-	-	-	-	43	1.382	15	1.013	101	4.170	
Tennis	134	7.698	145	10.969	468	41.696	351	40.320	96	11.730	226	23.650	132	16.940	54	7.009	70	11.560			1.676	171.572	
Tischtennis	22	730	31	942	116	1.711	189	6.561	24	814	53	3.904	41	2.581	21	1.122	47	4.737			544	23.102	
Triathlon	14	740	33	1.700	39	1.570	31	1.320	14	750	47	1.750	17	850	8	400	16	720			219	9.800	
Turnen	12	815	20	5.623	65	10.533	167	33.890	23	6.579	35	9.418	41	9.950	39	10.203	42	9.103			444	96.114	
Volleyball	3	85	23	1.250	52	1.935	91	5.953	56	2.900	32	2.697	41	2.537	15	2.050	56	5.810			369	25.217	
Wasserskilauf	e Wien		14	1.262	13	1.243	14	1.235	8	1.046	-	-	-	-	-	-	3	257			52	5.043	
Wettklettern	-	-	13	1.973	13	971	31	5.935	22	3.997	6	813	30	5.747	21	1.164	5	2.573			141	23.173	
Wurfscheibenschießen	14	1.941	5	600	29	3.511	9	1.647	3	1.537	16	1.723	5	305	3	10	23	2.342			107	13.616	
Behindertensportverband	6	120	7	580	9	411	18	988	16	618	11	718	17	1.363	10	474	11	1.318			105	6.590	1)
Sonstige Verbände:																							
Boccia	-	-	-	-	1	7	-	-	-	-	-	-	2	85	4	261	-	-			7	353	
Heeressport	6	1.613	7	2.391	31	8.812	22	3.413	4	2.479	16	3.649	10	2.703	2	790	7	2.547			105	28.397	
Motorboot	-	-	-	-	-	-	-	-	-	-	-	-	-	-	-	-	-	-			74	2.948	
Motorsport (OSK)	-	-	-	-	-	-	-	-	-	-	-	-	-	-	-	-	-	-			103	3.354	
Wasserrettung	-	200	-	1.230	-	1.000	-	3.000	-	2.000	-	700	-	2.280	-	1.500	-	1.000			0	12.910	
Zillensport	-	-	-	-	8	-	7	-	-	-	1	-	-	-	-	-	2	-			18	-	2)

1) inkl. Gehörlosenverband

2) Selbständiges Mitglied des Österr. Ruderverbandes

Sportorganisation in Österreich

KNOW-HOW Der Staat und die Vereine

Der Staat und die Vereine

Immer schon war die Angst im Staat vorhanden, dass sich Leute gegen das Wohl des Staates zusammenschließen. Schon 1754 befasst sich eine Instruktion an die Polizei-Unterkommissäre in Wien mit den so genannten geheimen Gesellschaften. Ihre Zusammenkünfte sollen beobachtet werden, ob sie nicht staatsgefährdend sind.

Kaiserin Maria Theresia (1717–1780) sah unter vielen ihrer Reformen 1764 auch vor, dass die Bildung von Vereinen gestattet ist, sofern der Landesfürst zustimmt. 1791 verpflichtet die Polizeiverfassung von Wien die Amtsorgane noch immer zur „Wachsamkeit gegen bedenkliche und gefährliche Zusammenkünfte, Klubs oder wie solche Winkelgesellschaften und sich geheim haltende Innungen ihre Konventikel immer nennen mögen".

1801 wurden schließlich alle geheimen Gesellschaften verboten, aber es blieb der Grundsatz, dass Vereine mit Bewilligung der Obrigkeit gebildet werden dürfen.
Am 15. November 1867 wurde durch Gesetz festgelegt, dass eine Vereinsgründung angemeldet werden muss und die Behörde hat die Möglichkeit innerhalb einer bestimmten Frist, aus ebenfalls offen gelegten Gründen, die Vereinsgründung zu untersagen. Im Prinzip gilt diese Regelung auch heute noch.

Erst seit dem Jahre 1988 (!) müssen Vereinsversammlungen nicht mehr der Behörde gemeldet werden, und es wurde auch gestrichen, dass die Behörde berechtigt ist, einen Beamten als Beobachter zu diesen Versammlungen zu entsenden.

Das heute geltende Vereinsgesetz wurde 2002 verlautbart. Seit dem 1. Juli 2002 besteht ein Vereinsregister, in das ein Verein eingetragen wird und eine ZVR-Zahl erhält. Seit Betriebsaufnahme des Zentralen Vereinsregisters (ZVR) mit 01.01.2006 steht jedermann die gebührenfreie Abfrage eines solchen normalen Vereinsregisterauszugs eines nach seinem Namen oder seiner ZVR-Zahl bestimmten Vereins (für den keine Auskunftssperre besteht) unter der Internet-Adresse zvr.bmi.gv.at offen (Online-Einzelabfrage).

19

Aufgabe

3.000 ausgesuchte Österreicher/innen – und damit gleichsam stellvertretend für die Zusammensetzung der Bevölkerung (repräsentativ) – haben 1990 die Frage beantwortet, welche Aktivitäten sie (mindestens einmal in der Woche) machen.
Versucht das Ergebnis zu überprüfen und befragt möglichst viele Leute in eurer Schule, aber auch in eurer Umgebung.
Versucht, Männer und Frauen jeder Altersstufe zu befragen; achtet auf die Frage nach der Häufigkeit der Aktivität pro Woche (sechsstufige Skala!) und berechnet den Mittelwert.

Aktivität	% der Befragten	Mittelwert
Fernsehen	92	1,58
Musik hören	83	1,81
Zeitungen (Zeitschriften) lesen	79	2,15
Ausruhen, Faulenzen, Nichtstun	51	3,48
Spaziergänge machen, mit dem Rad spazieren fahren	56	3,19
Kontakte pflegen, Besuch machen, mit Freunden zusammen sein	42	3,56
Buch lesen	42	3,53
Im Garten arbeiten	42	3,66
Nachdenken, Meditieren	39	3,75
Basteln, Handarb., Malen, Töpfern	35	4,00
In ein Café, Restaurant, Gasthaus gehen	33	3,99
Selbst Sport betreiben	34	4,10
Ausflüge machen	18	4,24
Karten, Schach oder andere Gesellschaftsspiele spielen	20	4,47
Baden gehen	25	4,23
Einem Hobby (z.B. Briefmarken sammeln) nachgehen	17	4,67
Auto (Motorad, Moped) pflegen und reparieren	11	5,00
Bekanntschaft(en) machen	8	4,88
In einen Verein gehen	15	5,08
Zum Tanzen gehen	7	5,19
Ausstellungen/Museen besuchen	1	5,10
Einer nebenberuflichen Tätigkeit gegen Bezahlung oder einer Nachbarschaftshilfe nachgehen	10	5,17
Ins Theater (Oper, Konzert) gehen	2	5,24
Als Zuschauer zu Sportveranstaltungen gehen	5	5,27
Ins Kino gehen	2	5,33
Sich weiterbilden (Kurse besuchen)	7	5,25
Musizieren	10	5,37
Sich politisch betätigen (z.B. politische Veranstaltungen besuchen)	3	5,57

Sechsstufige Skala: 1 = täglich, 2 = mehrmals wöchentlich, 3 = 1-mal pro Woche, 4 = 1 bis 3-mal im Monat, 5 = seltener, 6 = nie)
(Quelle: BÄSSLER, R. 2004)

20

Aufgabe

Nimm dir aus einem aktuellen „Sportjahrbuch" die Übersichtsstatistik zur Anzahl der Vereine und der Vereinsmitglieder.
Versuche, eine Veränderung zu den in diesem Buch auf der Seite 137 aufgenommenen Zahlen zu erkennen und darzustellen.

21

Aufgabe
Versuche, anhand der Statistiken Aussagen zu der Anzahl der Sportler/innen einzelner Fachverbände in den Bundesländern zu machen!

22

Aufgabe
Im Internet gibt es viele Zusammenstellungen von Schulen mit sportlichem Schwerpunkt, z.B. unter der Webseite des Unterrichtsministeriums: www.bewegung.ac.at.

Wählt euch eine Schule aus und versucht, diese Schule näher kennen zu lernen. Vielleicht könnt ihr eine Schulveranstaltung miteinander gestalten, oder einen Wettkampf vereinbaren oder einfach eure Erfahrungen austauschen.

Schwerpunktschulen

Eine wesentliche Grundlage für die Entwicklung des Sportes in Österreich stellen die Schulen mit sportlicher Schwerpunktsetzung dar.
Durch die Veränderungen im österreichischen Schulrecht kann man an einer Schule zwei Wege gehen, will man Bewegung (Bewegungserziehung) und Sport zu einem wichtigen Bestandteil des Schulprofils machen. Wenn die Schulpartnerschaft es will (also das Schulforum in Hauptschulen oder der Schulgemeinschaftsausschuss in allgemein bildenden höheren Schulen), dann kann sie festlegen, dass schwerpunktbezogene Gegenstände mehr Unterrichtstunden umfassen oder auch neue Gegenstände innerhalb einer bestimmten Anzahl berücksichtigt werden. So kann an jeder Schule der Sekundarstufe I (also der 5. – 8. Schulstufe) Bewegung eine große Rolle spielen. Die Schulautonomie hat hier sehr gute Möglichkeiten eröffnet. Von Interesse kann sowohl die Förderung von Bewegungsunsicheren sein, als auch mehr Sport für Bewegungshungrige. Die tägliche Bewegungsmöglichkeit soll im Mittelpunkt stehen; vielfach kann man diese Absicht mit Gesundheitsförderungsprogrammen koppeln.
Es gibt aber auch eine Reihe von Schulen, die seit vielen Jahren die Ausbildung von sportlichen Talenten und trainingswilligen Schülerinnen und Schülern vorsehen.
Wurde früher oft nur ein statischer Talentbegriff (Disposition, Bereitschaft, Umfeld) gebraucht, so sieht ein dynamisches Talentverständnis einen Entwicklungsprozess vor: Talent besitzt oder Talent hat, wer auf der Grundlage von Dispositionen, Leistungsbereitschaft und den Möglichkeiten der realen Lebensumwelt über dem Altersdurchschnitt liegende Leistungen erbringen kann. Sie sind das Ergebnis eines aktiven, pädagogisch begleiteten und bewusst durch Training gesteuerten Trainingsprozesses.
Oft ist dieser Prozess auf ein später zu erreichendes hohes (sportliches) Leistungsniveau zielstrebig ausgerichtet. Die grundlegenden Bestimmungen für diese Schulformen sehen aber vor, dass auch ein entsprechender Abschluss der Schulbildung zum Einstieg in das Berufsleben oder in eine weiterführende Ausbildung (Hochschule, Universität) gegeben ist.

Es bestehen einige wenige **Sportvolksschulen**, zumeist mit dem Ziel einer täglichen und gezielten Übungszeit. Wichtigste Überlegung bei der Gestaltung der Programme ist eine breite sportliche Ausbildung, also keine zu frühe Spezialisierung auf vielleicht nur eine Sportart. Dem gegenüber steht allerdings, dass in vielen Sportarten ein frühes Wettkampfalter und ein niedriges Hochleistungsalter gleichsam dazu zwingen, dass sich Kinder und Jugendliche früh spezialisieren. Eine Lösung scheint darin zu bestehen, dass die Schule ein breites sportliches Entwicklungsangebot macht und in Kooperation mit Sportvereinen oder Sportverbänden eine vorsichtige Spezialisierung für besonders Begabte vorgesehen wird.

Man sollte aber nie vergessen, wie eine frühzeitige körperliche Entwicklung (akzelerierte Schüler/innen) ein falsches Bild eines sportlichen Talents vermitteln kann. So kann mehr Gewicht im Skirennlauf eine große Rolle spielen und können sich die Unterschiede nach der Pubertät sehr wohl wieder ausgleichen.

In der Sekundarstufe I (5. – 8. Schulstufe) bestehen derzeit mehr als 110 **Sporthauptschulen** mit allgemeinsportlichem Schwerpunkt (genau: Hauptschulen unter besonderer Berücksichtigung der sportlichen Ausbildung) und elf **alpine bzw. nordische Skihauptschulen** (genau: Hauptschulen unter besonderer Berücksichtigung der skisportlichen Ausbildung).

Eine Unterstufe einer allgemein bildenden höheren Schule unter besonderer Berücksichtigung der sportlichen Ausbildung und/oder eine Oberstufe findet man in 15 Schulen Österreichs (**Sportgymnasien**). Wesentliches Kennzeichen sind die Verbindung von Sporttheorie und Sportpraxis, die sich auch in der Gestaltung der Reifeprüfung niederschlägt. Nach einer erfolgreich abgeschlossenen praktischen Vorprüfung in mehreren Sportsparten kann man zur Reifeprüfung antreten, in deren Rahmen der Prüfungsgegenstand Sportkunde vorgesehen ist.

Im berufsbildenden Schulwesen sind Schulen mit sportlichem Schwerpunkt nicht allzu zahlreich. Bisher stand die sehr hohe Wochenstundenanzahl im berufsorientierten Ausbildungsbereich einer sinnvollen Kombination mit dem ebenfalls zeitintensiven sportlichen Training entgegen. Durch Schulzeitverlängerung wird in einigen Schulversuchen Erfahrung gesammelt.
Es gibt Handelsschulen für Skisportler/innen und Hotelfachschulen für Skisportler/innen.
Aus einem Schulversuch gehen die Oberstufenrealgymnasien (ORG) bzw. Handelschulen für **Leistungssportler/innen** hervor.

16 Sportorganisation in Österreich

An die 500 Schüler/innen in 35 verschiedenen Sportarten wurden im Schuljahr 1995/96 betreut (2010 sind es bereits 1.600). Die Schulzeit dauert ein Jahr länger, die sportliche Ausbildung wird nicht durch Lehrer/innen der Schule, sondern durch die besten Trainer/innen der Fachverbände oder einer Landessportorganisation wahrgenommen. Die Schule versucht, lange Abwesenheit einzelner Schüler/innen durch Training und Wettkämpfe sowie durch Gruppen- und Einzelunterricht wettzumachen.

Ausbildung zu Sportlehrerinnen und Sportlehrern

Eine andere wichtige Grundlage für den Sport in Österreich stellte die Schaffung einer einheitlichen Ausbildung von Trainern/Trainerinnen, Instruktoren/Instruktorinnen und Sportlehrern/Sportlehrerinnen dar.

Die Abteilung Sport im Unterrichtsministerium wurde 1946 (wieder) errichtet und die Umwandlung der deutschen „Hochschulinstitute für Leibesertüchtigung" in die „Bundesanstalten für Leibeserziehung" vollzogen. Bereits mit Erlass vom 3. Mai 1946 sind die ersten „Bundesanstalten für Leibeserziehung" gegründet worden, deren Aufgabe die Ausbildung von Sportlehrenden im Einvernehmen mit dem zuständigen Verband ist.

Die gesetzliche Verankerung der Bundesanstalten für Leibeserziehung erfolgte 1974 im Bundesgesetz über Schulen zur Ausbildung von Leibeserziehern und Sportlehrern, wobei sie als mittlere Schulen gemäß den Bestimmungen des Schulorganisationsgesetzes eingestuft wurden. Derzeit besteht eine Bundesanstalt für Leibeserziehung in Graz, Innsbruck, Linz (seit 1980) und Wien, die aber bereits den Namen „Bundessportakademie" (www.bspa.at) tragen.

23 Aufgabe
Besucht im Internet die Seite der Bundessportakademien und orientiert euch über die e-learning-Angebote (www.sportraum.at)

Die Ausbildungen erfolgen zumeist in Ausbildungsblöcken (oft auch an Wochenenden). Eine wesentliche Aufgabe der Instruktoren/Lehrwarteausbildung gilt der Arbeit in den Vereinen und ist oft auch speziell auf Kinder und Jugendliche abgestellt (z.B. der/die staatlich geprüfte Lehrwart/in für Kinder- und Jugendskilauf).

Lehrgänge zum/zur staatlich geprüften Tennislehrer/in oder zum/zur staatlich geprüften Skilehrer/in geben den Absolventen und Absolventinnen gleichsam eine abgeschlossene Berufsausbildung: Daher muss der Ausbildungsgang auch auf ganz andere Erfordernisse Rücksicht nehmen, wie zum Beispiel kaufmännische Fächer oder auch eine zusätzliche Sprachausbildung. Für beide Ausbildungssparten gilt eine anspruchsvolle Eignungsprüfung, in der das erforderliche Eigenkönnen nachgewiesen werden muss.

Die staatliche Trainerausbildung hat einen sehr hohen Stellenwert und baut auf der Instruktoren/Lehrwarteausbildung auf. Sie ist umfangreich, und es werden ebenfalls nur jene zugelassen, die ein hohes Eigenkönnen in der jeweiligen Sportart haben. Eine ganz neue Entwicklung stellen Spezialkurse für absolvierte Trainer/innen als Diplom-Trainer/innenausbildung dar.

Nur an der BSPA Wien kann man einen Abschluss als staatlich geprüfter Sportlehrer erlangen, die drei Jahre lang dauert und zur freien Berufsausübung und auch (wenn man ein entsprechendes Spezialfach wählt) zum Unterricht in Schulen berechtigt.

Literatur

BÄSSLER Roland: Freizeit und Sport in Österreich. (Studie im Auftrag von Sport G.m.b.H.). Wien 2003

BÄSSLER Roland: Sport und Gesundheit. Sportliche Aktivität als zentrale Größe von Fitness, Zufriedenheit und Gesundheitsstabilität. (Studie im Auftrag der Sportunion). 2., überarb. Auflage. Wien 2004

BRÄNDLE Claus / SCHNETZER Manfred: Das österreichische Vereinsrecht. Rechtliche Grundlagen, Steuerliche Aspekte, Musterstatuten. 3. Auflage. Linde-Verlag, Wien 2002

BUNDESKANZLERAMT SPORT: 20. Sportbericht der Republik Österreich(2005 – 2006). Wien 2007

FESSL-GFK Austria: Austrian Lifestyle. Wien 2003

FESSLER Peter / KELLER Christine: VerG Kommentar zum Vereinsgesetz 2002. NWV Neuer Wissenschaftlicher Verlag. Wien/Graz, 2004

HEINEMANN Klaus: Sportorganisationen. Verstehen und Gestalten. Hofmann, Schorndorf 2004

KREJCI Heinz/ Sonja BYDLINSKI / Christian RAUSCHER, Vereinsgesetz 2002, 2., neu bearb. Aufl., MANZ'sche Wien 2008

NIEDERMANN Erwin; Die Olympische Bewegung in Österreich – Von den Anfängen bis 1994. ÖBV, Wien 1995

ÖSTERREICHISCHE BUNDESSPORTORGANISATION: Sportjahrbuch 2007/2008. Wien 2009

ROTH Erwin, Olympische Momentaufnahmen, Wien 2008.

STAHL Michael, Das neue Vereinsgesetz, Graz, Univ., Dipl.-Arb., 2006

17 Sponsoring im Sport

1 Frage
Überlege, welche Arten von Werbung dir schon einmal aufgefallen sind. An welche kannst du dich erinnern, die man im Sport besonders häufig findet?

2 Aufgabe
Wenn sich ein Unternehmen verschiedenster Werbeformen bedient, dann nennt man das Werbe-Mix oder Kommunikations-Mix. Nenne einige Produkte, für die in verschiedenen Medien mit dem Sport geworben wird. Versuche möglichst viele unterschiedliche Medien ausfindig zu machen.

In einer Sponsor-Studie des MMO (das Wiener Unternehmen Media & Market Observer, www.mmo.at) ging es um Freizeitverhalten und Medienkonsum, um Veranstaltungsbesuch, Sportausübung und Sponsoringwünsche. Befragt wurden Menschen im Alter von 12 – 24 Jahren in Österreich online zu deren Verhalten, Wissen und Einstellungen zu diesen Themen. 90% der Befragten sind an Sport interessiert, fast ein Drittel geht öfters zu Sportveranstaltungen. Schwimmen und Radfahren werden am häufigsten selbst ausgeübt. Tanzen erfreut sich neuerdings steigender Beliebtheit.
Das Ranking der Zustimmung für Sponsoringaktivitäten führen Skifahren, Fußball und Snowboarden an, Red Bull ist der favorisierte Sportsponsor. Die Studie 2006 bestätigt, dass unter den Werbemöglichkeiten Sponsoring bei der untersuchten Altergruppe hinsichtlich Sympathie deutlich vorneweg liegt, TV-Spots folgen auf Platz 2 und Inserate gemeinsam mit Zeitungsbeilagen auf Platz 3 (vgl. Abb. 17.1). Verständnis und Bekanntheit des Sponsorings ist demnach bei den Befragten stark ausgeprägt. 63% finden eine Firma/Marke, die sponsert, sympathisch. Der Prozentsatz derer, die auf Grund von Sponsoring etwas kaufen würden beträgt 48%.

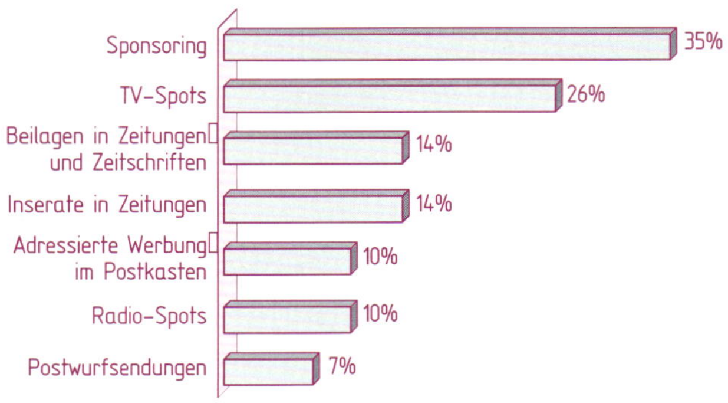

Abb. 17.1: *Unter den Werbemöglichkeiten liegt Sponsoring bei jungen Menschen hinsichtlich Sympathie deutlich vorne, TV-Spots folgen auf Platz 2. (Quelle: www.mmo.at; Mehrfachnennungen möglich)*

Es bleibt in guter Erinnerung, wer die besuchten Veranstaltungen gesponsert hat, und zwei Drittel fanden den Sponsor zu der jeweiligen Veranstaltung gut und passend. Drei Viertel der beobachteten Zielgruppe nahmen Sponsoring in den Medien wahr. Red Bull und T-Mobile wurden bei Sportveranstaltungen in den Medien mit Abstand am häufigsten ungestützt erinnert, bei Kunst- und Kultursponsoring waren es BACA und Raiffeisen, die am meisten aufgefallen sind.
Allerdings gibt es auch Sportarten – so die Ergebnisse der Studie –, die nach Meinung der jungen Menschen nicht gesponsert werden sollten: Rund ein Drittel lehnt Sponsoring für Bodybuilding, Bungee Jumping und gewisse Kampfsportarten ab.
Immer mehr Spitzensportler/innen sind auch zu Spitzenverdienern/Verdienerinnen geworden, weil sie Werbeverträge mit Firmen haben, für die sie eine Leitbildfunktion (testimonials) übernehmen. So bekommen die Stars der amerikanischen Basketball-Profiliga „NBA" weit mehr Geld von ihren Wirtschaftspartnern als von den Klubs („franchises"). Daher werden repräsentative Verpflichtungen gegenüber dem Sponsor auch immer wichtiger und zeitintensiver.

Öffentlichkeitsarbeit – ... KNOW-HOW

Öffentlichkeitsarbeit – Marketing – Sponsoring

Die **Öffentlichkeitsarbeit** (Public Relations) bezeichnet die planmäßige, systematische und wirtschaftlich sinnvolle Gestaltung der Beziehung zwischen Unternehmen und Kunden (bzw. Aktionären, Lieferanten, Arbeitsnehmern, Institutionen, dem Staat usw.) mit dem Ziel, bei diesen Vertrauen und Verständnis für Unternehmensziele zu gewinnen und auszubauen.

Traditionelles **Marketing** bezieht sich auf den Verkauf vorhandener Produkte mit Hilfe marketingpolitischer Instrumente. Modernes Marketing ist eine Unternehmenskonzeption, reagiert darüber hinaus auf Konsumentenwünsche und schafft sich eigene Märkte.

Sponsoring ist ein „taktisches Instrument" innerhalb der Strategien der Öffentlichkeitsarbeit.
Die Effekte, die sich Sponsor/innen erwarten, können sein:
- Steigerung, Festigung des Bekanntheitsgrades
- Verbesserung bzw. Pflege des Image
- Aktualisierung einzelner Produkte
- Kontaktpflege mit Kunden, Händlern und Partnern
- Soziales Engagement
- Motivation der Mitarbeiter/innen
- Beeinflussung des Kaufverhaltens

Die Sportstätten und Sportler/innen selbst sind längst zur öffentlichen Werbefläche geworden, die meist durch die Bestimmungen der internationalen Fachverbände in ihrer Größe etc. festgelegt sind. Als besonders erfolgreich erwiesen sich in den letzten Jahren **„merchandise"-Produkte**: Unter Merchandising (engl. merchant, Verkäufer) für Absatzförderung, Verkaufsförderung) wird die Produktion, der Vertrieb und die Werbung für Artikel verstanden, die das gleiche Logo oder die gleiche Botschaft transportieren: Ein komplettes Sortiment vom T-Shirt bis zur Bettwäsche mit dem offiziellen Logo oder ähnlichem des Klubs, der Veranstaltung usw.

Sport als Produkt

Sport ist ein Produkt: Die Wirtschaft kennt einen Sport, der **„gezielt für den Weiterverkauf an interessierte Abnehmer (Zuschauer, Fernsehanstalten, Werbewirtschaft) produziert wird“**. Die so erzielten Einnahmen bilden zumindest für die Sportler/innen ein Einkommen, sie leben davon. Zur Abgrenzung von dem aus Selbstzweck betriebenen Sport, spricht man oft vom Profisport. **Sport schafft aber auch Produkte**, um deren Herstellung oder Vermarktung es der Wirtschaft geht.

Sport als Produkt oder Sportprodukte werden aber sehr oft nicht ausschließlich von Professionals „produziert“. So sind in vielen Sportarten die Akteure mehrheitlich hoch bezahlte Profis (als Trainer/in und Athlet/Athletin), verrichten aber ihre Arbeit innerhalb von Vereinen und Verbänden, die noch immer überwiegend ehrenamtliche Mitarbeiter/innen (Funktionäre) haben.

Das Interesse der Wirtschaft am Sport hat in dem Maß zugenommen, wie sich die Kommunikation weiterentwickelt hat. **Die Beziehung Sport und Wirtschaft muss also auch um die Dimension Medien(-industrie) erweitert werden.** Sport ist Erlebnis in verschiedenster Art: Er findet in den Sportstätten statt und wird auch in das Wohnzimmer hineingetragen. Und immer ist die Werbung dabei ...

Eine besondere Rolle spielt der Mannschaftssport (Teamsport) als ein Teil der Unterhaltungsindustrie, wie etwa Kino oder Musik.

Dieses Unterhaltungsprodukt Sport ist also durchaus neben die Formen des Freizeitsports oder auch Amateur(leistungs)sports zu stellen.

Zwei weitere Merkmale teilt der Sport mit anderen Formen der Unterhaltungsbranche:

1. Weil die Unterhaltungsbranche Informationsprodukte herstellt, entsteht über das Massenmedium Fernsehen auch ein (überregionaler, ja weltweiter) Absatzmarkt.
2. Mit jedem weiteren „Kunden“ (Zuschauer/in) erwachsen nicht automatisch weitere Herstellungskosten. Im Prinzip ist es für die Herstellungskosten egal, ob in ein Stadion 50 oder 5000 Zuschauer kommen.

Das Produkt „sportliche Leistung“ (etwa im Unterschied zu anderen Güter- oder Dienstleistungen) weist bestimmte Merkmale auf: Darunter sind einige dafür verantwortlich, dass das Ergebnis nicht immer gleich und gleich qualitativ hoch ausfällt; die Wirtschaft würde sonst etwa von einem „Markenartikel“ sprechen: Deshalb wird es immer mehr üblich, dass sich Sponsoren gegenüber den Veranstaltern oder Sportlern/Sportlerinnen absichern.

Sie koppeln ihre Zusagen an das Antreten bestimmter Stars, an das Zustandekommen bestimmter Ereignisse usw.

KNOW-HOW – Die sportliche Leistung als „Produkt“

Die sportliche Leistung als „Produkt“

- „Es müssen mindestens zwei „Sportunternehmen“ (Einzelsportler/innen, Mannschaften) gegeneinander antreten.
- Das einzelne Unternehmen ist zumeist an die Zusammenarbeit mit einem Dachverband gebunden. In diesen Gremien fallen die Entscheidungen zu Wettbewerbsbedingungen (Regeln) usw.
- Der wirtschaftliche Erfolg ist mit der Teilnahme bzw. dem sportlichen Erfolg der internationalen, nationalen oder lokalen Stars verbunden. Im Profisport zählt, aufgrund des hohen Erfolgsdrucks mit seinen wirtschaftlichen Konsequenzen, nur noch der sportliche Erfolg („eine Runde weiter“ oder „Hauptsache gewonnen“). Die Qualität des Produktes wird damit im Gegensatz zu einem Wirtschaftsunternehmen zweitrangig.
- Witterungseinflüsse bei Freiluftveranstaltungen können das Ergebnis der Veranstaltung maßgeblich beeinflussen: „eine Piste wird schneller“ oder „ein Belag langsamer“ und begünstigt oder benachteiligt bestimmte Sportler/innen.
- Fehlerhafte Schiedsrichter- bzw. Kampfrichterentscheidungen können den Veranstaltungsablauf maßgeblich beeinflussen.
- Glück und Pech beeinflussen die Leistungserstellung im Gegensatz zu anderen Wirtschaftsunternehmungen. Auch sind Höchstleistungen nicht am Fließband produzierbar. Allerdings: Gerade der unsichere Ausgang erhöht die Spannung und damit das Interesse der Zuschauer/innen.

Die Veranstalter wiederum sichern sich gegen derartige Geldeinbußen oder Rückzahlungen durch den Abschluss von Versicherungen ab. Obwohl die sportliche Leistung im betriebswirtschaftlichen Sinne also kein „Markenartikel“ ist, kaufen Sponsoren (und Medien) mit den Nutzungsrechten ein werbewirksames Umfeld. Nachfragegruppen sind die Zuschauer/innen (vor dem Fernsehschirm), die Medien, die mit dem Sport Programm (Artikel) machen, die Sponsoren, die den Sport für ihre Kommunikation einsetzen.

Erscheinungsformen des Sponsorings

In der Praxis unterscheidet man unterschiedliche Erscheinungsformen des Sponsoring: Sportsponsoring, Kunst- und Kultursponsoring, Sozio- bzw. Sozialsponsoring, Ökosponsoring, Wissenschaftssponsoring. Im Medienbereich wird Programm- bzw. Mediensponsoring und Online-Sponsoring als spezifische Form der Werbung genutzt.

Unter allen Sponsoringarten ist das **Sportsponsoring** für die Wirtschaft von besonderer Bedeutung: Das hohe Sportinteresse der Konsumenten und Konsumentinnen und die breite Akzeptanz bilden die Basis der unternehmerischen Kommunikationsziele (z. B. positiver Imagetransfer). Sportsponsoring kann nach den Kriterien Sportart (z. B. Fußball, Motorsport, Tennis usw.), organisatorische Einheit (Verband, Verein, Mannschaft, Einzelsportler/in, Veranstaltung usw.) und Leistungsebene (Profi-, Amateur-, Freizeitsport) untergliedert werden.

Da das Sponsoring ein gewisses Medieninteresse voraussetzt, profitieren vor allem medienpräsente Sportarten. So hat z. B. fast jeder professionelle Fußballspieler einen **Werbevertrag** mit einer Sportartikelfirma und trägt dann auf Kleidungsstücken oder Sportgeräten das Markenlogo des Werbepartners. Dafür bekommt der/die Sportler/in dann je nach Popularität einen Geldbetrag gezahlt. Auf der Ebene des Mannschaftssports gibt es kaum ein Team, das keinen Sponsor hat. Der Hauptsponsor, dessen Markenlogo auf dem Trikot abgebildet wird, stellt die wichtigste Einnahmequelle dar, weitere Unterstützer werden z. B. per Bandenwerbung kommuniziert.

Eine weitere Sponsoringart (vor allem im Bereich des Sports) ist in den letzten Jahren das **Name-Sponsoring**, die Mitfinanzierung von Um- oder Neubauten von Stadien geworden.

Neben dem Sportsponsoring hat sich in den letzten Jahren auch das **Kunst- oder Kultursponsoring** etabliert. Hierzu zählen Sponsoringaktivitäten in den Bereichen bildende Kunst, Musik, Theater, Literatur, Film und Hörfunk. Maßnahmen stellen die Förderung von Konzerten, Ausstellungen oder kulturellen Veranstaltungen dar. **Sozio- oder Sozialsponsoring** wird als Ansatz betrachtet, um humanitäre Probleme innerhalb der Gesellschaft zu lösen. Dem Sponsor wird die Möglichkeit gegeben, eine gesellschafts- und sozialpolitische Verantwortung auszuüben und dies darzustellen. Soziosponsoring betrifft z.B. die Unterstützung von Wohlfahrtsorganisationen, Schulen und Bildungsstätten. **Ökosponsoring** ermöglicht dem Unternehmen, ebenso wie das Soziosponsoring, seine gesellschaftliche Verantwortung zu praktizieren und darzustellen. Zu beachten ist jedoch, dass beim Ökosponsoring eine Glaubwürdigkeitsproblematik besteht. Mit dem **Wissenschaftssponsoring** hält seit einigen Jahren eine neue Finanzierungsform in Wissenschaft und Forschung Einzug.

In der **klassischen Werbung** versucht ein Unternehmen zum Beispiel durch Anzeigen- oder Fernsehwerbung viele Menschen, die ein Produkt kaufen sollen („Zielgruppe") zu erreichen. Sponsoring findet hier Eingang, indem die Sponsoring-Aktivitäten als Thema eingearbeitet werden („offizieller Förderer") oder geförderte Sportler/innen ein Produkt präsentieren.

Die **Verkaufsförderung** ist ein Instrument, um kurzfristig zur Steigerung des Absatzes von Produkten beizutragen: Auch hier werden geförderte Sportler/innen aktiv einbezogen (Autogrammstunden, Händlertreffen usw.).

Die **Kontaktpflege** im Rahmen der Öffentlichkeitsarbeit bedeutet VIP-Service für das Sponsorunternehmen bei Veranstaltungen und Weitergabe der Zutrittsrechte an Kunden und dem Unternehmen verbundene Partner. Weil Sponsoring schon so selbstverständlich geworden ist, suchen die Veranstalter dem Sponsor mehr anzubieten, als nur das Ereignis („event") selbst. Man spricht daher heute schon von so genannten **„Event-im-Event"-Strategien:** Verpflegung mit besonderen kulinarischen Köstlichkeiten, Trainingsstunden mit den Stars der Veranstaltung, also einfach zusätzliche Kommunikationsleistungen.

Zur Platzierung der Marke bieten sich an:
1. die Bande (Spielfeldbegrenzungen)
2. das Transparent
3. das Trikot des Sportlers/der Sportlerin
4. das Sportgerät
5. die Kleidung und Ausrüstung des Sportlers/der Sportlerin
6. das Fahrzeug (z. B. beim Motorsport)
7. die Kleidung und Ausrüstung von Servicepersonen, Trainern/Trainerinnen und Funktionären/Funktionärinnen
8. Sportler und Sportlerin als Person, die für eine Marke stehen.

Förderung im Sport

Mäzenatentum: Als Ahnvater der Förderung von Kultur gilt der Römer Gaius Clinius Maecenas (70–8 v. Chr.). Als Berater des Kaisers Augustus unterstützte der reiche Grundbesitzer die bedeutendsten Dichter seiner Zeit. Ein „Mäzen" fördert Personen oder Organisationen, ohne konkrete Gegenleistungen zu erwarten. Als anonymer Geldgeber erwartet er keinen kommerziellen Nutzen.

Donatoren, Gönner: Auch diese Personen oder Organisationen stellen Mittel aus Interesse an einer Sache zur Verfügung, ohne direkten Nutzen daraus zu ziehen. Vor allem in den USA hat das freiwillige, nicht gewinnorientierte Handeln Tradition, weil in vielen Fällen (Soziales) eine staatliche Vorsorge nicht gegeben ist. Dies wird sehr oft mit Sponsoring verwechselt, weil der indirekte Nutzen (private Kontakte) durchaus für eine Geschäftstätigkeit gegeben sein kann.

Spenden: Finanzielle Zuwendungen an verschiedenste Vereinigungen. In den USA als „Corporate Giving" bezeichnet. Unternehmen unterstützen Spendenaktionen, weil sie einer gesellschaftspolitischen Verantwortung gerecht werden wollen. Aus Unternehmenssicht spielen vor allem steuerliche Vorteile eine Rolle. Gezielt geforderte Gegenleistungen sind eher die Ausnahme. Auch diese Förderungen werden immer wieder mit Sponsoring verwechselt. Aus Amerika kommt der nicht zu übersetzende Begriff „fundraising" für das gezielte Beschaffen von Geldern von Gönnern und Spendern. „Fund" bedeutet so viel wie „Geld, Kapital" und „to raise" heißt „etwas aufbringen". Die eigene Leistung (etwa der Sportorganisation) wird dabei immer wieder dem potenziellen Förderer angeboten.

17 Sponsoring im Sport

Patronate: Übernahme einer (finanziellen, ideellen) Verantwortung für ein bestimmtes Engagement von Einzelnen oder von Gruppen (Organisationen), auf die öffentlich hingewiesen wird. Nicht sehr nutzorientiert, aber für Sport und Sponsor ergänzen einander zwei positive Zielsetzungen und Darstellungen für die Öffentlichkeit.

PR-Aktionen: Anlass, der von einem Unternehmen oder dessen (Sport-)Partner finanziert wird, um beide zu profilieren (zum Beispiel eine Scheckübergabe für das Jugendtraining eines Vereines durch eine Bank).

Sponsoring: Eine Definition aus dem Englischen: **A sponsor assumes responsibility or support for a person or thing; individual or organization, that finances some event or entertainment.** Sponsoring ist also ein Kommunikationsinstrument zwischen einem Unternehmen und der Umwelt. Es sind Leistungen damit verbunden (Material, Dienstleistungen, Manpower, Geld), mit denen der Geldgeber vom Gesponserten kommerziellen Nutzen erwartet. Die Basis ist **„give and get"**: Leistung und Gegenleistung müssen klar definiert sein und in einem ausgewogenen Verhältnis zueinander stehen.

Leitlinien für Sponsoren können insbesondere sein:

WER sagt	Sponsor
WAS und fördert	Kommunikationsbotschaft
WEN unter	Gesponserter
WELCHEN BEDINGUNGEN	mit Sponsoringbudget
WELCHEN MASSNAHMEN über	Sponsoringmix
WELCHE KANÄLE zu	Medien, Kommunikationsträger
WEM mit	Zielgruppen des Sponsorings
WELCHEN WIRKUNGEN ?	Sponsoringwirkung

Aus: KOLARTZ-LAKENBACHER/REICHLING-MELDEGG 1995, S. 13; siehe dazu auch die im Rahmen der Aufgabe 17.4 abgedruckten Richtlinien des Schweizerischen Bankvereines, der als sehr bedeutender Kunst-, aber auch Sportsponsor gilt (zum Beispiel beim Swiss Open, Swiss Indoor usw.).

3 Frage
Was versteht man unter Sport als Produkt? Welche Merkmale sind damit verbunden?

4 Frage
Welche Werbemittel gibt es? Welche davon sind für den Sportereignis-Sponsor günstig?

5 Frage
Welche Formen der Förderung im Sport gibt es?

6 Frage
Was versteht man unter fundraising?

7 Aufgabe
Die nachstehende Tabelle ist einem der wichtigsten Bücher zum Thema Sponsoring entnommen. Der Autor, Prof. Dr. Manfred Bruhn, geht bereits 1991 (!) davon aus, dass das Sponsoring in Deutschland (Europa) noch nicht seinen Höhepunkt erreicht hat.

Präsentiere in einem Referat vor deinen Mitschülern/Mitschülerinnen die nachstehende Übersicht! Aber Vorsicht: Die Tabelle enthält viele Fremdwörter, die du auch erklären können musst!

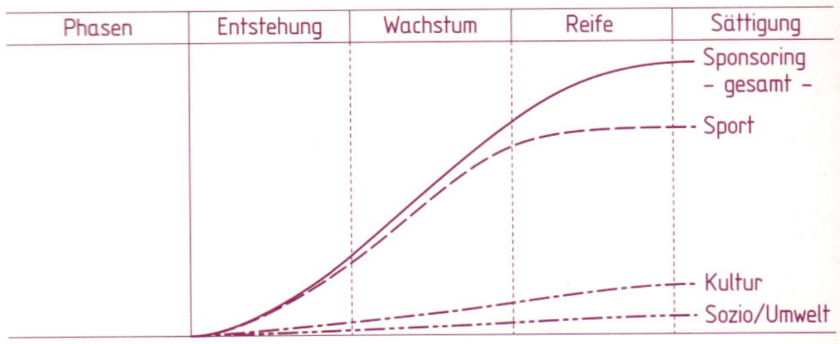

Abb. 17.2

	Beginn ca.	60er/70er Jahre	ca. ab 1985	Ende 90er Jahre	nach 2000
Bedeutung	Sportsponsoring	Erste Anfänge bei wenigen Sportarten	Starke Professionalisierung bei ausgewählten Sportarten	Erschließung sämtlicher Sportarten und Leistungsklassen	Weit gehende Abhängigkeit des Sports von Sponsoren
	Kultursponsoring	Geringe Bedeutung: allenfalls Mäzenatentum	Erste Anfänge in wenigen Kunstbereichen	Tendenz zur Professionalisierung in ausgewählten Bereichen	Hohe Bedeutung in attraktiven Kunst- und Kulturbereichen
	Sozio- und Umweltsponsoring	Geringe Bedeutung: allenfalls Förderung durch Mäzene oder Spenden	Erste Anfänge in wenigen Sozio- und Umweltbereichen	Kreierung eigener Sponsoships durch Unternehmen	Tendenz zur Professionalisierung in Sozio- und Umweltbereichen
Verhalten der Beteiligten	Unternehmen	Erste Versuche, isolierter und sporadischer Einsatz	Tendenz zur Professionalisierung bei positiven Erfahrungen	Vielseitiger Einsatz in verschiedenen Bereichen	Starker integrativer Einsatz in er Unternehmenskommunikation
	Gesponserte	Erste Versuche, sporadisches Interesse	Hohes Interesse, nur geringe Professionalisierung (mit Ausnahmen)	Tendenz zur Professionalisierung	Bedeutsame Finanzierungsquelle im Beschaffungsmarketing
	Medien	Ablehnende Haltung der öffentlichen Medien	Hohes Interesse der privaten Medienanbieter	Starke Nutzung durch private und öffentlich-rechtliche Medienanbieter	Bedeutsame Finanzierungsquelle für alle Medien
	Staat	Indifferente Haltung	Ambivalente Haltung verschiedener staatlicher Stellen	Förderung in ausgewählten Bereichen; Rahmenbedingungen	Schaffung neuer Regeln und Schutzmaßnahmen
	Bevölkerung	Indifferente Haltung	Weit gehende Akzeptanz bei ersten Reaktanzen	Stärkere Reaktanzen in bestimmten Bereichen	Meinungspolarisierung in der Akzeptanz/Ablehnung

8

Aufgabe

Überprüft und ergänzt die Liste von Werbeaktivitäten. Findet gemeinsam zu jeder Aktivität ein aktuelles Beispiel.

Kommunikation für Sponsoring

1. **Klassische Medien:** Fernsehen; Print: Anzeigen, PR, redaktionelle Berichte; Radio: Ratespiele, Sponsorsendungen, Werbesendungen, Reportagen; Plakat; Kino
2. **Werbung außerhalb des Ereignisses:** Werbung auf Kleidung; spezielle Trikotwerbung; Werbung auf Kontoauszügen, Kontoauszugsbeilegern, Handzetteln; Werbung auf Briefhüllen, Briefpapier, Freistempelungen; Werbebriefe; Prospekte; Schaufensterwerbung: Aufkleber, Kleinplakate, Bildlichtwerbung; Verkehrsmittelwerbung; Autogrammstunden; Showauftritte der Prominenten bei Firmen, Messen, bei Kunden; Promotiondisplays und Ladenplakate im Handel; Informationsvideos; CD-ROM mit interaktiver Struktur.
3. **Werbung am Ereignisort:** Fahnen und Spannbänder; Bandenwerbung (auch beweglich).

(vgl.: KOLARZ-LAKENBACHER Josef/REICHLIN-MELDEGG Georg 1995, S. 31f)

9

Aufgabe

Versucht gemeinsam als Projektarbeit die Durchführung eines Schulsportfestes zu konzipieren. Überlegt, welche Werbemöglichkeiten bestehen, und prüft euer Angebot an einen Sponsor. Fragt bei potenziellen Sponsoren nach deren Vorstellungen; vielleicht sind diese den nachstehenden ähnlich:

Grundsätze für die Sponsoringaktivitäten des Schweizerischen Bankvereins

- Wir erzielen den größten Erfolg, wenn wir bei Engagements auf Kontinuität setzen. Sie ermöglicht uns Planungssicherheit und die Ausprägung für die Durchsetzung unseres Profils.
- Wir prüfen laufend, mit welchen Engagements wir uns identifizieren können. Wir konzentrieren uns in den Bereichen Soziales, Kultur und Sport auf wenige Verpflichtungen, die für unsere Bank ein unverwechselbares Goodwill-Potential schaffen.
- Wir entscheiden uns ausschließlich für Engagements, die wir als Teil in unsere Corporate Communication integrieren können.
- Wir beurteilen jede Bürgschaft oder Partnerschaft nach dem Prinzip von Leistung und Gegenleistung.
- Wir betreiben Sponsoring-Engagements professionell und qualitativ hoch stehend, um damit die Leistungsfähigkeit unserer Bank zu demonstrieren. Letztlich wollen wir in der Öffentlichkeit Profil und Sympathie gewinnen sowie Kontakte schaffen, aus denen sich Geschäftsmöglichkeiten entwickeln lassen. Im Sinne von „total customer care" sollen Kunden (bestehende und potenzielle) von Mitarbeiterinnen und Mitarbeitern unserer Bank bei allen von uns gesponserten Anlässen begleitet und betreut werden.
- Wir engagieren uns nur, wenn uns Branchenexklusivität und der Status des Haupt- oder Co-Sponsors garantiert wird. Außerdem achten wir darauf, dass die Images möglicher Co-Sponsoren unserem eigenen Image entsprechen.
- Wir bieten Mittel (Geld, Sachmittel, Dienstleistungen) und Instrumente (Planung, Organisation, Durchführung) unter Berücksichtigung eines systematischen Planungs- und Entscheidungsprozesses.
- Wir betreiben aussagefähige Erfolgskontrolle (Kontakte, Geschäftserfolg, Marktforschung über Akzeptanz, Bekanntheit, Zuordnung).
- Wir unterstützen alle Engagements (Anm. Sportaktivitäten) durch eine geplante und wirkungsvolle Pressearbeit.
- Wir sponsern keine besonders gefährlichen Anlässe oder solche, die sittliche, religiöse oder ethische Gefühle oder Gruppen verletzen.

(Quelle: Schweizerischer Bankverein; heute Teil der UBS AG; www.ubs.com)

Wirkung von Sponsoring

Für die Werbewirksamkeit ist es sehr wichtig, dass ein Markenname oder ein Markenkennzeichen wahrgenommen wird. Insofern ist die wahrzunehmende „Werbebotschaft" im Sportsponsoring oft sehr einfach. Aber nur auf den ersten Blick: Ein besonderes Problem besteht darin, dass der/die Zuschauer/in einer Fußballübertragung eine Vielzahl von Botschaften (z. B. auf der Bandenwerbung) vorgesetzt bekommt.

Die Werbebranche weiß, dass man sich nach einer einstündigen Sportsendung zunächst nur an etwa zwei bis drei Marken (von immerhin bis zu 80 verschiedenen) erinnern kann. Allerdings wissen die Zuseher/innen ganz genau, ob sie die Namen auf der Bande oder auf den Dressen gesehen haben. Stützt man diese Erinnerung etwa durch gleichartige Werbung in Geschäften oder in anderen Werbemedien, so steigt die Erinnerungsleistung deutlich an.

Dieses „Erinnerungsvermögen" (ungestützt oder gestützt) nennt die Werbewirkungsforschung **„Recall-Effekt"**. Es ist umstritten, ob der Recall-Effekt tatsächlich einen so großen Einfluss auf das Kaufverhalten von Konsumenten ausübt. Allerdings steht fest, dass Menschen, die sich für eine Sportart interessieren, Markennamen aus diesen Ereignissen besser in Erinnerung haben.

Eine gute Chance, in Erinnerung zu bleiben, haben Marken, die auf mehreren Werbeträgern gleichzeitig (also Bandenwerbung und Trikotwerbung) aufscheinen, lange im Blickfeld bleiben und wenig Konkurrenz haben.

KNOW-HOW Marken-Weltmeisterschaft

Marken-Weltmeisterschaft
Deutsche Landgerichte mussten bezüglich der lizenzfreien Werbung mit der Fußball-Weltmeisterschaft 2006 Klarheit schaffen: Die kommerzielle Werbung mit der „FIFA WM 2006" ist auf die offiziellen Sponsoren und Lizenznehmer der FIFA (Fußballweltverband) beschränkt und der unlizenzierte Handel mit einem WM-Produkt ist auch ohne Verletzung von offiziellen Marken als „Trittbrettfahren" zu werten. Mit diesen Urteilen hoben die Landgerichte einen Beschluss des deutschen Bundesgerichtshofes auf, der dieser den Schutz in Deutschland teilweise versagte. „WM 2006" genoss als Gemeinschaftsmarke jedoch europaweiten Schutz.

Trotzdem wollten bei der Fußball-Weltmeisterschaft 2006 in Deutschland 43% der führenden Unternehmen in Deutschland die Veranstaltung für ihre Kommunikation nutzen. Investiert wurden rund 28% des gesamten Werbebudgets. 45% der Unternehmen starteten im Rahmen des Fußballevents eine neue Kampagne. Über 75% richteten ihre gesamte Marketingstrategie auf die WM aus.

Als wichtigste Kommunikationsmaßnahmen wurden direkt nach Eintrittskarten für Kunden und VIPs (62%) Anzeigen in Zeitungen und Zeitschriften (55%) genannt. Auf dem dritten Platz folgen mit 45% Kundenveranstaltungen.

Auf Grund der eingeschränkten Möglichkeiten durch die rigiden Auflagen der FIFA verzichten viele dabei auf die direkte Nennung der WM und stellen den Fußball an sich in den Mittelpunkt.

Abb. 17.3: *Der Schutz einer Marke bei Großveranstaltungen wie der Fußball-WM 2006; Quelle: pilot Hamburg Studie Sponsor Vision 2006*

Die Größe, Kürze und Art der Schrift eines Firmennamens spielt genauso eine Rolle, wie der bereits erreichte Bekanntheitsgrad.

Unternehmen gehen davon aus, dass es eine gute Bewerbung war, wenn sich etwa 10 – 20% der Zuschauer/innen ohne Bezug erinnern können und etwa 30 – 50% im Zusammenhang mit einer Geschäftswerbung wieder erinnern können.

Einen Spezialfall der Trikotwerbung stellt etwa der alpine Skilauf (insbesondere der Slalom) dar: Hier sind Startnummern sehr oft länger im Bild zu sehen, etwa wenn die Skisportler am Start warten.
Zur **Messung von Wissens- und Erinnerungswirkungen sind Recalltests** (Erfassung der ungestützten Erinnerung) und **Recognitiontests** (Erfassen von Wiedererkennungswerten durch Vorgabe der Werbemittel) eingesetzt. Vor allem der Day-After-Recall-Test wird eingesetzt. Einige Stunden oder einen Tag nach Beendigung der Sponsoringveranstaltung (am Besucherausgang oder per Telefon) werden Personen befragt.
Erinnerungswerte haben nur sehr allgemeine Aussagekraft und können dem Sponsor nur anzeigen, ob eine Erhöhung oder Stabilisierung des Bekanntheitsgrades eingetreten ist.
Eine andere Messung betrifft die **Kontaktmenge** bzw. **Kontakthäufigkeit**: Hier wird gemessen, wie oft eine Zielperson mit der Sponsoringmaßnahme in Kontakt kommt. Man kennt eine dieser Untersuchungsmethoden auch als **Reichweitenuntersuchung** in der Medienwelt.
Hauptziel einer Wirkungsanalyse einer bestimmten Sponsoringaktivität muss eine **Kosten-Nutzen-Rechnung** sein. Hier gibt es bereits mehrere Computer-Modelle, die gegenüberstellen, was ein Unternehmen „normalerweise" für eine entsprechende Werbung zahlen hätte müssen. Diese Kosten (Werbung im Fernsehen, Zeitungen etc.) nennt man Opportunitätskosten, denen die Effizienz des Sponsorings gegenübergestellt wird.

Frage 10
Welche Werbemittel gibt es? Welche davon sind für den Sportereignis-Sponsor günstig?

Frage 11
Welche Formen der Förderung im Sport gibt es?

Frage 12
Was versteht man unter „Recall"-Effekten und welchen Stellenwert haben sie für die Wirtschaft ?

Frage 13
Welche Kontrollmethoden für die Wirksamkeit von Werbemaßnahmen bzw. die Effizienz von Sponsoringmaßnahmen gibt es?

Formen des Sponsorings

Einzelsponsoring

Beim Sponsoring von Einzelpersonen werden aktive Sportler/innen bei der Ausübung ihrer Sportart finanziell unterstützt. Die Sportler/innen werben entweder passiv („dulden Werbemaßnahmen mit ihren Bildern") oder aktiv („präsentieren ein Produkt durch Aussagen und Urteilen") und werden oft als Leitbilder oder **Testimonials** (lat. testimonium = Zeugnis, Zeugenaussage, Beweis) bezeichnet. Dieser Begriff aus der Werbung bezeichnet die konkrete Fürsprache für ein Produkt oder eine Dienstleistung durch Personen, die sich als überzeugte Nutzer des Produkts oder der Dienstleistung ausgeben. Klassische Auswahlkriterien für einen/eine Sportler/in als Werbefigur sind neben Bekanntheit und Erfolg auch Sympathie, Glaubwürdigkeit, Attraktivität und ein geringes Risiko, für Skandale zu sorgen.
Man kann verschiedene Erscheinungsformen von Testimonials unterscheiden: Neben

- **Experten/Expertinnen**, die hinsichtlich des beworbenen Produktes besondere Kompetenzen besitzen,
- **Repräsentanten/Repräsentantinnen eines Unternehmens oder typischen Konsumenten/Konsumentinnen**, werden vor allem
- **Prominente oder „Stars"** in der Testimonialwerbung eingesetzt.

Ein Vorteil beim Einsatz prominenter Testimonials ist die Tatsache, dass sie in der Regel einer sehr breiten Öffentlichkeit bekannt sind, bewundert werden, Identifikationen auslösen und daher die Aufmerksamkeit auf sich ziehen. Dadurch können Marken rasch Bekanntheit und Image aufbauen.
Schließlich wird es im Zeitalter der Informationsüberflutung für Werbetreibende immer wichtiger, aufzufallen und in weiterer Folge im Gedächtnis zu bleiben. Prominente Testimonials erfüllen also die Funktion eines **Eyecatchers** (eines Grafik- oder Text-Elements, das die Aufmerksamkeit des Betrachters auf eine bestimmte (Werbe-)Botschaft lenken soll).
Bei prominenten Fürsprechern wird oft darauf geachtet, dass das **Produkt zum Image der Person** passt. Testimonials mit Prominenten werden auch als **Celebrimonial** bezeichnet (Wortmischung aus dem engl. celebrity = Berühmtheit und testimonial). Als „prominent" gelten Personen erst mit einem Bekanntheitsgrad von mindestens 50 Prozent, im Sport handelt es sich dabei um absolute Spitzensportler/innen. die insbesondere mit Herstellern von Sportartikel durch **Ausrüstungsverträge (Endorsement)** verbunden sind.

Das Unternehmen erhofft sich drei Wirkungen:
– Steigerung der Aufmerksamkeit
– Verbesserung der Wiedererkennbarkeit
– Identifikation mit der Werbebotschaft

Erreicht wird dies mit Verkaufsförderungsaktionen, Kontaktpflege von wichtigen Kunden, vor allem aber mit der klassischen Werbung: Sportler/innen empfehlen den Kauf von Produkten oder Dienstleistungen. Nur wenn der/die Sportler/in bekannt, beliebt und auch noch glaubwürdig ist, hat er/sie ideale Voraussetzungen für ein Leitbild.
Für die Unternehmen lauten wichtige Stichwörter im Hinblick auf Testimonialwerbung: „Glaubwürdigkeit", „Charakter", „Wiedererkennungswert", „hohes Risikopotential" und „neue Gesichter".
Letztendlich birgt der Einsatz von Sportlern/Sportlerinnen als Testimonials Gefahrenpotenzial, wenn ein Sportler/eine Sportlerin wegen eines Unfalls oder eines Dopingvergehens seine/ihre sportliche Karriere beenden muss. Das werbende Unternehmen steckt in so einem Fall in der Zwickmühle: Einerseits kann der Sportler/die Sportlerin durch einen vergleichbaren Vorfall seinen Marktwert verlieren und somit für den Einsatz in der Werbung unbrauchbar werden, zum anderen sollten Unternehmen „nicht immer gleich die Verträge kündigen, weil so eine glaubwürdige Bindung zwischen Prominenten und Marke entsteht. So stand die Raiffeisenbank im August 2001 vor der Situation, dass ihr Top-Testimonial Hermann Maier nach einem Motorradunfall seine Skikarriere bis auf weiteres an den Nagel hängen musste. Obwohl die Auflösung des Vertrages rechtlich möglich gewesen wäre, entschied sich Raiffeisen dafür, die Zusammenarbeit mit Maier fortzuführen. In seinem Buch „Das Rennen meines Lebens" beschreibt Maier seinen Comeback-Spot: Die ursprünglich geplante Herbstkampagne kam nach Maiers Unfall in die Schublade – gefragt war ein nachdenklicher Spot mit einem stillen Hermann Maier.
Obwohl prominente Testimonials in der Werbung viele Vorteile für ein Unternehmen bringen können, wird als größtes Problem die Gefahr empfunden, dass die beworbene Marke von dem prominenten Testimonial überstrahlt wird. Eine weitere Problematik wird im so genannten **Wear-Out-Effekt** gesehen. Dieser tritt dann auf, wenn ein Prominenter für zu viele Produkte wirbt. Darunter kann zum einen seine Glaubwürdigkeit leiden, zum anderen kann es Konsumenten nicht mehr möglich sein, ein Testimonial eindeutig einer Marke zuzuschreiben.

Sponsoring im Sport

KNOW-HOW Wann Werbung mit Prominenten Sinn macht – und wann nicht

Wann Werbung mit Prominenten Sinn macht – und wann nicht

Werbung mit Prominenten ist längst keine Domäne großer Markenartikler mehr. Auch mittelständische Unternehmen setzen zunehmend auf Prominente, bereits jede fünfte Kampagne zeigt prominente Gesichter.

Mehr als jeder zweite Marketing-Entscheider der werbungtreibenden Unternehmen in Deutschland ist der Auffassung, dass Werbung mit Prominenten für die Markenkommunikation weiter an Bedeutung gewinnen wird. Lediglich jeder Fünfte sagt, dass Prominenten-Werbung als Marketing-Instrument eher zu vernachlässigen sei.

Insgesamt wird erwartet, dass die Ausgaben für „Promi-Werbung" wachsen werden. Für den Aufschwung der Testimonial-Werbung führen die Werbeprofis folgende Gründe an:

Vorteile von Werbung mit Prominenten

64 %	positiver Imagetransfer von Promi zu Marke
35 %	schneller Bekanntheitsaufbau der Marke
33 %	mehr Aufmerksamkeit
16 %	hohe Sympathiewerte

Nachteile von Werbung mit Prominenten

61 %	Imageverlust der Marke durch negatives Verhalten des Prominenten
36 %	starke Abhängigkeit vom Prominentenimage
31 %	Prominenter überstrahlt Marke (Vampireffekt)
25 %	keine Glaubwürdigkeit durch Multi-Testimonials
21 %	keine Identifikation zwischen Prominentem und Produkt
11 %	zu starke Polarisierung durch den Prominenten
11 %	schnelle Abnutzung des Prominenten

Mit Prominenten, die durch Multi-Testimonials auffallen – also sich für mehrere Unternehmen gleichzeitig ins Zeug legen –, lässt sich oft keine nachhaltige Werbewirkung erzielen: Besonders bei der Auswahl halbprominenter Testimonials sollten man kritisch sein: Die Tatsache allein, dass jemand eine hohe Medienpräsenz hat, heißt noch lange nicht, dass er auch die Werbung beflügelt. Vorsicht ist vor allem dann geboten, wenn Agenten und Agenturen „Auslaufmodelle" zu günstigen Konditionen vermitteln.

(Quelle: tns-infratest, Sport- & Sponsoringforschung, www.tns-infratest.com)

Vereinssponsoring

Unternehmen suchen Verbindung zu Sportvereinen; so tritt ein bekannter Finanzberater (AWD war Europas führender unabhängiger Finanzdienstleister) auch an kleine Vereine heran: *„Hierbei handelt es sich um eine innovative Sponsoringform für Amateurvereine ... In der Praxis gestaltet sich die Zusammenarbeit ganz einfach: Der Verein erhält von AWD eine Finanzspritze und gleichzeitig profitiert jedes Vereinsmitglied von den Tipps zur privaten Finanzoptimierung. Das AWD-Sponsoring kann auf unterschiedliche Weise erfolgen. Ob Trikotwerbung, Bandenwerbung, Sporttaschenpräsente oder Turnierpokale - alle Formen der Unterstützung haben AWD-Finanzberater in der Vergangenheit den Vereinen schon zukommen lassen. So wird einerseits die sportliche Zukunft des Vereins und andererseits die finanzielle Sicherheit der Vereinsmitglieder unterstützt. Wer weiß - vielleicht geht auch aus Ihrem Verein der nächste Bundesliga-Profi oder Olympiateilnehmer hervor?" (http://www.awd.ch vom 16.11.2008)*

Beim Sponsoring von Sportmannschaften wird ein Team finanziell unterstützt und erklärt sich zu kommunikativen Maßnahmen für ein Unternehmen bereit. Trikotwerbung für Mannschaftsmitglieder, Trainer und Helfer, Kleiderwerbung auch für Funktionäre, Ausstattung mit den entsprechenden Sportgeräten, Medienauftritte und Kontakte unter Beachtung ausgewählter Mannschaftsmitglieder sind die bevorzugten Gegenleistungen.
Das Sponsoring von Vereinen (bzw. Vereinsmannschaften) ist mit geringeren Risken verbunden als Aktivitäten mit Einzelsportlern. Daher werden Sponsorverträge auch immer über längere Zeiträume abgeschlossen.

KNOW-HOW Ausrüstungsverträge

Ausrüstungsverträge

Die Firma adidas hat schon früh als Sponsor (1998) zwischen fünf verschiedenen Ausrüstungsverträgen unterschieden:

1. Ausrüstung von Sportlern oder sonstigen prominenten Sport-Multiplikatoren mit kostenlosen Artikeln ohne vertragliche Bindung.
2. Ausrüstung von Sportlern, Vereinen oder Verbänden oder sonstigen prominenten Multiplikatoren mit kostenlosen Artikeln auf vertraglicher Basis.
3. Ausrüstung von Sportlern, Vereinen oder Verbänden oder sonstigen prominenten Multiplikatoren mit kostenlosen Artikeln auf vertraglicher Basis mit zusätzlicher Barvergütung.
4. Lizenz- oder Werbeverträge mit Spitzensportlern, bei denen unter dem Namen des Athleten Produktlinien aufgebaut werden.
5. Finanzielle und materielle Unterstützung von Sportveranstaltungen.

Als Gegenleistungen kommen, neben dem Tragen der Sportartikel im Rahmen der Ausrüstungsverträge festgehalten, folgende Maßnahmen in Frage:

- Trikotwerbung
- Produktpräsenter (testimonial)
- Durchführung von Verkaufsförderungsmaßnahmen
- Kontakttreffen mit Kunden, Banken, Führungskräften

Verbandssponsoring

Sportteams, die zu Turnieren, Olympischen Spielen oder Weltmeisterschaften fahren, sind oft Gegenstand des Sponsorings. Erstaunlicherweise können einige Untersuchungen (Altmann 2004; Dudzik 2006) aufweisen, dass Unternehmen oft der Meinung sind, dass Verbände, weil ehrenamtlich und damit oft unprofessionell geführt, schlechte Partner wären. Die Fernsehgerechtheit der Sportart spielt natürlich bei einem allfälligen Engagement eines Unternehmens eine bedeutende Rolle. Gerade kleinere Sportverbände haben da oft wenige Chancen, können auf zu geringe werbewirksame TV-Zeiten hinweisen und stehen dann ohne Sponsor da.

Aus diesem Grund gibt es auch eine schon länger anhaltende Diskussion über die Rolle des ORF. Einmal, weil der ORF derzeit quasi noch eine Monopolstellung in Österreich hat. Zum anderen aber auch, weil im Satellitenzeitalter eine Vielzahl von Haushalten die Sportprogramme anderer, privater, Sender aus dem Ausland (SAT1, Eurosport, auch spezialisierte Sportsender wie das Deutsche Sport-Fernsehen DSF) problemlos empfangen können. Daher ist es naheliegend, dass große und kleine Verbände Sponsoren mit dem Hinweis auf Übertragungen durch diese Fernsehanstalten suchen.

Eine Entwicklung der allerletzten Zeit ist auch das Sponsoring durch die Fernsehanstalten selbst. Auf der anderen Seite hat sich herausgestellt, dass oft Unternehmen, die mit dem Sport eng verbunden sind (Ausrüstungsbereich), mit ihren Sponsormitteln nicht jenen Betrag aufbringen können, der dem Werbewert der Sportart entsprechen würde. Dies lässt sich besonders gut am Beispiel des Skisportes erläutern. Grundsätzlich sind Inhaber der Werberechte an und mit Aktiven die jeweiligen nationalen Skiverbände, also der Österreichische Skiverband. Einen Teil der Rechte überlässt er seinen Sportlern/Sportlerinnen, abhängig von deren Einstufung in die Leistungskader. Anzahl und Größe der erlaubten Einzelwerbung ist genau festgelegt.

In den letzten Jahren sind verstärkt professionell arbeitende Agenturen als Mittler tätig geworden. Die rückläufigen Absatzzahlen der Skiindustrie haben zu starken Sparmaßnahmen und Reduktionen in den Budgets der Skifirmen und damit auch zu Auswirkungen in den Verträgen mit den Läufern/Läuferinnen geführt. Daher kommen verstärkt branchenfremde Unternehmen zum Zug, ja sind notwendig geworden, um die Mittel überhaupt aufzubringen. Auch dieser Faktor trägt dazu bei, dass die Einzelwerbung mehr und mehr zugelassen wird, wobei die Probleme von Leitbildern aktuell werden, wenn die Einzelwerbung mit der Teamwerbung nicht zusammenpassen sollte. Diese Einzelwerbung ist im Skilauf (mit einer Teambekleidung und den Mannschaftssponsoren) beispielweise auf Mützen zulässig („Kopfsponsor").

Klick mal – Internet als Werbeträger erfolgreich

Der Vorteil von Internetwerbung liegt darin, dass die Reaktion der angesprochenen Verbraucher (**„Response"**) unmittelbar gemessen werden kann. Diese Messbarkeit zeichnet Internetwerbung gegenüber Werbung im klassischen Stil aus. Deutsche Firmen haben in den ersten neun Monaten 2008 erstmals eine Milliarde Euro für Online-Werbung ausgegeben. In Österreich sind es immerhin noch mehr als 60 Millionen (2006). Ein Ende des Online-Werbebooms ist aufgrund neuer Werbeangebote und Geschäftsmodelle noch lange nicht in Sicht.

Interaktion als Schlüssel zum Erfolg

Das Internet bietet durch seine technischen Rahmenbedingungen die Möglichkeit, mit dem Werbekunden zu interagieren. Interaktion ist der Schlüssel zum Erfolg und macht das Internet als Werbeträger so spannend und anders als Print und Fernsehen. Der User kann – anders als bei einer Anzeige in einer Zeitschrift oder einem TV-Spot – bei Interesse und Neugierde für das beworbene Produkt online auf das Werbemittel klicken und gelangt direkt zu weiteren Informationen.

Responsemöglichkeit des Mediums fördert performance-basierte Abrechnungsmodelle

Die interaktiven Werbemöglichkeiten und die gleichzeitige Eignung des Mediums zur Messung des Response (Kontakte, Anfragen, Bestellungen) begünstigen naturgemäß die zunehmende Fokussierung der Werbetreibenden auf die Interaktionsleistung von Online-Werbeträgern (z. B. Online-Kauf, Registrierung, Hinterlassen von Informationen). In einer Reihe von Studien wurde nachgewiesen, dass Online-Werbung – genauso wie klassische Werbung – bereits durch den Kontakt mit dem Werbekunden wirkt.

Die Interaktionsmöglichkeit von Internet-Werbung ist also nicht der Haupt-, sondern ein Zusatznutzen, den das Medium Internet mit sich bringt. Daraus resultiert, dass **kontaktbasierte Abrechnungsmodelle** nach TKP (Tausend-Kontakte-Preis) die geeignete Basis für die Vergütung von Online-Medialeistung darstellen.

Kein anderes Medium erlaubt in diesem Maße die unmittelbare Messung von Klickraten oder sogar Online-Käufen.

So ist die Forderung, einen Teil der Werbeträgerleistung nach seinem direkten Beitrag zum Umsatz zu bemessen, vor allem für Kampagnen mit dem Werbeziel des direkten Abverkaufes berechtigt. Doch durch die im Vergleich zum Vorjahr (2007) eingebrochenen Steigerungsraten im Online-Bereich geraten Online-Werbeträger immer stärker unter den Druck, der Nachfrage der Werbetreibenden nach Deals auf Basis von reinen **Cost-per-Click(CpC)- oder Cost-per-Order(CpO)-Modellen** nachzukommen.

Sponsoring im Sport

Veranstaltungssponsoring

Das Ziel ist, die Veranstaltung für das Unternehmen zu nutzen. Der Veranstalter erhält Geldbeträge, Sachzuwendungen oder andere Gegenleistungen, um die Veranstaltung durchführen zu können. In Verträgen wird auch hier alles genau festgelegt.
Für sehr große internationale Veranstaltungen ist eine Abhängigkeit von Sponsoren entstanden, sie können ohne diese nicht mehr durchgeführt werden.
Seit 1994 haben sich die Kosten für TV-Rechte an olympischen Winterspielen mehr als verdoppelt, für Turin betrugen sie 833 Millionen US-Dollar. Fernsehrechte vergibt das IOC schon seit 1960. Sie hatten zunächst nur symbolischen Wert, bekamen aber einen Schub durch die ersten stark kommerzialisierten Spiele 1984 in Los Angeles. Innerhalb eines halben Jahrhunderts stiegen sie auf 2,87 Milliarden US-Dollar an. So viel kassierte das IOC für die Winterspiele 2006 in Turin und die Sommerspiele 2008 in Peking.

Berufsbild: Sponsoring-Agentur KNOW-HOW

Berufsbild: Sponsoring-Agentur

Die Sponsoring-Agentur hat einerseits die Zielsetzung für ein Unternehmen, eine Institution oder eine Persönlichkeit den Bekanntheitsgrad und Sympathiegrad zu steigern. Andererseits hat die Sponsoring-Agentur die Aufgabe für Vereine der Bereiche Kunst, Kultur, Umwelt, Soziales, Gesundheit und Sport die erforderlichen Mittel aufzubringen.

Die Aufgaben einer Sponsoring-Agentur umfassen insbesondere die Konzeption und Durchführung von Sponsoring-Kampagnen und Aktivitäten sowie Mobilisation of funds.

Das **Aufgabengebiet** einer „Sponsoring-Agentur" umfasst u.a. folgende Bereiche:

- Beratung von Sponsoring-Aktivitäten im Sinne der Gesamtkommunikationsausrichtung von Unternehmen, Institutionen, Vereine, Personen.
- Konzeption und Durchführung von Aktivitäten im Rahmen des Sponsoring.
- Konzeption und Durchführung von Fund-Raising-Aktivitäten.
- Formulieren und Abschließen von Sponsorverträgen.
- Kenntnisse über Vorschriften, Usancen von z. B.: Sportverbänden, Kultureinrichtungen, Sozialeinrichtungen, Medien, usw.
- Kenntnisse über Marktverhältnisse und Marktpreise.
- Durchführung von Sponsoring und Fund-Ra sing-Aktivitäten mit hoher betriebswirtschaftlicher Sorgfalt.
- Analyse von Marktforschungen.

Quelle: Wirtschaftskammer Österreich, Fachverband Werbung & Marktkommunikation

Durch den Zwei-Milliarden-Deal mit NBC für die US-Rechte der Winterspiele 2010 in Vancouver und die Sommerspiele 2012 in London wird das IOC seine TV-Einnahmen in der kommenden Periode sogar auf über drei Milliarden US-Dollar (2,49 Milliarden Euro) steigern. Die European Broadcasting Union (Europäische Rundfunkunion mit Vollmitglieder als staatseigene Sender oder als private Rundfunkanstalten mit einem öffentlichen Informationsauftrag), der auch der ORF angehört, setzte sich für die Europa-Rechte gegen die private Konkurrenz durch und zahlt 746 Millionen US-Dollar (614 Millionen Euro).
Ergänzend zu dem Vertrag haben sich die EBU und ihre Mitglieder verpflichtet, in Form von Programmen und Werbung Leistungen zur Unterstützung der Olympischen Bewegung und der Olympischen Idee außerhalb der Olympischen Spiele zu erbringen, die auf 125 Millionen Euro beziffert werden.
Von den TV-Gesamteinnahmen verbleiben 49 Prozent bei den Organisationskomitees der Spiele. Sieben Prozent behält das IOC für sich, der Rest wird aufgeteilt unter den 35 internationalen Sportverbänden mit olympischen Sportarten und den mehr als 200 Nationalen Komitees.
Bei den Olympischen Winterspielen 2006 in Turin setzte man auf das Merchandising: 63 nationale Sponsoren deckten zu fast einem Drittel das Gesamtbudget des Organisationskomitees der Spiele von knapp 1,3 Milliarden Euro ab. Über ein Merchandising-Programm (rund 800 verschiedene Artikel mit den Symbolen der Winterspiele wurden angeboten), den Münz- und Briefmarken-Verkauf sowie eine Lotterie konnten an die 350 Millionen Euro erwirtschaftet werden.
Coca-Cola und das Internationale Olympische Komitee (IOC) haben ihre Partnerschaft um weitere zwölf Jahre bis ins Jahr 2020 verlängert. Dann wird die Kooperation ohne Unterbrechung 92 Jahre bestehen – und damit die längste Zusammenarbeit in der olympischen Geschichte sein. Coca-Cola ist seit 1928 Partner der Olympischen Spiele. Der neue Zwölfjahresvertrag wird 2009 wirksam und beinhaltet die Winterspiele 2010 in Vancouver, die Sommerspiele 2012 in London sowie die Olympischen Spiele 2014, 2016, 2018 und 2020.

Frage 14
Welche Arten von Sponsoring im Sport kannst du nennen? Erkläre deren jeweiligen Vor- und Nachteile!

Frage 15
Was besagt der Begriff „testimonial" und welcher Unterschied dazu wird zum Begriff „celebrimonial" gesehen?

16

Aufgabe
Sucht nach Vereinsnamen in unterschiedlichen Sportarten! Erstellt eine Liste von Vereinen, die in ihrem Vereinsnamen die Bezeichnung ihres jeweiligen Hauptsponsors tragen. Forscht nach unter Verwendung des Internets.

17

Aufgabe
Diskutiert die Einnahmen aus den Fernsehrechten zu den Olympischen Winterspielen Turin 2006. Recherchiert dazu im Internet, wie laut Internationalem Olympischen Comité die eingenommenen Mittel verwendet wurden.

18

Aufgabe
Zeichne eine Grafik über die Entwicklung der Kosten für die Rechte der Fernsehübertragungen von Olympischen Spielen. Versuche zu interpretieren, wie die Kosten angestiegen sind; beachte dabei den Unterschied zwischen Sommer- und Winterspielen.

Olympic Broadcast Revenue Generation

	Olympic Games in	US$
1960	Rome	1,178,000
1964	Tokyo	1,578,000
1968	Mexico City	9,750,000
1972	Munich	17,792,000
1976	Montreal	34,862,000
1980	Moscow	87,984,000
1984	Los Angeles	286,914,000
1988	Seoul	402,595,000
1992	Barcelona	636,060,000
1996	Atlanta	898,267,000
2000	Sydney	1,331,550,000
2004	Athens*	1,494,028,000
2008	Beijing	1,737.000,000
1960	Squaw Valley	50,000
1964	Innsbruck	937,000
1968	Grenoble	2,613,000
1972	Sapporo	8,475,000
1976	Innsbruck	11,627,000
1980	Lake Placid	20,726,000
1984	Sarajevo	102,682,000
1988	Calgary	324,897,000
1992	Albertville	291,928,000
1994	Lillehammer	352,911,000
1998	Nagano	513,485,000
2002	Salt Lake*	736,135,000
2006	Turin	863,000,000
2010	Vancouver	1,127,000,000

Quelle IOC, Fact File 2008, http://multimedia.olympic.org/

Country / Territory	Broadcaster	Rights Fee
Americas		
United States	National Broadcasting Company (NBC)	US$613.4 million
Canada	Canadian Broadcasting Corporation (CBC)	US$28.0 million
Latin America	Organización de la Televisión Iberoamericana (OTI)	US$1.75 million
Asia		
Asia-Pacific	Asia-Pacific Broadcasting Union (ABU)	US$950,000
Japan	NHK + NAB	US$38.5 million
Korea	Korea Pool	US$900,000
Europe		
Europe	European Broadcasting Union (EBU)	US$135.0 million
Oceania		
Australia	Seven Network (Seven)	US$14 million
Africa		
Africa	Supersport	US$600,000
Total Torino 2006 Olympic Broadcast Revenue		**US$833 million**

(Quelle: IOC, 2006 Marketing File; www.olympic.org)

Literatur

ALTMANN Andrea: Sponsoring aus der Vereinsperspektive. VDM Verlag, Saarbrücken 2008

BORRIES Friedrich von: Wer hat Angst vor Niketown? Nike-Urbanismus, Branding und die Markenstadt von morgen. : Episode Publ., Rotterdam 2004

BRUHN Manfred: Sponsoring. Systematische Planung und integrativer Einsatz. 4. Aufl., Gabler, Wiesbaden 2003

DINKEL Michael: Neues Marketing und Management von Sportvereinen: Entwurf einer Konzeption für erfolgreiches Sportsponsoring. Afra-Verlag Butzbach-Griedel 2002

ECKHARDT Ann Kristin/RENNHAK Carsten: Erfolgsfaktoren im Celebrity-Marketing. Download von: http://www.munich-businessschool.de/ Downloads/MBS-WP-2006-03.pdf.; Abruf vom 22.06.2006.

DUDZIK Thade: Die Werbewirksamkeit von Sportsponsering. Gabler, Wiesbaden 2006

FANDERL Harald Sebastian: Prominente in der Werbung. Empirische Untersuchungen zur Messung, Rezeption und Wirkung auf Basis der Markenpersönlichkeit. Deutscher Universitäts-Verlag, Wiesbaden

FANDERL Harald / HÖLSCHER Ansgar / KNIEPER Thomas: Welcher Prominente passt zu welcher Marke? Ein Dreistufenansatz. In: Marketing Journal, Mai 2006, S. 20-24, 2005

FREYER Walter: Handbuch des Sportsponsorings. FIT, Wiesbaden 2002

HAIBACH Marita: Handbuch Fundraising – Spenden, Sponsoring, Stiftungen in der Praxis. 2. Auflage. Campus Verlag, Frankfurt/M. 2002

HERWALD-SCHULZ Iris (Hrsg.): Innovatives Sportsponsoring – Behindertensport als Marke. VDM-Verl. Müller, Düsseldorf 2004.

KOLARZ-LACKENBACHER Josef / REICHLIN-MELDEGG Georg: Sponsoring: Chancen, Möglichkeiten und Risken eines Kommunikationsmediums. LexisNexis ARD ORAC, Wien 1994

PILOT (Medienberatung): Sponsor Vision. Jährliche Studien im Auftrag des Fachverbands für Sponsoring, Hamburg

SCHEWE Gerhard (Hrsg.): Sportmarketing. Perspektiven und Herausforderungen vor dem Hintergrund der Fußball-WM 2006. Hofmann, Schorndorf 2005

SCHILLING Lutz: Sport und Wirtschaft – Sportsponsoring in der Formel 1. Afra-Verl., Butzbach 2005

SIMMETSBERGER Ursula: Skisportler als Testimonials; in: medienimpuse, Heft 62. 41-46. Amedia Servicebüro, Wien 2007

Europa und Sport

Europäische Zusammenschlüsse gab es in der Geschichte schon mehrfach! Beachtet die Aufgabe 1.

1

Aufgabe

Vor 500 Jahren rief der niederländische Theologe und Philosoph Erasmus von Rotterdam die Völker Europas zu einem Völkerbund auf. Der französische Dichter Victor Hugo kündigte im Jahre 1849 die „Vereinigten Staaten von Europa" an. Schon Karl der Große war ein Gestalter einer europäischen Einheit. Der unten stehende Text soll zum Anlass für Überlegungen und Diskussionen (warum, wer, wie?) zu einem europäischen Zusammenschlusses genommen werden:

Karl I., der Große, lat. Carolus Magnus oder Karolus Magnus, franz./engl. Charlemagne (* wohl 2. April 747; † 28. Januar 814 in Aachen) aus dem Geschlecht der Karolinger war seit dem 9. Oktober 768 König des Fränkischen Reiches und wurde am 25. Dezember 800 von Papst Leo III. in Rom zum römischen Kaiser gekrönt. Den Beinamen „der Große" erhielt er bereits zu seinen Lebzeiten.
Karl der Große erlangt herausragende Bedeutung für die europäische Geschichte und die Geschichte der abendländischen Kultur, da er die Kultur der Antike und die christliche Religion als die zwei Fundamente des Frankenreichs etablierte, worauf sich heute auch verstärkt das Identitätsgefüge der Europäischen Union zu beziehen sucht. Karls historische Hauptleistung bestand darin, den drohenden oder sich bereits abzeichnenden Zerfall der lateinischen Welt im Zeitalter umwälzender Veränderungen durch die Völkerwanderung zu verhindern, indem er auf der Sprache und der Literatur des Römischen Reiches aufbauend die Grundlagen der mittelalterlichen Einheit Europas schuf.
Latein lässt sich unschwer bis heute als geistiges und kulturelles Band des Kontinents erkennen; es bildet die Basis der gesamten ideellen Einheit Europas. Seit Karl dem Großen hat sich Latein als internationale Sprache der Wissenschaft etablieren können und wird deswegen wohl auch in Zukunft geistige Grundlage der Wissensvermittlung und damit auch der historischen Bildung bleiben. Rom selber lässt sich hierbei als Symbol für die politische Ordnung der Christenheit begreifen; seit Konstantin gilt es als das Römische Reich christlicher Kaiser. Diese umfassende Einheitlichkeit in politischer wie auch spiritueller Hinsicht lässt sich leicht in den Zielvorgaben des europäischen Einigungsprozesses der Gegenwart wiedererkennen.
Der Hauptstadtgedanke mit seiner Strahlkraft auf den gesamten Orbis wird zwar nicht unbedingt per se angestrebt, betrachtet man die politische Zersplitterung des europäischen Regierungssystems; die Zentren der Motivationsschübe zur europäischen Integration lassen sich aber ähnlich ausmachen. Die Reformen der Karolinger waren allumfassend und beeinflussten jeglichen Aspekt des täglichen Lebens der Bevölkerung, die sich immer mehr als Bestandteil eines riesigen Imperiums begreifen konnte. Auch hier wird das Wunschdenken, das Reich Karls als Vorläufer des heutigen Europa zu sehen und dem entschieden nachzueifern, mehr als deutlich.
Die Veränderungen im literarischen und rechtlichen Leben, die Entwicklung der Kirche und der Klöster und letzten Endes die naturwissenschaftliche Ausformung der Bau- und Technikgeschichte verweisen auf europäische Programmpakete, die eben jene Bereiche heutzutage auf neue Rahmengegebenheiten zuschneiden sollen. Entscheidend ist hierbei, dass die politischen Entwicklungen und einheitsstiftenden Implikationen der damaligen Zeit ganz klar mit den prägenden Persönlichkeiten und vor allem mit Karl dem Großen selbst in Verbindung gebracht werden; Karl selbst wird zum Symbol für ein einheitliches System, sei es nun auf dem Gebiet der Künste, der Wissenschaft oder des Rechts. Lange vor den europäischen Universitätsgründungen im 12. Jahrhundert unserer Zeitrechnung hatte sich Aachen und daher das nördliche Europa unter Karl zum politischen und kulturellen Zentrum entwickelt, das den Kontinent in der Folge prägen sollte.
Das mittelalterliche Kaisertum, von Karl dem Großen eingeführt, sollte ja bis zum Ende des Heiligen Römischen Reiches Deutscher Nation im Jahre 1806 fortdauern – es war von Anbeginn an eng an das Papsttum geknüpft. Das Kaisertum selbst diente hierbei als symbolische Klammer für das riesige zu verwaltende Reich, das mit Hilfe zahlreicher Kriege das größte Reich Westeuropas seit dem Imperium Romanum werden sollte. Vorbild des Karlsreiches war das Römerreich, demzufolge er auch nach innen entsprechende Maßnahmen zur Stärkung seiner Stellung ergriff. Nach außen stellten das Reich beziehungsweise Karl selbst eine Herausforderung für die Konkurrenz, nämlich Byzanz, dar, das bis dato die Nachfolge des Imperium Romanum für sich reklamiert hatte. Nach dem Zusammenbruch Roms Mitte des fünften Jahrhunderts hatten die Franken ihre Expansionsbestrebungen in Nordgallien begonnen, wo ihre Könige sich als Vertreter der römischen Staatsgewalt zu legitimieren suchten.
Sie nutzten dazu die noch funktionsfähigen Überreste der römischen Herrschaft wie das Staatsland, das noch bestehende Münzwesen, die Steuerverwaltung und das in Waffenfabriken und restlichen Garnisonen noch vorhandene römische Heerwesen.
Nach seinem Herrschaftsantritt konnte Karl das Frankenreich zur wichtigsten Macht in Europa aufbauen und die unbestrittene politische Hegemonie im Westen des ehemaligen Imperium Romanum erringen. König Chlodwig I. war im fünften Jahrhundert bereits zum Christentum übergetreten, sodass die katholische Form des Christentums als einheitsstiftendes Band über allem lag. Da dieses Glaubensbekenntnis der gallo-römischen Bevölkerung entsprach, war eine Verschmelzung von Franken und Romanen weitgehend möglich. Religion und im weitergehenden Sinne eine gemeinsame Kultur wurden also zum Einheitsfaktor des Frankenreiches; auch das heutige Europa betont seine christlichen Werte und das umfassende Grundsatzverständnis von Demokratie und ethischen Werten, das darauf aufbaut, um Europa eine gemeinsame Basis zu geben. Die Übernahme und politische Nutzbarmachung des Katholizismus begründeten die Überlegenheit der fränkischen Reichsbildung gegenüber anderen germanischen Herrschaftsgebilden auf vormals römischem Boden.

Quelle: ZOWISLO Natascha, Auf der Suche nach einer europäischen Identität. Symbole, Mythen und Geschichtsdidaktik im Diskurs über die europäische Integration. Unveröffentlichte Dissertation, Universität Mannheim, Mannheim 2001.

Der französische Außenminister Robert Schuman stellte am 9. Mai 1950 seine Überlegungen für eine „wirtschaftliche Gemeinschaft zwischen den Ländern Europas" vor. Auf der Grundlage dieses Plans („Schuman Plan") unterzeichneten ein Jahr später Frankreich, Deutschland, Belgien, Italien, Luxemburg und die Niederlande den Vertrag über die Europäische Gemeinschaft für Kohle und Stahl (EGKS). 1957 wurden zusätzlich zur EGKS die Europäische Wirtschaftsgemeinschaft (EWG) und die Europäische Atomgemeinschaft (EURATOM) ins Leben gerufen. Alle drei Gemeinschaften sind in den Römischen Verträgen, dem Grundstein der heutigen Europäischen Union, festgehalten.

Die Regierungen der EU-Mitgliedstaaten führen ihre Wirtschaft nach ähnlichen **wirtschaftspolitischen Grundsätzen. Sie stimmen ihre Wirtschaftspolitik aufeinander ab**, um unionsweit stetiges Wachstum, mehr Arbeitsplätze und eine wettbewerbsfähige Wirtschaft zu sichern, die das europäische Sozialmodell bewahrt und den Schutz der Umwelt gewährleistet.

Wissenschaftler haben eine Studie (2006) zu wirtschaftlichen Effekten des Sports in Europa vorgelegt, wonach der Sport innerhalb der Europäischen Gemeinschaft „einen Mehrwert von 207 Milliarden Euro" erwirtschaftet. 2004

beschäftigte der Sport 14,5 Millionen Menschen. Das entsprach 5,4 Prozent aller Personen, die erwerbstätig waren oder aktiv nach Erwerbsarbeit suchten.
Der Sport sollte aber nicht nur als Wirtschaftsgut gesehen werden, sondern als ein ganz individuelles, von eigenen Regeln getragenes Gebilde.
Das „Weißbuch Sport" der EU-Kommission (2007) schreibt fest, dass Sport eine hohe Anziehungskraft auf die Bürger/innen Europas ausübt und die aktive Beteiligung der EU Bürger/innen an der Gesellschaft und damit die aktive Bürgerschaft fördert. Der Kommission ist bewusst, dass der Sport auch mit neuen Bedrohungen und Herausforderungen der europäischen Gesellschaft konfrontiert ist: wirtschaftlichen Zwänge, Ausbeutung junger Sportler/innen, Doping, Rassismus, Gewalt, Korruption und Geldwäsche. Aber auch Regelungen wie Auf- oder Abstieg, Qualifizierungen für EM, WM oder Olympia, Kontingentierung der Startplätze bei Großwettkämpfen oder Transferregelungen machen den eigenständigen Bereich des Sportes aus.
Die historisch gewachsenen Strukturen des Sportes sind jedoch nicht immer mit den Grundrechten der Europäischen Union zu vereinbaren. Vielfach ist man der Auffassung, dass es der Sportpolitik gelingen muss, bestehende Rahmenbedingungen in einem eigenen EU-Sportartikel festzuschreiben und damit Ausnahmen von den EU-Grundfreiheiten (freie Wahl des Wohnortes und des Arbeitsplatzes, Freiheit des Waren- und des Dienstleistungsverkehrs, freier Kapitalverkehr) zuzulassen.

Die Chronik zum Sport in der Europäischen Gemeinschaft

In den „Gründungsverträgen der Europäischen Gemeinschaft" (Paris 1952 und Rom 1957) wurde der Sport nicht erwähnt.
Mit der Thematik Sport setzte sich die Europäische Gemeinschaft erstmals **1974** auseinander. Hintergrund war die Klage zweier Niederländer, die im Rahmen der Weltmeisterschaften als Tempomacher für Radsportmannschaften anderer Mitgliedstaaten arbeiten wollten, aufgrund der Statuten des Internationalen Radsportverbandes jedoch daran gehindert wurden. In seinem Urteil stellte der Europäische Gerichtshof (EuGH) u. a. fest: Das Verbot der Diskriminierung aus Gründen der Staatsangehörigkeit bezieht sich auch auf Sportverbände; sportliche Betätigungen fallen nur insoweit unter Gemeinschaftsrecht, als sie einen Teil des Wirtschaftslebens ausmachen; im Rahmen der Aufstellung von Nationalmannschaften spielt das Verbot der Diskriminierung aufgrund der Staatsangehörigkeit keine Rolle, da hierbei ausschließlich das sportliche Interesse – nicht die wirtschaftliche Betätigung – von Belang ist. Sport wurde im Rahmen der Gemeinschaftspolitik somit erstmals in Form einer „wirtschaftlichen Tätigkeit" wahrgenommen.

Aufgabe
Die Kritik gilt immer wieder den nicht (leicht) lesbaren Bestimmungen, wie sie in der gemeinsamen Verfassung niedergeschrieben werden.
„EU-Recht ist nicht immer durchschaubar bzw. übersehbar. Manchmal fehlt auch die Öffentlichkeit."
Diskutiert diese Feststellungen in eurer Klasse und besprecht die verschiedenen Vertragsstadien.
Dazu ist euch eine Internetseite sehr hilfreich:
http://europa.eu/

Der **Vertrag von Rom** zur Gründung der Europäischen Wirtschaftsgemeinschaft (EWG) wurde am 25. März 1957 unterzeichnet und trat am 1. Januar 1958 in Kraft.

Der in Brüssel am 8. April 1965 unterzeichnete **Fusionsvertrag**, trat am 1. Juli 1967 in Kraft und setzte einen gemeinsamen Rat und eine gemeinsame Kommission der Europäischen Gemeinschaften ein.

Die **Einheitliche Europäische Akte**, die in Luxemburg und Den Haag unterzeichnet wurde, trat am 1. Juli 1987 in Kraft. Sie ermöglichte die für die Verwirklichung des Binnenmarktes erforderlichen Anpassungen.

Der am 7. Februar 1992 in **Maastricht** unterzeichnete **Vertrag über die Europäische Union** trat am 1. November 1993 in Kraft. Dadurch entstand die Europäische Union (EU).
Der **Vertrag von Amsterdam** trat am 1. Mai 1999 in Kraft. Mit ihm wurden der EU- und der EG-Vertrag geändert und neu nummeriert.

Der **Vertrag von Nizza** trat am 1. Februar 2003 in Kraft. Sein Hauptzweck war eine institutionelle Reform, damit die Union nach ihrer Erweiterung auf 25 Mitgliedstaaten im Jahr 2004 und auf 27 Mitgliedstaaten im Jahr 2007 effizient funktionieren konnte. Der Vertrag von Nizza, der EU-Vertrag und der EG-Vertrag wurden in einer konsolidierten Fassung zusammengeführt.

Der **Vertrag von Lissabon** wurde am 13. Dezember 2007 unterzeichnet und trat nach langem Ringen 2009 in Kraft. Das Abkommen über den Vertrag von Lissabon ist die Folge der Debatten über eine **Verfassung**. Seit 1. Dezember 2009 hat die Europäische Union eigene Rechtspersönlichkeit und löst hiermit auch insoweit die Europäische Gemeinschaft ab.

18 Europa und Sport

Mit dem im Jahre **1985** vorgelegten Bericht eines EU-Ausschusses für das „Europa der Bürger" (**„Addonino-Bericht"**) präsentierte die Europäische Gemeinschaft einen Maßnahmenkatalog, um das Gefühl der Zugehörigkeit zu Europa bei seinen Bürgern/Bürgerinnen zu stärken. Unter anderem wurde Sport als geeignetes Mittel zur Kommunikation des gemeinschaftlichen und integrativen Aspektes der Europäischen Gemeinschaft angesehen.

Das Europäische Parlament nimmt **1988** seinen ersten Bericht zum Thema „Sport und Europa" an. Der Bericht des Ausschusses für Kultur, Jugend, Bildung und Medien (**„Larive-Bericht"**; Sport wird erst 1999 in die Bezeichnung aufgenommen) hat seinen inhaltlichen Schwerpunkt bei der Bewertung der angewandten Sportpolitik der Europäischen Gemeinschaft. Diese wurde in dem Bericht als „einseitig und undifferenziert" kritisiert.

Im Jahr **1991** erschien die Mitteilung der Kommission an den Rat **„Die Europäische Gemeinschaft und der Sport"**. Es war das erste EU-Dokument, das sich allgemein und ausschließlich mit dem Sport befasste.
Im gleichen Jahr erschien aus gegebenen Anlässen außerdem eine Mitteilung der Kommission an den Rat über **„Doping im Sport"**. Im Jahr 1992 veröffentlichte die Kommission eine Broschüre aus der Serie „Stichwort Europa" über den Sport.
Diese ersten Positionspapiere und Stellungnahmen der Kommission lösten bei den Betroffenen, bei den staatlichen Stellen (Ministerien) und bei den nichtstaatlichen Sportorganisationen der Mitgliedsländer (Verbände) einen Diskussionsprozess aus. Der europäische Sport begann sich auf die neue Situation einzustellen, Informationen zu sammeln und die gemeinsame Vorgangsweise im Sinne einer Lobby-Arbeit zu koordinieren.

So richtete das heutige Europäische Olympische Comité (EOC) ein Verbindungsbüro, zunächst das so genannte **Liaison Büro**, ein. Seine Aufgabe war es, Informationen zu sammeln und die gemeinsamen Interessen der Nationalen Olympischen Komitees bei der EU-Kommission in Brüssel zu vertreten.

Die Vereinigung der Europäischen Nichtstaatlichen Sportorganisationen (**ENGSO**), der auch die österreichische Bundes-Sportorganisation angehört, gründete einen **eigenen EU-Ausschuss**. Er hat ebenfalls die Aufgabe, Informationen zu sammeln und eine Koordination der Aktivitäten der Europäischen Nichtstaatlichen Sportorganisation herbeizuführen.

Der Deutsche Sportbund (DSB) und das Deutsche Nationale Olympische Komitee (NOK) haben seit 1993 einen eigenen Vertreter in Brüssel, der für den deutschen Sport Informationen sammelt und spezielle Lobby-Arbeit leistet. Dieses Büro hat schließlich auch die Aufgaben des oben genannten EOC-Büros übernommen und vertritt sämtliche nationale Sportorganisationen. Die österreichische Bundes-Sportorganisation (BSO) hält seit 1996 zum DSB-Büro enge Verbindungen und hat dort ab März 2000 sogar eigene österreichische Mitarbeiter/innen angestellt.

1991 griff die Kommission die Idee zur Schaffung eines Forums für den Sport auf, in dem sowohl die Nationalen Olympischen Komitees und die Dachverbände des Sports als auch die zuständigen Ministerien vertreten sein sollten: im **Europäischen Sportforum (ESF)** kommen seither einmal im Jahr Vertreter der Regierungen, der Sportverbände und der Europäischen Kommission zusammen, um sich zu Schwerpunkten der europäischen Sportagenda auszutauschen.

1995 sprach der EuGH sein wohl bis dato bekanntestes Urteil, das für besonderes öffentliches Interesse gesorgt hat: Das **Bosman-Urteil** (siehe Know-how) ist nicht nur im Sport zu einem feststehenden Begriff für die Auswirkung europäischer Gesetzgebung geworden. Jean-Marc Bosman, belgischer Berufsfußballspieler, klagte gegen die von UEFA/FIFA aufgestellten Transferregeln und Ausländerklauseln: Beide beschränkten seine freie Arbeitsplatzwahl und waren nicht mit europäischen Wettbewerbsregeln und Bestimmungen über die Freizügigkeit der Arbeitnehmer vereinbar. Als Konsequenz des Bosman-Urteils darf für einen Profisportler nach Ablauf seines Vertrags bei einem Wechsel innerhalb der Europäischen Gemeinschaft keine Ablösesumme eingefordert werden. Zudem können Teams innerhalb der Europäischen Gemeinschaft eine unbegrenzte Anzahl an EU-Ausländern einsetzen.

Das **1997** vorgelegte Dokument des EU-Parlamentsausschusses für Kultur, Jugend, Bildung und Medien erstellt einen umfassenden Überblick zur Rolle der Europäischen Union im Bereich des Sports. Mit dem Bericht von Doris Pack (**„Pack-Bericht"**) forderte erstmals eine EU - Institution explizit die Berücksichtigung des Sports im europäischen Vertragswerk.

Der Schlussakte des Amsterdamer Vertrags 1997 ist eine Erklärung zum Sport beigefügt, die – wenn auch nicht rechtlich bindend – die gesellschaftliche Rolle des Sports innerhalb der Gemeinschaft unterstreicht und darauf verweist, bei Fragen des Sports die Besonderheiten des Amateursports zu berücksichtigen.

1998 wurde die Sports Unit als expliziter Ansprechpartner für die verschiedenen Belange des Sports in der Europäischen Kommission eingerichtet. Die Sports Unit ist seither Teil (wechselnder) Generaldirektionen, die einem EU-Kommissar unterstellt sind.

Der Bosman-Fall

Der Fall Bosman und die Entscheidung des Europäischen Gerichtshofes vom 15. 12. 1995 hat die europäische Welt des Sports verändert. Im Folgenden wird näher auf die Auswirkungen und Konsequenzen eingegangen (die Sichtweise stammt aus dem Jahr 1998):

- Auf Grund des Grundsatzes der Freizügigkeit des Personenverkehrs (Art. 48) ist am Ende eines Vertrages jeder Spieler kostenlos frei, sofern er von einem EU- oder EFTA-Land in das andere transferiert wird.
- Die Beschränkungen für EU-Ausländer, die sie gegenüber Inländern benachteiligen („Ausländerklausel"), in den Bestimmungen der Sportverbände sind nicht zulässig. Das Prinzip der Freizügigkeit des Personenverkehrs ist neben den Prinzipien des Waren-, Dienstleistungs- und Kapitalverkehrs eine der vier Grundfreiheiten der Europäischen Union. Diese müssen in jeder Hinsicht gewahrt werden. Bereits 1976 hat der Gerichtshof im Fall Dona/Mantero eine Entscheidung getroffen, die in den grundsätzlichen Überlegungen jener der Entscheidung im Fall Bosman sehr ähnlich ist.
  Im Jahr 1990 hat die UEFA mit der EU-Kommission ein Gentleman's Agreement ausgehandelt, wonach ab der Spielsaison 92/93 in der 1. Liga zumindest drei ausländische Spieler plus zwei so genannte assimilierte Spieler zulässig sind. Im Coopers & Lybrand-Bericht 1993 wird bereits die Empfehlung an die Kommission ausgesprochen, dass die volle Freizügigkeit eingehalten werden muss.
  Das Europäische Parlament äußerte sich mehrmals sehr kritisch gegenüber dem Gentleman's Agreement zwischen der UEFA und der Kommission und forderte die Kommission mehrmals auf, diese Regelung außer Kraft zu setzen. Spätestens seit Herbst 1995, als Generalanwalt Lenz seine Schlussanträge im Verfahren vor dem EuGH stellte, war eigentlich klar, welches Urteil am 15. 12. 1995 zu erwarten sei.
  Vielleicht erwartete man es nicht mit dieser Konsequenz und hoffte auf Übergangsfristen. Aber die Entscheidung entsprechend dem Grundsatz der Freizügigkeit ließ keinerlei Übergangsregelungen zu.
- Für wen und wo gilt das Urteil? 1. In den Mitgliedsländern der EU und EFTA (Aufhebung der Ausländerbeschränkung). 2. Die Konsequenzen aus dem Urteil gelten nur für Berufssportler (Profi, Arbeitnehmer). 3. Das Urteil gilt nicht nur für Berufsfußballer, sondern für alle Berufssportler.
- Was sind nun die wichtigsten Konsequenzen auf Grund der nicht mehr zulässigen Ausländerbeschränkungen?

1. Solidarlösungen sind nicht möglich: Zwischenzeitliche Solidarpakte verschiedener nationaler oder europäischer Sportverbände wurden wieder fallen gelassen. Diese Solidarpakte werden als so genannte Unternehmensabsprachen interpretiert. Das ist jedoch ein Verstoß gegen die Wettbewerbsregeln der EU.

2. Völlig geänderte Transfersysteme: Der Europäische Gerichtshof stellte fest, dass am Ende eines Vertrages mit einem Spieler bei einem Wechsel von einem EU-Mitgliedsland in das andere keinerlei Transferzahlungen zulässig sind. Dieses Problem und dessen Konsequenzen sind natürlich auch mit dem unbeschränkten Zugang von EU-Ausländern in die EU-Mitgliedstaaten zu sehen.

3. Leidende Nachwuchsarbeit: Die Tatsache, dass keinerlei Transferzahlungen mehr zulässig sind, mindert die Motivation bei so genannten kleinen Vereinen, Nachwuchsarbeit zu betreiben. Für Österreich ist diese Situation mittlerweile Realität geworden. Legionäre aus ehemaligen Ostblockländern wie Polen, Ungarn, Tschechien und der Slowakei kommen vielen Vereinen billiger, als Geld in die Nachwuchspflege zu stecken. Die neue, für den Sport zuständige EU-Kommissarin, Viviane Reding, hat sich zum Ziel gesetzt, dieses Problem zu bearbeiten. Ob ihr allerdings dabei Erfolg beschieden sein wird, bleibt abzuwarten.

4. Abwanderung der guten Spieler: Akteure aus kleineren, finanzschwächeren Ländern wandern in die im Sport „reichen" Länder aus. Das ist schlecht für die nationale Meisterschaft, natürlich aber positiv für die Aktiven zu sehen.

5. Verlust der Identifikation: Die Flut an ausländischen Akteuren bzw. die Fluktuation der Akteure lässt bereits große Sorgen für die Identifikation der Zuschauer, der Sponsoren, aber vor allem auch der Subventionsgeber aufkommen. Es wird noch dauern, bis es flächendeckend zu einer Identifikation mit „Europa" und zu einer gefühlsmäßigen Akzeptanz der „Europabürgerschaft" in den EU-Mitgliedsländern kommt.

6. Unterschiede in der Bezahlung von Spielern innerhalb einer Mannschaft: Durch das Wegfallen von Transfergebühren kommt ein Spieler aus dem Ausland seither wesentlich billiger als vorher. Dies schlägt sich natürlich auch in der Höhe der Spielergehälter nieder. Das Gefälle zwischen einheimischen und von auswärts verpflichteten Spielern wurde größer.

7. Definition des Profis: Die Regelungen der Freizügigkeit des Personenverkehrs und damit auch die Konsequenzen des Falles Bosman erstrecken sich nicht nur auf den Berufsfußballbereich, sondern auf den gesamten Berufssport. Die Europäische Union hat aber in ihren Verträgen und im Urteil keinerlei Definition des Profis und Berufssportlers vorgenommen. In den Sportverbänden versteht man unter einem Profi allgemein jenen Sportler, der auf Grund des Sports ausschließlich oder überwiegend seinen Lebensunterhalt bestreiten kann. Als Amateur wird eine Person an gesehen, sofern die Tätigkeit aus dem Werkvertrag nicht die Haupteinnahmequelle und den Hauptberuf darstellen. Eine einheitliche Definition des Profisportlers wird es aber aller Voraussicht nach nicht geben können.

Die UEFA trat mit der neuen EU-Kommissarin Viviane Reding in Gespräche, um doch wieder zu einer Ausländerbeschränkung zu kommen. Dieses Ansinnen wurde aber von der EU zurückgewiesen.
Daher sind Erwartungen, dass der Fall Bosman von der EU-Politik „praktikabel" gemacht wird, nicht sinnvoll.
Das Europäische Parlament hat sich von Beginn an gegen jegliche Einschränkung des Personenverkehrs ausgesprochen. Das Gleiche gilt, wenn man annimmt, dass ein eigener Sportartikel die Freizügigkeit des Personenverkehrs, einen Grundsatz der EU, aufheben kann, handelt es sich doch um einen der vier Grundsätze der Europäischen Union, der auf Grund von sportlichen Besonderheiten nicht durchbrochen werden wird.

Quelle: SULZBACHER

Aufgabe 3

Welche Generaldirektionen und damit Aufgabenbereiche kennt die EU? In welcher Generaldirektion ist derzeit der Sport in der EU-Kommission angesiedelt? Beachte, dass der Name Sport nicht unmittelbar vorkommen muss. Orientiere dich im Internet im Portal der Europäischen Union (http://europa.eu/).

Für den Europäischen Rat von Helsinki erstellte die Europäische Kommission **1999** einen Bericht „im Hinblick auf die Erhaltung der derzeitigen Sportstrukturen und die Wahrung der sozialen Funktion des Sports im Gemeinschaftsrahmen" (**„Helsinki-Bericht"**). Er basiert vorwiegend auf den Ergebnissen des „Europäischen Sportmodells", einem Diskussionspapier der Kommission, in dem sie Sportorganisationen zu Vorschlägen und Anregungen im Hinblick auf die künftige Organisation des Sports in Europa befragt hatte.

Im April **2000** sprach der Europäische Gerichtshof dem Sport in zwei Fällen „spezifische Eigenheiten" zu, die eine gewisse Beschränkung der Grundfreiheiten rechtfertigen. Im Fall der belgischen Judoka **Christelle Deliège** urteilte der Europäische Gerichtshof, dass die von Sportverbänden aufgestellten Auswahlkriterien für die Teilnahme an hochrangigen internationalen Wettkämpfen zwar grundsätzlich eine Beeinträchtigung des freien Dienstleistungsverkehrs darstellen, aber gerechtfertigt sind, wenn sie sich für die Organisation und Durchführung dieser Wettbewerbe als erforderlich erweisen.

In seinem Urteilsspruch zum Fall des finnischen Basketballprofis **Jyri Lehtonen** sah der Gerichtshof die Regelung von Spielertransfers über bestimmte Fristen als Eingriff in die Arbeitnehmerfreizügigkeit an, der aber vor dem Hintergrund bestimmter nicht-wirtschaftlicher Gründe, die den Sport als solchen beträfen, gerechtfertigt sein könnte.

Im Dezember **2000** reformierte der Europäische Rat von Nizza die Verträge zur Vorbereitung auf die EU-Erweiterung. Zudem nahmen die Staats- und Regierungschefs eine **Erklärung zum Sport im Anhang der Schlussfolgerungen des Rates** auf. Die „Erklärung über die im Rahmen gemeinsamer Politiken zu berücksichtigenden besonderen Merkmale des Sports und seine gesellschaftliche Funktion in Europa" ist im Vergleich zur Erklärung von Amsterdam umfassender, stattet den Sport aber noch immer nicht mit einer rechtlich bindenden Verankerung im europäischen Vertragswerk aus.

Auf dem Gipfel von Laeken beschlossen die Staats- und Regierungschefs im Dezember **2001**, einen Konvent zur Zukunft der Europäischen Union einzuberufen und einen Verfassungsentwurf für die EU vorzubereiten. In dem ausgearbeiteten Entwurf wird erstmals der Sport in einem europäischen Vertragswerk ausdrücklich erwähnt: Die Artikel erkennen die Möglichkeit von gemeinschaftlichen Koordinierungsmaßnahmen für den Sport an und streichen die europäische Dimension des Sports heraus.

Am 1. Mai **2004** vollzog die Europäische Union die größte Erweiterung ihrer Geschichte. Sechs Jahre nach dem Beginn der Beitrittsverhandlungen mit der ersten Ländergruppe traten Polen, Ungarn, Slowenien, Slowakei, die Tschechische Republik, Estland, Lettland, Litauen sowie Malta und Zypern der EU bei. Die Union wuchs damit um 740.000 km² auf 25 Mitglieder mit insgesamt 450 Mio. Einwohnern an.

2004 wurde von der EU zum **„Europäischen Jahr der Erziehung durch Sport"** ausgerufen. Vorrangiges Ziel dieses thematischen Jahres war die Sensibilisierung der europäischen Öffentlichkeit für die Bedeutung des Sports in der Erziehung und insbesondere die Förderung körperlicher Aktivitäten in der Schule. Herausgehoben wurden das Potenzial des Sports in der Erziehung und damit auch die notwendige Zusammenarbeit zwischen Bildungseinrichtungen und Sportorganisationen. Auch in Österreich wurden umfangreiche Maßnahmen und Projekte durch das Unterrichtsministerium koordiniert und zusätzlich finanziert.

Aber dann: Nach negativen Volksentscheiden in Frankreich und den Niederlanden wird der Europäische Verfassungsvertrag in Frage gestellt. Obgleich die Abstimmung in den einzelnen Mitgliedstaaten fortgeführt wird, ist der Umgang mit der abschließenden Ratifizierung auf Gemeinschaftsebene umstritten. Der Europäische Verfassungsvertrag führte als erster Vertragstext eine rechtliche Grundlage für den Sport.

Im Juli **2007** nahm die Europäische Kommission das **„Weißbuch Sport"** an. Es stellt die **erste umfassende Initiative zum Thema Sport** dar und dient als Orientierung für sportbezogene Maßnahmen in den folgenden Jahren. Es enthält zahlreiche Vorschläge, Sport stärker als bisher in die Umsetzung der Gemeinschafts- und EU-Förderpolitik einzubinden (siehe Seite 160).

Am 13. Dezember 2007 unterzeichneten die EU-Staats- und Regierungschefs in der portugiesischen Hauptstadt feierlich den „Vertrag von Lissabon". Geplant war nun eine Ratifizierung bis zur Europawahl 2009, der Vertrag wurde aber in Irland durch ein Volksreferendum abgelehnt. Dennoch wurde der Ratifikationsprozess in den übrigen Staaten fortgesetzt. In Irland wurde am 2. Oktober 2009 schließlich ein zweites Referendum durchgeführt, das dem Vertrag zustimmte. Tschechien ratifizierte den Vertrag als letzter Mitgliedsstaat am 3. November 2009 und der Vertrag von Lissabon konnte damit am 1. Dezember 2009 in Kraft treten.

Die gesellschaftspolitische Rolle des Sports auf europäischer Ebene wird in den Verträgen erstmals offiziell anerkannt. Damit erhält die Europäische Kommission eine Rechtsgrundlage zur Ausarbeitung eines eigenständigen Sportförderprogramms. **Erstmals wird der Europäischen Union eine Teilkompetenz für den Sport zuerkannt, die sich auf gleichem Niveau bewegt wie in den Bereichen Bildung und Kultur.** Es heißt in Art. 124, die EU trage auch in Anbetracht der sozialen und pädagogischen Funktion des Sports zur Förderung seiner europäischen Aspekte bei. Die Tätigkeit der EU habe zum Ziel, die Entwicklung der europäischen Dimension des Sports voranzubringen. Sie soll unterstützende Maßnahmen zur Förderung der Fairness bei Wettkämpfen sowie zum Schutz der körperlichen Unversehrtheit der Sportler/innen beschließen können. Die Harmonisierung der Rechts- und Verwaltungsvorschriften der Mitgliedstaaten zum Sport wird im Verfassungsvertrag dagegen ausdrücklich ausgeschlossen. Die weitere europapolitische Entwicklung mit Blick auf das Vertragswerk und seine Ratifizierung in den einzelnen EU-Mitgliedsstaaten bleibt zunächst abzuwarten.

Bei der Gesamtbewertung des Lissabon-Vertrags bleibt allerdings kritisch anzumerken, dass die **Forderung des organisierten Sports, seine Autonomie im Vertrag festzuschreiben, nicht aufgenommen worden** ist.

Aktuelle Entwicklungen und Aufgaben der EU zum Sport

Bei einem informellen Treffen der Sportminister der Europäischen Union im März 2007 in Stuttgart kam es zu den sogenannten **„Stuttgarter Schlussfolgerungen"** zu verschiedenen Themen:

„Sport und Gewalt": Zur Prävention und Abwehr gewalttätiger Ausschreitungen im Umfeld des Sports ist eine intensive Zusammenarbeit aller beteiligten nationalen und europaweiten Gremien, Behörden, Fanprojekte, Verbände und Vereine notwendig.

„Sport und Ökonomie": Detaillierte Daten über den Anteil des Sports am Bruttoinlandprodukt (BIP), seine Beschäftigungseffekte und die Dynamik des Sportbereichs für alle Mitgliedsstaaten sollen erhoben werden; eine Intensivierung der bilateralen Zusammenarbeit bei der Bewerbung um die Ausrichtung von Sportgroßveranstaltungen innerhalb der Europäischen Union ist wünschenswert.

„Dopingbekämpfung": Innerhalb der Europäischen Union sind die nationalen Anti-Doping-Organisationen (NADOs) besser miteinander zu vernetzen mit dem Ziel, ein Kommunikationsnetzwerk aufzubauen und einer Koordinierung der Präventionsarbeit.

„Sport und Integration": Qualifizierungsmaßnahmen im Integrationsbereich sollten durchgeführt und die Nachhaltigkeit von Projekten sowie die Einführung eines Zertifizierungssystems für erworbene sozialintegrative Kompetenzen gewährleistet werden.

4

Aufgabe
Klärt den Begriff „Weißbuch" und welche unterschiedlichen „Bücher" es noch gibt.

Erst mit dem **„Weißbuch Sport"** wurde 2007 von der Europäischen Union eine Sammlung von Dokumenten herausgegeben, die die Anwendung des EU-Rechts im Sportbereich sowie zukünftige sportbezogene Maßnahmen auf EU-Ebene darstellen.

Das Weißbuch enthält eine Reihe von Maßnahmen, die von der Kommission durchgeführt oder unterstützt werden sollen. Zusammen bilden diese Maßnahmen den **„Aktionsplan Pierre de Coubertin"**.

Die EU-Kommission stellt fest, dass im Vertrag die EU noch immer nicht über eine spezielle Rechtskompetenz hinsichtlich des Sports verfügt, dennoch der Sport ein Bereich ist, für den viele EG-Vertragsbestimmungen direkt oder indirekt gelten.

Der Sportsektor ist daher nicht aus dem Geltungsbereich der EU-Gesetzgebung ausgeschlossen. Insoweit es sich beim Sport um eine **wirtschaftliche Tätigkeit** handelt, unterliegt er vollständig den Bestimmungen für den EU-Binnenmarkt und Wettbewerb. Außerdem gelten Vertragsbestimmungen wie solche, die sich auf **Unionsbürgerschaft, Gleichbehandlung oder Diskriminierungsverbot** beziehen, auch direkt für den Sport. Überdies gibt es eine wachsende Interaktion des Sports mit anderen europäischen Richtlinien und dem zugrunde liegenden rechtlichen Rahmen in zahlreichen Bereichen wie **Gesundheit, Bildung, Beschäftigung, Wirtschaft und Umwelt**.

Urteile der Europäischen Gerichte und mehrere Beschlüsse der Kommission erkannten einige der Besonderheiten des Sportbereichs auf fallweiser Grundlage an und lieferten damit eine Orientierungshilfe für die **Anwendung von EU-Recht auf den Sport**.

KNOW-HOW Kernpunkte des Weißbuches

Kernpunkte des Weißbuches Sport der EU
Mit dem Weißbuch sollen die Anwendung des EU-Rechts im Sportbereich sowie zukünftige sportbezogene Maßnahmen auf EU-Ebene dargestellt werden.

Betroffene: Sportverbände und -organisationen, Strafverfolgungsbehörden der Mitgliedstaaten.

Pro: Zum ersten Mal wird im Sportbereich eine Bilanz der Rechtsprechung des EuGH und der Kommissionsbeschlüsse gezogen.

Contra: Konkrete Antworten auf die aufgeworfenen Problemfragen fehlen. Grundsätzlich stellt sich die Frage, inwieweit EU-Handeln im Sportkontext überhaupt vertretbar ist. Die Union muss bei ihrem zukünftigen Vorgehen strikt die Autonomie des Sports sowie das Subsidiaritätsprinzip beachten.

Änderungsbedarf: Die Kommission sollte sich klarer als bisher zur Autonomie des Sportbereichs bekennen und ihre Erwägungen ausdrücklich auf Fragen mit grenzüberschreitendem Bezug beschränken.

Quelle: Centrum für Europäische Politik (http://www.cep.eu)

5

Frage
Welche Lebensbereiche, die die Europäische Union in den Verträgen regelt, können auch für die Sportwelt Bedeutung haben?

18 Europa und Sport

6

Frage

Welche Instrumente wurden entwickelt, um auf Europäischer Ebene gemeinsame Entwicklungen vorzusehen und gemeinsame Beschlüsse zu fassen?

7

Aufgabe

Verschafft euch als Teamarbeit einen Überblick zum nachstehenden Text. Schwierige Vokabel schlagt nach oder recherchiert im Internet. Diskutiert die Auswirkungen: Dazu ist es notwendig, das Original des Aktionsprogrammes (vielleicht auch in einer anderen Sprache als Deutsch; siehe die Internetseite http://ec.europa.eu/sport/) anzusehen.

Das Europäische Weißbuch für Sport 2007

Im EU-Weißbuch Sport 2007 werden die Hauptgründe und der Prozess erläutert, die die Kommission veranlasst haben, ein Weißbuch Sport auszuarbeiten. Der derzeitige Rechtsrahmen weist der EU keine speziellen Befugnisse im Sportbereich zu. Daher muss jegliche Initiative, die den Erwartungen der Sportakteure gerecht werden soll einerseits dem zugrundeliegenden Rechtsrahmen und andererseits der Notwendigkeit Rechnung tragen, Autonomie des Sports zu respektieren.

Die Schlüsselprobleme konnten drei Kernbereichen zugeordnet werden: **der gesellschaftlichen Rolle, der wirtschaftlichen Dimension und der Organisation des Sports**. Sie werden in Form einer Themenliste mit den jeweiligen wichtigsten Herausforderungen präsentiert.

a) Mangelnde Rechtssicherheit hinsichtlich der Anwendbarkeit des EU-Rechts im Sportbereich
b) Fragen der Governance, hauptsächlich im Bereich des Profisports, insbesondere illegale Praktiken, die bei Spieleragenten weit verbreitet zu sein scheinen, der unzureichende Schutz minderjähriger Sportler sowie die schädlichen Auswirkungen von Doping, Rassismus und Gewalt im Sport
c) Sportfinanzierung und Herausforderungen für herkömmliche Finanzierungsmodelle im Breitensport
d) Fehlende Daten für den Sportsektor als Grundlage für die Politik
e) Wachsende Probleme mit Übergewicht, Adipositas, Herz-Kreislauf-Erkrankungen und Arthrose, die hauptsächlich Folge von Bewegungsmangel sind
f) Begrenzte Berücksichtigung von Fragen des Sports in der Bildungs- und Berufsbildungspolitik

Ein weiteres Ziel ist die bessere Einbeziehung des Sports in bereits bestehende und geplante EU-Programme und -Maßnahmen und die Erschließung finanzieller Unterstützung für sportbezogene Projekte aus EU-Finanzinstrumenten.

Durch einen Aktionsplan, in dem konkrete Maßnahmen in Schlüsselbereichen festgelegt werden, fasst ein Weißbuch die auf unterschiedlichen Ebenen wirksamsten Maßnahmen zusammen und achtet gleichzeitig die Autonomie des Sports und die Kompetenzverteilung im europäischen Sport. Diese Option entspricht am besten dem Wunsch, einer Initiative im Sportbereich auf EU-Ebene innerhalb des bestehenden Rechtsrahmens politisches Gewicht und Sichtbarkeit zu verleihen.

Die gesellschaftliche Rolle des Sports

Verbesserung der öffentlichen Gesundheit durch körperliche Aktivität: Die Kommission möchte zusammen mit den Mitgliedstaaten neue Leitlinien für körperliche Aktivität entwickeln. Zudem will sie die Bildung eines EU-Netzwerks für gesundheitsfördernde Bewegung (HEPA) unterstützen. Dies soll auch eine finanzielle Förderung durch die EU einschließen.

Gemeinsam gegen Doping: Die Kommission sieht auf EU-Ebene vor allem einen Bedarf an Zusammenarbeit in der Strafverfolgung. Zwischen den Strafverfolgungsbehörden der Mitgliedstaaten, den von der Welt-Anti-Doping-Agentur (WADA) akkreditierten Labors und INTERPOL könnten Partnerschaften entwickelt werden, um Informationen über neue Dopingsubstanzen und -verfahren schnell und sicher austauschen zu können. Die Kommission empfiehlt zudem, den Handel mit verbotenen Dopingsubstanzen in der gesamten EU genauso zu verfolgen wie den illegalen Drogenhandel.

Ausweitung der Rolle des Sports in der allgemeinen und beruflichen Bildung: Der Sport stärkt durch seine Rolle in der formalen und nichtformalen Bildung das Humankapital Europas. Die durch den Sport vermittelten Werte tragen dazu bei, Wissen, Motivation, Kompetenzen und persönliche Leistungsbereitschaft zu entwickeln. Die Zeit, die sportlichen Aktivitäten an Schulen und Universitäten gewidmet wird, ist von gesundheitlichem und pädagogischem Nutzen, der ausgebaut werden muss.

Förderung von Ehrenamt und aktiver Bürgerschaft durch den Sport: Die Mitgliedschaft in einer Mannschaft, Grundsätze wie Fairness, Einhaltung von Spielregeln, Respekt für andere, Solidarität und Disziplin sowie die Organisation des Amateursports auf der Grundlage gemeinnütziger Vereine und ehrenamtlicher Tätigkeiten stärken die aktive Bürgerschaft. Ehrenamtliche Tätigkeiten in Sportorganisationen bieten zahlreiche Gelegenheiten für nichtformale Bildung, die anerkannt und ausgebaut werden sollten. Der Sport bietet jungen Menschen außerdem attraktive Möglichkeiten, sich zu engagieren und an der Gesellschaft zu beteiligen, und kann dazu beitragen, dass Menschen sich von Kriminalität fernhalten.

Der Sport soll für mehr soziale Eingliederung, Integration und Chancengleichheit genutzt werden: Dabei möchte die Kommission im Rahmen ihrer Agenda für die Gleichstellung von Frauen und Männern die „Berücksichtigung von geschlechtsspezifischen Aspekten bei allen sportbezogenen Aktivitäten" fördern.

Besserer Schutz und bessere Bekämpfung von Rassismus und Gewalt: Die Kommission möchte den Austausch „operativer Informationen" und praktischer Kenntnisse und Erfahrungen bei der Verhütung von gewalttätigen und rassistischen Vorfällen zwischen den Strafverfolgungsbehörden und den Sportorganisationen fördern.

Förderung von Werten in anderen Teilen der Welt: Sport kann in mehrerlei Hinsicht eine wichtige Rolle in den Außenbeziehungen der EU spielen: als Element der externen Hilfsprogramme, als Element des Dialogs mit Partnerländern und als Teil der EU-Diplomatie. Durch konkrete Maßnahmen kann das beträchtliche Potenzial des Sports zur Förderung von Erziehung, Gesundheit, interkulturellem Dialog, Entwicklung und Frieden erschlossen werden.

Unterstützung einer nachhaltigen Entwicklung: Sportliche Aktivitäten, Sportanlagen und Sportveranstaltungen haben eine beträchtliche Auswirkung auf die Umwelt. Daher ist es wichtig, ein umweltverträgliches Sportmanagement zu fördern, das unter anderem ein umweltgerechtes öffentliches Auftragswesen, die Verringerung von Treibhausgasemissionen, die Energieeffizienz, die Abfallentsorgung und die Behandlung von Böden und Wasser umfasst. Die europäischen Sportorganisationen und Sportveranstalter sollten umweltbezogene Ziele festlegen, um die Umweltverträglichkeit ihrer Aktivitäten sicherzustellen.

Die wirtschaftliche Dimension des Sports

Umstellung auf eine evidenzbasierte Sportpolitik: Die Kommission ist überzeugt, dass Sport als dynamischer und schnell wachsender Sektor einen Beitrag zur Erreichung der Lissabon-Ziele Wachstum und Beschäftigung leisten kann. Zur genauen Messung des wirtschaftlichen Einflusses des Sports möchte die Kommission versuchen, eine europaweit einheitliche Statistikmethode zu entwickeln.

Bessere Absicherung der öffentlichen Unterstützung für den Sport: Die Sportorganisationen verfügen über verschiedene Einnahmequellen wie Vereinsbeiträge und Einnahmen aus dem Ticketverkauf, Werbeeinnahmen und Sponsorengelder, Medienrechte, Einnahmenumverteilung innerhalb der Sportverbände, Merchandising, öffentliche Unterstützung usw.

Im Breitensport können Chancengleichheit und freier Zugang zu sportlichen Aktivitäten nur durch eine massive staatliche Intervention gewährleistet werden. Die Kommission kennt die Bedeutung der öffentlichen Unterstützung für den Breitensport, und sie unterstützt diese Hilfen, sofern sie mit dem Gemeinschaftsrecht vereinbar sind.

In vielen Mitgliedstaaten wird der Sport teilweise durch eine Steuer oder Abgabe auf staatliche oder staatlich kontrollierte Glücksspiele und Sportwetten finanziert. Die Kommission fordert die Mitgliedstaaten auf, darüber nachzudenken, wie ein nachhaltiges Finanzierungsmodell für die langfristige Unterstützung der Sportorganisationen am besten beibehalten und entwickelt werden kann.

Die Organisation des Sports

Die Kommission bewertet die europäischen Sportstrukturen als vielfältig und komplex und hält es daher für unrealistisch, ein einheitliches europäisches Modell für die Organisation des Sports festzulegen.
Die Besonderheit des Sports – Sportliche Aktivitäten unterliegen dem EU-Recht: Laut Kommission und auch nach ständiger Rechtsprechung des EuGH fällt die Ausübung des Sports insoweit unter die Wettbewerbs- und Binnenmarktvorschriften des EG-Vertrages, als sie zum Wirtschaftsleben gehört. Die Bestimmungen des EG-Vertrages gelten jedoch grundsätzlich nicht für Fragen, die ausschließlich nicht-wirtschaftlicher Natur, d.h. von rein sportlichem Interesse sind. Diese fasst die Kommission unter dem Begriff „Besonderheiten des Sports" zusammen und nennt hierfür zwei Bereiche:

- Sportliche Aktivitäten und Regeln: Hierunter fallen z.B. die Offenheit von Wettkämpfen, wie z.B. getrennte Wettkämpfe für Frauen und Männer und die Chancengleichheit von Wettkampfteilnehmern.
- Sportstrukturen: Diese umfassen insbesondere die Autonomie und Vielfalt der Sportorganisationen.

Die Besonderheit des Sports soll insofern berücksichtigt werden, als restriktive Auswirkungen auf den Wettbewerb, die für die Organisation und ordnungsgemäße Durchführung des Wettkampfsports unerlässlich sind, nicht gegen die EU-Wettbewerbsvorschriften verstoßen, unter der Voraussetzung, dass diese Auswirkungen hinsichtlich des verfolgten legitimen ureigenen sportlichen Interesses angemessen sind. Für die Anwendung der Wettbewerbsvorschriften im Sportsektor können keine allgemeinen Leitlinien formuliert werden.

Freizügigkeit und Staatsangehörigkeit: Die Organisation des Sports und die Ausrichtung von Wettbewerben auf nationaler Ebene ist Teil des historischen und kulturellen Hintergrunds des europäischen Sportkonzepts und entspricht den Wünschen der europäischen Bürger. Insbesondere die Nationalmannschaften spielen eine wichtige Rolle nicht nur für die nationale Identität, sondern auch für die Solidarität mit dem Breitensport, und müssen daher unterstützt werden.

Die Diskriminierung aus Gründen der Staatsanghörigkeit ist in den Verträgen verboten, die das Recht für alle Bürger der Union festschreiben, sich innerhalb der Gemeinschaft frei zu bewegen und niederzulassen. Die Verträge zielen außerdem auf die Abschaffung jeglicher Diskriminierung aufgrund der Staatsangehörigkeit der Arbeitnehmer der Mitgliedstaaten bei Beschäftigung, Bezahlung und sonstigen Arbeits- und Beschäftigungsbedingungen ab.

Dieselben Verbote gelten für die Erbringung von Dienstleistungen. Die Mitgliedschaft in Sportvereinen und die Teilnahme an Wettkämpfen sind darüber hinaus wichtige Faktoren für die Förderung der Integration in die Gesellschaft des Gastlandes.

Die Gleichbehandlung betrifft auch Bürger von Staaten, die mit der EU Vereinbarungen mit Nichtdiskriminierungsklauseln unterzeichnet haben, soweit die Betreffenden rechtmäßig in einem Mitgliedstaat beschäftigt sind.

Transfers: Wenn es keine Transferregeln gäbe, könnte die Integrität von Sportwettkämpfen durch Vereine beeinträchtigt werden, die Spieler für eine bestimmte Saison einstellen könnten, um ihre Konkurrenten auszustechen. Darüber hinaus muss jegliche Regel für den Transfer von Spielern mit dem EU-Recht vereinbar sein (Wettbewerbsvorschriften und Vorschriften über die Freizügigkeit von Arbeitnehmern).

Die Fußballbehörden haben im Zusammenhang mit einem Fall vermeintlicher Verstöße gegen die EG-Wettbewerbsvorschriften und nach Gesprächen mit der Kommission die FIFA-Vorschriften über den internationalen Spielertransfer im Fußball überarbeitet und dabei die Ausbildungskosten der Vereine berücksichtigt, Transferperioden eingeführt, die Schulausbildung minderjähriger Spieler geregelt und den Zugang zu nationalen Gerichten festgeschrieben.
Nach Ansicht der Kommission ist dieses System ein Beispiel für ein bewährtes Verfahren, das für ein Wettbewerbsgleichgewicht zwischen Sportvereinen sorgt und gleichzeitig den Anforderungen des EU-Rechts entspricht.

Spieleragenten: Durch die Entwicklung eines wirklichen europäischen Spielermarktes und den starken Anstieg der Spielergehälter in einigen Sportarten hat die Tätigkeit von Spieleragenten stark zugenommen. Viele Spieler (aber auch Sportvereine) lassen sich in einem immer komplexeren rechtlichen Umfeld bei der Aushandlung und Unterzeichnung von Verträgen von Spieleragenten beraten.

Die Kommission wird eine Folgenabschätzung durchführen, um einen Überblick über die Tätigkeit von Spieleragenten in der EU zu gewinnen und prüfen, ob Maßnahmen auf EU-Ebene erforderlich sind, und die möglichen Optionen analysieren.

Schutz von Minderjährigen: Die Ausbeutung junger Sportler geht weiter. Das größte Problem betrifft Jugendliche, die nicht zu Wettkämpfen ausgewählt und in einem fremden Land alleingelassen werden und so häufig in die Illegalität abrutschen, die ihrer weiteren Ausbeutung Vorschub leistet. Auch wenn dieses Phänomen meist nicht unter die rechtliche Definition von Menschenhandel fällt, so ist es angesichts der von der EU und ihren Mitgliedstaaten anerkannten Grundrechte nicht annehmbar und widerspricht den Werten des Sports. Die in den Einwanderungsvorschriften der Mitgliedstaaten vorgesehenen Schutzmaßnahmen für unbegleitete Minderjährige müssen rigoros angewendet werden. Auch sexueller Missbrauch und Belästigung von Minderjährigen im Sport müssen bekämpft werden.

Korruption, Geldwäsche und andere Formen der Finanzkriminalität: Korruption, Geldwäsche und andere Formen der Finanzkriminalität beeinträchtigen den Sport auf lokaler, nationaler und internationaler Ebene. Aufgrund der hohen Internationalisierung des Sektors macht die Korruption im Sport häufig nicht an den Grenzen Halt. Korruptionsprobleme mit einer europäischen Dimension müssen auf europäischer Ebene bekämpft werden. Die Mechanismen zur Bekämpfung der Geldwäsche sollten auch im Sportsektor wirksam angewendet werden.

Lizenzvergabesysteme für Vereine: Die Kommission erkennt an, dass strenge Lizenzvergabesysteme für Profivereine auf europäischer und nationaler Ebene ein nützliches Instrument sind, um Good Governance im Sport zu fördern. Die Bemühungen müssen sich auf die Einführung und schrittweise Verschärfung der Lizenzvergabesysteme konzentrieren. Im Fußball, wo Lizenzvergabesysteme für Vereine, die an europäischen Wettbewerben teilnehmen wollen, in Kürze vorgeschrieben sind, müssen sich die Maßnahmen auf die Förderung von Lizenzvergabesystemen auf nationaler Ebene konzentrieren.

Medien: Die Beziehungen zwischen Sport und Sportberichterstattung (insbesondere Fernsehen) sind von entscheidender Bedeutung, da die Fernsehrechte die Haupteinnahmequelle für den Profisport in Europa darstellen. Umgekehrt sind die Sportmedienrechte eine wichtige inhaltliche Quelle für zahlreiche Medienunternehmen.

Die Kommission wird auch weiterhin das Recht auf Information und breiten Zugang der Bürger zu Sportübertragungen unterstützen, die von bedeutendem Interesse oder großer Wichtigkeit für die Gesellschaft sind. Die Kommission erkennt die Bedeutung einer gerechten Einnahmenumverteilung zwischen den Vereinen (auch den kleinsten) und zwischen dem Amateur- und Profisport an.

Europa und Sport

8
Aufgabe
Walrave/Koch, Doná/Mantero, Lehtonen, Deliége, Bosmann und viele andere: Welche Vorgänge rund um Sportler/innen sind euch im Zusammenhang mit der Rechtslage in der Europäischen Union bekannt?
Sucht im Internet nach entsprechenden weiteren Dokumenten! Ein Tipp: http://www.europa.eu.int.

9
Frage
Adonnini-Bericht, Larive-Bericht, Pack-Bericht, Helsinki-Bericht usw.: Wie waren Angelegenheiten des Sports in der Vergangenheit in den Verträgen zur EU verankert?

10
Frage
Welche Artikel des aktuellen EU-Vertrages nehmen auf den Sport Bezug? Was ist der „organisierte Sport" und erscheinen dir diese Regelungen als ausreichend für die Bedürfnisse des organisierten Sports?

11
Aufgabe
Welche Aufgaben sind in der EU aus heutiger Sicht wesentliche Bereiche? Überlegt (auch im Team), welche Maßnahmen auch auf der Grundlage anderer Bestimmungen als jenen zum Sport möglich wären (z.B. Dienstnehmerfragen) und wo der Sport eigenständige Regeln brauchen würde.

Europäische Sportgremien und Sportfunktionen

Europarat-Sportlenkungsausschuss (CDDS)

Bereits in den sechziger Jahren des vorigen Jahrhunderts hat der Europarat begonnen, in systematischer Ausdehnung der auf kulturellem Sektor begonnenen Zusammenarbeit sich mit dem Sport zu befassen. Zu seinen ersten Äußerungen gehörten u. a. nachdrückliche Hinweise auf die sich erst anbahnenden Doping-Probleme. Sportbezogene Themen gewannen im Laufe der Jahre an Gewicht, sodass es 1975 zur ersten Europäischen Sportministerkonferenz kam, die seitdem in einem in der Regel dreijährigen Rhythmus fortgesetzt worden ist.

Aus der ersten Konferenz, in der eine „Europäische Charta des Sports" mit deutlichem Schwerpunkt auf breitensportlichen Aspekten beschlossen wurde, resultierte 1977 die Gründung des **„Comité directeur pour le Développement du Sport" („Lenkungsausschuss für die Sportförderung"; CDDS)**. Der Sportlenkungsausschuss befasste sich bisher im Wesentlichen mit der Sicherheit der Zuschauer/innen bei internationalen Sportveranstaltungen, mit Maßnahmen gegen Doping im Sport und zur Verhinderung von Sportverletzungen, mit der Beseitigung von Diskriminierung sowie Maßnahmen zur Erhaltung der ethischen Werte im Sport und zur Förderung des Sports für bestimmte Zielgruppen. Aufgrund von Sparmaßnahmen im Europarat fiel der CDDS mit Jänner 2007 aus dem allgemeinen Budget und die Weiterführung der Arbeit erfolgt nun mittels eines „Enlarged Partial Agreements", welchem interessierte Mitgliedsländer des Europarates beitreten können.
Zur Umsetzung der Europäischen Konvention gegen Gewalt von Zuschauern und Fehlverhalten bei Sportveranstaltungen insbesondere bei Fußballspielen als auch der Europäische Anti-Doping Konvention ist Österreich in sämtlichen diesbezüglichen Gremien federführend vertreten.

Sportministerkonferenzen des Europarates

Zur Aufrechterhaltung der Integrität und der Tugenden des Sports verfolgt der Europarat seit 1999 zwei Ziele:

- die Förderung des Prinzips „Sport für alle" zur Verbesserung der Lebensqualität, zur Erleichterung der sozialen Integration und als Beitrag zum gesellschaftlichen Zusammenhalt, insbesondere bei Jugendlichen.
- Ansporn zur Toleranz durch den Sport und Abschirmung des Sports gegen gefährliche Einflüsse, die ihn derzeit bedrohen.

Die für den Sport zuständigen europäischen Minister/innen haben bisher elf formelle Konferenzen abgehalten: Brüssel 1975, London 1978, Palma de Mallorca 1981, Malta 1984, Dublin 1986, Reykjavik 1989, Rhodos 1992, Lissabon 1994, Bratislava 2000, Budapest 2004 und Moskau 2006.

Botschafter für Toleranz und Fairplay

Auf einem Roundtable in Amsterdam über Sport, Toleranz und Fairplay, der vom Europarat in Zusammenarbeit mit der niederländischen Regierung im April 1996 mit großem Medienecho veranstaltet wurde, verpflichteten sich die anwesenden Repräsentanten der europäischen Staaten, Maßnahmen gegen Rassismus, Xenophobie, Antisemitismus und Intoleranz zu setzen und einen Botschafter für Toleranz und Fairplay zu ernennen (siehe dazu auch die Deklaration zu Sport, Toleranz und Fairplay 1996).
Der Botschafter für Toleranz und Fairplay soll als Leitfigur bei der Umsetzung der Beschlüsse von Amsterdam dienen und dementsprechend die Werte von Toleranz und Fairplay repräsentieren. Hauptanliegen des Botschafters ist das Werben für Toleranz und Fairplay im Sport, vor allem im Kontakt zur Jugend.

Nach Toni Innauer, Alois Stadlober und Franz Wohlfahrt ist seit September 2004 der ehemalige Top-Skiläufer Thomas Sykora österreichischer Botschafter für Sport, Toleranz und Fair Play.

Declaration on Sport, Tolerance and Fair Play

We, participants at the Round Table on Sport, Tolerance, and Fair Play, meeting in Amsterdam on 11th April 1996, having in mind

- the Vienna Declaration and the Plan of Action against racism, xenophobia, antisemitism and intolerance adopted by the Heads of State and Government of the Council of Europe in Vienna in October 1993;

- the Resolution on Tolerance and Sport adopted by the European Ministers responsible for Sport at their 8th Conference in Lisbon in May 1995;

- the European Sports Charter adopted by the European Ministers responsible for Sport at their 7th Conference in Rhodes in May 1992 and subsequently adopted by the Committee of Ministers of the Council of Europe as Recommendation N° R (92) 13, declare as follows:

I. We are confident that sport offers a vast potential to society as a ground for intercultural encounters and understanding, as a workshop for socialization and integration - not least for disadvantaged groups - and as a school for democracy. We fully agree in this respect with the Declaration on the Significance of Sport for Society adopted at the Lisbon Conference of Sport Ministers. Sport is a vital area of education, particularly for young people.

II. We also believe in sport's ability, notably through the intense media coverage which brings it to a broad and enthusiastic public, to project an image of fairplay, team spirit and solidarity and to promote mutual understanding and respect. Major sporting events, at world and European level, with very large television audiences, provide a rich opportunity to bring home the message of tolerance. In addition, hundreds of thousands of smaller but no less important competitions for all ages, all levels and all sports are organized each year throughout Europe and the world. Each represents an opportunity for implementing new initiatives with regard to tolerance and fair play.

III. We emphasize the important responsibility borne by well-known teams and sports stars as role-models – especially for the young – and consider that it is very important that every individual and organization involved in sport, whether governmental or non-governmental, amateur or professional, should combat intolerance and violence at sporting events by all appropriate means.

IV. We welcome the very valuable work that has been done by individuals, by the sports movement, by governments and by European institutions concerning the universality of sport and the need to keep it free of discrimination in all its forms, and express our support for all those national and international sports organizations which have drawn up and implemented plans of action to promote tolerance and fair play in sport.

V. We regret the fact that some forms of sport have too often provided a pretext for outbreaks of intolerance and violence, sometimes racist or xenophobic in character, as well as for showing those tendencies, such as the incidence of foul play, lack of discipline, doping and corruption which are in contradiction with the fundamental values of sport and undermine its effectiveness as a positive influence in society.

VI. We believe that the following are the most important ways of creating a climate of tolerance:

Education: Just as intolerance is born of ignorance and misunderstanding, tolerance is engendered by knowledge and understanding. It follows that everything begins amongst the young: at home, in classrooms, on playing fields and in sports clubs.

Awareness: No opportunity should be missed to ensure that all sporting events, and any media coverage associated with them, raise awareness of the message of tolerance.

Participation: One of the most basic guarantees of fair play and tolerance is to ensure that as many people as possible practice sport regularly within a social and ethical framework.

Incentives: Rewards for outstanding examples of fair and tolerant behavior are one way of helping people to understand the importance of positive attitudes to the success of their sport as well as of harmony and justice in society.
Sanctions: In the last resort, dispositions must exist in law and in the rules of sport to sanction unacceptable discrimination and incitement to racial hatred by appropriate means.

Communication: Most of these elements depend for their effectiveness on communication of clear and unambiguous information amongst all individuals and organizations concerned.

Quelle: SIEKMANN/SOEK 2007, S. 278

Europäische Anti-Doping-Konvention

Bereits im Jahr 1991 wurde die **Europäische Anti-Doping-Konvention** in die österreichische Rechtsordnung übernommen. Ein weiterer wichtiger Schritt erfolgte 2002 durch die Ratifizierung des **Zusatzprotokolls zur Anti-Doping-Konvention des Europarates**.

Darin wird unter anderem geregelt: gegenseitige Anerkennung von Dopingkontrollen durch die Vertragsstaaten, Gewährleistung einer gleichmäßigen Vorgangsweise für Dopingkontrollen, Zuständigkeit der **World Anti-Doping-Agency (WADA)**.

Seit September 2007 ist das weltweit gültige **„Internationale Übereinkommen gegen Doping im Sport der UNESCO" (Kurzbezeichnung: Anti-Doping-Konvention)** auch in Österreich in Kraft. Mit diesem Übereinkommen soll es durch verschiedene Maßnahmen zu einer – wahrscheinlich aber nur sehr schwer zu erreichenden – vollständigen Ausmerzung des Dopings im Sport kommen.

Im Jahr 2006 wurden in Österreich erstmals gesetzliche Anti-Doping-Bestimmungen im Rahmen des Bundes-Sportförderungsgesetzes festgelegt.

Mit der Beschlussfassung des **Anti-Doping-Gesetzes 2007** und der Ratifizierung der internationalen UNESCO-Konvention gegen Doping im Sport setzt Österreich einen großen Schritt im Anti-Doping-Kampf und hat damit auch international Anerkennung gefunden.

Das neue Gesetz trat mit 1. Juli 2007 in Kraft und sieht die Einrichtung eines Nationalen Testingpools und eine quartalsmäßige Berichtspflicht vor. Die **unabhängige Nationale Anti-Doping Agentur (NADA Austria GesmbH)** hat hingegen erst mit 1. Juli 2008 ihre Arbeit aufgenommen, um diese Einrichtung optimal vorbereiten zu können und den Verbänden die Möglichkeit zu geben, in ihren Statuten die rechtlichen Voraussetzungen zu schaffen.

Europa und Sport

Österreich wirkt auf dem Gebiet der Dopingbekämpfung in den entsprechenden Gremien des Europarats maßgeblich an bilateralen und multilateralen Dopingvereinbarungen mit. Das Sportministerium ist ständig vertreten in der Beobachtenden Begleitgruppe zur Umsetzung der Maßnahmen des Übereinkommens des Europarates gegen Doping vom 16. November 1989 (**Monitoring Group**). Die Aktualisierung der Liste verbotener Mittel und Methoden wird von der Monitoring Group des Europarates beschlossen. Sie ist auch gleichzeitig die Generalversammlung der Mitgliedstaaten, die die Anti-Dopingkonvention unterzeichnet haben. Die Abstimmung der „Europarats-Liste" mit der „IOC-Liste" erfolgt über ein schriftliches Abstimmungsverfahren, das die Inkraftsetzung einer neuen Liste innerhalb von sechs Wochen gewährleistet.

European Non Governmental Sport Organization (ENGSO)

Es hat sich eine Vereinigung der „Europäischen regierungsunabhängigen Sportorganisationen" (ENGSO) entwickelt (http://www.engso.com). In den frühen 1960er Jahren wurde die Vorgängerorganisation „NGO-Club" als Diskussionsforum ins Leben gerufen. Die Mitglieder des Clubs trafen sich alle zwei Jahre, um gemeinsame sportpolitische Positionen voranzutreiben. Währenddessen führten die staatlichen Sportorganisationen (Regierungen) ihre Treffen im Rahmen des Europarates durch. Nachdem auch die Sportkomitees der osteuropäischen Staaten (Ostblockstaaten) ebenfalls regelmäßige Zusammenkünfte organisierten, wurde eine Kooperation dieser Vereinigungen angestrebt und somit die spätere Europäische Sportkonferenz – die 1973 in Wien gegründet wurde - vorbereitet. 1990 benannte sich der „NGO-Club" um. Daraus entstand die ENGSO. 1995 wurden dann Statuten mit Abhaltung von Generalversammlungen und Wahlen eines Vorstandes (Exekutivkomitees) eingeführt.

Die ENGSO wurde neben der sportpolitischen Funktion nach der Öffnung des „Eisernen Vorhanges" (1989) eine Brücke zu den vormaligen Ostblockstaaten, was sich in einer Steigerung der Mitgliederzahlen ausdrückte. Aus ihr wurde somit eine paneuropäische Sportbewegung. Die ENGSO ist heute die einzige Sportorganisation, die beratende Funktion beim Europarat genießt.

Die Mitglieder der ENGSO repräsentieren heute die nationalen Sportaktivitäten im weitesten Sinne - von Kinder- und Jugend-Sport, über „Sport für alle" Aktivitäten zum Höchstleistungssport (Elitesport).

Die **ENGSO Jugend** (European Non-Governmental Sport Organisation) hat sich insbesondere der Strukturbildung des Jugendsports auf europäischer Ebene verschrieben, vertritt darüber hinaus auch die im Sport organisierte Jugend in allen jugendrelevanten Themen wie bspw. Integration oder Gesundheit auf europäischer Ebene. Die ENGSO Jugend als Jugendorganisation der ENGSO hat 40 Mitgliedsorganisationen die in ihrem Land nationale Dachsportverbände sind. Der Vollversammlung der ENGSO ist immer eine Jugendkonferenz vorgeschaltet, die eine Plattform für den Austausch über nationale Erfahrungen der Jugendarbeit im Sport, insbesondere der Einbeziehung Jugendlicher in die Entscheidungsgremien des Sports ist.

12

Aufgabe

Vergleicht die Entstehungsgeschichte der Dokumente zum Sport in der EU mit anderen politischen Regionen z.B. Amerika. Recherchiert dazu auch im Internet (aber über Wikipedia hinaus; etwa auf den Webseiten der diplomatischen Vertretungen wie www.usa.usembassy.de oder oft auch versteckt unter den einzelnen typischen Sportarten wie Bogenschießen in Japan).

13

Aufgabe

Eine ganz wesentliche Deklaration der Mitgliedstaaten der Europäischen Union betrifft den Sport als Chance für die Jugend. Die Inhalte der bereits im Jahre 2000 veröffentlichten Deklaration sind bemerkenswert und finden sich in den Regierungsprogrammen der verschiedenen Mitgliedstaaten wieder.

Erarbeitet im Team die wesentlichen Inhalte und stellt sie zusammen. Überprüft die Regierungsprogramme, soweit ihr sie im Internet verfügbar habt; zumindest für Österreich ist das leicht möglich.

Tipp: http://www.austria.gv.at/. Seht auch auf den Seiten der verschiedenen poltischen Parteien nach!

Deklaration „Sport als Chance"

Nach Diskussion der grundlegenden Anforderungen an eine zukunftsorientierte Jugendsportpolitik unter dem Motto „Sport als Chance" beschlossen die anwesenden Vertreterinnen und Vertreter der Mitgliedsländer der EU sowie der Beitrittswerberländer die nachstehende Deklaration:

1. Sport ist die größte Jugendbewegung in Europa. Sport sollte daher ein selbstverständlicher Bestandteil aller Jugendprogramme sein, sowohl auf nationaler als auch auf internationaler Ebene. Die Jugend zu fördern heißt, die Zukunft Europas zu fördern.

2. Der Zugang zum Sport sollte für Mädchen und Burschen aller Altersstufen und aller gesellschaftlichen Gruppen offen sein. Die Sportpolitik der Regierungen sollte darauf abzielen, regelmäßige Sportausübung für eine größtmögliche Anzahl von Menschen zu ermöglichen. Sport sollte eine Schlüsselfunktion bei der Integration von Immigranten spielen und zum besseren Verständnis fremder Kulturen beitragen. Gleiche Chancen für Mädchen und Buben, Frauen und Männer müssen gewährleistet werden. Erst wenn die Grundlage für eine spielerisch freudvolle Sportausübung und eine soziale Absicherung sowie für den Fairplay-Gedanken gelegt ist, sollte Leistungsorientierung in den Vordergrund treten. Ungeachtet dessen müssen talentierte Athletinnen und Athleten die Möglichkeit bekommen, ihre Fähigkeiten in der bestmöglichen Weise zu entwickeln.

3. Die Organisationskultur des Sports sollte die Teilnahme von demokratisch legitimierten Jugendvertretern auf allen Ebenen der Entscheidungsprozesse vorsehen. Die Jugend sollte an der Durchführung von Programmen und Projekten aktiv beteiligt sein. Dies macht auch eine Forcierung der Jugendleiterausbildung notwendig.

4. Schul- und Universitätssport bilden den Beginn einer aktiven Lebensgestaltung. Schulsport erfordert an erster Stelle eine ausreichende Anzahl an Turnstunden. Die Schule sollte den Kontakt zwischen Jugendlichen und den örtlichen Sportvereinen mit ihrem jeweiligen Sportangebot herstellen und den Schülerinnen und Schülern die Sportaktivitäten und Sportanlagen der Gemeinden sowie private Sportanbieter bekannt machen.

5. Öffentliche Räume sollten so gestaltet werden, dass dem natürlichen Bewegungsbedürfnis von Kindern und Jugendlichen - auch dem von Behinderten - Rechnung getragen wird. Die Gemeinden sollten für die Errichtung und Erhaltung der entsprechenden Infrastruktur Sorge tragen. Besonderes Augenmerk sollte auf die spezifischen Bedürfnisse der Mädchen gelegt werden, die in ihrer Sportausübung andere Interessen verfolgen als Buben.

6. Maßnahmen sollten getroffen werden, die es jungen Sportlerinnen und Sportlern ermöglichen, ihre Berufsausbildung mit der Ausübung von Wettkampfsport zu verbinden. Der Zugang zur sportlichen Spitzenleistung sollte strukturiert erfolgen, wobei dem Bedürfnis nach einer entsprechenden Vorbereitung für die Berufstätigkeit nach der Sportkarriere Rechnung zu tragen ist. In der Trainerausbildung ist verstärkt darauf zu achten, dass neben der sportlichen Karriere der Athletinnen und Athleten auch ihre Persönlichkeitsentwicklung entsprechend gefördert wird.

7. In ganz Europa ist ein Ansteigen der Jugendarbeitslosigkeit zu verzeichnen. Der Sport sollte im Rahmen seiner Möglichkeiten zur Bewältigung des Problems betragen. Eine Sportpolitik der Zukunft bemüht sich um Sportangebote, die durch entsprechende methodische Aufbereitung Persönlichkeitsdefizite ausgleichen helfen und so eine (Wieder)Eingliederung in die Arbeitswelt erleichtern. Die Möglichkeit zur Sportausübung ist ein entscheidender Faktor bei der Vorbeugung gegen verschiedene Formen von sozial abweichendem Verhalten oder Drogenkonsum.

8. Sport ist die breiteste Jugendbewegung innerhalb der Europäischen Uni on. Daher sollten Vertreter des Jugendsports in allen Jugendgremien der EU vertreten sein. Bei der Vergabe von Finanzmitteln der EU sollten Jugendsportprojekte besonders berücksichtigt werden, und zwar nicht nur im Rahmen der besonderen Fördermittel für den Sport, sondern auch bei den Förderungen, die für Jugend und Bildung vorgesehen sind.

9. Innerhalb der Europäischen Kommission sollten durch verstärkte Zusammenarbeit zwischen der für den Sport zuständigen Generaldirektion GD X mit GD V, zuständig für Beschäftigung, Arbeitsbeziehungen und soziale Angelegenheiten – u. a. auch für die Chancengleichheit von Männern und Frauen –, bzw. GD XXII - Allgemeine und berufliche Bildung, Jugend - Jugendsportprojekte besonders gefördert werden.

10. Die Bedeutung des Jugendsports steht in direktem Zusammenhang mit der gesellschaftlichen Anerkennung des Sports im Allgemeinen. Ein entscheidender Schritt zur Hervorhebung der Bedeutung des Sports besteht in der expliziten Aufnahme des Sports in die Rahmenverträge der Europäischen Union.

Europäische Sport-Konferenz

Sie wurde 1971 ins Leben gerufen und tagt in einem Rhythmus von zwei Jahren, wobei in der Zwischenzeit jeweils zu einzelnen Themen gebildete Arbeitsgruppen Berichte und eventuelle Beschlüsse vorbereiten bzw. umsetzen.
Diese Konferenz war besonders wichtig, solange sie die einzige Plattform darstellte, auf der sich die kommunistisch regierten Länder Osteuropas und die übrigen Länder Europas über sportpolitische Fragen auseinandersetzen konnten. Damit wird auch zugleich deutlich, dass die einzelnen Aktionsfelder zwischen diesen Institutionen abgestimmt werden und weiterhin koordiniert werden müssen.
Die Hauptlinie solcher Vereinbarungen ist damit beschreibbar, dass der Europarat **supranational** tätig bleibt, während innerhalb der Europäischen Sportkonferenz vor allem **bilaterale** Maßnahmen vereinbart werden.

Die Europäische Sport-Konferenz (ESK) ist eine Plattform für die verschiedenen Interessen des europäischen Sportes. Vertreter/innen von nichtstaatlichen Sportorganisationen, staatlichen Sportstellen (Regierungen) und Olympischen Comités können dabei bedeutende sportpolitische Themen diskutieren und Meinungen austauschen. Daneben kommt es hier natürlich zu wegweisenden Standortbestimmungen, die sich in Form von Berichten über Themen wie „Ehrenamtliche Führung und Verwaltung des Sports auf allen Ebenen", „Jugend im europäischen Sport", „Möglichkeiten und Grenzen der Kommerzialisierung und des Medieneinflusses im Sport", „Integration in die Gesellschaft mit den Mitteln des Sports", „Sport für Mädchen und Frauen" niedergeschlagen haben. Europäische Sportkonferenzen finden derzeit in einem Zwei-Jahres-Rhythmus statt. Die erste Sitzung fand 1973 in Wien statt, seither wurden 14 weitere Treffen abgehalten. Von 1995 bis 1999 befand sich das ESK-Sekretariat in Wien. Die 17. Europäische Sportkonferenz (ESK) fand unter dem Motto „The Evolution of Sport in Europe" im September 2005 in Athen statt. Wesentliche Inhalte der ESK waren: European structures, financial components, moral values and ideals, education, sport in art, future tendencies – imagine 2010.

Eine Neuerung war die Integration der Europäischen Arbeitsgruppe „Women and Sport" in die Agenda. Dies diente dazu, ein einheitliches Programm zu schaffen, in welchem diese Arbeitsgruppe eine starke Rolle spielen sollte. 2007 fand die ESK-Tagung in Bukarest statt.

Europa und Sport

14

Aufgabe

Übersetzt in der Gruppe das nachstehende Dokument (Ergebnis einer Verhandlung der Kommission)! Welche Vokabeln waren (allen) gänzlich unbekannt?

EU and the European sports federations

The Amsterdam declaration on Sport stressed the social significance of sport and particularly its role in forging identity and bringing people together.

Subsequently, the Vienna European Council held on 11 and 12 December 1998, „recalling the Declaration on Sport attached to the Treaty of Amsterdam and recognizing the social role of sport", invited the Commission „to submit a report to the Helsinki European Council with a view to safeguarding current sports structures and maintaining the social function of sport within the Community framework".

Following this invitation, numerous consultations were held (Olympic movement, sports federations, sports industries, media, governments and Community institutions) were given ample opportunity to express their views, especially at the „European Union Conference on Sport" organized in Olympia on 20-23 May 1999.
The report presents a Community vision of sport and emphasizes certain ideas:

- Current trends in sport in Europe could undermine its educational and social function. The social function of sport has for several years been eroded by the emergence of new factors which sometimes jeopardize the ethics and traditional values of sport. These factors include violence at stadiums, an increase in doping, corruption, the all-pervasive presence of money, to the detriment of a more balanced development of sport.

- The Community, its Member States and the sporting world in general must reaffirm and consolidate the educational and social function of sport.

- While the Community is keenly aware of the social role of sport, which has all too often been overshadowed by its financial implications, it nevertheless has no direct competence when it comes to sport. It is not therefore in a position to ensure on its own that the current trends observed in sport will not undermine the present structures and social function of sport.

- If the social role of sport is to be maintained, then the various players concerned must abide by a common platform of sporting principles.

The current trends in sport in Europe thus call for a new partnership based on the converging efforts of the European institutions, the Member States and sports organizations. In the spirit of the Helsinki report, it is the Commission's wish to give expression to this new partnership.

1. ROLE OF THE FEDERATIONS

The Commission is accordingly organizing a meeting to be held on 17 April 2000 with the European sports federations. The federations are the organizations most directly concerned by the turn events have taken in sport in Europe. It is therefore primarily up to them to make an effort to adjust to the new economic, social and political climate. European society is changing radically and sport cannot remain oblivious to these changes. This meeting will be an important stage in the process of co-operation and consultation.

It has three aims. These are to: carry out a review of the situation; identify approaches for the future, and define areas of cooperation between the different partners involved.

The Commission would like to have an overview of how the federations carry out their general interest missions and, in particular, how they fulfill their social role. It is willing to take part in a very open discussion on all issues of concern to the sports organizations, the only restriction being that the Commission cannot take any stand on matters currently being investigated.

The areas which would warrant an exchange of views include:

- solidarity (external: between federations, and internal: between different levels of practice)

- training of young people

- support for young people aspiring to

- top level sport (supervision at school, for instance, or opportunities for pursuing a different channel)

- efforts to cater for the disadvantaged categories of the population - the feasibility of clearly defining the role of the federations in order to preserve their regulatory capacity.

2. TACKLING THE PROBLEM OF DOPING

The increasing popularity of sport in re-cent years has also had undesirable effects, the most dangerous of which is undoubtedly the increased use of doping. Doping is a practice which tarnishes the image of sport, directly prejudices the ethical foundation of sport and is detrimental to the health of those practicing sport. In addition, doping is spilling over from the strictly professional sphere into amateur sport. Young people are being asked to compete at the top level at an increasingly earlier age. As things currently stand, the sports associations are not doing enough to take due account of the health of these young people, not to mention the problem of their education.

In line with the wishes of the Vienna European Council, the Commission has thus assembled the Community instruments under an action plan which ranges from regulatory measures – improving information on substances - to the funding of research programme.

The European Commission will invest nearly EUR 15 million to tackle the problem of doping in sport before the end of 2001. In an endeavour to guide the Commission in its fight against doping, the sports federations are invited to give their views on the following points:

- main areas of cooperation between sports federations and the Member States and areas which are the prerogative of the sports federations;

- how to tackle the root causes of doping: too many competitions, the all-pervasive presence of money, unreason-able timetables of events;

- protection of young athletes: absence of medical supervision (idea of a health passport), lack of appropriate information at school;

- need for further effort on the scientific research front and in terms of cooperation with pharmaceutical laboratories.

15

Frage

Welche Einrichtung stellt die ENGSO dar?
Die Europäische Kommission unterstreicht die Wichtigkeit der Europäischen Sportkonferenz für den Dialog und den Erfahrungsaustausch. Welche Rolle spielt die Europäische Sportkonferenz?
Welche Aufgabe entsteht der EU in der Bekämpfung des Dopings und in der Dopingprävention? Versuche auch zu klären, welche Einrichtungen Österreich dafür geschaffen hat.

Sport und Medien in Europa

Die audiovisuellen Medien als Kommunikationsmittel sind fester Bestandteil der EU-Politik, seitdem sie 1992 im Vertrag über die Europäische Union erstmals ausdrücklich genannt wurden. Sowohl der Sport als auch die Medien haben eine gesellschaftliche und eine kulturelle Funktion und geben auf nationaler wie auf internationaler Ebene Anlass zu Kommunikation und Unterhaltung. Darüber hinaus haben beide Bereiche, der Sport und die Medien, einen hohen Stellenwert für die Wirtschaft der europäischen Länder. Die EU muss daher Untersuchungen anstellen und gegebenenfalls auch Regelungen beschließen, wie beispielsweise die „Fernsehen-ohne-Grenzen"-Richtlinie. Die Europäische Kommission prüft ebenfalls den neuen Markt des Internet-Streaming (Fernsehen im Internet) von beliebten Sportereignissen.

EU-Richtlinie „Schleichwerbung"

2007 hat das Europaparlament hat eine Richtlinie verabschiedet, wonach sogenanntes „Product Placement" unter Auflagen erlaubt ist. Künftig dürfen Sendungen alle 30 Minuten für Werbung unterbrochen werden. Mit dem neuen Gesetz werden erstmals EU-weite Regeln für Schleichwerbung festgelegt. Danach können Markenprodukte künftig gegen Bezahlung in Fernsehfilmen, Serien sowie Sport- und Unterhaltungssendungen gezeigt oder ausdrücklich genannt werden. Allerdings muss zu Beginn und Ende einer Sendung sowie nach jeder Werbepause durch ein eingeblendetes Signal auf diese Werbeform hingewiesen werden. In Kindersendungen, Dokumentarfilmen oder Nachrichten ist diese Form der Werbung auch künftig untersagt. Insgesamt dürfen Werbe-Einlagen aber nicht mehr als zwölf Minuten pro Stunde dauern.

EU-Richtlinie „Fernsehen ohne Grenzen"

Wichtige Sportveranstaltungen sind Ereignisse, die die Europäer zusammenbringen. Es ist deshalb von allgemeinem Interesse, dass alle Fernsehzuschauer diese Veranstaltungen empfangen können, wie es die Richtlinie „Fernsehen ohne Grenzen" ermöglicht.

Die Mitgliedstaaten, die von Artikel 3a der **Richtlinie „Fernsehen ohne Grenzen"** Gebrauch machen wollen, müssen der Europäischen Kommission ihr nationales Verzeichnis mitteilen. Durch die Entscheidung der Kommission wird dann sichergestellt, dass das nationale Verzeichnis und die dafür geltenden Umsetzungsbedingungen für alle europäischen Fernsehveranstalter gelten, die die Rechte zur Übertragung dieser Ereignisse erwerben könnten.

Die Kommission hat 2008 das von Finnland mitgeteilte Verzeichnis von Großveranstaltungen genehmigt. Finnland ist somit der siebente Mitgliedstaat der Europäischen Union (nach **Österreich**, Belgien, Deutschland, Irland, Italien und dem UK), der es den Fernsehzuschauern ermöglicht, Übertragungen wichtiger Veranstaltungen gemäß der Richtlinie „Fernsehen ohne Grenzen" im frei empfangbaren Fernsehen mit zu verfolgen.

Unabhängig davon, welcher Mitgliedstaat die Rechtshoheit über sie ausübt, müssen die Fernsehveranstalter, die über Exklusivrechte für die Übertragung der in diesen Verzeichnissen aufgeführten Veranstaltungen verfügen, gewährleisten, dass die Öffentlichkeit in breitem Umfang Zugang zu unverschlüsselten Ausstrahlungen wichtiger Veranstaltungen erhält, zu denen auch Sportereignisse zählen: Außer den klassischen Großveranstaltungen wie Olympische Winter- und Sommerspiele, Fußballweltmeisterschaft und Fußballeuropameisterschaft umfasst das Verzeichnis auch andere Sportveranstaltungen wie die Eishockeyweltmeisterschaft, die Nordische Skiweltmeisterschaft (Skilanglauf, Skispringen und Nordische Kombination), die Leichtathletik-Weltmeisterschaft und die Leichtathletik-Europameisterschaft.

Einzelvermarktung und gemeinsame Vermarktung

Die **Vermarktung von Fernsehrechten** ist ein lukratives Geschäft und entscheidend für die wirtschaftliche Situation vieler Sportvereine. In der EU gibt es unterschiedliche Regelungen und Praktiken wie die Rechte vermarktet werden, nämlich **einzeln** durch den jeweiligen Klub oder **gemeinschaftlich** durch den Verband oder die Liga, beziehungsweise den Turnierveranstalter (wie im Fall der UEFA-Champions-League).

Prominente Beispiele für die **Einzelvermarktung** finden sich vor allem in Spanien. So hat der spanische Konzern Mediapro, zu dem auch der Fernsehsender La Sexta gehört, Verträge mit Real Madrid und dem FC Barcelona abgeschlossen, die beiden Vereinen von 2008 bis zur Saison 2012/2013 jeweils rund eine Milliarde Euro einbringen. Der Rechte-Verkauf dürfte den beiden Top-Clubs den Einkauf zahlreicher Spitzenspieler erlauben und die Vormachtstellung der beiden Vereine in Spanien und die Position in der Champions-League weiter stärken.

Die Alternative zur Einzelvermarktung ist aus kartellrechtlicher Sicht aber auch nicht unproblematisch, da sie dem jeweiligen Verband eine Quasi-Monopolstellung verschafft, aber andererseits sorgt die **gemeinsame Vermarktung** der Rechte dafür, dass nicht nur die Spitzenvereine von den Einnahmen profitieren.

Die EU-Kommission akzeptiert daher die gemeinschaftliche Vermarktung, insofern es sich nicht um Einzelspiele, sondern um ein Gesamtturnier beziehungsweise eine Liga handelt. Außerdem müssen die Rechte für die unterschiedlichen Verbreitungsformen gesondert vergeben werden.

In Zukunft dürften nämlich Web-TV und Web-Radio (Streaming Media, d.h. aus einem Rechnernetz empfangene und gleichzeitig wiedergegebene Audio- und Videodaten) sowie Mobiltelefone mit TV-Empfang als Vertriebsmedien immer wichtiger werden.

Der Streit, ob etwa Fußballvereine ihre Spiele selbst vermarkten dürfen oder nicht, zieht sich durch ganz Europa. So hatte etwa der FC Bayern München gefordert, dass auch spanische und italienische Vereine einer Zentralvermarktung unterworfen werden müssten. Es sei ungerecht, dass Clubs wie Real Madrid oder der AC Mailand über die Eigenvermarktung sehr viel mehr Geld als der FC Bayern einnehmen können. Da sich eine Zwangs-Zentralvermarktung auf europäischer Ebene aber so gut wie gar nicht durchsetzen lässt, fordert der FC Bayern München nun zumindest eine Überprüfung des Verteilungsschlüssels – natürlich zu Gunsten des FC Bayern, der 2008 rund 25 Millionen Euro aus dem Bundesliga-TV-Topf erhält.

Ein juristischer Vorstoß des TV-Imperiums von Rupert Murdoch (ein weltweit agierender Medienkonzern, der zahlreiche Beteiligungen an Film- und Fernsehunternehmen, Zeitungs- und Buchverlagen und sogar eine Baseball-Mannschaft (Los Angeles Dodgers) besitzt) zielt darauf ab, die zentrale Vermarktung von Fußball-Fernsehrechten für europarechtswidrig erklären zu lassen.

Literatur

BLANPAIN Roger, The future of sports law in the European Union beyond the EU reform treaty and the White Paper. Kluwer Law Int., The Hague 2008
BLECKING Diethelm, Sport bewegt Europa, Beiträge zur interkulturellen Verständigung, Schneider-Verl. Hohengehren, Baltmannsweiler 2006
DIMITROV D./HELMENSTEIN A./KLEISSNER, B./MOSER J. Schindler, Die makroökonomische Effekte des Sports in Europa, Studie im Auftrag des Bundeskanzleramts, Sektion Sport, Wien 2006.
EDER Markus, TV-Sportberichterstattung im Lichte des österreichischen Rechts und des Gemeinschaftsrechts. Unveröffentlichte Diplomarbeit der Universität Graz, 2007
GRADL Martin, Sport im Aufgabenfeld der EU, unveröff. Diss. Universität Wien 2007
KLOSE Martin: Die Rolle des Sports bei der Europäischen Einigung – Zum Problem von Ausländersperrklauseln. Tübinger Schriften zum internationalen und europäischen Recht 20, 1989
QUIRLING Christian, Die Nach-Bosman-Ära, Frankfurt am Main ; Wien 2005
SCHAUER Georg: Wirtschaftliche, rechtliche und organisatorische Auswirkungen des europäischen Integrationsprozesses auf den Sport in Österreich unter besonderer Berücksichtigung des Sportmanagements. Unveröffentlichte Diss. Universität Wien 1994
SIEKMANN Robert C. R. / SOEK Janwillem, The Council of Europe and Sport, Basic Dokuments. The Hague 2007
SULZBACHER Michael, Die Europäische Union und Sport. Unveröffentlichtes Manuskript im Rahmen der Sportmanagementausbildung der BSO. Wien o.J.
TETTINGER Peter J. (Hrsg.), Sport im Schnittfeld von europäischem Gemeinschaftsrecht und nationalem Recht. Boorberg, Stuttgart 2001
TOKARSKI Walter / STEINBACH Dirk: Spuren - Sportpolitik und Sportstrukturen der Europäischen Union. Edition Sport & Freizeit, Band 6. Meyer und Meyer, Aachen 2001
WUGGENIG Elisabeth Eva, Der Sport in der Europäischen Union. Unveröffentlichtes Manuskript der Universität Graz 2003
WÜRTH Sabine (Hrsg.), Sport in Europa. (Abstracts); 17. Sportwissenschaftlicher Hochschultag der Deutschen Vereinigung für Sportwissenschaft vom 22. - 24. September 2005 in Leipzig, Czwalina, Hamburg 2005

Rauchen, Alkohol und Sport

Rauchen – Überblick

Zigarettenrauch ist die ärgste private Luftverschmutzung. Im Rauch befindet sich ein Gemisch von über **10000 Chemikalien**, von denen rund **60 krebserregende** sind. Das Ergebnis von mehr als einer halben Million Untersuchungen (!) fasste die WHO 1988 in einem Satz zusammen: **Durch keine andere Einzelmaßnahme könnten mehr Menschenleben gerettet und mehr Krankheiten verhindert werden, als durch Nicht-Rauchen.** Seitdem die gesundheitsschädigenden Folgen des Rauchens sowie des **Passivrauchens** durch wissenschaftliche Untersuchungen belegt sind, wird dieses Problem in der öffentlichen Debatte verstärkt wahrgenommen und diskutiert. Schauen wir uns zunächst einige Statistiken zum Thema rauchen an.

1

Aufgabe

In Abb. 19.1 siehst du das Einstiegsalter beim Rauchen. In Abb. 19.2 siehst du die statistische Verteilung der regelmäßigen Raucher/innen nach Alter, Geschlecht und Bildung. Was sind die Hauptaussagen? Diskutiere die Ergebnisse. Wie sieht es im Vergleich dazu in der Klasse aus?

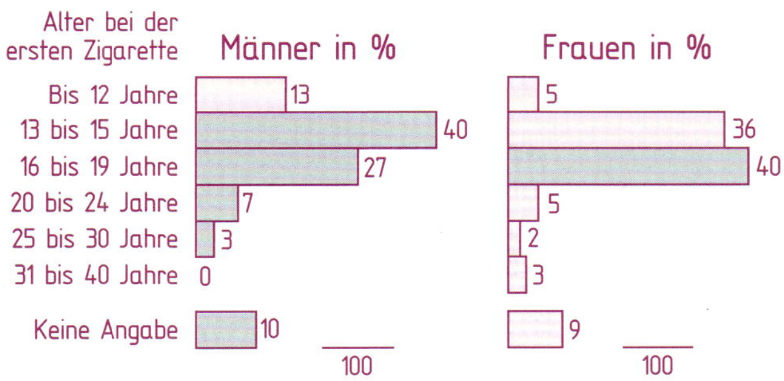

Abb. 19.1: *Antworten auf die Frage: „In welchem Alter haben Sie Ihre erste Zigarette geraucht." (Quelle Spectra 2008).*

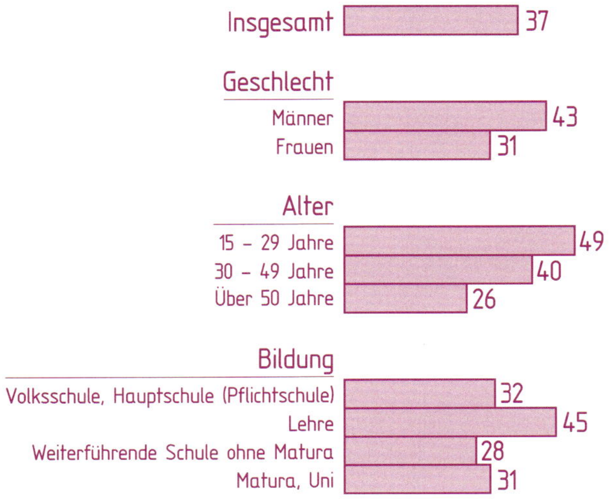

Abb. 19.2: *Insgesamt rauchen etwa 37% der Österreicher/innen regelmäßig. (Quelle Spectra 2008).*

2

Frage

Im Folgenden sind die effektivsten Antitabak-Maßnahmen aufgelistet:

- Preiserhöhungen: Steuern, Mindestpreise
- Rauchverbote in öffentlich zugänglichen Räumen
- Konsumenteninformation
- Werbe- und Sponsoringverbote
- Gesundheitswarnungen auf Tabakprodukten
- Entwöhnungshilfe für aufhörwillige Raucher

Welche dieser Maßnahmen werden davon in Österreich umgesetzt? Überlege zuerst selbst und hilf dir dann mit Tab. 19.1. Diese zeigt über Punktevergabe die Tabakkontrollmaßnahmen in Europa (Stand 2007). Schaue im Internet nach, ob du neueste Information zu diesem Thema findest.

Rank	Country	Price (30)	Public place bans (22)	Public info. Campaign spending (15)	Advertising bans (13)	Health warnings (10)	Treat-ment (10)	Total (100)
1	UK	30	21	15	11	6	10	93
2	Ireland	23	21	3	12	6	9	74
2	Iceland	22	17	14	13	6	2	74
4	Norway	22	17	4	13	6	4	66
5	Malta	22	17	3	12	7	1	62
6	Sweden	19	15	1	13	6	7	61
7	France	21	12	3	11	6	6	59
8	Finland	17	12	2	13	7	7	58
8	Belgium	16	13	3	12	9	5	58
10	Italy	17	17	1	10	6	6	57
11	Estonia	11	13	5	13	6	8	56
12	Spain	12	15	5	12	6	5	55
13	Bulgaria	22	8	0	12	6	6	54
14	Netherlands	14	9	4	12	6	5	50
14	Romania	18	8	1	12	6	5	50
14	Poland	14	12	0	12	6	6	50
17	Slovakia	17	8	0	11	6	6	48
18	Switzerland	14	6	10	4	6	7	47
18	Cypros	17	6		12	6	5	46
20	Denmark	16	3	3	10	6	7	45
21	Lithuania	10	14		10	6	4	44
22	Hungary	14	6		10	6	7	43
23	Portugal	20	5		10	6	1	42
24	Latvia	9	12	4	9	6	1	41
25	Czeck. Rep.	13	6	0	10	6	5	40
25	Slovenia	12	6	0	12	6	4	40
27	Germany	19	2	0	5	6	5	37
28	Greece	15	7	0	4	6	4	36
28	Luxembourg	6	11	0	9	7	3	36
30	Austria	13	4	0	9	6	3	35

Tab. 19.1 *(Anm.: Unter public place bans wird gemeint, dass Rauchen in öffentlichen Bereichen verboten ist.) Da 2007 in Österreich das Rauchen an fast allen öffentlichen Plätzen erlaubt war, ergibt sich daraus die schlechte Platzierung.*

3

Aufgabe

Tab. 19.2 zeigt eine „Kosten-Nutzen- Rechnung" des Rauchens. Interpretiere diese Aufstellung!

		Beiträge pro Jahr *) in Mio. Euro
Fiskalischer Nutzen	Tabaksteuer	1.087,3
	Alters- abzgl. Wittwenpensionen	45,1
		1.132,4
Kosten	Arbeitsausfall	1.433,9
	Gesundheitsausgaben	53,7
	Invaliditätspensionen	39,9
	Krankengeld	9,0
	Pflegegeld	26,2
	Hypothetische Kompensationszahlung an Passivraucher	81,0
		1.643,7
	Kosten pro Jahr	**–511,3**
	davon aufgrund von Passivrauchen	**118,6**

*) annuisierte Ergebnisse des Lebenszyklus-Modells, Basis 2003

Tab. 19.2: *Volkswirtschaftliche Aspekte des Tabakrauchens in Österreich. Die Schätzungen stellen die untere Grenze der Kosten dar.*

19 Rauchen, Alkohol und Sport

4 Frage

Was meinst du, wie viele Menschen in Österreich pro Jahr an den Folgen des Rauchens sterben? Und wie viele Menschen sterben jedes Jahr an den Folgen des Passivrauchens? Wie viele Menschen sterben im Straßenverkehr?

Wie sieht es mit den **Rauchgewohnheiten der Österreicher/innen** aus? Abb. 19.1 zeigt, dass das Haupteinstiegsalter zwischen 13 und 19 Jahren liegt. Erschreckend ist, dass bereits mehr als ein Drittel aller 13 bis 15-Jährigen zumindest einmal das Rauchen probiert hat. Rund ein Fünftel bis ein Sechstel aus dieser Altergruppe raucht danach regelmäßig (Quelle: Spectra 2008). Das heißt, dass die Hälfte der Jugendlichen, die das Rauchen probieren, auch dabei bleiben.

Es fällt auf, dass mehr Frauen als Männer rauchen. Das ist ein Trend, der im Wesentlichen seit den 1990ern zu beobachten ist. Außerdem kann man erkennen, dass es keine Zusammenhänge zwischen Rauchen und Schulbildung gibt. Rauchen ist also ein problematisches Suchtverhalten in allen Gesellschaftsschichten.

Man rechnet damit, dass in Österreich etwa **10.000 Menschen jährlich** an den **Folgen des Tabakkonsums** sterben. Da jährlich etwa 80.000 Österreicher sterben, ist also rund **jeder achte Todesfall** eine Folge des Rauchens! Weiters geht man davon aus, dass in Österreich jährlich etwa 1.000 Menschen an den Folgen von Passivrauchen sterben (*Know-how Passivrauchen*). Zum Vergleich: Im Straßenverkehr starben 2007 knapp 700 Menschen.

Passivrauchen KNOW-HOW

Passivrauchen

Passivrauchen ist die **Inhalation** von **Tabakrauch** aus der **Raumluft**. Sowohl Tierexperimente als auch **epidemologische** Studien geben Hinweise darauf, dass Passivrauchen ein Gesundheitsrisiko darstellt. Das gilt insbesondere für solche Passivraucher, die dauerhaft den Schadstoffen ausgesetzt sind. Passivrauch gilt als **das schädlichste Wohngift**.

Zu 80 Prozent besteht der Tabakrauch aus dem sogenannten **Nebenstromrauch**, der sich zwischen den Zügen entwickelt. Dieser wird vom glimmenden Ende einer Zigarette abgegeben. **Hauptstromrauch** entsteht bei **950 °C** und Nebenstromrauch bei **500 °C**. Deshalb setzt Nebenstromrauch mehr giftige und krebserregende Stoffe frei.

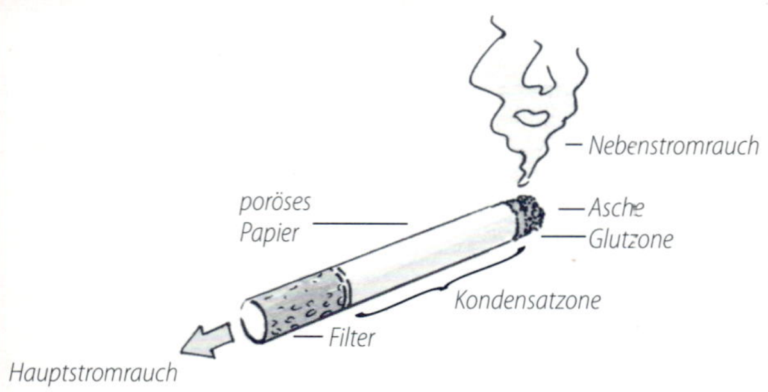

Abb. 19.3: *Haupt- und Nebenstromrauch einer Zigarette*

Punkto **Antitabak-Maßnahmen** ist Österreich eines der Schlussländer in Europa (siehe Tab. 19.1; Stand 2008). Die Europäische Union erteilte Österreich bereits im Jahr 2000 eine Rüge wegen mangelnder Antitabak-Maßnahmen. „Österreich muss dringend Aktivitäten setzen, um die Einstellung der Bevölkerung drastisch zu ändern", hieß es in einer Studie der EU-Krebskommission. Das alarmierende Ergebnis dieser Studie war, dass in Österreich für Raucher/innen die größte Akzeptanz in der gesamten EU herrscht. Leider sind bis heute (Stand 2008) noch zu wenige Antitabak-Maßnahmen umgesetzt. Österreich befindet sich immer noch im absoluten Hinterfeld (siehe Tab. 19.1; *Know-how Irland*).

Irland KNOW-HOW

Irland

Abb. 19.4

In **Irland** gibt es seit 1. April 2004 ein **generelles Rauchverbot in öffentlichen geschlossenen Räumen** und zum Schutz der Arbeitnehmer/innen **an allen Arbeitsplätzen**, also auch in allen **Pubs** und Restaurants. Es drohen bei Verstößen Geldbußen bis 3.000 Euro. Irland war das **erste Land der Welt**, das ein solches Rauchverbot eingeführt hat.

Die Einführung wurde von einer **umfassenden Gesundheitskampagne** begleitet, in deren Verlauf es Rauchern und Raucherinnen durch staatlich unterstützte Hilfsmaßnahmen leichter gemacht werden soll, den Ausstieg zu schaffen. Innerhalb weniger Monate erhöhte sich die Akzeptanz für das Rauchverbot auf 80 %, und vielfach wurde das Gesetz als das beste der im Amt befindlichen Regierung gelobt. Die strikte Anti-Rauch-Politik hat dazu geführt, dass insgesamt weniger Iren und Irinnen rauchen. Der Anteil jugendlicher Raucher/innen ist allerdings gestiegen.

Während man früher eher davon ausgegangen ist, dass Rauchen über die Tabaksteuer unter dem Strich dem Staat Geld bringt, zeigen aktuelle Schätzungen, dass auf Grund der Erkrankungen durch Rauchen die Ausgaben weit über den Einnahmen liegen (siehe Tab. 19.2).

Weder aus ethischer, noch aus ökonomischer Sicht ist die gesellschaftliche Toleranz des Konsums von Tabakwaren gerechtfertigt. Besonders schwer wiegen die gesundheitlichen Folgen durch Passivrauch. Das langfristige Ziel, das aber wahrscheinlich nicht leicht zu erreichen ist, wäre eine rauchfreie Gesellschaft. Kurzfristige Ziele wären eine umfassende Mischung aus effektiven Antitabak-Maßnahmen (siehe Aufgabe 19.2). Das Beispiel Irland zeigt, dass sich Rauchverbote sehr günstig auf das Rauchverhalten der Bevölkerung auswirken können.

Giftstoffe im Rauch und ihre Wirkung

5

Frage

Welche schädlichen Stoffe aus dem Tabakrauch sind dir bekannt? Welche Wirkungen haben sie?

6

Frage

In Tab. 19.3 sieht du das relative Sterberisiko bei verschiedenen Krebsarten für Raucher und Raucherinnen. Das Sterberisiko für Nichtraucher/innen beträgt jeweils 1. Von welchen Krebsarten sind Raucher/innen besonders stark betroffen?

Krebsarten	Relatives Sterberisiko für Raucher/innen	
	Männer	Frauen
Lungenkrebs	22,4	11,9
Kehlkopfkrebs	10,5	17,8
Mundhöhlenkrebs	27,5	5,6
Speiseröhrenkrebs	7,6	10,3
Bauchspeicheldrüsenkrebs	2,1	2,3
Harnblasenkrebs	2,9	2,6
Nierenkrebs	3,0	1,4
Magenkrebs	1,5	1,5
Leukämie	2,0	2,0

Tab. 19.3: *Relatives Sterberisiko von Raucher/innen im Vergleich mit Nichtraucher/innen. Das relative Sterberisiko der Nichtraucher/innen beträgt 1. (Quelle: Stat. Bundesamt Wiesbaden).*

Dass Tabakrauch die Lungenfunktionen stark einschränkt und nachhaltig schadhaft verändert dürfte inzwischen allgemein bekannt sein. Im menschlichen Organismus gibt es kaum ein Organsystem, das durch Rauchen nicht geschädigt wird. Vergleicht man die Lebenserwartung von Rauchern/Raucherinnen mir jener von Nichtrauchern/Nichtraucherinnen und bezieht die Anzahl der gerauchten Zigaretten mit ein, dann kann man abschätzen, **dass jede Zigarette statistisch gesehen das Leben um 10 bis 15 Minuten verkürzt.**

Rauchen begünstigt viele verschiedene Krankheiten (z.B.: Krebs; Herzinfarkt, Schlaganfall, Raucherbein, Asthma, Bronchitis u. a.), die hier nicht alle aufgezählt werden können. Vor allem wird aber das Risiko erhöht, an **Krebs** (Fehlregulationen des Zellwachstums führen zu bösartigen Tomorbildungen) zu erkranken. Besonders drastisch ist das bei Lungenkrebs. Das Risiko, dass ein/e Raucher/in an Lungenkrebs stirbt, ist mindestens 10-mal so groß, wie bei einem/einer Nichtraucher/in. Das führt dazu, dass 80 bis 90 % aller Lungenkrebserkrankten Raucher/innen sind.
Ein großes Gesundheitsrisiko wird auch durch die vom Rauchen begünstigte **Gefäßverkalkung** ausgelöst (siehe S. 171). Das führt zu einer Erhöhung des Risikos, einen Herzinfarkt oder einen Schlaganfall zu erleiden. Rauchende Mütter gefährden bereits in der Schwangerschaft das heranwachsende Baby (*Know-how Rauchen und Schwangerschaft*).

KNOW-HOW

Rauchen und Schwangerschaft

Schon **vor Beginn einer Schwangerschaft** kann der Nikotinkonsum gesundheitliche Folgen haben. Rauchen verschlechtert nämlich die Qualität der Spermien und reduziert die Anzahl der lebensfähigen Samenzellen. Außerdem ist die Chance für Raucherinnen auf die erfolgreiche Durchführung einer künstlichen Befruchtung deutlich geringer als bei abstinenten Frauen.
Im Folgenden eine Auflistung von Problemen, die durch Rauchen oder Passivrauchen in der Schwangerschaft häufiger also sonst auftreten können: Fehlgeburten, vorzeitige Plazenta-Ablösungen, Missbildungen und Unterentwicklungen des Kindes, schlechtere Gehirnentwicklung, Tendenzen zu Allergien und Asthma, erhöhtes Risiko für „Plötzlichen Kindstod" und erhöhtes Leukämierisiko.

Es gibt im Rauch über 10000 verschiedene chemische Substanzen, die man nach ihrer Wirkungsweise in vier Gruppen einteilen kann (*Know-how Schadstoffe im Rauch*). Für die körperliche und sportliche Leistungsfähigkeit spielen vor allem **Kohlenstoffmonoxid** und das **Nikotin** eine wichtige Rolle. Deshalb werden wir uns mit diesen beiden Stoffen näher beschäftigen.

Rauchen, Alkohol und Sport

KNOW-HOW Schadstoffe im Rauch

Schadstoffe im Rauch

Die im Zigarettenrauch enthaltenen Stoffe kann man in vier Gruppen einteilen.

1) Kanzerogene Substanzen (Krebserzeuger)

Tabakrauch enthält eine Fülle **krebserzeugender Substanzen** (siehe auch Tab. 19.3). Diese reicht von toxischen **Schwermetallen** wie etwa **Cadmium** über **Blutgifte** wie Benzol bis hin zu **Teerpartikeln**. Auch Spuren radioaktiver Schwermetalle (**Polonium**) sowie des Gases **Radon** kommen unter Umständen im Tabak vor, je nach Sorte und der verwendeten Düngemittel. Partikel von Düngemittel (z. B. Calciumphosphat) bleiben an der haarigen Unterseite der Tabakblätter kleben. Da zunehmend Phosphat als Düngemittel eingesetzt wird, finden sich Spuren von Radon und Polonium im Tabak. Calciumphosphaterz sammelt nämlich Uran an, das Radon und Polonium freigibt.

2) Neurotoxische Substanzen (Nervengifte)

Nikotin stellt den eigentlich wirksamen, psychoaktiven Bestandteil des **Tabaks** dar. Es ist eine ölige, farblose Flüssigkeit. Nikotin gehört zur Gruppe der narkotisch wirkenden Drogen und Nervengifte. Es gehört, wie auch das Koffein, zu den Alkaloiden.

3) Bluttoxische Substanzen (Hämoglobinblocker)

Hierzu zählt in erster Linie das **Kohlenstoffmonoxid** (CO), ein farb- und geruchloses **Giftgas**. Es entsteht bei der unvollständigen Verbrennung des Tabaks in Spuren und bindet sich beim Inhalieren an den roten Blutfarbstoff **Hämoglobin**.

4) Reizende Substanzen

Diese bewirken eine Verlangsamung des Selbstreinigungssystems der **Bronchien**, was dazu führt, dass sich bei regelmäßiger Teerzufuhr eine **chronische Bronchitis** („Raucherhusten") entwickelt, der auch nach sofortigem völligen Beenden des Rauchens noch monate- bis jahrelang anhalten kann. Zu reizenden Substanzen gehören etwa die Gase **Ammoniak** (NH_3) und die **Stickstoffoxide** (NO, NO_2). Die Stickstoffoxide stehen zudem unter dem Verdacht, zusätzlich krebserregend zu sein (Punkt 1).

Kohlenstoffmonoxid (CO)

7

Frage

Rauchern/Raucherinnen geht beim Sport viel schneller die Luft aus. Warum?

8

Frage

Was versteht man unter akut und chronisch?

9

Frage

Was ist Hämoglobin und wofür ist es verantwortlich?

10

Frage

Welcher Zusammenhang besteht zwischen fetter Ernährung und Gefäßverkalkung? Lies nach in Kap. 15, S. 119.

Als **Hämoglobin** (Hb) bezeichnet man den **eisenhaltigen roten Blutfarbstoff** in den **roten Blutkörperchen** des Menschen. Er ist für den Sauerstofftransport im Körper verantwortlich.

Die **akute, also kurzfristige Wirkung von CO** besteht in seiner Bindung an das Hämoglobin, die 245-mal stärker ist als die von Sauerstoff. Im Blut eines/einer Rauchers/Raucherin finden sich je nach Zigarettenkonsum akute **CO-Hämoglobinwerte** von 5 bis 25 %. Das bedeutet also, dass bis zu einem Viertel des Hämoglobins von CO besetzt ist! Die Normalwerte bei Nichtraucher/innen liegen jedoch unter 1%. Das mit CO besetzte Hämoglobin entfällt in der Folge natürlich für den Sauerstofftransport. Raucher/innen beginnen daher bei Ausdauerleistungen wesentlich schneller zu keuchen.

Nach etwa vier Stunden Rauchabstinenz ist der Wert des CO-Hämoglobins jedoch wieder auf ungefähr die Hälfte abgesunken. Die akute Wirkung des CO im Tabakrauch ist also zwar unangenehm, aber nicht wirklich gefährlich.

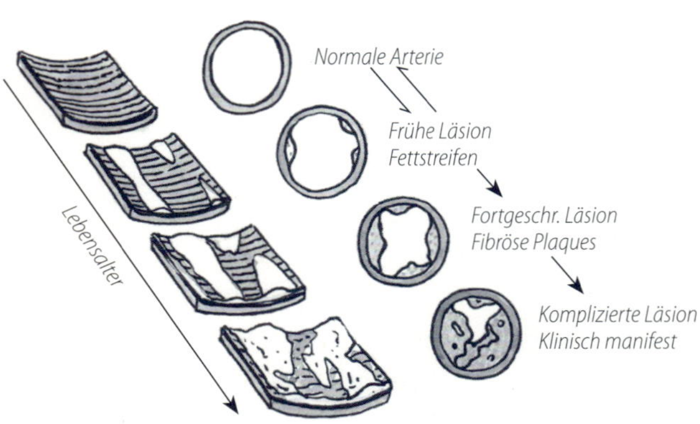

Abb. 19.5: *Stadien der Gefäßverkalkung (Arteriosklerose) im Laufe des Lebens: Läsion ist eine allgemeine Bezeichnung für eine Schädigung einer Struktur. Fibröse Plaques sind aus Bindegewebe bestehende „Platten". Klinisch manifest bedeutet, dass das Krankheitsbild bereits sehr deutlich ausgeprägt ist.*

Anders ist es aber bei der **chronischen Wirkung** von CO. Sie bewirkt eine **Schädigung der Innenwand der Gefäße**, dem so genannten Endothel, was vor allem für die Entwicklung degenerativer Herz-Kreislauf-Erkrankungen eine Rolle spielt. Das Rauchen ist daher neben zu fetter Ernährung (siehe *Know-how Cholesterin-Hypothese*, S. 119) ein primärer Risikofaktor, der direkt für die **Gefäßverkalkung** verantwortlich ist. Verkalkte Gefäße (Abb. 19.5 und 19.6) führen auf Grund des geringeren Querschnitts zunächst zu einem erhöhten Blutdruck, in späterer Folge auch zu Herzinfarkt oder Schlaganfall.

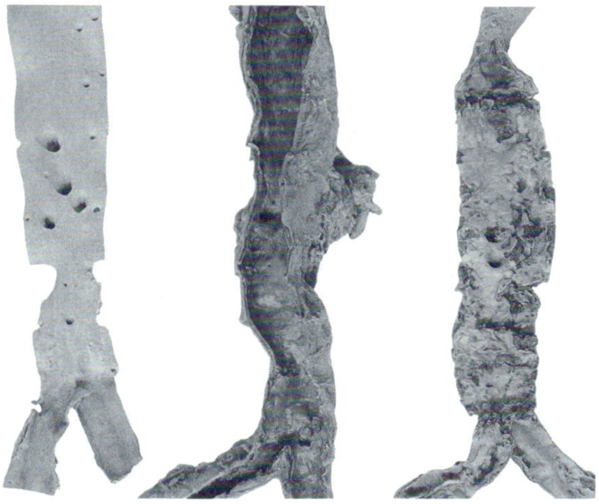

Abb. 19.6: *Innenwand einer normalen Hauptschlagader (links) im Vergleich zu Hauptschlagadern mit Arterienverkalkung unterschiedlicher Ausprägung. Aus: Katalog zur Ausstellung „Körperwelten", S. 87 f.*

Nikotin

11

Frage

Abb. 19.7 zeigt einige körperliche Veränderungen durch das Rauchen einer einzigen Zigarette. Welche Veränderungen sind das?

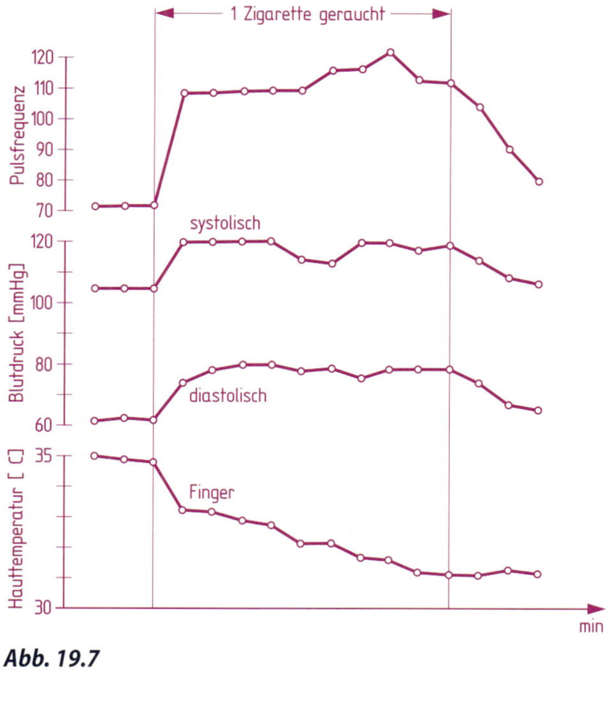

Abb. 19.7

12

Frage

Der Blutdruck wird in mmHg gemessen. Was versteht man darunter? Was bedeuten diastolischer und systolischer Blutdruck? Wie funktioniert eine Blutdruckmessung?

13

Frage

Was ist Cholesterin? Welche Arten kann man unterscheiden? Welche Nahrungsmittel haben einen hohen Cholesteringehalt? Was sind die Richtwerte für den Cholesterinspiegel im Blut? Lies nach auf S. 119 in Kap. 15.

Nikotin stellt den eigentlich wirksamen, **psychoaktiven Bestandteil** des **Tabaks** dar. Nikotin ist eine narkotisch wirkende Droge und ein Nervengift.

Physiologische Wirkungen

In kleinen Konzentrationen hat Nikotin einen stimulierenden Effekt. Nachdem es in den Blutkreislauf gelangt, fördert es die Ausschüttung des Hormons Adrenalin (siehe Tab. 9.1, S. 70) und beschleunigt somit den Herzschlag und erhöht den Blutdruck (Abb. 19.8; *Know-how Blutdruck und Blutdruckmessung*). Das Rauchen einer einzigen Zigarette kann die Herzfrequenz je nach individueller Reaktionslage und Gewöhnungsgrad um 10 bis 50 Schläge pro Minute erhöhen, ein Effekt, der innerhalb von 15 bis 45 Minuten zurückgeht und nach 2 bis 3 Stunden nicht mehr nachweisbar ist.

Rauchen hat also eine **aufputschende Wirkung**. Diese stimulierende Wirkung ist aber nur von kurzer Dauer. Chronisches Zigarettenrauchen, etwa bei langen Autofahrten, führt ähnlich wie übermäßiges Kaffeetrinken langfristig zu zentralen Ermüdungserscheinungen.

Nikotin führt auch zu einer Steigerung der Aktivität der Schilddrüse und damit zu einer **allgemeinen Stoffwechselsteigerung**. Der Grundumsatz wird dadurch erhöht, und man oxidiert mehr Nährstoffe. Außerdem verringert sich der Appetit und es kommt zu einer Steigerung der Magensaftproduktion und zu einer erhöhten Darmtätigkeit. Diese Umstände führen dazu, dass Personen, die mit dem Rauchen aufhören, oft an Gewicht zulegen.

Weiters verengt Nikotin die Arterien der Haut, was zu einem **Absinken vor allem der Fingertemperatur** führt (Abb. 19.7). Bereits beim Rauchen einer Zigarette kann die Temperatur im Bereich der Finger bis zu 4 Grad innerhalb weniger Minuten absinken, wobei die Wirkung einige Stunden anhält.
Diese gefäßverengende Wirkung ist insbesondere bei verschiedenen peripheren Durchblutungserkrankungen von Bedeutung, aber auch bei einer bereits bestehenden Verkalkung der Gefäße, vor allem der Herzkranzgefäße. Die gesteigerte Herzfrequenz und der durch die Gefäßver-

engung erhöhte Blutdruck führen zu einer vergrößerten Beanspruchung des Herzens mit entsprechend erhöhtem Sauerstoffbedarf. **Ein Herzinfarkt kann durch das Rauchen einer Zigarette ausgelöst werden.**

Chronisch, also langfristig kommt es durch das Nikotin zu einem **Abfall des HDL-Cholesterins** und zu einem Anstieg des Gesamt-Cholesterins (siehe S. 119, Kap. 15). Gemeinsam mit der chronischen Wirkung von CO führt das daher zu einer schnelleren Verkalkung der Arterien (siehe Abb. 19.5).

Toxische Wirkungen

Eine Zigarette enthält deutlich mehr Nikotin als auf der Verpackung angegeben ist, denn die dortigen Angaben beziehen sich auf die Menge Nikotin im Rauch einer Zigarette. Die **tödliche Dosis** für einen erwachsenen Menschen liegt bei etwa einem Milligramm pro Kilogramm Körpergewicht. **Damit ist Nikotin giftiger als Arsen oder Zyankali.** Bei Erwachsenen liegt die tödliche Dosis also bei rund 50 bis 100 mg, bei Kindern dem Gewicht entsprechend schon bei wenigen Milligramm.
Vom Nikotin der Zigarette geht nur rund ein Drittel in den Rauch über. Wie viel davon wiederum vom Körper aufgenommen werden, hängt von der Art des Rauchens ab. Beim Mundzug werden 5 %, bei mäßigem Inhalieren (Lungenzug) etwa 70 %, bei starkem Inhalieren mit Anhalten der Luft sogar 95 % in die Blutbahn aufgenommen (Tab. 19.4). Du siehst also, dass die **Art des Rauchens für die Menge der Nikotinaufnahme eine sehr große Rolle spielt.** Viele Raucher/innen gleichen, wenn sie auf „leichtere" Zigaretten umsteigen, auf diese Weise den geringeren Gehalt an Inhaltsstoffen wieder aus (*Know-how Mythos Light-Zigarette*).

KNOW-HOW Blutdruck und Blutdruckmessung

Blutdruck und Blutdruckmessung
Der Blutdruck wird mit zwei Werten angegeben. Der erste Wert gibt den **systolischen Blutdruck** an. Dies ist der höchste Druck, der bei der Kontraktion (Systole) der Herzkammer erreicht wird. Der zweite Wert beschreibt den **diastolischen Blutdruck**. Darunter versteht man den geringsten Druck, der in den Adern herrscht, während sich das Herz mit Blut füllt (Diastole). Die Angabe des Blutdrucks erfolgt in mmHg, also in **Millimetern Quecksilbersäule**. Das hat historische Gründe, weil der Druck früher auf diese Weise angegeben wurde. Ein Blutdruck von 120 mmHg entspricht also dem Druck einer Quecksilbersäule mit 120 mm Höhe, 1 mmHg ist der Druck, für einen Millimeter auf einer Quecksilbersäule. Die heute gängige Druckeinheit ist das Hektopascal (hPa). Die Umrechnung lautet 1 mmHg = 1,33 hPa.

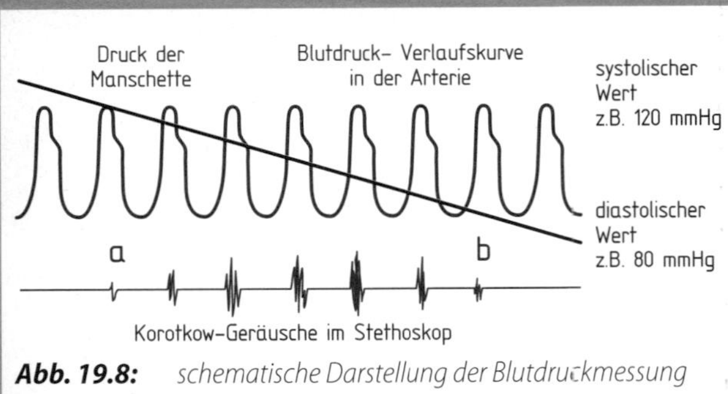

Abb. 19.8: *schematische Darstellung der Blutdruckmessung mit Druckmanschette*

Bei der Blutdruckmessung wird die Druckmanschette über den zu erwartenden systolischen Wert aufgeblasen. Dadurch wird die Armarterie komplett abgedrückt. Beim langsamen Auslassen der Luft sinkt der Druck irgendwann unter den systolischen Wert (Abb. 19.8a). Dann beginnt ein wenig Blut durch die Arterie zu fließen. Dieser Druck entspricht dem systolischen Wert. Wenn man ein Stethoskop auf die Armarterie legt, hört man ein **Geräusch**, das **Korotkow-Geräusch**.

Wird der Druck weiter abgelassen, unterschreitet er irgendwann den **diastolischen Druckwert**. Dann kann das Blut wieder völlig ungehindert fließen, und das **Geräusch verschwindet** vollständig. Moderne, Druckmessgeräte messen den arteriellen Druck vollautomatisch. Ein **Messfühler** überträgt dabei die geringsten Druckschwankungen an die **Auswertelogik** des Gerätes. Handmanschettengeräte gelten als ungenau, weil unter anderem die Lage der Hand den Messwert beeinflussen kann.

KNOW-HOW Mythos Light-Zigarette

Mythos Light-Zigarette
Bei vielen **„leichten" Zigaretten** wird der Filter mit winzigen Löchern versehen. Dadurch soll der Rauch mit Luft verdünnt werden, so dass er weniger Teer und Nikotin enthält. Dies ist tatsächlich der Fall, wenn man die Zigarette in ein **Rauchmessgerät** einsteckt. Verdeckt der/die Raucher/in einen großen Teil der Löcher beim Zug, so enthält der inhalierte Rauch ein Vielfaches der Konzentrationen von Teer und Nikotin und den anderen Giften, als es den Angaben auf der Schachtel entspricht.
Diese Tatsache wurde bereits 1969 durch die sog. „Lippenstudie" des Tabakkonzerns Philip Morris bekannt, jedoch wurden die Bezeichnungen „light" bzw. „mild" erst ab 2003 von der EG verboten. **Es gibt keine Zigarette, die die Gesundheit nicht gefährdet!**
Nahezu 100% aller Raucher/innen von vermeintlich „leichten" Zigaretten **kompensieren durch ihr Rauchverhalten** die Maßnahmen, die zu einer Verringerung der Giftaufnahme führen sollen. Dazu zählt mehr Rauchen, tieferes Inhalieren oder die Löcher im Filter mit Lippen und/oder den Fingern zu verdecken. Das intensivere, tiefere Inhalieren des Tabakrauchs wird sogar für Formen des Lungenkrebses verantwortlich gemacht, die sich nur schwer behandeln lassen.

Nikotin in einer Zigarette	10 mg
Nikotin im Rauch	3 mg
davon vom Körper aufgenommen	
Mundzug	0,15 mg
Lungenzug	2,1 mg
intensiver Lungenzug	2,85 mg

Tab. 19.4: *Beispiel für den Nikotingehalt und wie viel davon vom Körper aufgenommen wird*

Rauchen und Sport

14

Frage
Lies dir noch einmal die physiologischen Wirkungen des Rauchens durch. Welche davon könnten ein Problem für Sportler/innen darstellen?

15

Frage
Was versteht man unter Hämoglobin und wofür ist es verantwortlich? Was passiert mit dem Hämoglobin, wenn man raucht? Lies nach auf S. 170.

16

Frage
Was versteht man unter EPO und Blutdoping?

Die Ausdauerleistungsfähigkeit ist unter anderem davon abhängig, wie viel Sauerstoff vom Blut transportiert werden kann. Der Sauerstofftransport im Blut erfolgt durch das Hämoglobin, also den **eisenhaltigen roten Blutfarbstoff** in den **roten Blutkörperchen** des Menschen.

Das mit CO besetzte Hämoglobin entfällt für den Sauerstofftransport. Dadurch sinkt die Ausdauerleistungsfähigkeit ab. Rauchende Ausdauersportler/innen betreiben also quasi „Anti-Doping" (*Know-how EPO und Blutdoping*).

In Sportarten, in denen die körperliche Leistungsfähigkeit nicht von der Leistung des Herz-Kreislauf-Systems abhängt, etwa in **Schnellkraftdisziplinen**, hat das Rauchen **keinen direkten Effekt**. So ist es verständlich, dass man manchmal unter Schnellkraftsportler/innen Raucher/innen findet, aber selten oder gar nicht unter den Ausdauersportler/innen.
Hohe Trainingsumfänge und -intensitäten, wie sie im Spitzensport gefordert werden, sind jedoch in allen Bereichen ohne eine entsprechende **Grundlagenausdauer** nur bedingt durchführbar. Diese hat aber einen Einfluss auf die Geschwindigkeit der Erholung. Daher hat auch in Schnellkraftdisziplinen das Rauchen **indirekt** negative Auswirkungen.

Ein für den/die Sportler/in nicht unwesentlicher Nachteil des Zigarettenrauchens besteht darin, dass durch die nikotinbedingte **Aufputschwirkung** vermehrt **Ein- und Durchschlafstörungen** auftreten, was sich ungünstig auf die allgemeine Leistungsfähigkeit auswirken kann. Schließlich ist der Schlaf neben der richtigen Ernährung die wichtigste Regenerationsmaßnahme.

Von ganz entscheidender Bedeutung für den/die Sportler/in ist schließlich die durch das Zigarettenrauchen **erhöhte Krankheitsanfälligkeit**, vor allem gegenüber Infekten des Nasen- und Rachenraumes, da Gesundheit die Grundvoraussetzung für sportliches Training und erhöhte körperliche Leistungen ist.

KNOW-HOW
EPO und Blutdoping

EPO und Blutdoping
Ausdauerathlet/innen versuchen durch Training zu erreichen, dass das **Blut möglichst viel Sauerstoff transportieren kann**. Man versucht also genau den gegenteiligen Effekt zu erzielen, den das Rauchen hat. Oft wird aber auch mit unerlaubten Mitteln nachgeholfen.
EPO ist ein Hormon, das die **Neubildung der roten Blutkörperchen** reguliert. Je mehr rote Blutkörperchen, desto mehr Hämoglobin, desto leistungsfähiger arbeitet der aerobe Stoffwechsel (Stoffwechsel mit Hilfe von Sauerstoff). Aus diesem Grund wird EPO seit den 1980ern zum Zweck der Leistungssteigerung missbraucht. EPO und in der Folge auch alle weiteren abgeleiteten Stoffe stehen seit 1990 auf der **Dopingliste**.
Die zweite Möglichkeit der unerlaubten Steigerung des Sauerstofftransportfähigkeit ist das **Blutdoping**. Darunter werden verschiedene Methoden zusammengefasst, bei denen entweder Blutkonserven, rote Blutkörperchen oder modifiziertes Hämoglobin per Infusion verabreicht wird. Die Technik des Blutdopings ist seit den 1970er Jahren bekannt. Mit der Möglichkeit der synthetischen Herstellung von **EPO** verlor das aufwändigere Blutdoping in den Folgejahren an Bedeutung, während **EPO-Missbrauch** zur **dominierenden Dopingmethode der 1990er Jahre** wurde. Durch die Einführung eines EPO-Nachweisverfahrens im Jahr 2000 verlor EPO jedoch schlagartig an Attraktivität, und es kam zu einem Comeback des Blutdopings, das in der Form des Eigenblutdopings bisher im Labor nicht nachweisbar ist (Stand 2008).
Im Falle von EPO- und Blutdoping bringt die zunehmende Dickflüssigkeit des Blutes erhebliche gesundheitliche Gefahren mit sich. Daher wurden die Hämatokrit-Grenzwerte (beruhen auf den eigentlich verwendeten Hämoglobin-Grenzwerten) bei manchen Sportverbänden (UCI und IAAF) auf 50% für Männer und 47% bei Frauen festgelegt, während im Nordischen Skisport durch die FIS etwa 51,5% für Männer und 47% für Frauen erlaubt sind.

Rauchen, Alkohol und Sport

Alkohol – ein Überblick

17

Frage

Lies dir die folgenden Zeilen der Austrian Press Agency (APA) aus dem Jahr 2008 zum Thema Komatrinken durch und diskutiere sie in der Klasse. Welche Erfahrungen hast du gemacht? Welche Möglichkeiten siehst du, die Probleme zu lösen? Hat sich die Situation inzwischen irgendwie geändert?

Das „Komatrinken" unter Jugendlichen wird in Österreich langsam zu einem Volkssport. Bereits 27 Prozent der männlichen Jugendlichen und zehn Prozent der weiblichen Jugendlichen bejahten in einer Umfrage des Gesundheitsministeriums den Satz „Trinkst du manchmal innerhalb kürzester Zeit absichtlich so viel, dass du fast umfällst?" Und die Tendenz ist laut Fachleuten steigend.

„Es wird jünger und extremer. Das ist ein Trend und man muss als Jugendlicher offenbar dabei sein", sagte Dr. Michael Zupancic von der Wiener Rettung. In den heimischen Spitälern richtet man sich bereits nach dem Partykalender. Ein-Euro-Partys in bekannten Lokalen bedeuten mitunter Großeinsatz in der Notaufnahme. „Ein bis acht Jugendliche bekommen wir pro Wochenende herein", erklärte Univ.-Prof. Dr. Zsolt Szepfalusi von der Kinderabteilung des Wiener AKH. Werte über drei Promille wären dabei längst keine Seltenheit mehr. „Zu uns kommen ja nur mehr die Bewusstlosen. Sehr oft gleich aus demselben Lokal. Wer noch stehen kann, kommt eben nicht ins Krankenhaus." Vor einiger Zeit wurde deshalb eine eigene Station für die Nachtüberwachung eröffnet, damit die „Komatrinker" nicht in der normalen Abteilung der Universitäts-Kinderklinik sind.

Einen Unterschied zwischen städtischer und ländlicher Bevölkerung sehen Experten nicht. Als Ursachen für den kollektiven Rausch gelten das frühere Erwachsensein, die Angleichung der Geschlechterrollen und die steigende soziale Vereinsamung. Außerdem seien die Eltern meist erstes „Vorbild" in Bezug auf Alkohol. Schließlich haben laut Studien schon 40 Prozent der Zehnjährigen zumindest einmal in ihrem Leben Alkohol probiert. Was mit dem harmlosen Sekt zu Silvester beginnt, führt über das Kampftrinken unter jungen Leuten schließlich zum Alkoholismus.

„Vorglühen" heißt für junge Leute heutzutage das Zauberwort. Daheim oder auf der Straße wird dabei bereits für den Abend „vorgetrunken". Alko-Pops oder Wodka werden schon vor dem Lokalbesuch konsumiert, in der Disco schließlich reicht dann das eine oder andere Glas Bier, um dem Körper den Rest zu geben. Da der Rauschzustand bei Kindern und Jugendlichen meist nur ein schmaler Grat ist, wird die Grenze zum Vollrausch rasch überschritten.

Gesundheitsministerin Andrea Kdolsky hat angekündigt, gegen das Trinken von Alkohol bis zur Besinnungslosigkeit bei Jugendlichen vorzugehen. Sie will die Alkohol-Abgabe an Jugendliche in Lokalen und im Handel stärker überprüfen. Bei Verstößen gegen das Jugendschutzgesetz wolle sie sehr hart durchgreifen, erklärte sie am Wochenende. Nichtalkoholische Getränke in Lokalen müssten deutlich billiger werden als alkoholische.

18

Frage

Was meinst du, wie viel Alkohol ein/e Österreicher/in im Jahr durchschnittlich konsumiert?

19

Frage

Stimmt es, dass Bier sehr viel Vitamin B beinhaltet und auch ein gutes Elektrolytgetränk ist? Wie viele Liter Bier müsstest du trinken, um deinen täglichen Vitamin-B-Bedarf zu decken?

20

Frage

Wie sollte die Nahrungszusammensetzung in Bezug auf Protein, Fett und Kohlenhydraten sein? Lies nach in Kap. 15, S. 115.

Alkohol und Ernährung

Wie die Zusammensetzung der Energie liefernden Stoffe sein sollte, hängt von verschiedenen Faktoren ab. In Abb. 19.9 siehst du eine größenordnungsmäßige Einteilung. Der überwiegende Teil der Nahrung sollte aus **Kohlenhydraten** bestehen. In dieser sehr gängigen Einteilung ist aber der **Alkohol nicht berücksichtig**. Dieser hat einen Nährwert von 30 kJ (7,1 kcal) pro Gramm. Der täglich aufgenommene Alkohol hat also einen durchschnittlichen Brennwert von 738 kJ (175 kcal; siehe auch Tab. 15.3, S. 115). Daraus kann man ableiten, dass in Österreich im Schnitt etwa 5 bis 10 % des Nahrungsbedarfs über Alkohol gedeckt werden.

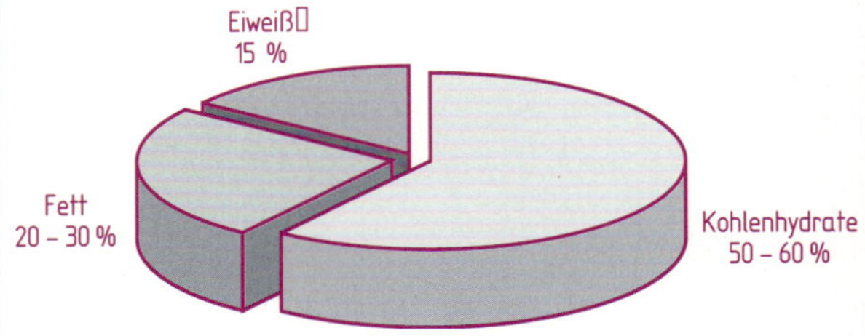

Abb. 19.9: *Richtwerte für eine günstige Zusammensetzung der Nahrung ohne Berücksichtigung des Alkohols*

	0,5 l Bier	Tagesbedarf für Nichtsportler
Natrium mg	12,5	1000 bis 3000
Kalium mg	100	2000 bis 3000
Calcium mg	12	700 bis 1500
Phosphor mg	75	700 bis 2000
Eisen mg	0,25	10000 bis 18000
B_1 mg	in Spuren	1,5
B_2 mg	0,12	2

Tab. 19.5: *Inhaltsstoffe von 0,5 Liter Bier im Vergleich mit dem Tagesbedarf eines Untrainierten*

Es gibt die hartnäckige Meinung, dass **Bier** deshalb gesund ist, weil es viel **Vitamin B** besitzt. Das ist allerdings nicht richtig. Tabelle 19.5 zeigt, dass du zur Deckung des Tagesbedarfs an Vitamin B2 über 8 Liter Bier trinken müsstest – eine nicht empfehlenswerte Menge! Ganz schlecht sieht es mit den Mineralstoffen aus. Außerdem ist Alkohol **diuretisch**, man scheidet also mehr Flüssigkeit aus, als man zuvor aufnimmt. Darüber hinaus liefert Alkohol nur „leere" Joule ohne die notwendigen Begleitstoffe (Vitamine, Spurenelemente, Ballaststoffe; siehe auch Kap. 15, S. 124), führt somit zur Fehlernährung.

Alkoholkonsum ist in der **österreichischen Gesellschaft nicht unbedeutend**. Das zeigen die Statistiken, die über den Verkauf von Alkohol erhoben werden. Für das Jahr 2000 ergaben sich dabei für die Konsumation pro Person folgende Durchschnittszahlen:

Bier 113 Liter, Wein 31 Liter, Spirituosen 1,5 Liter!

Umgerechnet entspricht das einem Konsum von 11,5 Litern reinem Alkohol pro Jahr bzw. 24,6 g reinem Alkohol pro Tag. Auf den Nährwert umgerechnet bedeutet das, dass im Schnitt etwa 5 bis 10 % des täglichen Energiebedarfs über Alkohol gedeckt werde (*Know-how Alkohol und Ernährung*).

Es handelt sich bei den Angaben um rechnerische Durchschnittswerte. Demnach gibt es reale Personen, bei denen der Alkoholkonsum deutlich höher ist. Versuche, dir die gesundheitlichen und sozialen Auswirkungen vorzustellen.

Allein die Gruppe der Alkoholiker/innen konsumiert ein Drittel der insgesamt in Österreich getrunkenen Alkoholmenge, ein weiteres Drittel wird von Personen mit problematischem Alkoholkonsum konsumiert. Nur das letzte Drittel wird von Personen konsumiert, deren Trinkgewohnheiten als unbedenklich zu bezeichnen sind. Aber was gilt als unbedenklich? Dabei gehen die Meinungen etwas auseinander.
Auf Basis **wissenschaftlicher Untersuchungen** kann man eine **ungefähre Grenze** festsetzen, bis zu der das persönliche Gesundheitsrisiko gering ist. Das nennt man die **Harmlosigkeitsgrenze**. Weiters kann man eine Grenze festsetzen, ab der ein hohes Gesundheitsrisiko gegeben ist, die **Gefährdungsgrenze**.
Als Einheit, um den konsumierten Alkohol zu erfassen, wird oft der sogenannte **Standarddrink (SD)** verwendet.
Das Problem dabei ist allerdings, dass es in verschiedenen Ländern verschiedene Definitionen dafür gibt. **Wir verwenden hier im Folgenden den Begriff Standarddrink für eine Menge, die 20 g reinen Alkohol enthält.** Das entspricht etwa

1/4 Liter Tafelwein oder
1/2 Liter Normalbier oder
3 kleinen Schnäpsen á 2 cl
2 Gläsern Sekt

In Tab. 19.6 ist zusammengefasst, welche Menge Alkohol pro Woche welches Gesundheitsrisiko mit sich bringt. Der Konsum von einem Standarddrink pro Tag ist im Allgemeinen noch nicht bedenklich. **Ab zwei Standarddrinks pro Tag beginnt das hohe Gesundheitsrisiko** (*Know-how Alkohol und Gesundheit*).

Durch den unterschiedlichen Fettstoffwechsel bei Männern und Frauen (höheren Fettanteil bei Frauen bei gleichem Gewicht) dauert der Alkoholabbau bei Frauen länger, weswegen sie „weniger vertragen".

Risiko	Frauen	Männer
Harmlosigkeitsgrenze	bis 16 g/d	bis 24 g/d
Gefährdungsgrenze	ab 40 g/d	ab 60 g/d

Tab. 19.6: *Alkohol und Gesundheitsrisiko (Quelle: Institut Suchtprävention 2008)*

Alkohol und Gesundheit
In geringen Mengen kann Alkohol angeblich eine gesundheitsfördernde Wirkung haben. Das ergaben einige Studien (Abb. 19.10). Als besonders geeignet dafür gilt Rotwein. Ursachen und Wirkungen sind in der Forschung derzeit aber noch umstritten.

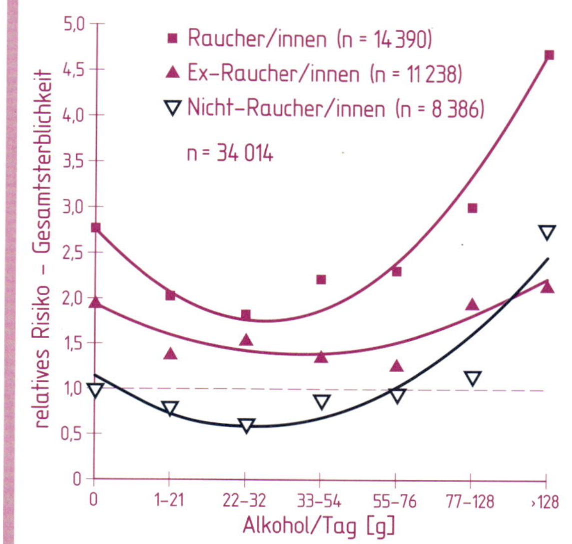

Abb. 19.10: *Zusammenhang zwischen durchschnittlichem täglichem Alkoholkonsum im Gramm und der Gesamtsterblichkeit (Granbaeck M. et al 1995)*

Bei stärkerem Alkoholkonsum nimmt die Sterblichkeit wieder zu. Das liegt unter anderem daran, dass Alkohol in größeren Mengen die Entstehung von Bluthochdruck begünstigt, und ein erhöhter Blutdruck wiederum ein Risikofaktor für Herzinfarkt und Schlaganfall ist. Es gibt aber auch noch eine Menge andere Probleme, die sich durch hohen Alkoholeinfluss ergeben:

- Entzündungen der Bauchspeicheldrüse
- Diabetes mellitus Typ II (Zuckerkrankheit, die im Alter auftritt)
- Fettsucht, Gicht und Neuralgien
- Entzündungen der Speiseröhre, des Magen- und Darmtraktes sowie der Leber und Gallenblase
- Begünstigung der Entstehung von Krebs, vor allem Karzinome der Speiseröhre, des Magen- und Darmtraktes, der Bauchspeicheldrüse, der weiblichen Brust und der Leber
- Anämie
- Absinken der Abwehr- und Heilungsfähigkeit des Körpers
- Schädigung des Nervensystems
- Potenzstörungen bei Männern, Zyklusstörungen bei Frauen

19 Rauchen, Alkohol und Sport

Die Wirkung von Alkohol

21

Frage
Wer ein alkoholisches Getränk mit einem Strohhalm trinkt, wird angeblich schneller betrunken! Stimmt das oder nicht?

22

Frage
Durch Alkohol kann man sich angeblich aufwärmen, etwa durch einen Glühwein auf der Skihütte. Stimmt das, oder stimmt das nicht?

Der Alkohol, den wir zu uns nehmen, ist das **Ethanol** (C_2H_5OH). Alkohol hat eine Fülle von Wirkungen (siehe *Know-how Wirkung von Alkohol* und *Know-how Eine Schnapsidee*). Zur Feststellung der Beeinträchtigung durch Alkoholkonsum wird – neben einigen anderen Tests – die Höhe des Blutalkoholspiegels in **Promille** (‰) gemessen. Der Blutalkoholspiegel steigt nach der Alkoholkonsumation in Abhängigkeit von verschiedenen Faktoren in 45 bis 90 Minuten auf ein Maximum an.
Wichtig für die **Wirkung des Alkohols** ist zunächst einmal die **zugeführte Alkoholmenge**. Je größer und konzentrierter diese Menge ist, desto schneller steigt der Blutalkoholspiegel an und desto ausgeprägter ist die Symptomatik. Weiters hängt die Wirkung von der **Resorptionsgeschwindigkeit** ab. Darunter versteht man, wie schnell der Alkohol aus den Verdauungsorganen in die Blutbahn gelangt. Der Alkohol wird zu etwa **20% im Magen, zu 80% im Dünndarm** resorbiert. Bei vollem Magen bzw. vorhergehender Aufnahme fettreicher Nahrung ist die Resorptionsgeschwindigkeit stark herabgesetzt. Umgekehrt wirkt natürlich Alkohol auf nüchternen Magen dementsprechend stärker.
Die Wirkung hängt aber auch davon ab, **wie man den Alkohol** zu sich nimmt. Zum Beispiel wirkt Alkohol durch einen **Strohalm** aufgenommen intensiver. Durch den Strohhalm wird das Getränk in kleinen Mengen durch den Mund befördert, die Mundschleimhaut wird also besser „bespült". Daher kann ein gewisser Teil des Alkohols bereits im Mund aufgenommen werden und ohne den zeitlichen Umweg über den Verdauungstrakt ins Blut gelangen.
Ein weiterer Grund ist, dass im Verdauungstrakt das Enzym **Alkoholdehydrogenase (ADH)** den Alkohol bereits abbaut, **bevor** er in die Blutbahn kommt. Wenn aber der Alkohol schon im Mund aufgenommen worden ist, wird die Wirkung dieses Enzyms im Darm umgangen. Beides bewirkt, dass die Wirkung schneller und auch stärker ausfällt.
Weiters ist für die Wirkung das **Körpergewicht** bzw. genau genommen die **Menge des Körperwassers** ausschlaggebend. Wenn jemand z.B. doppelt so viel Körperwasser hat wie eine andere Person, dann ist sein Blutalkoholspiegel bei gleicher aufgenommener Alkoholmenge natürlich nur halb so groß.

KNOW-HOW – Wirkung von Alkohol

Wirkung von Alkohol

Um 0,5 ‰ treten folgende Wirkungen auf:
Vermehrte Hautdurchblutung und Wärmegefühl (siehe auch Know-how Eine Schnapsidee). Weil sich dadurch mehr Blut in der Peripherie befindet, tritt eine Erhöhung der Herzfrequenz in Ruhe und bei submaximaler Belastung auf.
Weiters kommt es zu einer Anregung motorischer und psychischer Funktionen mit **Euphorie, Selbstüberschätzung,** beruhigender und spannungslösender Wirkung, reduzierter Versagensangst und Verringerung des Muskelzitterns, des so genannten **Tremors**. Dessen Verringerung ist bei allen kurz dauernden Schießsportarten ein Vorteil. Deshalb hat der Alkohol auch die scherzhafte Bezeichnung **„Zielwasser"** bekommen. Alkohol steht daher auf der Doping-Liste der eingeschränkt zugelassenen Stoffe.
Wichtig vor allem beim Autofahren: Bei 0,5 ‰ Alkohol verdoppelt sich bereits das Unfallrisiko.

Ab 0,8‰ treten zusätzlich folgende Wirkungen auf:
Es kommt zur Beeinträchtigung der Erregung bzw. der Erregungsleitung. Außerdem lässt die Konzentration nach. Daher kommt es zu einer **Verlangsamung der Reaktion**.
Alkohol verschlechtert das Zusammenspiel zwischen Befehlszentrale (Gehirn) und Ausführungsorgan (Skelettmuskel). Daher kommt es zu einer **Beeinträchtigung der koordinativen Leistungsfähigkeit**.
Diese beiden oben genannten Wirkungen des Alkohols auf das Zentralnervensystem lassen sich ganz allgemein über seine **Lipotrophie** erklären. Darunter versteht man die besondere Neigung chemischer Stoffe, sich an die fetthältige Grenzschicht der Zellen anzulagern und in sie einzudringen. Die Synapsen (Kontaktstelle zwischen Nervenzellen) reagieren besonders empfindlich auf die Giftwirkung des Alkohols. Das führt zur Verlangsamung der Reaktion und zur Verschlechterung der Koordination.
Bei 0,8 ‰ erhöht sich beim Autofahren das Risiko auf das Vierfache, bei 1,5 ‰ bereits auf das Sechsunddreißigfache des Normalwertes!
Weitere Wirkungen des Alkohols, die vor allem die sportliche Leistung betreffen, findest du auf S. 178

Eine Schnapsidee KNOW-HOW

Eine Schnapsidee

Die Temperatur der Haut verändert sich beim Erweitern oder Zusammenziehen der Blutgefäße (Abb. 19.11). Sinkt die Kerntemperatur unter den Sollwert, ziehen sich die Blutgefäße zusammen und die Haut kühlt ab. Dadurch kann der Wärmeverlust gedrosselt werden. **Alkohol erhöht die Hautdurchblutung.** Man hat dann zwar das **subjektive Gefühl der Erwärmung**, die Kerntemperatur sinkt aber vor allem bei tiefen Lufttemperaturen weiter ab (siehe dazu auch Abb. 9.13, S. 71). Alkohol aus dem Fässchen eines Bernhardiners zum Aufwärmen eines Halberfrorenen ist eine wirkliche Schnapsidee – und kann im schlimmsten Fall tödlich enden.

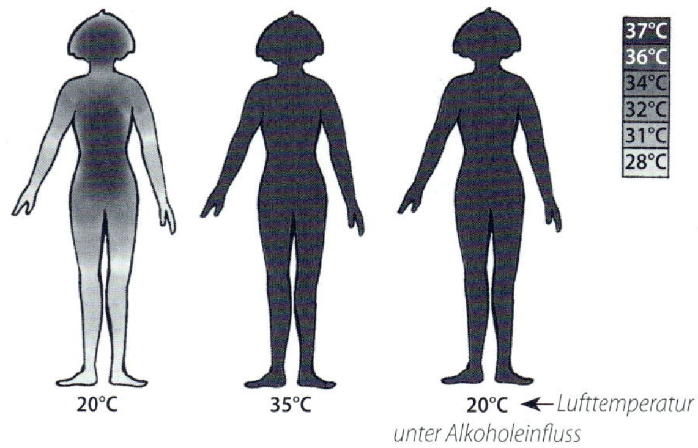

Abb. 19.11: *Alkohol erweitert die Blutgefäße, die Durchblutung wird erhöht, wodurch vermehrt Wärme von innen nach außen transportiert wird und durch die Haut entweicht. Der Körper kühlt dadurch noch weiter ab.*

Problematisch ist auch die **Kombination von Alkohol mit Medikamenten und/oder Drogen**. Hier gibt es vielfältige Wechselwirkungen, die zu einer vorzeitigen und intensiveren Beeinträchtigung als bei reinem Alkoholkonsum führen können. Die beim Alkoholabbau gebildeten Stoffe können die Wirksamkeit von Medikamenten durch deren Abbau beeinflussen. Drogen in Verbindung mit Alkohol wurde für viele zum tödlichen Mix.

Die **Geschwindigkeit der Alkoholelimination** pro Zeiteinheit durch die Leber ist im Wesentlichen konstant und liegt bei etwa **0,15 ‰ pro Stunde**. Aber auch noch später können Folgeerscheinungen auftreten. So hatten Piloten am Flugsimulator 14 Stunden nach einer abendlichen Cocktailparty (Blutalkoholkonzentration bis 1,25 ‰) eine signifikant höhere Fehlerquote! Bei regelmäßiger Zufuhr von Alkohol kommt es zu einer Abnahme der pharmakologischen Wirkung. Man nimmt an, dass das Zentralnervensystem weniger empfindlich wird. Die tödliche Dosis, die bei etwa 3,5 bis 5 ‰ liegt, ist bei Alkoholikern/Alkoholikerinnen jedoch nicht höher als bei Normalpersonen.

Die **Katersymptomatik** nach Alkoholkonsum ist auf Grund der vielfältigen Alkoholwirkungen noch nicht eindeutig geklärt. Die **typischen Symptome** sind jedenfalls Durst, Kopfschmerzen, Müdigkeit, Schwindelgefühle, Lichtempfindlichkeit, Zittern, Übelkeit, Gliederschmerzen, ein beschleunigter Puls und Ohrensausen. Man fühlt sich schlapp und unkonzentriert.

Was genau diese Symptome auslöst, ist erstaunlicherweise noch nicht genau erforscht. Grundsätzlich werden **drei Ursachengruppen** für den Kater verantwortlich gemacht: Der Alkohol selber, seine Abbauprodukte sowie andere Inhaltsstoffe in alkoholischen Getränken. Die drei Ursachengruppen führen zu **vier Prozessen**:

1) Entwässerung

Alkohol **entwässert** den Körper. Die Folgen sind Durst, trockener Mund und mattes Körpergefühl. Wahrscheinlich trägt die Entwässerung auch zum Entstehen von Kopfschmerzen bei. Aber die sind noch weniger erforscht als der Kater selbst.

2) Blutzucker und -säure verändert

Alkohol und seine Abbauprodukte senken den Blutzuckerspiegel und erhöhen den **Säuregehalt** des Blutes. Mögliche Folgen davon sind Übelkeit, Zittern, Schwitzen und Schlappheit.

3) Biorhythmus und Schlaf gestört

Alkohol in großen Mengen stört den körpereigenen Biorhythmus. Der Körper erleidet eine Art Jetlag, die innere Uhr wird temporär zurückgestellt. Die Qualität des Schlafs nimmt ab, die REM-Phasen, während derer wir träumen, werden kürzer.

4) Vergiftungserscheinungen durch Nebenstoffe

Schließlich werden oft andere Stoffe als Ethanol für Katersymptome verantwortlich gemacht, vor allem das Methanol. Zwar ist Methanol tatsächlich enorm schädlich – seine Abbauprodukte können zu Blindheit oder Tod führen. Allerdings ist der Methanolgehalt in kommerziellen Getränken sehr gering. Und in Experimenten zeigen sich auch nach dem „Genuss" reinen Ethanols Katersymptome.

Alkohol und Sport

23

Aufgabe

Fasse noch einmal die Wirkungen von Alkohol zusammen (siehe *Know-how Wirkung von Alkohol*).

24

Frage

Was versteht man unter Glukoneogenese?

Im letzten Abschnitt hast du einige der Wirkungen des Alkohols kennen gelernt (siehe *Know-how Die Wirkung von Alkohol*). Hier geht es um Wirkungen, die sich speziell im **Sport negativ bemerkbar** machen.

In der Leber kommt es zur **Glukoneogenese**. Darunter versteht man die **Neubildung von Kohlenhydraten**, etwa aus Aminosäuren oder Laktat. Auf diese Weise kann die Leber rund 5 g Kohlenhydrate pro Stunde erzeugen. Das ist die Menge, die die von Glucose abhängigen Organe wie das Gehirn benötigen. Die Glukoneogenese ist während und nach Langzeitbelastungen zur Aufrechterhaltung des Blutzuckerspiegels und zur Wiederauffüllung der Kohlenhydratspeicher von besonderer Bedeutung. **Alkohol hemmt die Glukoneogenese** und verschlechtert dadurch die Erholung nach Ausdauerbelastungen.

In den letzten Jahrzehnten gab es sehr viele Untersuchungen, die zum Ergebnis kamen, dass Alkohol zu einer **nachhaltigen Senkung des Testosteronspiegels** führt. Demnach sollte vor allem nach einem sportlichen Krafttraining keine allzu große Alkoholmenge aufgenommen werden, da sonst der für **den Muskelaufbau erstrebte natürliche anabole** (muskelaufbauende) **Effekt** eine Beeinträchtigung erfahren würde. Es gab aber 2003 eine Untersuchung, die zu einem gegenteiligen Ergebnis kam (*Know-how Alkohol und Testosteron*).

KNOW-HOW Alkohol und Testosteron

Alkohol und Testosteron
Die Forschungen in den vergangenen Jahrzehnten ergaben, dass Alkohol den Testosteronspiegel bei Männern senkt. 2003 entdeckte man aber bei Ratten, dass die Verabreichung von Alkohol den Testosteronspiegel heben kann. Allerdings wurde den Tieren die enorme Menge von **2 g Alkohol pro Kilogramm** verabreicht. Ein Mann mit 75 kg müsste daher 150 g Alkohol zu sich nehmen, das entspricht etwa 2 Liter Wein oder gar 4 Liter Bier!

Unklar bleibt daher bis jetzt, ob der Effekt der Steigerung des Testosteronspiegels auch beim Menschen auftreten kann und auch bei geringeren Mengen Alkohol. Als der Sieger der Tour de France 2006, Floyd Landis, nachträglich des Testosteron-Dopings überführt wurde, berief er sich auf den Alkohol. Er erklärte, dass der hohe Testosteron-Wert darauf zurückzuführen sei, dass er am Vortag in der Hotelbar einige Gläser Whiskey getrunken habe.

Diese Version wurde ihm allerdings nicht geglaubt. Der Toursieg wurde ihm aberkannt und er wurde für zwei Jahre gesperrt.

Alkoholkonsum führt zu einer **erhöhten Infektanfälligkeit**. Auf diese Weise wird auf indirektem Wege, ähnlich wie auch beim Rauchen, die Leistungsfähigkeit des Sportlers/der Sportlerin beeinträchtigt.
Durch die mehr oder weniger stark ausgeprägte negative Beeinflussung auf verschiedenen Gebieten, vor allem im Bereich der Koordination, der Ausdauer und des Stoffwechsels, erweist sich Alkohol als **eine im sportlichen Sinne leistungsfeindliche Substanz**, die nur in Ausnahmefällen, etwa bei den Schützen, kurzfristig eine Verbesserung der Leistungsfähigkeit herbeiführen kann.

25

Frage
Wie viele Menschen sterben jedes Jahr in Österreich durch Rauchen und Passivrauchen? Welche Antitabakmaßnahmen gibt es und welche werden davon in Österreich umgesetzt? Warum ist Passivrauchen so gefährlich? Welche Giftstoffe befinden sich im Rauch und welche Wirkung haben sie auf den Körper? In welche vier Gruppen kann man sie einteilen? Welche Probleme ergeben sich durch Rauchen für den Sport?

26

Frage
Welche Menge Alkohol scheint laut Studien unbedenklich zu sein? Was ist ein Standarddrink? Welchen Stellenwert spielt der Alkohol im Rahmen der Ernährung? Welche gesundheitlichen Probleme ergeben sich durch Alkoholkonsum? Welche Wirkung hat der Alkohol auf den Körper? Wie wird Alkohol abgebaut? Welcher Zusammenhang besteht zwischen Alkoholkonsum und Körpertemperatur? Was ist ein „Kater" und wie entsteht er wahrscheinlich? Welche speziellen Probleme im Sport ergeben sich im Zusammenhang mit Alkoholkonsum?

Literatur
FRÖLEKE Hartmut: Kleine Nährwerttabelle. Deutsche Gesellschaft für Ernährung. Neuer Umschau Buchverlag, 43. Aufl. 2006
HOLLMANN Wildor / STRÜDER Heiko: Sportmedizin. Schattauer, Stuttgart 5. Aufl. 2008
GRANBAEK H. et al: Mortality a ssociated with moderate intakes of wine, beer and spirits. Brit. Med. J. 310 (1995), 1165-1169 BMJ, BMA House, London
KONOPKA Peter: Sporternährung. Sportwissen. BLV, München 11. Aufl. 2008
ROCHE Lexikon Medizin. Urban & Schwarzenberg, München 2008
WEINECK Jürgen: Sportbiologie. Spitta, Balingen 2004

Sportunfälle und psychologisches Aufbautraining

1

Frage/Aufgabe
Hattest du schon einmal einen Sportunfall? Hattest du mentale Probleme, als du wieder mit dem Sport anfingst, Ängste vor einer neuerlichen Verletzung? Hast du etwas gezielt dagegen unternommen? Tausche deine Erfahrungen mit deinem Nachbarn bzw. deiner Nachbarin aus!

In Kapitel 14 hast du die wichtigsten Sportverletzungen und Erste-Hilfe-Maßnahmen kennen gelernt. In diesem Kapitel geht es darum, wie man Sportler/innen mental unterstützen kann, damit sie nach einer Verletzung wieder eine Topform erreichen können. Wir sehen uns dazu einleitend drei Beispiele von österreichischen Sportlern internationaler Spitzenklasse an, die sich nach schweren Verletzungen wieder an die Spitze gekämpft haben, nämlich Niki Lauda, Thomas Muster und Hermann Maier.

Niki Lauda

Andreas Nikolaus Lauda, auch als Gründer der nach ihm benannten Fluglinien bekannt, ist schon zu Lebzeiten eine Art Denkmal des österreichischen Sports. Als rot-weiß-roter Jahrhundertsportler nur von Skiidol Toni Sailer (gest. 2009), als Welt-Jahrhundert-Motorsportler nur von Alain Prost ausgebremst. Drei WM-Titel und 25 Grand-Prix-Siege machen ihn zu einem der größten Formel-1-Piloten aller Zeiten.

In der Saison 1975 wird Lauda zum ersten Mal Weltmeister. Dann kommt aber der Grand Prix am **Nürburgring 1976**. Auf dem gerade abtrocknenden Kurs kommt sein Ferrari bei 220 km/h von der Strecke ab, prallt gegen eine Felswand, wird über die Fahrbahn geschleudert und geht in Flammen auf. Dann krachen zwei Rivalen in das Wrack. Dabei verliert Lauda seinen Helm und wird ohnmächtig, ehe ihn seine Konkurrenten nach 40 Sekunden aus dem brennenden Wrack ziehen.

Vor den Fernsehern verfolgen Millionen Zuschauer/innen live Laudas Bergung und bangen um das Leben des damals 27-Jährigen. Der Österreicher wird mit schweren Brandwunden am Kopf und Lungenverätzungen in eine Spezialklinik gebracht. Dort kämpft er vier Tage lang um sein Leben, während in der Formel 1 die Sicherheitsmaßnahmen weltweit verschärft werden.

„Ich weiß noch, dass ich aus der Box gefahren bin. Dann hört die Erinnerung auf. Sie setzt erst wieder ein auf dem Weg in irgendein Krankenhaus", so Niki Lauda, der mit dem fatalen Unfall auf seine Weise umgeht und das Flammenmeer Jahre später auch sehr sarkastisch als **„Barbecue am Nürburgring"** bezeichnete.

Die erste Fahrt nach seinem Aufenthalt in der Intensivstation schilderte Lauda so: „Bei meiner allerersten Fahrt nach dem Unfall auf dem Nürburgring bin ich aus der Box, schaltete in den zweiten Gang – und blieb stehen, weil ich mir aus Angst fast in die Hose machte."

Trotzdem, nur 42 Tage nach seinem Unfall wird Lauda, obwohl wegen Brandverletzungen am Auge in der Sicht stark eingeschränkt, bei seinem ersten Rennen nach dem Unfall Vierter. „Es hat sechs Monate gedauert, bis ich wieder ohne irgendwelche Nebenwirkungen fahren konnte", meinte Laude. Nur ein Jahr später, 1977, wird er **zum zweiten Mal Weltmeister** und nach einer Rennpause **1984 zum dritten Mal**.

Abb. 20.1: *Niki Lauda mit abgenommener Kappe. Diese wurde nach der Genesung nach seinem schweren Unfall zu seinem neuen „Markenzeichen".*

Thomas Muster

Thomas Muster besiegt 1989 in Key Biscayne im Halbfinale in fünf Sätzen Yannick Noah. Im Finale wartet Ivan Lendl, Erster der Weltrangliste. Bei der Heimfahrt ins Hotel wird Muster von einem betrunkenen Autofahrer angefahren und erleidet einen **Kreuz- und Seitenbandriss** (siehe auch Abb. 14.22, S. 111). Die Verletzung ist so schwer, dass niemand wirklich an ein Comeback glaubt.

Abb. 20.2: *Thomas Muster bei seinem Training zum Comeback. HERMANN / EBERSPÄCHER, 1994, S. 29.*

Erst als im Fernsehen Bilder zu sehen sind, wie er in einem Liegegips auf einer Art Hocker sitzend verbissen Bälle über das Netz drischt (Abb. 20.2), wird vielen klar, dass sie noch

lange nicht das Karriereende des Thomas Muster gesehen haben. Sechs Monate nach dem Unfall feiert er in einem Schaukampf gegen Ivan Lendl sein Comeback, quasi ein nachgeholtes Finale.
Schon 1990 begeht er sein Turnier-Comeback. Er feiert nach seiner Verletzung noch weitere 39 Turniersiege, siegt 1995 beim Grand-Slam-Turnier in Paris und wird sogar für sechs Wochen **Erster der Weltrangliste**.

Hermann Maier

Bis zum Jahr 2001 konnte Hermann Maier bereits auf eine extrem erfolgreiche Karriere zurückblicken: Zweifacher Olympiasieger, zweifacher Weltmeister, dreifacher Weltcup-Gesamtsieger, 41 Weltcupsiege.
Während einer abendlichen Fahrt mit dem Motorrad wurde Maier im August 2001 in der Nähe seines Heimatortes in einen schweren Unfall verwickelt. Er zog sich einen **offenen Unterschenkelbruch** im rechten Bein und zahlreiche weitere schweren Verletzungen zu. Maier wurde sieben Stunden operiert. Es war zunächst nicht klar, ob er jemals wieder Skifahren würde. Sogar eine Beinamputation war nicht auszuschließen. Der Knochen wurde schließlich mit einem 37 cm langen Marknagel stabilisiert und das zerfetzte Hautgewebe wurde durch einen Hautlappen aus Maiers Oberarm ersetzt.
„Als sie den Verband heruntergegeben haben und ich meinen Fuß zum ersten Mal gesehen habe, war ich den Tränen nah", sagt Hermann Maier später. „Mein Unterschenkel war dicker als der Oberschenkel. Ich dachte: ‚Der soll in einen Skischuh? Das wird nie, nie wieder was'!".

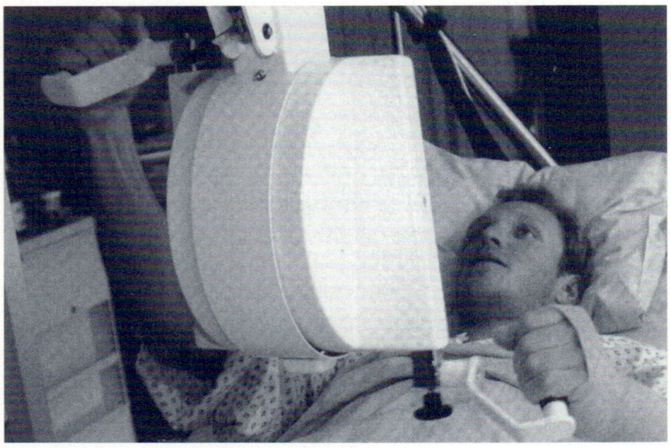

Abb. 20.3: *Hermann Maier am Handkurbelergometer, rund zwei Wochen nach dem Unfall. Ob dieses „Experiment" sinnvoll war, ist umstritten. Es zeigt aber den unglaublichen Willen von Hermann Maier. Bergmüller, Okresek: Das Hermann Maier Trainingsprogramm, NP, S. 19*

Mit unglaublichem Willen kämpfte sich Hermann Maier wieder zurück (Abb. 20.3). Rund 150 Tage nach seinem Unfall steht er offiziell wieder auf Skiern. Im Jänner 2003 gewann er sein erstes Rennen nach dem Unfall, in der **Saison 2003/04** sogar noch einmal den **Gesamtweltcup**.

Die Erwartungsangst

Frage
Die drei oben erzählten Fälle unterscheiden sich in einem ganz wesentlichen Punkt, der die psychische Wiederherstellung jedoch empfindlich beeinflusst? Welcher Punkt ist das?

In der Psychologie gibt es den Begriff der **Erwartungsangst**. Sie ist auf eine angstvolle Erfahrung in der Vergangenheit zurückzuführen. In Vorstellung und Fantasie einer Person erscheint dann eine zukünftige, mögliche Bedrohung bereits als gegenwärtig. Die Erwartungsangst kommt also der Wiederholung des negativen Erlebnisses durch ein Abwehr- oder Vermeidungsverhalten zuvor (siehe Abb. 20.4). Die Summe aller Erwartungsängste erzeugt eine allgemeine Ängstlichkeit.

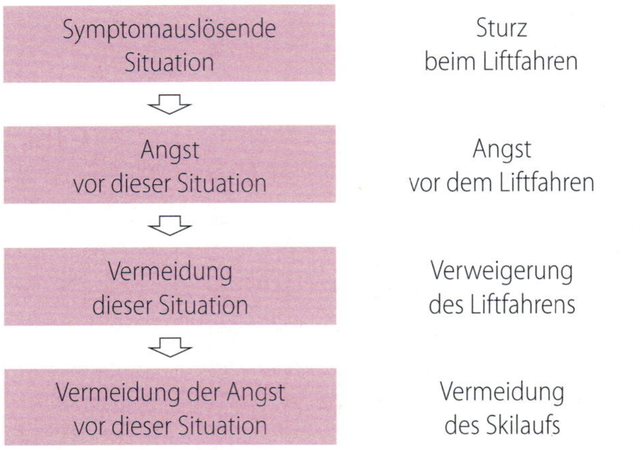

Abb. 20.4: *Verlauf der Erwartungsangst am Beispiel des Skifahrens*

Sehr bedeutsam ist die Erwartungsangst in Situationen, in denen man sich früher **verletzt** hat. In diesem Fall ist es wichtig, dass man sich damit so schnell wie möglich wieder **konfrontiert**, wenn man dazu in der Lage ist (*Know-how Louganis und Maier*). Sonst kann die Erwartungsangst vor einer neuerlichen Verletzung oder einem neuerlichen Unfall die sportliche Leistungsfähigkeit stark vermindern oder überhaupt zur Beendigung der Karriere führen.
Hermann Maier und **Thomas Muster** zogen sich ihre schweren Verletzungen nicht bei ihrem Sport zu (siehe S. 181; siehe Aufgabe 20.3). In solchen Fällen kann natürlich eine allgemeine Angst zurückbleiben, dass man sich wieder verletzt, aber nicht mit dem Muster, das in Abb. 20.4 exemplarisch dargestellt ist.
Bei **Niki Lauda** war das anders. Seine schrecklichen Verletzungen stammten von seinem Rennunfall. Daher hatte er auch bei seiner ersten Fahrt nach dem Unfall beinahe „die Hosen voll" (siehe Zitat S. 179). Durch Konfrontation mit der Situation konnte Lauda dieses Trauma (gemeint ist hier eine von außen einwirkende Verletzung der seelischen/psychischen Struktur) aber bald überwinden (*Know-how Karl Wendlinger*).

KNOW-HOW
Louganis und Maier

Louganis und Maier

Olympische Spiele 1988 in Seoul: Der Amerikaner **Greg Louganis** (Abb. 20.5) beherrscht die Szene der Wasserspringer. Er ist bereits Doppelolympiasieger und der beste und eleganteste Springer, den die Welt jemals gesehen hat. Beim Vorkampf schlägt er jedoch bei einem schwierigen Auerbach-Salto mit dem Hinterkopf gegen das Brett. Mit fünf Stichen muss die Wunde genäht werden. Mit einer Serie von Sprüngen ins Trainingsbecken überwindet er die nach einer Verletzung übliche **Hemmschwelle**. Im Hauptkampf gewinnt er 2-mal Gold: vom 3-m-Brett und vom Turm!

Abb. 20.5: *Greg Louganis (Vorderwühlbecke 1984, S. 65)*

Hermann Maier ist immer für spektakuläre Situationen gut (siehe auch Abb. 20.3). Drei Jahre vor seinem Motorradunfall (1998) kommt er als bereits feststehender Weltcupsieger zu den Olympischen Winterspielen in Nagano. Dann passiert der furchtbare Sturz in der Abfahrt (Abb. 20.6). Mit 110 km/h hebt es ihn bei einer Mulde aus. Er fliegt 60 m durch die Luft und durch beide Fangnetze. Er trägt schmerzhafte Prellungen davon. Nach drei Tagen Physiotherapie erobert er Gold im Super-G und noch einmal drei Tage später Gold im Riesentorlauf. Durch diesen Sturz und die anschließenden Erfolge wird er weltberühmt und man gibt ihm den Spitznamen „Herminator", in Anspielung an den ebenfalls in Österreich geborenen „Terminator" Arnold Schwarzenegger.

Abb. 20.6: *Dieser Sturz brachte Hermann Maier auf die Titelseite von „Sports Illustrated" und machte ihn über Nacht weltberühmt.*

KNOW-HOW
Karl Wendlinger

Karl Wendlinger

Dass das **Durchbrechen der Erwartungsangst** nicht immer möglich ist, oder zumindest nicht in dem Tempo wie bei Niki Lauda, zeigt das Beispiel **Karl Wendlinger**. Dieser verliert 1996 beim Training zum Grand Prix von Monaco die Kontrolle über sein Auto und prallt mit **270 km/h** gegen die Leitplanken der Hafenkurve (Abb. 20.7). Wendlinger erleidet dabei schwerste Kopfverletzungen und muss viele Tage im künstlichen Koma gehalten werden.

Obwohl er sich an den Unfall nicht mehr erinnern kann, bleiben psychische Spuren zurück. Sein Comeback scheiterte an den schlechten Trainings- und Wettkampfzeiten – und an seiner „Bremse" im Kopf. Er wird von seinem Rennstall entlassen. Erst Jahre später kann er wieder in anderen Motorsportarten an frühere Leistungen anknüpfen.

Belastungsreaktionen verletzter Sportler/innen

3

Frage/Aufgabe

In Abb. 20.7 siehst du, welchen psychischen Belastungen Sportler/innen ausgesetzt sind, die eine Rehabilitationszeit von mindestens vier Wochen haben. Diskutiere mit anderen dieses Diagramm und bringe deine eigenen Erfahrungen mit ein.

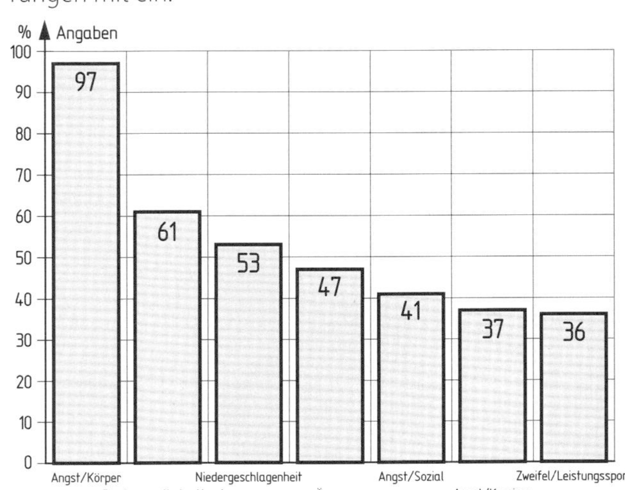

Abb. 20.7: *Belastungsreaktionen von Leistungssportlern/-sportlerinnen (N = 59), Rehabilitationszeit mindestens vier Wochen*

Sportunfälle und psychologisches Aufbautraining

Es wird zwar häufig davon gesprochen, wie wichtig der **mentale Bereich für die Genesung** und die Leistung ist, in der Praxis wird er jedoch sehr oft ignoriert. Das Motto lautet dann in etwa: „Der Kopf rehabilitiert sich automatisch mit".

Da viele Athleten/Athletinnen **ihr Selbstbewusstsein über ihre körperliche Leistungsfähigkeit definieren**, haben sie nach überstandener Verletzung die doppelte Schwierigkeit, unter vermindertem Selbstwertgefühl sportliche Leistungen zu erbringen, denen sie sich noch nicht gewachsen fühlen.

Oftmals wird deutlich, dass die eigentliche Belastung nicht die Verletzung ist, sondern die **eigene Ungeduld** und das **fordernde Umfeld**, das den zweiten Schritt vor dem ersten verlangt. Abbildung 20.8 zeigt die Auswertung einer Untersuchung zum Wohlbefinden von Leistungssportlern/-sportlerinnen nach der Beendigung ihrer mindestens vier Wochen dauernden Rehabilitation.

Alle Athleten/Athletinnen berichteten über **Ängste und Befürchtungen**. Insbesondere die Sorge um die weitere körperliche Unversehrtheit (97%) beeinträchtigte das Befinden. Auch alle anderen Nennungen sind ein deutlicher Hinweis darauf, dass man zunächst die Tatsache der bestehenden Verletzung akzeptieren und emotional zum Ausdruck bringen muss, bevor geistige Energie in den Rehabilitationsprozess investiert werden kann.

In vielen Fällen können die psychischen Folgen der Verletzung nicht bewältigt werden. Vor allem die Erwartungsangst, wieder eine Sportverletzung zu erleiden, führt oftmals dazu, die gesamte sportliche Karriere aufzugeben („Dropout").

Belastungsreaktionen beeinflussende Faktoren

4

Aufgabe

In Abb. 20.8 siehst du, von welchen Faktoren die Belastungsreaktion beeinflusst wird. Diskutiere mit anderen dieses Diagramm in der Klasse und bringe deine eigenen Erfahrungen mit ein.

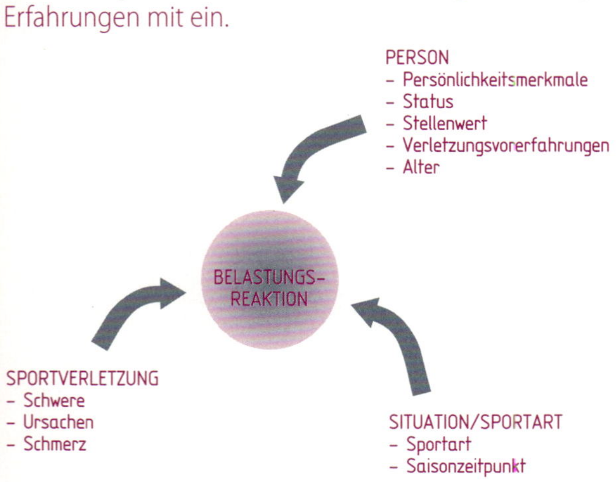

Abb. 20.8: *Faktoren, von denen die Belastungsreaktion beeinflusst wird.*

5

Frage/Aufgabe

Hast du dir schon einmal Gedanken darüber gemacht, dass du dich so schwer verletzen könntest, dass du keinen Sport mehr ausüben kannst? Kannst du dir diese Situation vorstellen? Denk einmal darüber nach!

Art und Ausmaß der Belastungsreaktionen hängen zunächst natürlich von der **Verletzung** ab. Der bedeutendste Faktor ist sicher die **Schwere der Verletzung**. Bei Rehabilitationszeiten unter vier Wochen gibt es selten psychische Probleme. Bei längeren Verletzungspausen treten jedoch erhöhte Frustrations-, Depressions- und Angstwerte auf, vor allem bei den am stärksten verletzten Athleten/Athletinnen. Die **höchsten Werte** gibt es dabei in der Altersgruppe **unter 18 Jahren**. Warum? In diesem Alter machen sich vor der Verletzung nur wenige Gedanken über ihre körperliche Unversehrtheit. Was hast du bei Aufgabe 20.5 geantwortet?

Weiters spielt die **Verletzungsursache** eine Rolle. Die Reaktionen sind abhängig davon, ob diese bekannt oder unbekannt sind und ob die Verletzung selbst- oder fremdverschuldet ist. In der Praxis ist oftmals zu beobachten, dass das **Wissen um die Ursache** und um das eigene Fehlverhalten **zu weniger starken psychischen Reaktionen führt**, da ein Gefühl der Kontrolle und der Eigenverantwortlichkeit bei Verletzten bestehen bleibt (*Know-how Maier und Eberharter*).

KNOW-HOW

Maier und Eberharter

Stefan Eberharter, Olympiasieger, Weltmeister und Gesamtweltcupsieger 2002, verletzte sich in der Saison 1999/2000 während eines Riesenslaloms. Er verspürte plötzlich einen Stich im Knie, obwohl er keinen Fahrfehler gemacht hatte. Die **Ursache** der Verletzung war ihm also **unbekannt**.

Eine solche Unwissenheit kann in Folge sehr belastend sein. Vielleicht tritt diese Verletzung wieder plötzlich auf? Eberharter laborierte die restliche Saison an dieser Verletzung, fiel im Weltcup zurück und war dementsprechend frustriert.

Hermann Maier wusste, dass er in Nagano einen Fahrfehler gemacht hatte (kannte Ursache; siehe Abb. 20.6). Er lernte daraus und fuhr in der folgenden Saison – ganz gegen seine frühere Gewohnheit – nicht mehr alle Rennen voll, sondern viele auch taktisch.

Ein weiterer Faktor ist der **Schmerz**. Die individuelle Schmerzschwelle und die Schmerztoleranz variieren von Person zu Person. Die wahrgenommene Schmerzintensität hängt von der **Aufmerksamkeit** ab, die man dem Schmerz widmet. Hier kann es zu einem **Teufelskreis** kommen: Wenn man sich in der Rehabilitation befindet, dann beobachtet man seinen Körper aufmerksamer, und die **Schmerzsensibilität steigt**. Leichte Schmerzen wer-

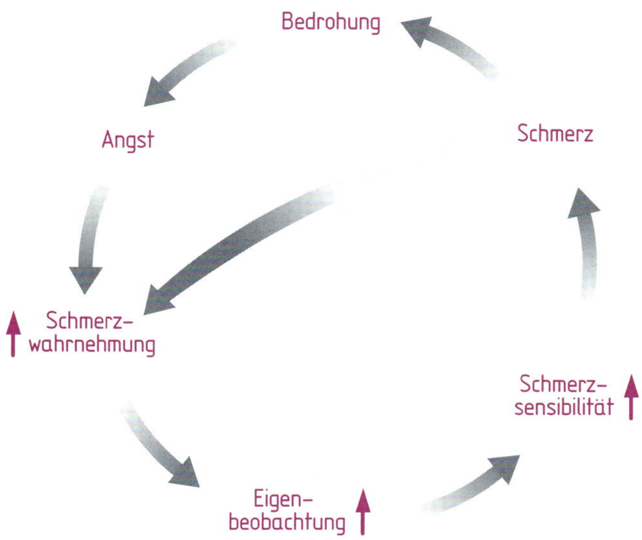

Abb. 20.9: *Zusammenhang zwischen Wahrnehmung, Schmerz und Angst. Die starke Auseinandersetzung mit dem Schmerz kann diesen stärker erscheinen lassen.*

den dann oft schon als bedrohlich eingestuft, wodurch die Schmerzwahrnehmung noch weiter steigen kann (Abb. 20.9).
Auch die Person und die Situation beeinflussen die Belastungsreaktion (siehe Abb. 20.8; *Know-how Person und Situation*).

Person und Situation KNOW-HOW

Person und Situation
Neben Schwere und Ursache der Verletzung gibt es aber noch viele andere Einflüsse auf die Belastungsreaktion (siehe auch Abb. 20.8):

Persönlichkeitsmerkmale: Optimistische und mental starke Personen rehabilitieren schneller und besser.

Status: Sind Sportler/innen durch die Verletzung in ihrer Existenz bedroht, etwa Profis, ist auch die psychische Belastung höher als bei Freizeitsportlern/Freiteitsportlerinnen.

Vorerfahrungen: Athleten/Athletinnen, die noch nie verletzt waren, reagieren oft stärker als solche, die schon öfter eine Verletzung gut ausgeheilt haben.

Sportart: In Sportarten wie zum Beispiel Handball, Ski Alpin oder Judo gehören Verletzungen wesentlich häufiger zum Alltagsbild der Betroffenen. Verletzte aus diesen Sportarten akzeptieren ihre Situation schneller.

Saisonzeitpunkt: Unmittelbar vor dem Saisonhöhepunkt wird die Verletzung verständlicherweise mit wesentlich höherem Frustrationsgrad aufgenommen. Rund 1/3 aller Verletzungen tritt übrigens unmittelbar vor einem wichtigen Ereignis auf (Wettkampf, Qualifikation usw.). Das liegt wahrscheinlich daran, dass das Training normalerweise zu dieser Zeit sehr intensiv ist.

Merkmale erfolgreich rehabilitierender Sportler/innen

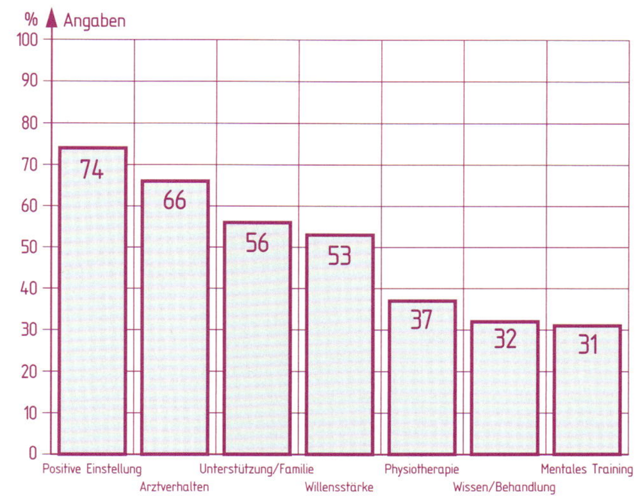

Abb. 20.10: *Genesungsunterstützung in der Rehabilitation (N = 59)*

Aufgabe 6
In Abb. 20.10 siehst du, von welchen Faktoren die Genesung beeinflusst wird. Diskutiere mit anderen dieses Diagramm und bringe deine eigenen Erfahrungen mit ein.

Es stellt sich nun die Frage, wodurch die **Rehabilitation beschleunigt werden kann**. In mehreren Studien konnte gezeigt werden, dass die Mehrzahl der Nennungen auf **eigenverantwortliche Inhalte** bezogen wurden. So sind „positive Einstellung", „Willensstärke", „mentales Training" und das „Wissen über die Behandlungsinhalte" vor allem der Eigeninitiative der Betroffenen zuzuschreiben (Abb. 20.10). Arztverhalten, Unterstützung oder das sportliche Umfeld sind als externe Faktoren einzustufen.
Beinahe alle Sportler/innen glauben, dass ihre **eigene positive Einstellung** maßgeblich zu ihrer Genesung beigetragen hat. In diese Kategorie fallen Aussagen wie „Ich habe keine Wunder erwartet, aber konsequent mitgearbeitet", „Ich wusste, dass ich Geduld haben muss und es dann auch schaffen werde, wieder Leistungssport zu betreiben" oder „Ich habe nie aufgegeben".
Zu ähnlichen Ergebnissen kam eine andere Untersuchung, die in Tabelle 20.1 zusammengefasst ist. Auch nach dieser Untersuchung sind vor allem die **positive Einstellung** und das Gefühl, für die schnelle Genesung selbst etwas tun zu können, die wichtigsten Voraussetzungen.

Wir wissen nun über die Belastungsreaktionen und deren Einflussfaktoren sowie die Merkmale erfolgreich rehabilitierender Sportler/innen Bescheid. Aber welche **konkreten Maßnahmen** kann man nun im Falle einer Sportverletzung treffen? Davon handeln die nächsten Abschnitte.

Rehabilitation	
schnell (<5 Wochen)	langsam (>12 Wochen)
positive Selbstgespräche	negative Selbstgespräche
realistische Zielsetzung	keine oder irreale Zielsetzung
persönliche Verantwortung	–
soziale Unterstützung	wenig soziale Unterstützung
Selbstkontrolle	Fremdkontrolle
–	Angst vor Wiederverletzung

Tab. 20.1: *Vergleich zwischen Verletzten mit schneller und langsamer Rehabilitation bei vergleichbarer Verletzung (N = 32)*

Rehabilitationsphase	Beispiel für Zielsetzung
Akutphase	Operation gut übstehen
Rehabilitationsvorbereitung und -findung	bis übermorgen wieder aufstehen
Phase der sportlichen Rehabilitation	½ Stunde auf dem Fahrradergometer 10 min lang 10 km/h auf dem Laufband
Phase der Vorbereitung auf den Wettkampf	morgen 10 Weitsprünge hintereinander, alle über ... Meter

Tab. 20.2: *Authentische Beispiele für kurzfristige Ziele in den einzelnen Rehabilitationsphasen.*

Realistische Zielsetzungen

7 Frage
Was ist eine sich selbst erfüllende Prophezeiung? Bist du selbst manchmal Opfer von Folgen aus voreiligen Fehlinterpretationen, etwa in der Schule?

8 Frage
Warum sind in der Rehabilitation Zwischenziele so wichtig? Wie viel Zeit verging zwischen Hermann Maiers Motorradunfall und seinem nächsten Weltcupsieg? Lies nach auf S. 180.

Zwischen Hermann Maiers Motorradunfall und seinem ersten öffentlichen Auftritt auf Skiern lagen ungefähr **150 Tage**, bis zu seinem nächsten Weltcupsieg etwa **1 ½ Jahre**. Eine vollständige Wiederherstellung seiner körperlichen Leistungsfähigkeit gelang aber nicht, weil das Bein durch die Verletzung und die Transplantation nicht mehr so belastbar und sensibel wie früher war (siehe Abb. 20.11).

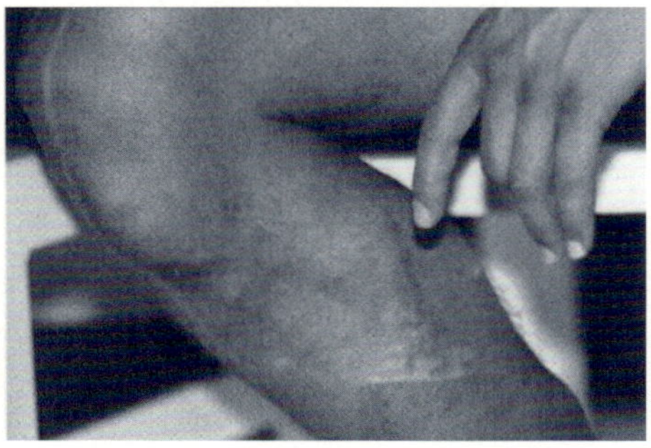

Abb. 20.11: *Das handtellergroße Transplantat wurde vom Oberarm entnommen. Bergmüller, Okresek S. 25*

Dieses Beispiel zeigt, wie problematisch die Zielsetzung „völlige Wiederherstellung und hundertprozentige Leistungsfähigkeit" ist. In diesem Fall ist es ein Problem vieler Athleten/Athletinnen, dass sie Rehabilitationsfortschritte nicht erkennen. Deshalb sind **realistische, kurz- und mittelfristige Zielsetzungen immer die Grundlage für eine gute Rehabilitation**. Das ist exemplarisch in Tab. 20.2 zusammengefasst (siehe auch Abb. 20.12).

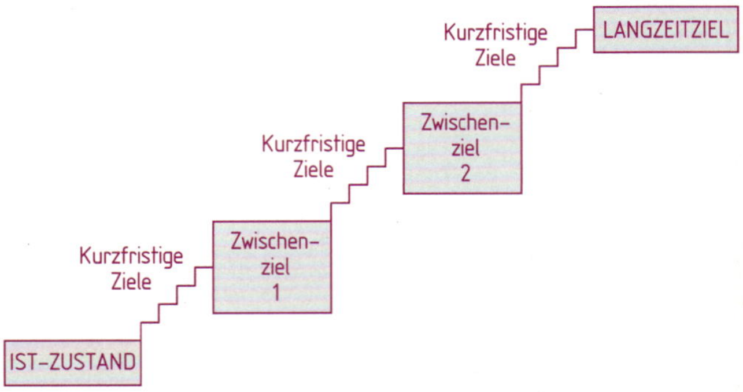

Abb. 20.12: *Kurzfristige Zielsetzungen und mittelfristige Zwischenziele in der Rehabilitation.*

Setzt sich der/die Sportler/in **keine Zwischenziele**, die er/sie kurz- und mittelfristig erreichen kann, so kann es sein, dass durch eine falsche Einschätzung über den Verlauf der Genesung **Emotionen ausgelöst werden, die den Heilungsprozess behindern**. Dieser Zustand kann zu einer „sich selbst erfüllenden Prophezeiung" werden. So führt etwa die Aussage „Ich schaffe nie wieder den Anschluss an meine frühere Leistung" wahrscheinlich dazu, dass der Athlet/die Athletin seine/ihre Motivation verliert, womit die Aussage folglich auch gültig wird.

Zur **realistischen Zielsetzung** müssen möglichst viele Faktoren beachtet werden: Rücksprache mit kompetenten Personen (Arzt/Ärztin, Physiotherapeut/in ...), Genesungsstadium, Persönlichkeitsmerkmale usw. Ein schriftliches Fixieren der Zielstellung – ähnlich dem Trainingstagebuch – erhöht die Motivation und lässt Fortschritte besser erkennen. Die Ziele sollten **verbindlich** sein, aber **nicht als unumstößlich** angesehen werden. Vor allem die kurzfristigen Ziele unterliegen situationsbedingten Änderungen.

Selbstgespräche und Autosuggestion

9

Frage/Aufgabe

Sprichst du manchmal mit dir selbst? Was ist der Inhalt dieser Gespräche? Sind es positive oder negative Suggestionen und Inhalte? Schreibe einige von dir oft verwendete Redewendungen auf!

10

Aufgabe

Ein ironisches Beispiel für die negative Auswirkung von fehlgeleiteten selbst inszentierten Denkabläufen ist die „Geschichte mit dem Hammer" des weltbekannten österreichischen Kommunikationswissenschaftlers Paul Watzlawick! Lies sie durch und diskutiere darüber mit anderen:

„Ein Mann will ein Bild aufhängen. Den Nagel hat er, nicht aber den Hammer. Der Nachbar hat einen. Also beschließt unser Mann, hinüberzugehen und ihn auszuborgen. Doch da kommt ihm ein Zweifel. Gestern schon grüßte er mich nur flüchtig. Vielleicht war er in Eile. Aber vielleicht war die Eile auch nur vorgeschützt, und er hat etwas gegen mich. Und was? Ich habe ihm nichts angetan; er bildet sich da etwas ein. Wenn jemand von mir ein Werkzeug borgen wollte, ich gäbe es ihm sofort. Und warum er nicht? Wie kann man einem Mitmenschen einen so einfachen Gefallen abschlagen? Leute wie dieser Kerl vergiften einem das Leben. Und dann bildet er sich noch ein, ich sei auf ihn angewiesen. Bloß weil er einen Hammer hat. Jetzt reicht es mir wirklich. – Und so stürmt er hinüber, läutet, der Nachbar öffnet, doch bevor er,Guten Tag'sagen kann, schreit ihn unser Mann an:,Behalten Sie Ihren Hammer, Sie Rüpel!'"

„Innere Selbstgespräche" beeinflussen unser alltägliches Handeln maßgeblich. Man gibt sich selbst Anweisungen oder kommentiert das aktuelle Geschehen. Das muss natürlich nicht immer von Vorteil sein. Wie wir schon gehört haben, **ist die positive Einstellung der wichtigste Faktor für eine erfolgreiche Rehabilitation**. „Du wirst, was du denkst." Oder man könnte es auch umgekehrt formulieren: „Du denkst, was du bist".

Jeder Mensch lässt sich aber durch **Autosuggestionen** stark beeinflussen. Das ist schließlich auch die Grundlage des Autogenen Trainings (*Know-how Émile Coué*; siehe auch S. 69, Kap. 9). Der Mensch lässt sich aber nicht nur durch positive, sondern auch durch negative Suggestionen beeinflussen. Suche daher nach schädlichen Suggestionen, um sie aus deinem Wortschatz zu verbannen. Die Redewendungen, die man verwendet und der eigene körperliche Zustand hängen oft eng miteinander zusammen.

Bevor man in einer Situation aufgibt, kippt zuerst das Selbstgespräch im Sinne einer negativen Wendung („Ich kann und will nicht mehr!"), und erst anschließend werden die Handlungskonsequenzen gezogen. **Diese Reihenfolge ist in Leistungssituationen niemals umgekehrt**.

KNOW-HOW Émile Coué

Émile Coué

Der Franzose **Émile Coué** war Apotheker sowie **Begründer der modernen, bewussten Autosuggestion**. Er befasste sich eingehend mit den Arbeiten über Hypnose. Als Apotheker stellte er fest, wie wichtig es war, dass er einen positiven Kommentar abgab, wenn die Kunden ihre Medizin abholten. Wenn er sagte: „Mit diesem Medikament werden Sie sicher ganz schnell gesund", wirkte die Arznei sehr viel besser, als wenn er nichts dazu sagte. Ab etwa 1910 reiste Coué durch europäische Großstädte und die USA und füllte mit Vorträgen über seine Methode die Säle. Es war ihm wichtig, die Heilkräfte der Menschen zu stärken und möglichst vielen beizubringen, wie sie sich selber helfen konnten: „Ich habe keine Heilkraft, nur Sie selbst!"

Große Erfolge kann man laut Coué mit der einfachen Übung erzielen, sich lebenslang täglich nach dem Erwachen und vor dem Schlafen etwa 20-mal halblaut vorzusprechen: **„Es geht mir mit jedem Tag in jeder Hinsicht immer besser und besser!"** Bei akuten Schmerzen oder Beschwerden, gleich ob körperlicher oder seelischer Natur, gab Coué den Rat, die Hand auf die betroffene Stelle oder die Stirne zu legen und möglichst schnell zu wiederholen: „Es geht vorbei. Es geht vorbei. Es geht vorbei...", bis die Symptome abklingen. Coué betonte ausdrücklich, kein Wunderheiler zu sein, er habe lediglich als erster moderner Wissenschaftler die Wichtigkeit der Vorstellungskraft über den Willen durchschaut. Eine sehr moderne Vorstellung, die ihrer Zeit weit voraus war.

Das verdeutlicht die Wichtigkeit der positiven Selbstgespräche. Man kann natürlich nicht erwarten, damit unrealistische Heilungserfolge oder Leistungen herbeizaubern zu können. Sie bewirken aber eine Aufrechterhaltung der Motivation und eine positive Befindlichkeit.

Ziel ist die **„Ent-Katastrophisierung"** besonders bedrückender Gedanken. Die Aussage „Das Bein wird nie wieder voll belastbar sein" könnte – falls medizinisch vertretbar – in „Ich werde in den nächsten Wochen mein Bein langsam stärker belasten" umgeformt werden. Aus „Meinen Mannschaftsplatz hat jetzt ein anderer inne. Das dauert ewig, bis ich wieder den Anschluss finde" könnte der Satz „Wenn ich wieder mit der Mannschaft trainiere, werde ich um meinen Platz kämpfen" werden.

Mentales Training

11

Frage
Was versteht man unter dem Carpenter-Effekt? Lies nach in Kap. 9, S. 69

Vorstellungen beeinflussen bewusst oder unbewusst unser alltägliches Handeln. So beschreiben Spitzenathleten/-athletinnen, dass sie sich gezielt und intensiv an besonders erfolgreiche Wettkämpfe erinnern. Andererseits können diese Wahrnehmungen so eng mit Handlungen und Situationen verknüpft sein, dass sie bestimmte Vorstellungen auslösen. Dieser Effekt äußert sich beispielsweise, wenn Sportler/innen Gegner/innen gegenüberstehen, mit denen sie besonders negative Erlebnisse hatten. Über diesen Prozess lässt sich das **Angstgegner-Phänomen** erklären.

Abb. 20.13: *eine Slalomläuferin beim mentalen Training mit einem Sportpsychologen. Aus: FRESTER/WÖRZ, 2003.*

Schon seit langem nutzt man im Sport **„inneren Bilder"** aus. Die meisten Sportler/innen trainieren nicht nur ihren Körper gezielt, sondern auch den Geist (Abb. 20.13). Viele Wettkämpfe im Spitzensport werden heutzutage im Kopf entschieden. Beim **mentalen Training** werden Vorstellungen einer Bewegung regelmäßig und gezielt eingesetzt, um einen Bewegungsablauf zu erlernen oder zu optimieren. Der **Carpenter-Effekt** (siehe Kap. 9, S. 69) spielt dabei eine große Rolle. Besonders eindrucksvoll sieht man das bei Skirennläufer/innen, wenn sie kurz vor dem Start den Kurs nochmals im Geist durchfahren.

Der Begriff „Mentales Training" wird nicht einheitlich verwendet. Aus der Vielzahl der Möglichkeiten mental zu trainieren lassen sich jedoch drei Formen ableiten, die sich als sehr praktikabel erwiesen haben (Abb. 20.14).
Beim **verbalen Training** (mental-sprachlich) wird der Bewegungsablauf per Selbstgespräch vergegenwärtigt.
Beim **observativen Training** (mentales Training aus der Beobachterperspektive) betrachtet man zum Beispiel eine Videoaufzeichnung oder sieht sich vor seinen geistigen Augen aus der Beobachterperspektive.

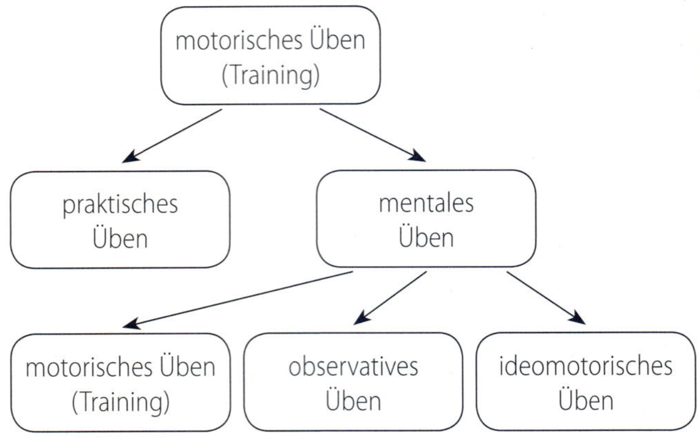

Abb. 20.14: *Das mentale Training ist ein Bestandteil des motorischen Übens.*

Beim **ideomotorischen Training** (mentales Training aus der Innenperspektive) versucht man, sich in die Bewegung mit allen Empfindungen so intensiv wie möglich hineinzuversetzen, z. B. in den Kanteneinsatz beim Skifahren (siehe Abb. 20.13) oder in das Gefühl der Schritte auf der Laufbahn. In der Praxis vermischen sich diese drei Trainingsformen meistens.
In der **Rehabilitation** drängt sich das mentale Training geradezu auf. Es übernimmt eine **Überbrückungsfunktion** in der trainingsfreien Zeit und in den Phasen, in denen das Training noch nicht in vollem Umfang wieder aufgenommen werden kann. Die Technik kann stabilisiert und optimiert werden. Bestehende Ängste und Unsicherheiten können über ein entspanntes geistiges Durchspielen der Bewegung beseitigt werden. Oft werden zur Einleitung des mentalen Trainings diverse Entspannungstechniken verwendet.

Entspannungstechniken

Auf Grund der zur Verfügung stehenden Zeit während längerfristiger Rehabilitationsphasen ist das Erlernen einer Entspannungstechnik sehr sinnvoll. Das trägt zunächst einmal dazu bei, die **innere Unruhe**, die das Warten auf die Genesung mit sich bringt, zu bekämpfen. Außerdem können diese Techniken später zur Unterstützung des Trainings sinnvoll eingesetzt werden, etwa zur schnelleren Regeneration oder zur Einleitung des mentalen Trainings. Von der Vielzahl der Möglichkeiten haben sich in der Praxis die **Tiefmuskelentspannung (TME)** und das **Autogene Training (AT)** bewährt. Diese beiden Methoden sind in Kap. 9 ausführlich beschrieben.

12

Biofeedback

Frage
Weißt du, wie ein Lügendetektor funktioniert?

Der Begriff Feedback bedeutet allgemein **Rückmeldung** (wörtlich eigentlich „Rückfütterung"). So gibt es zum Beispiel „Feedbackbögen", mit denen der/die Lehrer/in ermitteln kann, was Schülern/Schülerinnen am Unterricht gefällt und was weniger. Biofeedback bezeichnet die **Rückmeldung von biologischen Prozessen** wie etwa Herzfrequenz, Blutdruck, elektrische Gehirnaktivität oder Muskeltonus. Man benötigt dazu eine Vorrichtung, die die betreffende Organfunktion erfasst und visuell oder akustisch darstellt (Abb. 20.16).

EMG-Feedback KNOW-HOW

EMG-Feedback

Unter Angstzuständen kommt es zu einem **pathologisch hohen Muskeltonus**. Dieser kann zum Beispiel durch Tiefmuskelentspannung oder Autogenes Training verringert werden. Um die Effizienz dieser Übungen zu überprüfen, kann man das **Elektro-Myogramm-Feedback** benutzen, das die Spannung der Muskulatur zurückmeldet. Oft misst man dabei die Anspannung des **Stirnmuskels** (Abb. 20.16), weil dieser ein guter Indikator für die allgemeine Muskelspannung ist. Wenn der Stirnmuskel angespannt ist, sind auch andere Muskeln angespannt. Das EMG kann auch in Zusammenhang mit dem **mentalen Training** (S. 186) verwendet werden, um Bewegungen in der Verletzungspause aufzufrischen (Abb. 20.17).

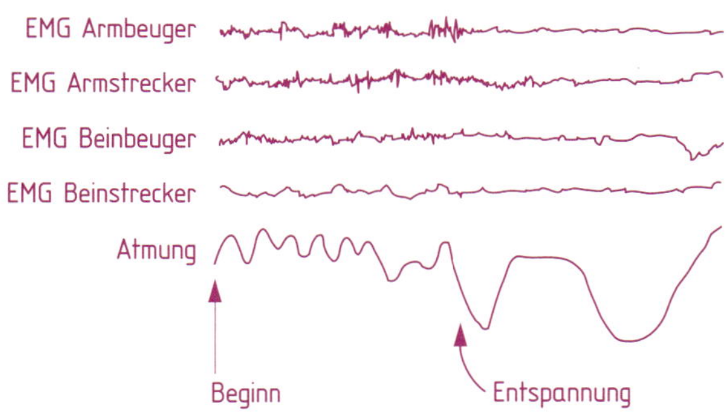

Abb. 20.15: *Vorstellung des Kurzschwingens bei einer trainierten Person: Die reine Vorstellung ruft über den Carpenter-Effekt (siehe Kap. 9, S. 69) elektrische Muskelaktivitäten hervor, die durch EMG-Feedback überwacht werden können.*

Weiters kann das EMG zur Rehabilitation bei Muskelstörungen angewandet werden. Ein Beispiel zur praktischen Anwendung ist der **Kugelstoß**. Die Streckung des Armes beim Abstoß der Kugel muss durch den Bizeps gebremst werden, da sonst **Verletzungen im Ellbogengelenk** auftreten können. Tritt diese Verzögerung der Bewegung zu früh auf (etwa aus Angst vor einer neuerlichen Ellbogenverletzung), also bevor die Kugel die Hand verlassen hat, so wirkt sich das negativ auf die Leistung aus. Mit Hilfe des EMGs kann die Aktivierung des Armbeugers hörbar gemacht und somit die frühzeitige Abbremsung der Bewegung korrigiert werden.

Innerhalb der **Rehabilitation** verletzter Sportler/innen bietet sich das Biofeedbacktraining als Optimierungs- und Unterstützungshilfe für **Entspannungstechniken** an. Man kann zum Beispiel die Wirkungsweise der Schwereübung über die Muskelanspannung und die der Wärmeübung über die Temperatur der Haut kontrollieren (*Know-how EMG-Feedback und Temperatur-Feedback*). Die allgemein körperliche Anspannung kann durch ein Hautwiderstands-Feedback kontrolliert werden (*Know-how Hautwiderstands-Feedback*). Neben den eben erwähnten Feedback-Methoden werden auch noch häufig die Hirnströme gemessen (EEG-Feedback), der Puls und die Atemfrequenz.

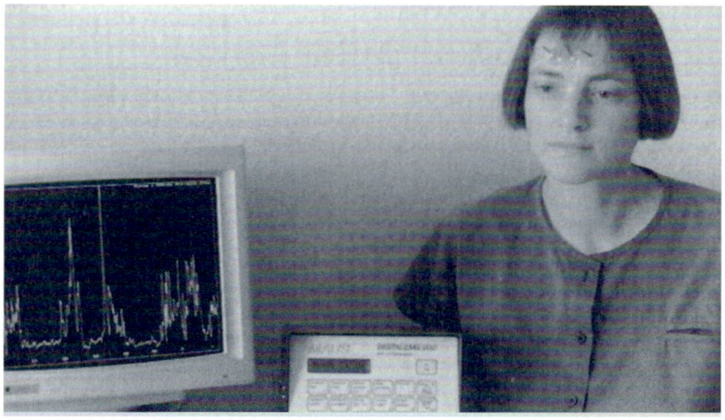

Abb. 20.16: *EMG-Feedback des Stirnmuskels: Dabei wird die Anspannung des Muskels gemessen und optisch dargestellt. Aus: HERMANN/EBERSPÄCHER, 1994, S. 86.*

Temperaturfeedback KNOW-HOW

Temperaturfeedback

Sportlern/Sportlerinnen bekommen unter großer Anspannung oftmals kalte Finger und Hände. Das ist eine Folge der **Aktivierung des Sympathikus** (siehe Kap. 9, S. 70), der unter anderem die Kapillaren in der Haut verengt und dadurch die Durchblutung reduziert. Durch willentliches Entspannen, also Erweitern, der Blutgefäße, kann auf den Sympathikus rückgewirkt und somit sehr gut die Nervosität beeinflusst werden (Abb. 20.17). Dieses Feedback ist das einfachste und am schnellsten erlernbare. Es kann auch zur Unterstützung des Erlernens der Wärmeübung beim Autogenen Training angewendet werden.

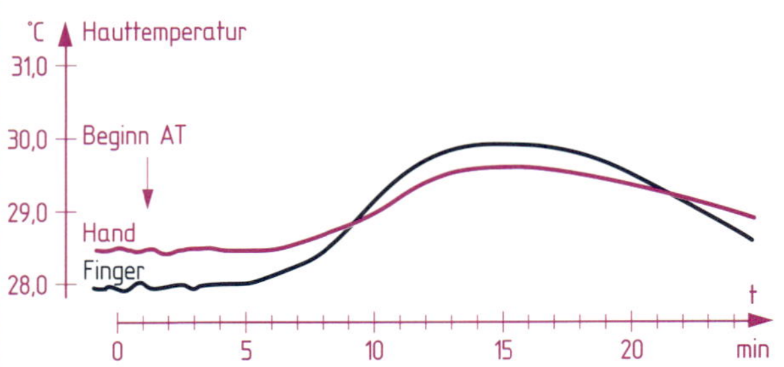

Abb. 20.17: *Veränderung der Hauttemperatur bei Autogenem Training, überwacht durch ein Temperaturfeedback*

KNOW-HOW Hautwiderstand-Feedback

Hautwiderstand-Feedback

Zum wesentlichen Bestandteil des Biofeedback-Trainings im Sport gehört die **willentliche Beeinflussung des Hautwiderstandes**. Bei Nervosität kommt es nämlich zu einer vermehrten Schweißproduktion, vor allem an den Händen. Ein **niedriger Hautwiderstand** ist daher immer ein **Indikator für Schweißhände** und somit auch für **Nervosität**.

Mit Hilfe eines Messfühlers wird der Hautwiderstand sichtbar und hörbar und dadurch willentlich veränderbar gemacht. Die Elektroden werden dazu meist auf den Fingerkuppen angeschlossen. Unter Stress produziert der Körper ziemlich unmittelbar auf den Auslöser vermehrt Schweiß, der den Widerstand der Haut senkt. Ziel dieses Trainings ist es, innerliche Ruhe und somit einen hohen Hautwiderstand zu erreichen.

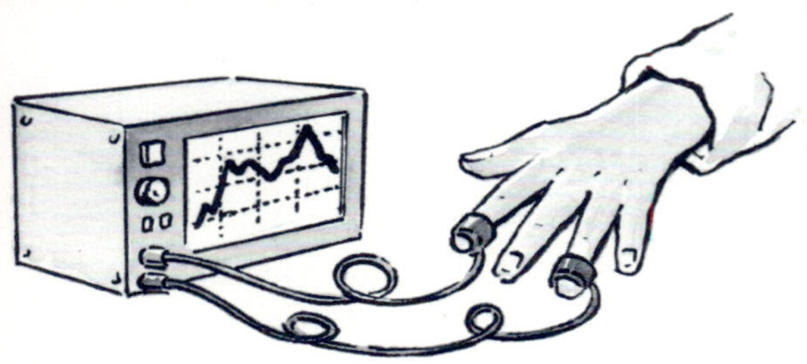

Abb. 20.18: *Um den Hautwiderstand der Hand zu ermitteln, misst man bei bekannter Spannung zwischen den beiden Elektroden den dabei entstehenden Stromfluss.*

Der **Lügendetektor** funktioniert nach diesem Prinzip. Neben Atmung, Puls und Blutdruck, wird auch der Hautwiderstand gemessen. Lügen Menschen, so beginnen sie meistens an den Händen stärker zu schwitzen. Dadurch sinkt der Hautwiderstand ab – und zwar innerhalb eines Sekundenbruchteiles!

13

Frage

Was versteht man unter einer Erwartungsangst? Wie wird diese ausgelöst? Denke dir ein eigenes Beispiel aus. Welches Problem ergibt sich im Zusammenhang mit Verletzungen? Was sollte man, wenn möglich, im Falle einer Verletzung möglichst schnell machen?

14

Frage/Aufgabe

Was sind die häufigsten Belastungsreaktionen verletzter Sportler/innen? Welche Faktoren beeinflussen diese Belastungsreaktionen? Versuche, eine Mind Map zu erstellen, in die du auch persönliche Erfahrungen mit einbringst und dir bekannte Beispiele aus dem Umfeld.

15

Frage

Welche Faktoren begünstigen die schnelle Rehabilitation von verletzten Sportlern/Sportlerinnen? Was sollte man zum Thema Zielsetzungen wissen? Was versteht man unter Autosuggestion? Gib Beispiele dazu an. Was versteht man unter mentalem Training und wie kann dieses bei Verletzungen eingesetzt werden? Welche Entspannungsmethoden kennst du? Was versteht man unter Biofeedback und welche Methoden werden dabei eingesetzt?

Literatur

APOLIN Martin: Big Bang 6, Physik für die Oberstufe. öbv, Wien 2008

BAUMANN S.: Praxis der Sportpsychologie. BLV, München 1986

BERGMÜLLER Heinrich / OKRESEK Knut: Das Hermann Maier Trainingsprogramm. Heyne, München 2004

FRESTER Rolf / WÖRZ Thomas: Mentale Wettkampfvorbereitung. Vandenhoeck & Ruprecht, Göttingen 2003

HERMANN Hans-Dieter / EBERSPÄCHER Hans: Psychologisches Aufbautraining nach Sportverletzungen. Sportwissen. BLV, München 1994

HOLLMANN Wildor / STRÜDER Heiko: Sportmedizin. Schattauer, Stuttgart 5. Aufl. 2008

KRIECHBAUM Karl: Autogenes Training. Eigenverlag, Wien 1994

OHM Dietmar: Progressive Relaxation. Trias, Stuttgart 2007

SCHULTZ Johannes Heinrich: Das Autogene Training. Thieme, Stuttgart 20. Aufl. 2003

VORDERWÜHLBECKE Manfred (Hg.): Olympische Spiele 1984. Bertelsmann, o. J.

WATZLAWICK Paul: Anleitung zum Unglücklichsein. Serie Piper, München 6. Aufl. 2007

Sachregister

Bildquellen:

Kapitel 1 – Abb.: 1.1, 1.2 Huber (1993); 1.3 Slama; 1.4 GEPA/Graz; 1.5 Screenshot n-tv/Apolin; 1.6 GEPA/Graz; 1.7 hpt; 1.8 Sergey Galushko/Fotolia; 1.9 Slama.

Kapitel 2 – Abb.: 2.1 bis 2.10 Slama; 2.11 Löffler; 2.12 bis 2.22 Slama.

Kapitel 3 – Abb.: 3.1 bis 3.5 Slama; 3.6 Löffler; 3.7 bis 3.9 Slama; 3.10 Klaus Rein/Fotolia; 3.11, 3.12 Löffler; 3.13 bis 3.15 Slama; 3.16 Löffler; 3.17 bis 3.20 Slama.

Kapitel 4 – Abb.: 4.1 Löffler; 4.2 hpt; 4.3 bis 4.12 Slama; 4.13 Löffler; 4.14 Slama; 4.15 Löffler; 4.16 bis 4.20 Slama.

Kapitel 5 – Abb.: 5.1 bis 5.15 Löffler; 5.16 Slama.

Kapitel 6 – Abb.: 6.1 Slama; 6.2, 6.3 Löffler; 6.4 Slama; 6.5, 6.6 Löffler; 6.7 Slama; 6.8 bis 6.11 Löffler.

Kapitel 7 – Abb.: 7.1 Löffler; 7.2 – 7.5 Slama; 7.6 Löffler; 7.7 Peterson/Rentröm (1983), 7.8 Kinderradiologie/Apolin, 7.9, 7.10 Löffler; 7.11 Slama; 7.12 Weineck (2004); 7.13 Löffler.

Kapitel 8 – Abb.: 8.1 bis 8.17 Slama; 8.18 Petrosyan/Fotolia; 8.19, 8.20 Slama; 8.21 Enver Sengul/Fotolia; 8.22 bis 8.25 Slama; 8.26 Delphine/Fotolia; 8.27 – 8.34 Slama.

Kapitel 9 – Abb.: 9.1 bis 9.10 Slama; 9.11 Löffler; 9.12 Johanna Alexopoulos (Fotografin)/Christoph Kratochvil mit EEG-Haube (Bildinhalt); 9.13 Löffler; 9.14, 9.15 Slama.

Kapitel 10 – Abb.: 10.1 Catherwood (Bildinhalt)/Wikimedia Commons; 10.2 (links) Sotomayor (Bildinhalt)/Foto aus: Heribert Fassbender, Olympia ´92 Live Barcelona – Albertville (Falken Verlag, Niederhausen/Ts. 1992), (rechts) – Slama; 10.3 bis 10.5 Slama; 10.6 Löffler; 10.7 Slama; 10.8 Fosbury (Bildinhalt)/Foto aus: Paris Match (1968); 10.9. Foto aus: Jonath u.a., Leichtathletik 2 (Rowohlt, Reinbeck 1995);10.10 Slama; 10.11 Löffler; 10.12 bis 10.15 Slama; 10.16 Löffler.

Kapitel 11 – Abb.: 11.1 aus: Schöbel, Olympia und seine Spiele, Sportverlag Berlin (1965); 11.2, 11.3 Löffler; 11.4 Slama; 11.5 bis 11.7 Löffler; 11.8, 11.9 Slama; 11.10 Powell (Bildinhalt) aus: „Sports Illustrated"; 11.11 Beaman (Bildinhalt) aus: Edition Olympische Bibliothek; 11.12 bis 11.15 Slama; 11.16 Daniel Sainthorant/Fololia.

Kapitel 12 – Abb.: 12.1 Slama; 12.2. Löffler; 12.3 bis 12.16: Slama; 12.17, 12.18 Wallner (2004); 12.19 Slama.

Kapitel 13 – Abb.: 13.1 Wikimedia Commons; 13.2 bis 13.10 Slama; 13.11, 13.12 Löffler; 13.13 bis 13.19 Slama.

Kapitel 14 – Abb.: 14.1 bis 14.3 Löffler; 14.4. Slama; 14.5 Sjöström/Fridén (1984), 14.6 – 14.8 Slama; 14.9, 14.10 Pehm/hpt; 14.11 bis 14.17 Slama; 14.19 Peterson/Renström; 14.20 Kasperk/Klinikum Universität Heidelberg; 14.21 bis 14.27 Slama.

Kapitel 15 – Abb.: 15.1 bis 15.4 Löffler; 15.5 Slama; 15.6 Löffler; 15.7 bis 15.9 Slama; 15.10 Löffler; 15.11, 15.12 Slama; 15.13 Löffler; 15.14, 15.15 Slama; 15.16, 15.17 Löffler.

Kapitel 16 – Abb.: 16.1 Löffler; 16.2 Faksimile/Redl; 16.3, 16.4, S. 134, Löffler.

Kapitel 17 – Abb.: 17.1 bis 17.3 Löffler.

Kapitel 19 – Abb.: 19.1, 19.2 Löffler; 19.3 bis 19.5 Slama; 19.6 aus: Hagen/Whalley, Körperwelten (1999); 19.7 bis 19.10 Löffler; 19.11 Slama.

Kapitel 20 – Abb.: 20.1 GEPA/Graz; 20.2 aus: Hermann/Eberspächer, Psycholog. Aufbautraining nach Sportverletzungen, BLV Sportwissen/München (1994); 20.3 aus: Bergmüller/Okresek, Das Hermann-Maier-Trainingsprogramm, NÖ Pressehaus/St.Pölten (2003); 20.4 Löffler; 20.5 aus: Vorderwülbecke, Olymp. Spiele 1984, Bertelsmann/München (1984); 20.6 Maier (Bildinhalt), aus: „Sports Illustrated" (1998); 20.7 bis 20.10 Löffler; 20.11 aus: Bergmüller/Okresek, Das Hermann-Maier-Trainingsprogramm, NÖ Pressehaus/St.Pölten (2003); 20.12 Löffler; 20.13 Frester/Wörz (2003), 20.14, 20.15 Löffler; 20.16 aus: Hermann/Eberspächer, Psycholog. Aufbautraining nach Sportverletzungen, BLV Sportwissen/München (1994); 20.17 Löffler; 20.18 Slama.